헤겔과 그 적들

헤겔과 그 적들

헤겔의 법철학, 프로이센을 뒤흔들다

남기호 지음

사월의책

헤겔과 그 적들

1판 1쇄 발행 2019년 5월 20일
1판 2쇄 발행 2023년 9월 20일

지은이 남기호
펴낸이 안희곤
펴낸곳 사월의책

편집 박동수
디자인 김현진

등록번호 2009년 8월 20일 제2012-000118호
주소 경기도 고양시 일산서구 중앙로 1388 동관 B113호
전화 031)912-9491 | 팩스 031)913-9491
이메일 aprilbooks@aprilbooks.net
홈페이지 www.aprilbooks.net
블로그 blog.naver.com/aprilbooks

ISBN 978-89-97186-77-8 93160

* 책값은 뒤표지에 있습니다.
* 이 저서는 2018년도 연세대학교 연구비의 지원을 받아 수행된 것임(2018-22-0057).

차례

〈헤겔 저작 약어표〉

B1-4 : *Briefe von und an Hegel* Bd. 1-4.
BS : *Berliner Schriften 1818-1831, Theorie Werkausgabe* Bd. 11.
E Ⅰ : *Enzyklopädie (1817), Gesammelte Werke* Bd. 13.
E Ⅱ : *Enzyklopädie (1827), Gesammelte Werke* Bd. 19.
E Ⅲ : *Enzyklopädie (1830), Gesammelte Werke* Bd. 20.
FS : *Frühe Schriften, Theorie Werkausgabe* Bd. 1.
GPR : *Grundlinien der Philosophie des Rechts, Theorie Werkausgabe* Bd. 7.
J Ⅰ : *Jenaer Systementwürfe* Ⅰ, *Gesammelte Werke* Bd. 6.
J Ⅲ: *Jenaer Systementwürfe* Ⅲ, *Gesammelte Werke* Bd. 8.
JKS : *Jenaer Kritische Schriften, Gesammelte Werke* Bd. 4.
NG : *Nürnberger Gymnasialkurse und Gymnasialreden (1801-1816), Gesammelte Werke* Bd. 10.1 / Bd. 10.2.
PhG : *Phänomenologie des Geistes, Gesammelte Werke* Bd. 9.
RA[1] : *Philosophie des Rechts Die Vorlesung von 1819/20.*
RA[2] : *Philosophie des Rechts Vorlesungen von 1821/22.*
RG : *Vorlesungen über Rechtsphilosophie* Bd. 4.
RH : *Philosophie des Rechts Nachschrift der Vorlesung von 1822/23.*
RHm : *Vorlesungen über Rechtsphilosophie* Bd. 1.
RHt : *Vorlesungen über Rechtsphilosophie* Bd. 3.
RR : *Vorlesungegn über die Philosophie des Rechts Berlin 1819/20.*
RW : V*orlesungen über Naturrecht und Staatswissenschaft Heidelberg 1817/18.*
SE : *Schriften und Entwürfe (1799-1808), Gesammelte Werke* Bd. 5.
SE Ⅰ : *Schriften und Entwürfen* Ⅰ *(1817-1825), Gesammelte Werke* Bd. 15.
SE Ⅱ : *Schriften und Entwürfe* Ⅱ *(1826-1831), Gesammelte Werke* Bd. 16.
TJ : *Hegels Theologische Jugendschriften.*
WL Ⅰ : *Wissenschaft der Logik* Ⅰ *(1812/1813), Gesammelte Werke* Bd. 11.
WL Ⅱ : *Wissenschaft der Logik* Ⅱ *(1816), Gesammelte Werke* Bd. 12.
VGP : *Vorlesungen über die Geschichte der Philosophie* Ⅲ, *Theorie Werkausgabe* Bd. 20.
VM Ⅰ : *Vorlesungsmanuskripte* Ⅰ *(1816-1831), Gesammelte Werke* Bd. 17.
VM Ⅱ : *Vorlesungsmanuskripte* Ⅱ *(1816-1831), Gesammelte Werke* Bd. 18.
VsG : *Vorlesungen über die Philosophie des subjektiven Geistes, Gesammelte Werke* Bd. 25, 2.
VÄ Ⅰ-Ⅱ : *Vorlesungen über die Ästhetik* Ⅰ, Ⅱ, *Theorie Werkausgabe* Bd. 13, 14.

※ 인명, 지명 등의 고유명사 표기는 출판사 편집진의 지침에 따랐음—저자.

머리말

한 철학자의 사상이 그의 삶 전체와 일치하는 경우는 흔하지 않다. 어느 누구든 삶에는 우여곡절이 있을 것이요, 어느 한 인간의 사상일지라도 나름의 편력이 있을 터이기 때문이다. 그러나 자유를 부르짖던 한 청년이 나이가 들어 **전혀** 정반대의 사상을 피력한다는 것도 매우 드문 일이다. 적어도 그가 역사에 남는 철학자라면 말이다.

헤겔은 바로 이렇게 매우 드물고 기이한 평가에 시달린 철학자들 중에 속한다. 더욱이 그는 사회 정치적 격변기에 자기 신변의 안전을 위해 현존 권력에 순응한 철학자라 평가되곤 했기에 그렇다. 그래서 헤겔 연구자들은 당시의 시대 상황과 헤겔의 구체적 삶으로부터 눈길을 돌려 순수 철학적 내용만 추출하는 연구를 하거나, 아예 시대 상황을 말하는 그의 철학을 헤겔 철학의 정수(精髓)가 아니라고 치부해 버리는 길을 택하곤 했다. 적어도 1980년대 말까지 국내외 헤겔 연구의 시각은 그러했던 것으로 보인다.

그렇게 오랜 세월 동안에 문제가 되었던 것은 바로 헤겔의 『법철학 개요』(이하 『개요』로 약칭)이다. 이와 관련된 오해를 몇 마디로 요약하자면 이렇다. 국가란 "구체적인 자유의 현실"이다(GPR, §260). 그러니 지금 여기 프로이센 국가에 만족해야 한다. 왜냐하면 "이성적인 것은 현실적이요, 현실적인 것은 이성적"이기(GPR, 24) 때문이다. 이성적인 것은 이미 현실화되어 있으며, 현실적인 것에는 어떻게든 이성적인 것이 있기 마련이다. 프로이센 현실 국가 또한 그렇다.

일찍이 계몽 군주 프리드리히 대왕의 치적을 통해 강국으로 부상했던 프로이센은 헤겔이 『개요』를 출판하던 당시에는 오히려 반시대적 복고 정치를 추구하는 억압적인 국가로 변모하고 있었다. 프로이센 또한 나폴레옹의 몰락 이후 유럽 전역에 퍼진 구(舊) 봉건세력들의 권력 회복 움직임에 발맞추었던 것이다. 그런데 하필이면 왕정복고 시기 프로이센의 수도 베를린이 『개요』의 탄생 장소였다. 이 때문에 동시대 독자들은 『개요』를 정치 이념들이 첨예화된 시대의 진단으로 또는 미래 지침적인 실천 이론으로 읽고자 했다. 그 평가들마저 너무 순응적이라고 또는 너무 개혁적이라고 극단적으로 갈리긴 했어도 그렇다. 동시대인들에게서부터 『개요』는 저마다의 정치 이념의 관점에서 자기 **편한** 식으로 해석되었던 것이다.

그러나 『개요』에 대한 가장 큰 오해는 물론 헤겔이 이 저서를 통해 프로이센 국가 철학자로 급변했다는 평가일 것이다. 헤겔 철학의 관념론적 요소를 신랄하게 비판했던 마르크스나 엥겔스조차 이런 평가를 하지 않았건만, 이런 오해는 이미 19세기 중반부터 힘을 얻어가고 있었다. 이를 조장한 대표적인 저서는 바로 1857년에 발표된 루돌프 하임(R. Haym)의 『헤겔과 그의 시대』라 할 수 있다. 더구나 그의 이해는 20세기 냉전 시대를 거치면서 좌파에겐 관념론 철학의 반동적 경향으로, 우파에겐 전체주의 철학의 독재적 경향으로 증폭되어 해석되었다. 정작 헤겔 자신이 그 시대 그 상황 속에서 어떠한 구체적 삶을 살았는지 제대로 캐묻지도 않은 채 말이다. 여기에 애써 헤겔을 좋게 봐주려는 연구자들을 덧붙일 수도 있겠다. 말하자면 일팅(K-H. Ilting)이나 슈네델바흐(H. Schnädelbach)처럼 『개요』를 암울한 시대 상황 속에서 생존해야 했던 한 철학자의 어쩔 수 없었던 일탈 정도로 **봐주는** 식이다. 그러나 1970년대부터 제기된 일팅의 주장은 다행히 역사 속의 헤겔을 가감 없이 연구하려는 동기를 자극했고 이는 냉전적 시각이 상당히 극복된 오늘날까지 이어지고 있다. 말하자면 전후 헤겔 연구의 3세대에 이르러서야 그의 삶과 일치된 헤겔 법철학을 제대로 복원할 수 있게 되었던 것이다. 여기에는 물론 그간의 풍부한 연구 축적물들이 큰 몫을 했다. 그동안 헤겔 자신이 직접 저술한 책들과 아울러 그의 서신들과 강의 원고들 및 학생들의 강의필기문들이 다양하게 발굴되고 출판되었다. 또한 역사적인 특정 사건에 대한 헤겔의 처신을 입증할 수 있는 다방면의 사료(史料)들이 발굴되고 입증되었다. 이 책은 이러한 성과들을 정리해 보고자 하는 수년간의 연구 결과물이라 할 수 있다.

1980년대 후반 어설픈 나이에 헤겔을 처음 접했던 내게도 앞서 말한 왜곡된 헤겔 상(像)은 하나의 정설이었다. 더구나 이후 청년 헤겔의 인륜성 개념을 박사 논문의 주제로 선택하면서 그런 헤겔 상은 점점 더 큰 문제로 다가왔다. 인륜성 개념은 성숙한 헤겔의 법철학에서도 핵심적인 내용을 형성하기 때문이다. 그럼에도 실제 삶 속의 헤겔을 철학자 헤겔로부터 걷어내기란 여간 쉽지 않았다. 이에 마뜩치도 않았던 것은 실제 삶과 유리된 실천 철학의 유의미성 여부 문제 때문이다. 그러나 역사와 철학의 뒤엉킨 미로를 조금씩 벗어나면서 차츰 현기증도 가라앉았다. 이제 이 책의 뚜렷한 결론은 오히려 이렇다. 철학자 헤겔은 실제 삶의 헤겔과 **일치**한다. 비록 성숙한 헤겔의 어조는 절제되었으며, 그 표현은 신중하게 선택된 것일 수 있어도 자신의 신념을 저버리면서까지 현 상황과 타협한 증거는 없다. 이 책은 이렇게 교정된 헤겔 상을 생생하게 드러내 보이고자 하는 하나의 시도이다. 이를 위해 그간의 연구 성과들을 소개하는 데 멈출 수는 없었다. 오히려 이를 토대로 헤겔이 『개요』를 둘러싸고 벌였던 논적들과의 대결을 재조명하는 것이 더 중요하게 여겨졌다. 삶과 일치하는 철학 또한 생동하는 관계의 산물이기 때문이다.

이 책의 내용들을 간략히 소개하면 다음과 같다. 먼저 Ⅰ장은 역사 속의 헤겔을 그의 철학적 입장과 재접목시키려는 시도이다. 특히 독일 최초의 대학생 단체였던 부르셴샤프트의 특징과 이들을 탄압했던 왕정복고의 선동자 축출 정책에 대한 헤겔의 대응은 역사 속의 헤겔을 제대로 보여주는 좋은 사례라고 할 수 있다. 그러나 이 장은 사료 중심의 논의를 전개하고 있기에 좀 더 철학적인 내용을 원하는 독자라면 건너뛰거나 훑어 읽으면 좋을 것이다. Ⅱ장부터 Ⅳ장까지는 헤겔이 『개요』에서 거론했던 프리스와 할러 그리고 사비니의 입장과 헤겔의 비판을 집중적으로 논의한다. 물론 헤겔의 논지를 선명하게 부각시키기 위해서는 『개요』만으로는 불충분하기에 이 저서 전후의 여러 법철학 강의필기문들도 그때마다 참조할 것이다. 그동안 프리스나 사비니를 독립적으로 논의하는 국내 연구 성과들은 있었지만, 이들과 헤겔의 대결을 조명하는 것은 처음으로 시도된 것들이다. 또한 할러와 헤겔의 대결은 국외에서도 거의 다루어지지 않은 주제이다. 다음으로 V장에서는 헤겔 법철학에서 자주 문제시되는 군주의 역할에 대한 재평가가 시도된다. 이는 특히 앞서 소개한 일팅의 평가로 점화된, 최근까지 반향을 감지할 수 있는 헤겔 법철학의 쟁점들 중 하나이다. 이 장은 헤겔이 피력한 입헌 군주제가 결코 당시 프로이센의 정치 체제가 아니었으며, 오히려 오늘날 민주주의 국가의 여러 원리들을 포함한 것임을 드러내고자 한다. 이어서 슈바르트와 슈탈과의 대결을 다루는 VI장은 미완의 논쟁을 가상적으로 재현시켜 보려는 시도라 할 수 있다. 이를 통해 분명해지는 것은 『개요』를 처음 공개적으로 비난한 자들은 당시 진보 지식인들이 아니라 오히려 복고주의 철학자들이었다는 점이며, 이들이 두려워했던 것은 무엇보다 국가와 종교에 대한 헤겔 법철학의 개혁적 경향이었다는 점이다. VII장은 다소 시대를 건너뛰어 부록으로 덧붙인 것이다. 국가를 옹호한다는 왜곡된 헤겔의 입장이 잘못 수용되고 정치적으로 악용된 좋은 사례가 바로 칼 슈미트에게서 섬뜩하게 드러나기 때문이다. 여기에 칼 포퍼가 열린 사회의 적으로 묘사한 헤겔이 바로 칼 슈미트 같은 이에게 수용된 헤겔이었다는 것을 덧붙일 수 있겠다.

아울러 이 책에서 자세히 다루지 못했지만 꼭 교정하고 싶은 시각이 세 가지 있다. **첫째는** 무엇보다 체계와 관련된 것이다. 『정신현상학』에서 헤겔은 이렇게 말한다. "참된 것은 오직 체계로서만 현실적이다"(PhG, 22). 이에 대해 사람들은 보통 참된 것의 현실성을 체계의 폐쇄된 완결성에서 기대하곤 한다. 독일 고전 철학에서 철학을 체계로 구상하고 이를 실제로 처음 전개하려 한 자는 주지하다시피 칸트이다. 그러나 일흔넷의 나이에 『도덕 형이상학』(1797)을 출간함으로써 비로소 자신의 체계를 완결했다고 자부할 수 있었던 칸트와 달리, 젊은 시절부터 체계로서의 철학을 추구했던 피히테나 셸링 그리고 헤겔이 자신들의 체계를 완성했다고 주장할 만한 근거는 매우 희박하다. 이들은 저마다 체계의 부분들을 끊임없이 개조하고 증축하는 데에 일생을 보냈기 때문이다. 헤겔 철학의 체계를 드러내는 것으로 여겨지는 그의 『철학백과**요강**』은 사실 『개요』와 마찬가지로 강의용 학생 참고서로 저술된 것이다. 헤겔 또한 자신의 철학 체계를 본격적으로 전개한 **전문** 저서를 남기지 못한 것이다. 오히려 주목해야 할 것은 『정신현상학』의 또 다른 문장이다. "참된 것은 전체이다. 그러나 전체는 오직 자신의 **발전**을 통해서만 완성**해가는** 본질이다"(PhG, 19). 전체로서의 체계는 늘 발전 중에 있기에 스스로를 완성시켜 나가는 활동성으로만 이해되어야 한다는 것이다. 따라서 헤겔에게 체계란 결코 폐쇄된 완결성을 지니지 않는다. 오히려 완결로서의 체계는 이념으로 설정되는 것이며, 더 중요한 것은 이에 도달해가는 체계 내적 발전 과정이다. 『철학백과요강』의 세 판본들을 비교만 해보아도, 말년에 저술된 『논리의 학』 존재론(1832)과 이전 판본의 목차만 비교해 보아도 헤겔이 얼마나 개정에 개정을 거듭했는지 확인할 수 있을 것이다. 헤겔의 체계는 학문과 세계의 발전에 발맞추어 끊임없이 개선되는 열린 체계라 할 수 있다. 인륜적이어야 할 국가에 대해서도 헤겔은 이렇게 말한다. "자유로운 주체성의 원리를 자기 안에서 인내하지 못하고 도야된 이성에 **상응할** 줄도 모르는" 국가는 "일면적인 것"이다(RHt, § 273). 그렇기에 헤겔 법철학 또한 열린 인륜성의 체계로 이해되어야 한다.

둘째로 교정하고 싶은 시각은 자유주의=진보주의 시각 틀이다. 바꾸어 말하자면 겉으로 자유주의적인 주장을 표방한다고 해서 그 사람이 정말 꼭 진보적이지는 않았다는 것이다. 로수르도(D. Losurdo)는 얼마 전 『헤겔과 근대인의 자유』(2000)를 통해 자유주의의 이념적 굴절이 진보와 보수 양 진영에 걸쳐 얼마나 복잡하게 착종되어 있었는지를 매우 섬세한 시대사적 상황과 함께 보여준 바 있다. 헤겔을 그렇게 악의적으로 묘사했던 하임은 사실 '**민족**자유주의(nationalliberal)' 성향의 인물이었으며, 그래서 비스마르크의 철권 정치를 열렬히 추종하기도 했다. 본문에서 밝혀지겠지만 헤겔은 비슷한 성향을 지닌 프리스의 반유대주의적 배타성을 날카롭게 지적한다. 그런데 자유주의는 더 나아가 복고적인 귀족 세력의 논거로 주장되기도 했다. 전통적으로 군주와 신하 간에 체결했던 계약을 어느 한쪽이 일방적으로 파기해서는 안 되며, 봉건적 계약 질서는 지속되어야 한다는 식으로 말이다. 예를 들어 할러는 평등한 당사자들 간의 사회계약을 전면 부정하며, 오히려 신이 부여한 자연적인 불평등에 기초해 수직적 위계질서에 놓여 있는 자들 간의 사법적(私法的) 계약 관계를 국가의 근거로 간주하고자 한다. 이러한 관점은 경제적 불평등이 만연한 시민사회 내 개인들 간의 자유로운 사적인 계약에까지 쉽게 이어질 수 있다. 헤겔이 「1815년과 1816년에 이루어진 뷔르템베르크 왕국 신분의회 심의들」(1817)에서 귀족 집단을 비판한 것도, 이들의 사법(私法)=국법의 자유주의적 국가관을 겨냥한 것이었다고 할 수 있다. 일찍이 근대 국가 창출의 견인차 역할을 했던 사회계약 이론의 자유주의가 왕정복고 시기엔 구(舊) 세력들의 정당화 이데올로기로 악용되고 있었던 것이다. 헤겔이 틈만 나면 사회계약 이론을 비판하는 것은 이 이론이 함유하는 이러한 '자유주의적 개인주의'의 한계 때문이었다.[1] 그러나 이에 대한 자세한 논의는 이 책에서 다루어질 수 없었다.[2]

마지막으로 제안하고 싶은 것은 아직 나의 고민거리로 남아 있는 것이다. 말하자면 오늘날 현대 철학, 특히 영미 철학에서 관용어처럼 되어버린 자유주의-공동체주의의 대립적인 시각 틀이 과연 독일 고전 철학에 그대로 적용될 수 있는 것인지 하는 의문이다. 사람들은 흔히 칸트를 로크 전통을 이어받은 자유주의 철학자로, 헤겔을 아리스토텔레스 전통의 공동체주의 철학자로 도식화하곤 한다. 그러나 실제 원문을 읽다 보면 이러한 시각 틀은 자주 깨지기 십상이다. 이를테면 칸트 또한 '최고 명령권자'에게 '사적인 사용을 위한 어떠한 국유지'도 허용하고 있지 않으며, 빈민이나 고아의 보호제도 및 그 과세의 중요성을 역설하고 있기 때문이다. 칸트가 적극적인 시민저항권을 불허한 것도 어찌 보면 국가 공동체의 안정성을 중요시한 그의 공동체주의적 성향 때문이라고 할 수 있을 것이다.[3] 헤겔에게서도 사정은 마찬가지이다. 그의 인륜적 국가는 결코 개인의 자유를 희생하고서라도 존립해야 하는 공동체가 아니다. 오히려 헤겔은 개별 인간의 "주관적 자유"가 누구나 보편적으로 향유할 수 있는 "객관적 자유"와 통일된 "실체적 의지의 현실"로서 국가를 구상했다. 스스로를 "보편성에로 고양"시킬 줄 아는 개인의 자유를 최대한 보장한다면, 국가시민 또한 위기가 닥친 나라를 위해 기꺼이 희생하려는 "애국심"을 자발적으로 발휘할 수 있을 것이라는 게 헤겔의 생각이다(GPR, §§258, 268). 따라서 독일 고전 철학과 관련해 자유주의-공동체주의의 대립된 시각 틀은 교정되어야 한다. 나는 이에 대한 대안을 아직 모색 중이다. 현명한 독자의 혜안을 부탁드리고 싶다.

사족처럼 한 가지만 덧붙이자. 그러면 독재 권력과 타협한 철학자의 사상은 송두리째 폐기되어야 하는가? 그렇지 않다. 적어도 실제 상황과 무관한 그의 탁월한 철학 영역이 있다면, 더욱 그렇지 않다. 오히려 우리는 그 철학자의 순수 이론을 통해 세상을 그와는 또 다르게 볼 수 있는 지혜를 얻을 수 있기 때문이다. 존재와 시간은 언제나 지금 여기를 넘어선다. 일찍이 훔볼트는 한 철학자의 저작을 하나든 전부든 평가하면서 '언제나 동시에 그 전체 인간 자체까지 비평하려는' 자세를 '악의적인 방식'이라 비난한 적이 있다.[4] 그 철학자의 인간 됨됨이 자체를 보려면 그의 역사 속으로 들어가야 할 것이다. 그리고 그의 실천 철학이 그의 시대를 넘어 오늘날까지 음미될 만한 보편적 의미를 전해준다면 금상첨화이겠다. 헤겔이 말하는 자유의지의 현존이 인간의 영원한 본질이라면, 이러한 사상을 통해 포착된 우리의 시대 또한 새롭게 조망될 수 있을 것이다. "철학은 사상 속에 포착된 **그의** 시대(Die Philosophie ist *ihre* Zeit in Gedanken erfaßt)"이기 때문이다 (GPR, 26).

이 책은 나의 이전 논문들을 재편집하고 부분적으로는 재서술하여 책의 형태로 만든 것이다. 이러한 작업은 평소 내 글에 많은 관심을 보여주고 지속적으로 조언해 준 사월의책 박동수 편집장의 독려 때문에 가능했다. 너무 긴 시간을 기다리게 한 미안함과 그럼에도 흔쾌히 교열을 거듭해 준 고마움을 깊은 마음으로 함께 전하고 싶다. 늘 어려운 여건임에도 인문 저서의 생명력을 이어가려 하는 안희곤 대표께도 감사의 말씀을 드린다. 끝으로 이런 복잡한 생각들보다는 맑은 웃음을 좋아하는 아내 효정에게 이 책을 바친다.

남기호

I.

탄압의 시대

/

프로이센 정부의 언론 탄압과 헤겔의 위험한 생각

유럽의 격변기를 살았던 헤겔의 갑작스러운 죽음(1831년 11월 14일 사망)은 우리에게 많은 아쉬움을 남긴다. 특히 나폴레옹 전쟁 이후 1815년 빈에서 시작된 왕정복고 정치는 헤겔의 베를린 시기를 전면적으로 규정지었다. 당시 정치 풍토에선 어느 철학자든 자신 고유의 사상을 선명하게 드러내기 어려웠다. 그 후 프로이센 왕정복고는 1848년 3월 베를린 혁명의 거대한 저항에 부딪히게 된다. 이 저항은 이미 그 이전부터 좌우 이념이 첨예한 대결 양상을 띠고 있었음을 의미한다. 자연히 각 정치 세력은 자신의 이념을 이론적으로 정당화하기 위해 당대 저명한 학자들을 자기편으로 끌어들이거나 배척하려 애썼다. 문제는 그런 이론적 정당화가 문헌에 바탕을 둔 객관적 연구를 통해서가 아니라 주로 각자의 **이념적 편향**에 기초한 일방적 해석을 통해 이루어졌다는 데 있다. 그 대표적 희생양이 바로 좌파와 우파, 청년기와 노년기로 갈린 헤겔 철학에 대한 얽히고설킨 해석일 것이다. 때가 무르익었다 해도 이미 죽은 헤겔이 자신의 진짜 생각을 표명할 수는 없다. 남은 것은 이념적 해석들의 대결뿐이었다.

헤겔 철학에 대한 가장 대표적인 곡해는 아마도 루돌프 하임(R. Haym)의 『헤겔과 그의 시대』일 것이다. 1839년 할레에서 자유주의 학생운동 단체인 부르셴샤프트(Burschenschaft)에 가입하기도 했으며 후에 비스마르크를 열렬히 지지하기도 했던[1] 하임은 시종일관 헤겔에 대해 중상에 가까운 비난을 서슴지 않는다. 그가 유일하게 긍정적으로 묘사하는 것은 프랑스 혁명에 고무되어 셸링과 함께 '자유의 나무'를 심었던[2] 튀빙겐 대학 시절과 뒤이은 베른 가정교사 시절 몇 년 동안의 헤겔일 뿐이다. 이마저도 당시 '학생들의 도취'에 잠시 사로잡힌 것일 뿐, 훗날 '철저한 반혁명주의자 헤겔'은 곧 공포 정치에 대한 반감으로 혁명에 거리를 두게 되었다는 것이다. 이러한 거리두기는 베를린 시기 헤겔 철학이 '프로이센 철학이 되는' 데에 일조하였기에, 하임은 자신의 저서 전체의 목적이 '프로이센 국가와 헤겔 이론'의 '친화성'을 폭로하는 것임을 밝힌다.[3] 하임의 이러한 곡해는 그 후 좌파 진영의 표준적인 헤겔 비판 문구로 자리 잡는다. 이 문구는 오늘날 국내 여러 문헌에서 여전히 되풀이되고 있다. 인기 있는 한 철학 입문서는 헤겔이 '프로이센 국가를' '절대정신의 실현을' '책임지는 국가로 간주'했다고 소개한다.[4] 헤겔 연구자마저 헤겔을 보수적 국가 옹호자라거나 '보수적인 것과 혁명적인 것'을 '동시에 포괄하면서도' '언제나 프로이센적 독일에 국한'된 신정론적 '절대주의' 국가 철학자로[5] 묘사하곤 한다. 무엇보다 1980년대 한국의 민주화 운동 시기 주로 마르크스주의를 통해 헤겔이 읽혀졌던 영향 때문일 것이다.

이 장에서는 우선 이토록 오도되어 온 헤겔에 대한 평가를 몇몇 정치적 사건들과 연계해 교정하고자 한다. 물론 처음부터 좌우 각 이념 진영에서 잘못 끌어들인 혹은 잘못 배척된 헤겔 해석들을 일일이 살펴볼 수는 없을 것이며,[6] 여기서는 다만 헤겔이 프로이센 국가 철학자라는 악명 높은 평가만을 겨냥하고자 한다. 중요한 것은 역사 속의 헤겔을 제대로 그려보는 선행 작업이다. 베를린 시기 그의 삶에 직접 몰아친 주요 정치 사건은 다른 무엇보다 대학생 단체인 부르셴샤프트 회원의 암살 행위와 선동자 축출 정책이라 할 수 있다. 이 일련의 사건들은 프로이센이 왕정복고를 본격적으로 추진하게 된 요인들로 평가된다. 따라서 이에 대한 헤겔의 반응은 역사 속 헤겔 상(像)의 좋은 지표라 할 수 있다. 이 장은 이 일련의 사건들과 헤겔의 반응에 대한 하나의 역사적 보고이다. 이에 대해서는 헤겔 서신들을 편집한 요하네스 호프마이스터(J. Hoffmeister)와 헤겔의 베를린 시기를 집중 조명한 자크 동(Jacques d'Hondt)이 이미 많은 정보를 제공하고 있다. 이 두 역사적 헤겔 해석을 중심으로 최근 연구들을 참조한다면 적어도 역사 속의 헤겔이 결코 그런 국가 철학자로 등장할 수 없다는 것이 밝혀질 것이다.

1.
헤겔의 베를린 이주와 왕정복고 시대의 개막

무엇보다 먼저 극복되어야 할 오해가 있다. 헤겔의 베를린 이주를 마치 프로이센 정부의 부름에 호응한 충성으로 보는 견해이다. 그의 초빙이 겉보기에는 프로이센 장관의 영향력에 힘입은 것이었으니 그럴 만도 하다. 그렇지만 여기에는 정치적 격변과 연동한 헤겔 삶의 여러 요소들이 작용했다. 일찍이 젊은 시절부터 헤겔은 "한 나라"의 "수도"에서 살고 싶다는 소망을 간직하고 있었다(B1, 22). 밤베르크 신문 편집장 시절(1807-1808) 그는 이미 이렇게 뮌헨으로 진출한 프리드리히 니트하머(F. I. Niethammer)에게 그곳에 함께 있고 싶다는 소망을 피력한 바 있고, 베를린 이주 전후에도 같은 생각을 전한 바가 있다.[7] 뉘른베르크 김나지움 교장 시절 초 그의 소망은 동시에 다시 "대학에서 교수가 되는 것"으로 표출된다(B2, 5). 뉘른베르크 시기(1808-1816)는 이 소망을 위해 예나 시절(1801-1807) 미흡했던 자신의 "강의의 자유로움과 명료성"을 "연습"하던 시기라 할 수 있다. 이 시기 끝 무렵 그의 논적 프리스(J. F. Fries)가 하이델베르크 대학에서 예나 대학으로 자리를 옮기자 공석이 된 그 자리를 문의하며 그는 여전히 "엄격하게" "공책"에 의존해 강의하지만 상당히 향상되었다고 자평한다(B2, 74-75). 그러나 당시 그가 알아보던 자리는 그곳만이 아니었다. 적어도 1812년부터 그는 또한 튀빙겐, 에를랑겐, 베를린, 심지어 홀란트에 있는 대학까지 교수직을 물색하고 있었다. 이 시기는 나폴레옹이 실각하여(1814) 그 이전까지 근대적인 개혁 정책을 추진하던 바이에른 주에 복고적인 반동 정치가 확산되던 때이기도 했다. 헤겔의 멘토였던 뮌헨의 니트하머뿐만 아니라 바이에른 주에 속했던 뉘른베르크의 헤겔 자신에게도 "학교 및 교육 제도에 대한 회한"이 몰아친 것이다(B2, 107).

기회는 뜻하지 않게 한꺼번에 왔다. 1816년 동시에 세 곳에서 초빙 시도가 이루어진 것이다. 한편으로 헤겔은 지인들이 많았던 하이델베르크 대학에 거의 자리를 마련해 가고 있었다. 다른 한편 헤겔의 이론적 적대자 슐라이어마허가 총장으로 있던 베를린 대학 쪽에서 먼저 이미 사망한 피히테의 공석을 채우기 위해 후보자를 고르기 시작했다. 일은 철학과 교수 데 베테(Wilhelm Martin Leberecht de Wette)가 이미 예나에 있는 자신의 친구 프리스를 초빙하려 하면서 시작되었다. 당시 셸링 초빙이 불가능하다 보았던 그의 동료 교수들이 차선책으로 헤겔을 선호하는 듯하자 데 베테는 '자연철학을 증오했던' 당시 교육부 장관에게 헤겔이 '셸링주의자'라 험담하기까지 했다. 반(反)계몽주의 옹호자였던 교육부 장관 슈크만(K. F. v. Schuckmann)은 뉘른베르크에 관료들을 보내 헤겔을 재평가하도록 함으로써 일을 지연시켰다. 이 관료들마저 헤겔을 좋게 평가하자 슈크만은 1816년 8월 24일 헤겔에게 직접 편지를 써서 우선 예전에 서툴렀다는 '그의 강의에 대한 의구심에 입장을 표명'해 줄 것을 요구한다. 그러나 바로 같은 날 헤겔은 이미 하이델베르크 대학 초빙을 수락하는 편지를 보낸 후였다. 곧이어 헤겔이 교장직 사직서를 제출한 뮌헨 당국으로부터 니트하머의 조력에 의해 같은 해 9월 5일 헤겔의 에를랑겐 대학 초빙이 결정된다. 헤겔은 베를린 쪽에는 이미 수락한 초빙으로 인해 "더 넓은 입지점에 대한 전망"을 가질 수 없어 매우 **유감**스럽다는 답변을, 뮌헨 쪽에는 베를린 대학 초빙까지 거절했기에 에를랑겐 대학의 자리도 **부득불** 받아들일 수 없다는 답변을 따로따로 보낸다.[8] 이 두 답변들의 상이한 어조는 바이에른 복고 정치에 대한 헤겔의 **반감**으로 설명될 수 있다.

헤겔이 2년도 채 안 되어(1816-1818) 하이델베르크를 떠난 것도 같은 이유로 설명될 수 있다. 이곳에서 헤겔의 제자가 되어 베를린까지 따라온 리하르트 로테(R. Rohte)의 보고에 따르면 당시 바덴 대공의 죽음으로 대공국 상속 문제가 논란거리가 되고 있었으며, 점점 '팔츠 지역이 바이에른에, 브라이스가우 지역이 오스트리아에' 넘어갈 가능성이 커졌다고 한다. 그렇게 되면 팔츠에 속한 하이델베르크 대학의 헤겔은 다시금 혐오스러운 복고 정치가 한창인 바이에른의 시민이 된다.[9] 차라리 헤겔은 그나마 근대 개혁이 여전히 추진되고 있는 베를린을 선택한 셈이다. 따라서 헤겔의 베를린 선택은 그의 도시 성향으로만 설명되지 않는다. 그의 선택에는 언제나 **개혁** 정치를 향한 그의 정치적 성향이 결정적인 역할을 했다. 게다가 그는 항상 프로이센을 열망한 것이 결코 아니다. 오토 푀겔러(O. Pöggeler)의 연구에 따르면 헤겔은 프랑스 혁명이 공포 정치를 일삼는 군주적 '중앙집권주의'로 진척되는 것에 대한 실망으로 예나 시기 초 한때 대의 신분들의 자율성과 종교의 자유가 보장되던 '오스트리아를 독일 제국의 대변자'로 선택한 적이 있다. 그 당시 그는 프로이센을 그런 중앙집권주의가 피히테식의 '전체주의' 경찰국가로 변질되는 나라라고 혹평한 바 있다. 그 후 그는 '사령관이 아니라 **개혁가** 나폴레옹'의 '법전 도입'과 개혁을 환영하게 되며,[10] 나폴레옹 실각을 그의 삶에서 "가장 비극적인 것(τραγικωτατον)"으로 개탄하기도 한다(B2, 27-28). 남은 것은 조금이나마 개혁이 추진되고 있는 곳이었다. 당시 왕정복고가 확산되던 프로이센의 다른 지역들과 달리 베를린만은 여전히 어느 정도나마 개혁의 길을 꾸준히 가고 있었다. 여기에는 두 정치가가 큰 몫을 했다.

그 중 한 사람이 바로 헤겔을 직접 데려온 알텐슈타인 남작(Frhr. Altenstein, 1770-1840)이다. 슈크만의 후임으로 새로 개설된 문부성 장관직에 임명되자마자(1817) 그가 제일 먼저 한 일은 피히테의 후임을 찾는 일이었다. 이미 1817년 가을 헤겔과 사적인 만남도 우연히 한 번 있었고 파견 관리들의 추천도 있었기에 그는 헤겔의 초빙을 다양한 교육 개혁의 가능성과 함께 추진한다. 그 가능성 중에는 '베를린 왕립 학술원에 커다란 변화'를 일으키려는 의도도 있었다.[11] 여기서 간과하지 말아야 할 것은 알텐슈타인의 정치적 입장이다. 그는 귀족 특권과 신하 관직세습의 철폐를 주장했으며, '모든 행정 단계에서의 민족 대의'와 '경제적 자유주의'를 지지했다. 그러면서도 당시에는 획기적으로 '8세 이하 아동 고용 금지'를 요구했으며, '계몽가'로서 '교회 갈등을 종교적 관점보다는 철학적 정치적 관점에서' 해결하길 원했고, 이를 위해 무엇보다 '민족 교양'과 '학문의 자유'를 중요시했다. 또 다른 개혁 정치가는 1818년 프로이센 정부 재상(宰相)이 된 하르덴베르크(K. A. v. Hardenberg)이다. 일찍이 프랑스 혁명 추종자였으며, 알텐슈타인의 정치적 지지자이자 계몽가로서 군주제 내에 '민주주의 원칙들'을 도입하기 위해 '민족 대의'와 경제 및 종교의 자유, 교육 개혁을 주도한 바 있는 그는 **독립적인** 근대 국가 수립 시도에 적대적이었던 나폴레옹에 의해 축출되어 알텐슈타인과 함께 망명길에 오른 적도 있는 인물이다.[12]

그러나 문제는 이들을 중심으로 한 개혁 정치 세력들이 소수였다는 데에 있다. 이미 고령이었던 하르덴베르크는 재상으로 임명되고 4년 후에 사망한다. 선왕(先王)처럼 개혁을 약속했지만 자신의 왕좌를 지키기 위해 어정쩡하게 처신했던 프리드리히 빌헬름 3세 주위엔 점점 종교를 국가의 필연적 지반으로 생각했던 봉건 귀족들이 득세하게 된다. 이들은 훗날 프리드리히 빌헬름 4세가 된(1840) 황태자를 중심으로 소위 '황태자파(Kronprinzenpartei)'를 형성해 철학적 낭만주의, 종교적 경건주의 그리고 정치적 반동을 부추겼다. 헤겔이 하이델베르크의 우호적인 많은 동료들을 떠나 적대자들이 득실거리는, 게다가 이들보다 못한 봉급을 받으면서까지 베를린으로 이주할 때, 고려하지 못한 것은 바로 이 점이었다. 알텐슈타인의 베를린 학술원 가입 약속도 슐라이어마허의 반대로 끝내 이루어지지 못했다. 그렇게 점점 정치적 입지가 약화되던 알텐슈타인과 헤겔이 개인적인 친분까지 맺게 된 것은 사실이다. 그러나 헤겔이 프로이센 정부의 비호를 받았다는 악담은 전혀 설득력이 없다. 비호를 받았다면 왕정복고 세력이 아니라 이에 맞서 개혁의 힘을 소진시켜 가던 소수 계몽 정치가들에 의한 것이었다. 그 대표적인 사건이 바로 부르셴샤프트 회원의 암살 사건으로 인해 몰아친 '선동자 축출' 정책이다.[13]

선동자 축출 정책을 이해하기 위해서는 먼저 빈 회의(1814-1815)에서 결정된 왕정복고의 기조(基調)를 살펴볼 필요가 있다. 빈 회의의 주요 목적은 나폴레옹 전쟁에 책임을 묻는 것이라기보다 그의 실각 후 유럽의 세력 균형을 옛 왕조들의 재건을 통해 모색하는 것이었다. 아직 정치적으로 공동화(空洞化)된 영역을 메울 대안 세력이 없었으니 현존하거나 부활한 왕조 중심의 영토 재편은 어찌 보면 자연스러운 움직임이었을 것이다. 이 체제의 야누스적 측면은 그것이 보수적이든 근대적이든 헌법 제정에 있어서는 각 나라에 최대한의 자율권을 부여했다는 것이다. 회의를 주도한 메테르니히 같은 인물에겐 이 자율권이 옛 왕조의 고유 권한이어야 하겠지만, 당시 외교관 자격으로 참석한 프로이센의 하르덴베르크나 영국의 캐슬레이(R. S. Castlereagh)에겐 근대적 입법과 세력 균형의 기회이기도 했다. 또 다른 참석자로서 계몽 군주이긴 했지만 영토적 야심이 더 컸던 러시아의 알렉산드르 1세는 그 후 프로이센과 오스트리아 왕을 직접 끌어들여 기독교 정신에 입각한 유럽의 항구적인 평화체제를 목표로 하는 신성동맹(1815)을 주도한다. 지배 군주들에겐 왕권신수설에 입각한 옛 유럽 체제의 부활이 기본 노선이었던 셈이다.

나폴레옹은 영토적 야심이 많았던 황제였지만 유럽에 근대적인 법전을 강제로나마 주입시킨 개혁가이기도 했다. 그의 정복 전쟁 또한 침략국 민족에겐 처음으로 국가적 해방이라는 **공통** 과제를 부여했다. 이른바 민족국가(Nation) 의식이 유럽에 **본격적으로** 등장하는 계기가 되었던 것이다.[14] 특히 여러 군주들의 지배 체제로 영토가 분할되어 있던 독일에게 이 통일적인 민족의식은 곧바로 근대 국가 건립이라는 열망과 결합되었다. 더구나 빈 체제가 보장한 헌법 제정의 자율성은 자연스럽게 이 자발적인 시민의 열망과 연결될 수 있었다. 그 대표적인 조직이 바로 1815년 6월 12일 예나 대학에서 '조국의 자유와 독립을 목표로' 결성되어 급속히 확산된 독일 최초의 반정부 대학생 단체 부르셴샤프트(Burschenschaft)이다.[15] 그러나 이 단체의 한계는 무엇보다 해방 전쟁에 참여한 적이 있는 대다수 회원들의 애국주의가 진보적인 정치 자유주의와 물과 기름처럼 뒤섞였다는 데에 있다. 이들의 애국주의는 쉽게 '국수주의'나 '외국인 혐오와 반유대주의'로 변질될 수 있었다. 이들의 자유주의 또한 종종 '중세'를 향한 '전원적' '낭만주의'로 경도되곤 했다.[16] 당시 이들에게 가장 시급한 당면 과제는 프리드리히 빌헬름 3세가 1815년 5월 22일 칙령을 통해 추후 프로이센 헌법을 제정하겠다고 한 약속을 조속히 이행하도록 하는 것이었다.[17] 이 약속은 사실 빈 회의 도중 하르덴베르크가 왕을 독촉해 얻어낸 성과물이었다. 그러나 구체제의 부활을 꿈꾸는 유럽 군주들에게 자유주의나 민족주의 헌법 제정은 모두 자신들의 권력 축소를 위한 반체제 음모로 비춰졌다. 급기야 부르셴샤프트는 예나 학생들을 중심으로 1817년 10월 17일 튀링겐의 바르트부르크(Wartburg) 성(城)에 모여 독일의 통일과 자유주의 헌법 제정을 요구하는 집회를 열게 된다. 그 곳은 일찍이 루터가 성서를 번역한 곳이며, 그 개최 시기는 루터가 95

개 논제로 종교개혁을 시작한 지(1517년 10월 31일) 300주년이자 나폴레옹에 대한 라이프치히 해방 전쟁(1813년 10월 16-19일) 4주년이기도 했다. 몇몇 학생과 교수의 연설이 이어진 기념집회는 축제 분위기였지만, 급진적인 학생들에 의해 반동적이라 간주된 책들과 상징물들이 불태워지기도 했다.[18]

비교적 긴 시절을 예나에서 보낸 적이 있는 헤겔에게 부르셴샤프트는 직간접적으로 어떻게든 연관이 있었기 마련이다. 몇몇을 꼽아본다면 헤겔의 예나 대학 동료 교수였던 오켄(Oken), 키저(Kieser), 슈바이처(Schweitzer) 등이 그 축제에 참석했으며, 한때 집안에서 헤겔의 사생아를 돌본 적이 있는 예나 서적상 프롬만(F. Frommann)의 아들과 처조카들[19]도 거기에 있었다. 헤겔의 처남 고틀리프 폰 투허(Gottlieb von Tucher)는 부르셴샤프트에 혁명적인 조언자 역할을 하기도 했으며, 헤겔의 제자인 아스베루스, 카로베, 헤닝, 울리히, 빅토르 쿠쟁, 니트하머의 아들 율리우스 니트하머 등도 그 회원이었다.[20] 헤겔 자신도 1819년 5월 2일 베를린 근교 피헬스베르크(Pichelsberg)에서 개최된 부르셴샤프트 축제에 슐라이어마허, 데 베테 등과 함께 참석한 바 있다.[21]

특히 회원들이 자주 모이던 프롬만 집안에는 부르셴샤프트의 열렬한 지지자였던 예나 역사학 교수 하인리히 루덴(H. Luden)이 머물고 있기도 했다. 루덴은 독일 극작가이면서 러시아 문화 사절 및 총영사로 일하던, 특히 학문의 자유를 비롯한 모든 정치적 자유주의에 공공연히 비난을 퍼부었던[22] 아우구스트 코체부(A. Kotzebue)와 역사 논쟁을 벌인 적이 있다. 코체부의 역사책은 바르트부르크에서 이미 불태워진 바 있으며, 그때 에를랑겐 대학 대표로 참석했던 신학생 카를 루트비히 잔트(K. L. Sand)는 그 축제 이후 예나 대학으로 옮겨 공부하며 프롬만 서점을 자주 들른 것으로 전해진다. 마침 예나 대학에는 급진적인 교수 카를 폴렌(K. Follen)이 조국의 자유와 통일을 위해 정치적 암살까지 권유하는 글을 신문에 실은 바 있었다. 이에 확신을 굳힌 잔트는 결국 코체부를 러시아 스파이라 간주하여 만하임에서 1819년 3월 23일 그의 어린 아들이 지켜보는 가운데 단도로 암살하게 된다. 이 사건은 그 자체로 보면 과격주의자의 정신 나간 범행에 지나지 않았다. 잔트는 자살을 시도했으나 실패했고 건강에서 회복되길 기다려 1820년 5월 5일에 군도(軍刀)로 사형에 처해진다.[23] 그러나 이 사건이야말로 프로이센에 왕정복고를 본격적으로 추진할 수 있는 호기로 작용하게 된다. 정부는 과격한 선동자들을 축출해야 한다는 명분하에 자유주의와 민족주의를 전면적으로 탄압할 수 있었기 때문이다. 메테르니히는 우선 이 사건을 체제에 대항하는 혁명 운동의 일환으로 의도적으로 확대 해석했고, 1819년 8월 거의 한 달 동안 카를스바트에 독일 10개 연방국 재상들을 불러 모아 부르셴샤프트 해체, 국가의 엄격한 대학 감독, 출판물 검열, 반체제 음모 색출, 자유주의와 민족주의 탄압 등을 골자로 하는 카를스바트 결의(Karlsbader Beschlüsse)를 통과시켰다.[24] 이 결의로 인해 이제 야누스적인 빈 체제의 성가신 측면이 **제거**될 수 있었다. 곧이어 추진력을 얻은 봉건 귀족들에 의해 이른바 선동자 축출(Demagogenverfolgungen)이라 불리는 억압 정책이 전 독일에 시행된 것이다. 황태자파(派)는 환호했겠지만, 막 베를린 생활을 시작한 헤겔에게 결코 좋은 소식은 아니었다.

2.
제자와 친구들이 받은 탄압과 헤겔의 처신

지금부터 이 선동자 축출 정책을 전후로 한 헤겔의 정치적 대응을 살펴보자. 그의 베를린 이주가 복고 정치에 대한 반감에서 비롯되었다면, 남은 문제는 이제 베를린에서의 헤겔의 태도이다. 이때 주의해야 할 것은 아무런 해도 입지 않은 당대 정치인들과 헤겔의 친분이나 축출 정책 개시 이후 검열을 통해 출판된 그의 『법철학 개요』(1820)만 가지고는 모든 것이 설명될 수 없다는 점이다. 가장 좋은 접근은 그의 주변 인물들이 받은 탄압과 헤겔의 처신에 대한 자료이다.

먼저 헤겔의 제자들과 친구들이 줄줄이 체포되었다. 연도별로 본다면 잔트의 암살 이전에 이미 체포된 적이 있는 헤겔의 친구 프리드리히 푀르스터(F. Ch. Förster, 1791-1868)가 있다. 그는 예나와 알텐부르크에서 학업을 마친 후 해방 전쟁에 참여한 적이 있는 전쟁 영웅이었으며 전후에는 베를린 포병학교에서 전쟁사를 가르쳤다. 독일 통일과 정치적 자유주의의 급진적 추종자로서 그는 전후 독일에서 부각되기 시작한 왕정복고 세력을 당시 하인리히 루덴이 편집한 『네메시스(Nemesis)』에 기고한 글을 통해 대놓고 공격했다. 그로 인해 공직에서 박탈당하고 1818년 8월 11일에 군사법정에 서게 된다. 그럼에도 여전히 애국주의와 자유주의 성향이 남아 있던 군사법원은 무죄 방면하지만, 프로이센 정부는 그를 공직에 복귀시키지 않는다. 그는 헤겔이 1818년 9월 베를린으로 이주한 후 그의 철학에 감화되어 그의 제자들 및 친구들과 친분을 맺게 된다. 화가로 유명한 그의 동생 에른스트 푀르스터(E. J. Förster)가 헤겔 강의를 듣게 된 것도 그의 영향 때문이었을 것이다. 프리드리히 푀르스터는 앞서 언급한 피헬스베르크 집회에 참석해 코체부의 죽음에 대해 다음처럼 건배 제안을 한 것으로 알려진다. '우리는 잔트의 쾌유를 위해서가 아니라, [더 이상] 단도로 찌르는 일이 없어도 악이 패배하길 바라며 마십시다.'[25] 많이 유화된 그의 이런 태도는 헤겔의 사상적 영향 때문인 것으로 평가된다. 그는 이후에 헤겔의 주선으로 직업을 다시 얻은 것으로 알려지며, 헤겔 사후 우인회(友人會, Freundesverein) 일원으로 헤겔 전집의 미학 부분을 담당했다.[26]

잔트의 암살 몇 주 후 1819년 4월 8일에는 구스타프 아스베루스(G. Asverus, 1798-1843)가 체포되었다. 그는 헤겔이 예나 시절 법률 자문을 구하기도 했던 예나 법조인 루트비히 아스베루스(L. Ch. F. Asverus)의 아들로서 예나 부르셴샤프트 지도자였으며, 1818년 하이델베르크에서 헤겔의 제자가 되어 베를린까지 그를 따라갔다. 그는 하이델베르크 부르셴샤프트에도 가입하여 헤겔의 다른 제자인 카로베와 율리우스 니트하머의 노선과 충돌할 정도로 급진적 의견을 피력한 것으로 알려진다. 특히 부르셴샤프트의 국가 이상으로 헤겔의 이론을 택하자는 니트하머의 제안에 고틀리프 폰 투허와 함께 격렬히 반대했으며, 유대인과 외국인도 가입할 수 있는 부르셴샤프트의 보편화를 주장한 카로베(Carové)를 '어리석은 비겁자', '애석한 녀석(*Gar-o-weh*)'이라 비꼬기도 했다. 그럼에도 베를린에서 그가 처음 체포된 것은 잔트의 암살과 상관없이 예나 대학에서 예전에 친구와 벌인 결투(Duell) 때문이었다. 예나 대학의 요구로 이루어진 이 체포는 14일 구류 처분으로 끝났지만, 베를린 당국의 선동자 축출이 본격화되면서 같은 해 7월 15일 그는 다시 체포되어 7년간의 구금과 소송을 겪었다. 작센 바이마르 공작령의 고위 공무원이었던 그의 아버지는 외교적인 노력과 서신으로 아들을 구제하려 애썼으며, 헤겔은 그 아버지의 편지를 프로이센 경찰에 전달하거나 직접 편지를 써서 힘을 보태기도 했다. 게다가 헤겔 자신이 직접 보석금 보증을 통해 아스베루스의 일시적 석방을 이끌어내기도 했다. 그러나 당시에도 기이하게 보일 정도로—분명 본보기를 삼기 위해서였겠지만—오래 끌었던 심문과 소송은 1824년 마침내 반란 혐의로 7년형 일심 판결을, 1826년에는 증거 불충분으로 석방 판결을 내렸고, 같은 해 왕의 재심 요청으로 다시 조사를 진행하다가 11월 왕의 사면으로 종결되었다. 처음 체포되기 이전 겨울 학기에 아스베루스는 헤겔 법철학 강의를 듣고 나서 자신의 친구에게 이제는 외국인 혐오와 반유대주의에서 벗어난 '좀 더 절제된 노선'을 취하게 되었다고 쓴 바 있다. 그럼에도 그는 헤겔 철학이 자신의 '내면에 아무것도 변화시키지 않으리라는 것을 잘 안다'고 전한다. 그가 부모에게 쓴 편지로 밝힌, 자신의 내면과 통할 수 있는 헤겔 철학의 공로는 '**모든** 인간의 자유와 **내** 조국의 통일'이었다. 두 번째 체포 후 경찰 심문에서 그리고 1821년 친구에게 보내는 편지에서 그는 이제 부르셴샤프트가 '어떠한 정치적 목적도 가져서는 안 된다'고, 오히려 '국가 이념'을 '좀 더 이성적인 방식으로' 다듬는 데에 매진해야 한다고 밝힌다.[27]

헤겔 좌파로 활동한 아르놀트 루게(A. Ruge)는 아스베루스의 그러한 태도 변화로 인해 그와 헤겔 철학이 예나 부르셴샤프트에 의해 '공식적으로 비난받게' 되었다고 한다. 그럼에도 루게는 선입견 없이 헤겔과 아스베루스를 변호했노라 전하고 있다.[28] 자크 동은 아스베루스가 순수한 양심을 지닌 자는 아니어서 후에 헤겔의 어조로 말은 하지만 그의 '애국주의적 확신은 변하지 않았다'고 평가한다.[29] 이 보고에 따른다면 헤겔이 정말 학생 조직이라면 아무런 정치적 목적도 갖지 말아야 한다고 했는지 **의문**이다.

그다음 체포된 제자는 레오폴트 폰 헤닝(Leopold D. v. Henning, 1791-1866)이다. 그는 1818년부터 헤겔 강의를 들었으며 1822년부터는 카로베의 뒤를 이어 1830년까지 헤겔 법철학 보충 교사로 활동했다. 헤겔 법철학을 보충했던 다른 제자들, 즉 간스(E. Gans)나 미헬레트(K. L. Michelet)보다 더 간명하고 쉽게 헤겔 철학을 강의함으로써 많은 수강생이 몰렸던 것으로 전해진다. 특히 나폴레옹에 대한 그의 견해는 헤겔의 것과 잘 들어맞는 것으로 평가되며, 헤겔에게 나폴레옹 관련 문서들을 기회 있을 때마다 구해 주기도 했다. 그 자신이 부르셴샤프트 회원이었던 것이 아니라 단지 그 회원들을 친구로 두었던 그에게 1819년 7월 8일에 들이닥친 체포는 다른 사람들이, 특히 그의 계모가 그에게 보낸 편지들 속 인용문 때문이었다고 하니, 당시 선동자 축출이 얼마나 억지스러운 면이 많았는지를 잘 보여주는 사례라 하겠다. 인용문의 내용은 알려져 있지 않으며 헤겔에 따르면 10주간[30] 구금된 후 아무 무죄 선고도 받지 않고 풀려났다. 그 후 헤겔의 요청으로 공식 보충 교사로 고용되었으며, 1825년엔 베를린 대학 비정규 교수로 임용되었고 헤겔 사후엔 우인회 전집 출판에 논리학 부분을 담당했다. 1827년부터 헤겔학파 기관지인 『학문적 비판 연감(*Jahrbücher für wissenschaftliche Kritik*)』을 간스와 함께 열성적으로 운영했으나, 1840년대부터는 헤겔 좌파와 결별하고 점차 절대주의 복고 진영으로 전향한 것으로 알려진다.[31]

헤닝이 체포된 지 일주일도 안 된 1819년 7월 14일 카를 울리히(Karl Ulrich, 생몰 미상)가 또한 친구와 벌인 결투 때문에 체포 구금되었다. 당시 학생들 간에 종종 있던 결투는 대학 징계에 의해 14일 구류 정도로 끝나야 했지만, 이미 이런 처벌을 받은 바 있는 울리히는 110일 동안 구금되었다 풀려났다. 그는 한때 브레슬라우 부르셴샤프트에서 지도적인 역할을 한 적이 있었으며, 1817년에 베를린 대학으로 옮겨, 다음 해 이곳의 부르셴샤프트 창립을 주도했고 1819년엔 그 의장직을 맡고 있었다. 이 해 초에 그는 최초 예나 부르셴샤프트 창립에 정신적 지도자 역할을 했던, 오늘날 체조의 아버지로 알려져 있는 프리드리히 얀(F. L. Jahn)을 위해 공개적으로 만세를 부른 것으로 알려지며, 1820년 2월 27일 다시금 결투를 보증한 혐의로 체포되자 정부 당국은 그의 4주 구류와 퇴학을 요구했다. 이 요구는 학생 징벌권을 놓고 정부와 대학 간의 논쟁에 휘말렸으며, 대학의 징벌권이 우선적으로 인정되었지만 다혈질이었던 울리히는 결국 퇴학당해 대학이 없는 소도시의 말단 직책과 가정교사직을 경찰 감시 하에 전전하게 된다. 경찰 심문을 받으면서 그는 얀에게서 배웠으며 데 베테와 슐라이어마허와 사비니를 잘 안다고 진술했다. 좀처럼 굽힐 줄 모르는 성격이었던 그와 헤겔의 관계에 대해선 그가 헤겔에게 보낸, 외교 사무원 자리를 얻기 위해 힘써 달라는 편지 한 통만이 전해진다. 그러나 이 편지에서 그는 답장을 보내주신다면 정말 기쁠 것이며, '**늘 하듯이** 주의 깊게 다 읽고 폐기'하겠다고 말하고 있다.[32]

가장 큰 타격을 입은 것은 무엇보다 헤겔이 가장 아끼며 평생 관계를 유지했던 하이델베르크 시절의 제자 프리드리히 카로베(F. W. Carové, 1789-1852)라 할 수 있다. 온건한 지도자로서 외국인도 아우르는 부르셴샤프트의 보편화를 주장한 바 있는 카로베는 이 조직의 구성에 관한 논문으로 헤겔에게서 박사 학위를 받기도 했다.[33] 그는 바르트부르크 집회에서도 자신의 박사 논문과 동일한 취지의 연설을 함으로써 같은 날 연설했던 프리스의 반유대적 기본 입장과 정면충돌하기도 했었다. 헤겔은 베를린 이주 후 대학 당국에 헤닝보다 먼저 카로베를 자신의 법철학 강의 첫 보충 교사로 임명해 주길 공식 요청한다. 이 요청이 거부되었음에도 카로베는 무보수로 보충 강의를 잠시 했으며 교수자격 논문을 쓰기 위해 헤겔의 추천서를 들고 알텐슈타인을 방문하기도 했다. 화근은 이때 발생했다. 잔트의 암살이라는 민감한 현안에 대해 그는 '헤겔의 관점에서' 그런 행동을 거부한다는 공식적 입장이 담긴 소논문을 알텐슈타인에게 헌정한 것이다.[34] 신중한 장관은 그래도 만일을 위해 베를린 경찰 서장 캄프츠(v. Kamptz)에게 신원조회를 문의했고 카로베는 별 문제가 없다는 답변을 얻었다. 그러나 경찰부 장관을 지낸 적이 있고 당시엔 궁정 장관이었던 비트겐슈타인 백작(1770-1851)은 체포까지 하진 않았지만 1819년 11월 비난을 무릅쓰고 카로베 재조사를 추진했으며 이를 통해 '처음으로 헤겔에게'까지 날을 세우고자 했다. 헤겔의 노력과 알텐슈타인의 중재에 의해 우선 브레슬라우 대학에서 활동할 기회를 주기로 합의했으나, 협의만으로 끊임없이 감시를 당하던 카로베는 결국 대학에서의 직업은커녕 학업을 마칠 기회조차 완전히 박탈당한다. 베를린에서 카로베와 화해하게 되었다던 아스베루스는 다른 친구에게 보내는 편지에서 '자기 생각이 없는 머리'라고 카로베의 보충 강의를 험담하기도 했다. 그러나 카로베는 끝까지 헤겔을 협의에 노출시키지 않았으며 혁명적인 프랑스 작가들을 번역하며 여생을 보냈다.[35]

마지막으로 언급해야 할 사람은 당시 국제적인 이슈가 되었던 헤겔의 친구 빅토르 쿠쟁(V. Cousin, 1792-1867)의 체포이다. 그는 1817년 소르본 문예과 강사 신분으로 연구 여행 중에 처음으로 하이델베르크의 헤겔, 뮌헨의 셸링 및 야코비 등과 친분을 쌓은 것으로 전해진다. 1820년부터는 그의 자유주의 성향으로 인해 직책에서 해고된 후 몬테벨로(Montebello) 백작 부인의 가정교사로 있었다. 이 미망인의 아들은 독일 드레스덴의 한 여인과 결혼할 예정이었는데 건강이 여의치 않던 부인은 쿠쟁에게 자기 대신 아들의 혼사 여행을 부탁하게 된다. 이 여행 중 쿠쟁은 1824년 10월 24일 드레스덴에서 작센 경찰에 의해 체포되어 프로이센 경찰에 넘겨졌다. 다소 일방적으로 이루어진 이 체포는 사실상 프랑스 비밀경찰의 요청이 있었던 것으로 전해진다. 쿠쟁은 한때 프랑스에 피신 중인 이탈리아 피에몬테의 혁명가 산타 로사(Santa Rosa) 백작과 친교를 맺고 그를 보호해 준 적이 있었다. 비슷한 시기 드레스덴 지역을 여행 중이던 헤겔은 쿠쟁의 체포 "몇 주 전" 그를 만난 바 있었기에 그의 체포는 "놀랄 만한" 일이었으며, 곧이어 헤겔은 당시 내무부 장관이었던 슈크만에게 "정직하고 온순해 보이는 성격의" 그를 체포한 것은 뭔가 착오가 있었을 것이며 그를 면회해 도울 수 있는 기회를 달라는 간청 편지를 쓴다(B3, 75-78). 이 편지 외에 헤겔과 쿠쟁의 당시 만남에 대한 증거는 아내에게 보내는 헤겔의 드레스덴 편지들에도 쿠쟁의 경찰 심문 기록에도 없다. 당시 침묵만 하던 프로이센 지성인들과는 대조적으로 헤겔의 편지 발송은 용기 있는 의견 표명으로 여론에 소개되기도 했다. 그러나 로젠크란츠의 보고처럼 이 편지로 인해 쿠쟁이 석방된 것 같지는 않으며,[36] 헤겔의 프로이센 정부와의 좋은 관계 때문인 것은 더더욱 아니다. 헤겔의 간청은 무시되었고, 쿠쟁은 1825년 2월 1일에야 일시적인 베를린 강제 체류를 조건으로 석방될 수 있었다. 같은 달 20일에 사건은 종결된다. 그의 석방은 자크 동에 따르면 세 경찰 당국들의 불충분한 증거에 의한 섣부른 협조, 이 사실을 간파한 쿠쟁의 노련한 자기변호에 의한 것으로 평가된다. 덧붙여 상황을 속속들이 알고 있었던 헤겔의 편지발송 보도는 프랑스 경찰이 국제적 음모를 자중하게 하는 효과를 낳았다고 한다. 훗날 헤겔의 용기에 대한 감사 편지를 여러 번 쓰기도 했던 쿠쟁은 그러나 그의 철학은 잘 이해하지 못했던 것으로 보인다. 헤겔 사후 셸링이 임명되었을 때 그는 낭만적 셸링주의로 경도되었다.[37]

3.
헤겔의 정치적 지위와 입장

헤겔은 부르셴샤프트에 대한 자신의 입장을 그의 저서와 강의 어느 곳에도 명시적으로 남겨 놓지 않았다. 심지어 자기 제자들의 학문적 이해도를 평가하는 데 있어서도 그의 생각이 드러난 것이 거의 없다. 때문에 헤겔 자신뿐만 아니라 그의 강의를 보충한 제자들 또한 복고정치에 친화적이었는지 그렇지 않은지에 대한 판단은 지금도 그렇지만 당시에도 그리 간단한 문제는 아니었다. 헤겔 사후 정치적으로 노선이 갈린 제자들의 해석이 곧바로 헤겔 철학의 정수로 옹호되거나 비난받은 것도 이 때문이라 할 수 있다. 당시는 물증도 없이 단지 예방 차원이란 이유로 사람을 마음대로 붙잡고 가둘 수 있었던 예방구금(Präventivhaft)의 시대였다.[38] 누구든 극도로 신중한 삶을 살아야 했을 것이다. 1821년 6월 9일 니트하머에게 보낸 편지에서 헤겔은 "오켄의 자연철학"이 "무신론" 혐의로 금지된 것을 개탄해하며 스스로를 "평온을 사랑하는" "근심어린 인간"이라 묘사한다.

그렇지만 근심어린 헤겔이 베를린에서 그냥 평온만 찾아다닌 것은 아니다. "중심지에" 산다는 것은 "겉으로 보이는 것에 대해 좀 더 올바로 알" 수 있는 "이점"을 지니기에 헤겔은 이에 따라 주의 깊게 처신했다(B2, 272). 무엇보다 그는 자신의 지위와 인맥을 동원해 피해자들을 구명(救命)하려 애썼다. 그러나 주의해야 할 것은 헤겔과 친분이 있는 소수 정치인들이 모든 면에서 물심양면 그를 도울 수는 없었다는 점이다. 점점 세력을 키워가는 황태자파에 대항해 알텐슈타인은 자신의 문화 정치를 변호하거나 적어도 축소시키지 않아야 했다. 이를 위해 그는 헤겔에 적대적이었던 슐라이어마허의 자유주의도 모든 공격으로부터 보호하고자 했다.[39] 카로베 사건에서도 알 수 있듯이 그 또한 왕정복고 세력에게 일말의 구실도 주지 않으려 신중에 신중을 기했다. 계몽 군주제를 지지했던 재상 하르덴베르크는 헤겔이 직접 대면할 수 있었던 인물이 아니다. 그들 간에는 헤겔이 자신의 『개요』를 그에게 헌정하는 한 통의 편지 **초안**만이 전해진다.[40] 하르덴베르크는 빌헬름 3세를 곁에서 보좌하면서 늘 왕정복고 세력을 견제해야 했다. 물론 직접적인 접촉은 없었지만 헤겔 제자들의 구명에 그는 알텐슈타인과 함께 늘 힘을 아끼지 않았다. 그럼에도 그의 역할은 왕의 명령을 받아 선동자 축출에 앞장선 경찰 서장 캄프츠에게 공정한 조사 보고를 이끌어내는 정도였다. 게다가 자신의 책이 바르트부르크에서 불태워진 적이 있는 캄프츠는 궁정 장관 비트겐슈타인을 자신의 든든한 후견인으로 두고 매 사건마다 그에게 보고하고 있었다. 비트겐슈타인은 메테르니히와 친분이 매우 두터웠으며 프로이센 개혁 정치를 종결시키는 데 선봉에 선 대표적인 봉건 영주였다.[41] 특히 카로베 사건을 무리하게 추진하며 그가 노렸던 것은 사실 일개 대학교수라기보다 자신의 정적(政敵)인 하르덴베르크와 알텐슈타인이었을 것이다. 게다가 입지가 축소되어 가던 하르덴베르크는 1822년 11월 26일 과로로 숨을 거둔다.[42] 그 후 빌헬름 3세는 하르덴베르크의 후임을 임명하지 않고 자신이 직접 내각 회의를 주재했으며, 이는 내무부 장관 슈크만에게 운신의 폭을 넓혀 주었다. 한때 헤겔에게 그의 강의에 대한 입장 표명까지 요구하며 꼬투리 잡을 기회를 마련해 두려던[43] 슈크만 또한 선동자 축출에 앞장선 인물이다. 당시 관리로 파견되어 그의 의도와 달리 헤겔을 좋게 평가해 주었던 라우머(F. L. G. v. Raumer)와 니부어(B. G. Niebuhr)는 개혁 성향의 사람들이긴 했지만 정치에 조언자 역할 정도만 할 수 있었던 베를린 역사학과 교수들이었다. 그 밖에 헤겔이 잘 어울렸던 정치인들은 알텐슈타인을 보좌했던 교육 감독관 요하네스 슐체(J. Schlze, 1786-1869) 그리고 빈 회의에 하르덴베르크를 수반한 적이 있으나 민주주의적 성향으로 해직당한 파른하겐(K. A. Varnhagen v. E., 1785-1858)과 자유주의 살롱을 운영했던 그의 처 라엘 파른하겐(Rahel Varnhagen, 1771-1833) 등이 전부였다 할 수 있다.[44]

이런 정치적 지위의 헤겔이 프로이센 정부의 비호를 받았을 수 있었겠는가? 그럼에도 그는 자신의 옹호자이든 논적이든 가리지 않고 힘닿는 대로 희생자들을 도왔다. 당시 가장 이목을 끈 것은 데 베테의 경솔한 처신이었다. 데 베테는 측은한 마음에서였는지 1819년 3월 31일 잔트의 어머니에게 '그는 그걸 옳다 여겼으며 그러니 옳게 행한 것입니다. 누구나 오직 자신의 최선의 신념에 따라 행위해야 하지요. 그러니 그는 최선을 행한 것이겠지요.'라는 위로 편지를 보냈다. 이 편지 발송은 피헬스베르크 집회 때엔 아직 아무에게도 알려지지 않은 상태였던 것 같다. 이 집회에서 결정된 사항은 아무것도 없었다고 전해지기 때문이다. 그러나 객관적 행위를 주관적 신념에 기초해 평가하는 이 편지의 내용은 왕에게까지 알려졌고, 왕은 곧바로 10월 2일 데 베테를 무기한 해직함과 동시에 교수 자격을 영구 박탈하고 베를린에서 추방했다.[45] 헤겔과 슐라이어마허를 포함해 이 소식을 접한 교수들은 비밀리에 모여 각자 사정에 맞는 기부금으로 매년 데 베테의 연봉을 마련해 주기로 결정한다.[46] 헤겔의 베를린 총장 취임은 이와 같은 그의 정치적 연대 행위를 통해서만 설명될 수 있다. 당시 1년 임기 총장직은 헤겔이 그렇게 인심을 얻은 교수들의 표결로 관철시킬 수 있었으며, 마침 문부성 장관 알텐슈타인의 전폭적인 지원도 받을 수 있었을 것이다. 1829년 가을부터 이듬해 가을까지 그의 재직 기간 동안에는 예컨대 프랑스에 7월 혁명이 발발했음에도 대학 측으로부터 예방 차원의 어떠한 선동자 축출 조치도 요구되지 않았으며 학문의 자유가 잘 보호되었던 것으로 평가된다. 그러나 그의 아내 마리 헤겔의 말대로 '총장직을 그만하게 된 헤겔보다 더 기뻐한 사람은 없'었을 것이다. 1831년 초 헤겔이 슐라이어마허 등과 함께 받은 붉은 독수리 훈장은 그다지 높지 않은 명예를 나타내는 3등급 훈장이었다.[47] 수여받은 총 다섯 명 교수들의 교직 시작시기가 비슷한 걸로 보아 공로상 정도의 의미였을 것이다. 이 모든 역사적 사실이 국가의 총애를 받는 한 철학자를 보여준단 말인가?

베를린에 온 지 1년이 되어 헤겔은 친분이 두터운 하이델베르크 대학의 교수 크로이처에게 보내는 편지에서 아스베루스의 형사 법정 이

양을 언급하며 이렇게 말한다. "나는 막 쉰 살이 되었지요. 그 중 30년을 이렇게 영원히 불안으로 가득 찬 공포와 희망의 시대 속에서 보냈습니다. 언젠가는" "끝나길 바랐"지만 아직도 "음울한 시간 속에서" "계속되는 걸" "지켜봐야 합니다." 같은 편지에서 그는 왕에게 보낸 데 베테의 거만해 보이는 고별 편지가 학생들의 환심을 살 수 있을지언정 그를 도우려는 노력들에 찬물을 끼얹는다는 투로 소식을 전한다. 당시 학생들은 "육체를 죽이지만 정신을 죽일 수는 없는 자들을 두려워 말라는 성서 구절이 새겨진 은잔을 데 베테에게 선물했다"고 한다 (B2, 218-219).[48] 헤겔에게 데 베테의 행실은 잔트의 암살 행위와 별반 다를 게 없어 보였다. 사실 잔트 사건은 철학적으로 보면 여러 요소들이 뒤엉켜 있는 매우 복잡한 문제였다. 이 사건에는 예를 들어 영웅적 행위, 자살, 도덕적 확신과 인륜적 객관성 간의 관계, 형벌의 법적 절차와 판결, 헌법의 필요성, 애국주의, 자유주의, 반유대주의 등의 여러 문제들이 응축되어 있다. 그리고 주지하다시피 이 주제들은 빠르던 늦던 간에 모두 헤겔 법철학에서 다루어진다. 그렇지만 잔트에 대해서도, 코체부에 대해서도 헤겔은 극도로 언급을 아꼈다. 이러한 태도로 인해 그의 서신들과 일련의 사건들을 편집 보고하면서 호프마이스터는 헤겔을 프로이센 정부와 피해자들 간의 중립적인 조정자 정도로 묘사한다. 서신 곳곳에서 자신의 제자를 **무고한** 자라 간청하는 헤겔의 언급을 **글자 그대로** 받아들여 헤겔이 정부의 정당한 조치를 이끌어내려 했다는 것이다. 이에 반해 헤겔의 베를린 시기를 집중 조명한 자크 동은 "돌의 존재처럼 아무것도 하지 않은 것만이 무고하다"는 헤겔의 표현을 들며(PhG, 254), 그의 주변 인물들이 실제로 혐의를 받을 만한 행적을 남겼다고 보고한다. 이들을 도운 헤겔은 따라서 혁명적이진 않더라도 자유주의와 애국주의를 철저히 옹호했다는 것이다.[49]

헤겔의 정치적 입장을 완전히 밝히려면 그의 법철학을 속속들이 살펴봐야 할 것이다. 그러나 해석에도 나름의 방향이 있어야 한다. 여기서는 그 방향의 몇몇 지침만 살펴보고자 한다. 먼저 일련의 사건들에서 많은 제자들이 헤겔의 영향으로 과격한 급진성을 벗어난 것은 분명한 사실이다. 급진성에 대한 비판은 당시 진보와 보수 양 진영에 공통적인 분위기였다. 바르트부르크에서 연설을 한 프리스조차 전복적 의도는 전혀 없었으며 수시로 비밀경찰을 조심할 것을 주문하는 정도였다.[50] 헤겔은 자신의 『개요』 사이사이에 끼워 넣은 자필 메모 한 곳에서 잔트를 "가련한 녀석"이라 부른다. 자기 "생명의 주인"으로서 그는 "살 만한 가치가 있는지" 스스로 판단할 수 있다고 보고 자살을 감행했다는 것이다. 그러나 중요한 것은 판단 능력이 아니라 "**참다운** 판단" 능력이다(GPR, §71 Hb).[51] 헤겔은 참다운 판단 능력이 잔트의 자살 시도뿐만 아니라 그 이전의 암살 행위에도 결여되었다고 보고 있음에 틀림없다. 베를린의 친분이 두터운 몇 안 되는 동료들 중 한 명이었던 졸거(K. W. F. Solger, 1780-1819)가 사망하자 헤겔은 『학문적 비판 연감』에 기고한 비평(1828)에서 잔트의 행위에 대한 졸거의 "유용한" 편지 구절들을 인용한 적이 있다. 이에 따르면 졸거는 잔트가 "선한 기질의 젊은이"였으나 "늙은 겁쟁이를 살해함으로써 조국을 구할 수 있다"는 "교만한" "세계 재판관"의 "**위선**"에 사로잡혔다고 말한다. 여기에는 "바르트부르크 연설자"로 나선 "몇몇 교수들"의 "유치한" "잡소리"가 큰 몫을 했다. 그렇기에 졸거 자신은 "방종하고" "공허한" "세계 개선"을 외치는 이들의 "임의적인 세계정신" 외에 다른 누구도 탓하지 않으리라는 것이다. 이와 같은 생각이 저술되었더라면 좋았을 것이라 평하는 걸로 미루어 보아 그의 생각은 곧 헤겔의 생각이라 할 수 있다(BS, 222-224). 이 졸거 비평이 지금까지 밝혀진, 잔트와 바르트부르크에 대한 헤겔의 유일한 언급이다.

이에 반해 헤겔은 코체부를 자신의 미학 강의 여러 곳에서 비판적으로 평가하고 있다. 말하자면 그의 문학이 그리는 "통속적인 현실" 속 인물들은 "숭고해 보이지만" "룸펜"의 "비천함"만을 지닐 뿐이다. 이러한 혹평은 "일상의 현상 방식"이 아니라 일상 내의 "즉자 대자적으로 이성적인 것"을 구현하는 것이 바로 "예술의 목적"이라는 헤겔 자신의 미학적 관점에 의거한다(VÄ I, 373-374, VÄ II, 201). 그러나 헤겔은 유일하게 자신의 법철학 강의 한 대목에서 또 다른 이유를 들고 있다. 1821/22년 이 강의필기문에 따르면 코체부의 작품에는 언제나 "악한이 탁월한 의도를 가진 것"으로 등장하는데, 이 악한의 "감정은 숭고한 것으로 설정되고, 법은 이 감정을 침해하는 것으로"만 그려진다. 그러나 헤겔이 보기에 감정의 "행복이 가장 위대한 것은 아니며," "불행이 있을 수 있어도" 언제나 "법이 우선권을 지녀야 한다" (RA^2, §126). 잔트의 암살과 자살 시도, 코체부의 주인공들 그리고 바르트부르크 연설자들에겐 모두 다 공통점이 있다. 바로 주관적 확신의 절대성에 따라 세계를 바꾸려 한다는 것이다. 정신이 외적 현존을 위해 육체와 결합되어 있는 인간의 생명은 나의 부분이 **아니라** 바로 나 자신이다. 나는 나의 분리 가능한 부분일 수 있는 것에 대해서만 주인일 수 있기에 나의 생명을 주인이 물건 다루듯이 포기할 수는 없다.[52] 오히려 나의 생명은 나의 인격 전체로서 다른 생명들과의 객관적 연관성 속에서만 존립할 수 있다. 인간은 주관적 진정성에 따라서만 그의 객관적 행위가 평가될 수 **없는** 존재라는 말이다. 헤겔은 법철학에서 전자를 도덕성 부분에서, 후자를 인륜성 부분에서 다룬다. 특히 주목할 만한 곳은 양심과 위선이 논의되는 도덕성 부분이다. 양심은 "현실에서 상실된 조화를 단지 관념적 내면성 속에서만" 모색하게 될 때 "형식적 주관성"이 된다. 이때 형식적 주관성이란 양심의 주체가 인륜적 객관성을 고려하지 않고 오직 "자기 자신의 확실성"을 자기 안에서 "형식적"으로만 "반성"한다는 것을 뜻한다. 이렇게 자신에 대해(*für sich*), 다시 말해 "**대자적으로** 존재하고, 대자적으로 알며 결정하는 자기 확실성"은 헤겔이 보기에 "도덕성과 악"의 "**공통된** 뿌리"이다. 왜냐하면 이러한 확실성을 지닌 주체는 인륜적 공동체 속에 존립하는 "즉자 대자적 보편을 자의로" 간주하고 "자신 고유의 특수성을" "그 보편을 넘어선" 원리로 만들 수 있기 때문이다. 그의 특수한 양심이 인륜적 공동체의 또 다른 보편으로 실현될 수 있다면 참된 도덕성을 지닌 것이겠지만, 그렇지 않을 경우, 게다가 행위를 통해 실행될 경우 그 양심은 "악으로 급변한다." 아무리 "순수한 마음"과 "선한 양심"에서 행해졌다 해도 그런 행위는 악으로 규정되고 처벌받아야 한다. 그럼에도 객관적인 선에로 실현 불가능한 양심을 버리지 않고 오히려 "절대적인 것으로 주장"한다면 이렇게 주장하는 자의 "주관성"은 바로 "위선"이다(GPR, §§138-140). 1822/23년 강의필기문은 이와 관련하여 흥미로운 설명을 담고 있다. "누군가 악한 자에게 암살을 저질렀다면 이것은 그가 악한 자에게 저항했다는 긍정적 측면을 지닌다." 그러나

"그러한 긍정적 규정에 집착한다면 모든 행위는 선한 것이라는 술어 아래 포섭될 수 있다"(RHt, §140).[53]

헤겔은 1821년 6월 9일 니트하머에게 보내는 편지에서 자신이 데베테의 편지를 읽었다고 하면서 정말 "선동적**이었던** 자들"의 "운명"은 "자업자득"이며 "처음에는 아니지만 결국엔" "당국"이 "정당"했다고 말한다(B2, 271). 이 언급은 이제 결코 헤겔의 국가에 대한 충성으로 읽혀져서는 안 된다. 오히려 주관적 확신**에만** 근거하는 것이라면 그것이 자유주의든 애국주의든 헤겔은 **부정적** 입장이었다고 보아야 한다.[54] 헤겔은 1820년 10월 15일 하르덴베르크 재상에게 보내려던 편지 초안에서 자신의 『개요』가 "국왕 폐하의 **계몽된** 정부 하에 그리고 [재상] **귀하**의 현명한 지도 아래 프로이센 국가가" "부분적으로 획득했으며 부분적으로 **여전히** 획득해야 할" 내용을 담고 있다고 서술한다(B2, 242). 같은 해 1월 17일 재상은 비록 무시되긴 했지만 왕에게 헌법 제정 약속의 이행을 공식적으로 건의한 바 있다.[55] 재상이 헤겔의 편지를 받았다면 프로이센이 앞으로 획득해야 할 내용에 많이 공감했을 것이다. "법전"을 편찬하는 "통치자"는 "민족의 가장 위대한 선행자(善行者)"라는(GPR, §215) 『개요』의 진술 또한 이렇게 왕을 회유(懷柔)하는 듯한 맥락에서만 올바로 이해될 수 있다. 헤겔이 생각한 좋은 헌법은 그의 법철학 속에 구상되어 있다. 그 구상의 적실성 여부를 떠나 그가 구상한 헌법 자체는 분명 왕정복고에 이바지하려던 것이 아니다. 1830년 프랑스에서는 기본권을 제한하려는 샤를 10세에 저항해 7월 혁명(7월 27-29일)이 발발했다. 총장으로 있던 헤겔은 그의 아들이 전하는 바에 따르면 '이성적 국가의 안전한 지반을 요동치게' 할까 봐

'공포'에 사로잡혔다고 한다. 헤겔은 그렇다고 그 혁명이 '독재와 야만'으로 치달을 거라 보진 않았다. 아마도 직접 혁명이 전파되진 않았지만 독일 여러 지역에 헌법 제정 요구가 다시 불붙었고 몇몇 지역에선 성과를 거두었기 때문일 것이다.[56] 오히려 간스와 함께 혁명에 열광한 미헬레트의 보고에 따르면 그는 새로운 정부가 '동요하며' '신뢰를 얻지 못하기에' '동의하지 않았다'고 한다. 그러면서도 빌헬름 4세를 가르친 바 있는 왕정복고주의자 안칠론(J. P. F. Ancillon)과[57] 대면한 자리에서 헤겔은 '이성적으로 행동한다면야 시민 왕(Bürgerkönig)으로도 잘 될 수 있을 것'이라 대놓고 말했다고 전해진다.[58] 7월 혁명 성공 후 프랑스인들이 옹립한 루이 필리프는 당시 시민 왕이라 불리고 있었다.[59]

4.
"헤겔주의라는 용의 이빨을 뽑아 버려라."

시간은 과거를 만들고 역사는 언제나 새롭게 평가된다. 그 속에서 현재의 실마리를 찾는 것은 매우 중요하지만, 항상 염두에 두어야 할 것이 있다. 현재적 개념 이해를 과거 속에 직접 투영하는 것은 시대착오적 해석이 될 수 있다는 점이다. 헤겔은 자기 시대의 정치적 긴장 속에서 분명 나름의 입장을 견지했다. 그 입장은 결코 현존 국가를 옹호하는 것일 수도 왕정복고 이데올로그로 봉사하는 것일 수도 없다. 헤겔의 **철학적** 국가 개념을 공부한 사람이라면 오늘날처럼 제헌 민주주의를 주장하지 않았다고 매도하기보다 오히려 그 과거 상황 속에서 그의 입헌 군주제가 지니는 **민주성**에 주목할 것이다.[60] 당시 독일 학계에 군주제 자체를 부정한 진보 지식인은 거의 없었다.[61] 그런 지식인은 곪아터진 왕정복고 체제에 결국 유럽 전체가 들고 일어났던 1848년 혁명 이후에야 전면적으로 등장하게 된다.[62]

훗날 엥겔스는 이 시기를 회상하며 '엄격히 학문적인, 정말 거의 가시 돋친 문체로' 쓰인 헤겔의 저서들은 소수 지식인들에게만 읽혔으며 그의 강의도 '소수 집단에만 한정'되어 있었다고 말한 적이 있다. 오늘날 헤겔 철학이 국가의 보호와 인기를 누렸다는 오해와는 정반대되는 말이다. 오히려 '헤겔이 사망하자' 그의 저서가 '비로소 꽤' 읽혔다는 것이다.[63] 그러나 이들에게 죽은 헤겔은 이미 이념적 시각으로 **굴절된** 헤겔로 살아났다. 마르크스는 자신이 죽은 지 4년 후에야(1887) 처음 출판된 헤겔 서신들은 물론이고 헤겔 당시의 역사적 자료와 미출판 저술들을 충분히 알 수 없었다. 그는 헤겔이 1831년 '정부의 특별한 명령에 의해' 법철학을 강의했고 사람들이 그를 '국가 철학자'라 비난한다고 적어 놓기도 했다.[64] 헤겔은 1825/26년부터 세계사 철학 연구와 강의에 전념하기 위해 자신의 법철학 강의들을 모두 제자들에게 맡겼다. 1826/27년부터 법철학 강의를 맡았던 간스는 공공연히 '자유주의적이고 공화주의적인' 생각을 피력했고 7월 혁명 기간엔 '혁명적인' 내용을 강의하기도 했다. 이로 인해 교수들로부터 여러 번 주의를 받았으며 이는 물론 알텐슈타인과 헤겔에게도 전해졌다. 헤겔 또한 얼마 전부터 기회주의적인 그의 논적 슈바르트(K. E. Schubarth, 1796-1861)로부터 '반(反)프로이센적이며 혁명적'이라는 비난에 시달리고 있었다. 헤겔이 1830/31년 자신의 법철학 강의를 공고한 것은 따라서 자신은 물론이고 제자가 극도의 위험에 노출되는 것을 막기 위해서였다고 보는 것이 옳다. 그럼에도 이때 간스의 법철학 강의 또한 동시에 공고되었다. 게다가 헤겔은 시대적 상황 변화에 의한 '부적합성'이란 이유를 들어 자신의 강의를 폐강시키고 그다음 겨울 학기에 재개한다. 그리고 그는 두 번의 강의 후에 급작스럽게 사망

한다.[65]

헤겔에게 배운 적이 없는 좌파 헤겔주의자 아르놀트 루게는 정치 일선에서 물러나 점차 자유주의를 탄압하던 비스마르크 추종자로 변해가던 시기에 전혀 신빙성 없는 보고를 하나 남겼다. 1867년 자신의 한 회고록에서 그는 '헤겔이 황태자'를 직접 만나 그로부터 '간스가' '모든 학생들을 공화주의자로 만들고 있으니' 대신 강의하라는 요구를 받았다고 전한다. 그는 이 이야기를 간스도 참석한 어느 한 학자들 모임에서 **들었다**고 한다.[66] 이 소문은 지금까지 어떠한 사료를 통해서도 확인되지 않고 있다. 헤겔이 궁정 사람을 만난 기록은 그의 총장 시절 프로이센 공주가 어느 연회에서 그를 봤다는 기록뿐이다.[67] 오히려 헤겔 철학이 프로이센 정부로부터 이익을 얻은 증거는 단 하나만 확증되고 있다. 유대인으로서 법학과 교수직을 얻기 위해 강제 개종까지 해야 했던, 그럼에도 사비니의 반대로 오랜 시련을 겪어야 했던 헤겔의 제자, 바로 간스를 위해 알텐슈타인이 1829년 7월 8일 황태자에게 보낸 소견서이다. 간스는 당시에 이미 '세계법정'으로서의 헤겔의 세계사 개념에 정신의 '실천적 자기실현'의 무한한 영역을 부여함으로써 **실천적** 역사철학을 구상해 가고 있었다. 이러한 구상 속에 잠재된 위험을 노출시키지 않은 알텐슈타인의 섬세한 소견서는 결국 관철되었다. 그러나 헤겔 철학이 누린 이 이익도 오래가진 못했다. 헤겔 좌파의 시작을 마련했던 간스는 1839년 겨우 40세를 채우자마자 사망한다. 1840년에 즉위한 빌헬름 4세가 제일 먼저 한 일은 간스의 후임으로 복고주의 법학자 슈탈(F. J. Stahl)을 임명하는 것이었다. 같은 해 사망한 알텐슈타인의 후임은 슐라이어마허에 더 호의적이었던 반동적 문화정치가 아이히호른(J. A. F. Eichhorn)이었다. 이듬해엔 철학과에 낭만적 관념론자가 된 셸링이, 그다음 해엔 법무장관으로 사비니가 임명된다. 셸링을 임명하며 왕이 내린 특명이 오늘날까지 전해진다. '헤겔주의라는 용의 이빨(Drachensaat)을 뽑아 버려라.'[68]

그리스 신화에 의하면 카드모스(Kadmos)가 심은 용의 이빨에서 스파르타 전사가 태어났다고 한다. 선동자 축출이 광풍처럼 몰아치던 시기 하인리히 하이네는 헤겔의 신뢰로 은밀한 대화를 나누곤 했다. 그가 '있는 모든 것은 이성적'이라는 말에 불만을 토로하자 헤겔은 이렇게 응수했다고 전한다. '이성적인 모든 것이 **있어야** 한다는 말이기도 하네.' 파른하겐 또한 1827년 자신의 한 일기에 이렇게 적어 놓기도 했다. 헤겔은 '철두철미 입헌주의적이고, 프로테스탄트적이며, 자유주의적이고, 프랑스 혁명에 대한 공감으로 가득 차' 있는 사람이다.[69] 나이가 들면 이런 공감이 혈기 왕성한 격조로 분출되기보다는 점잖은 현실감으로 조율되곤 한다. 그러나 헤겔이 평생을 바쳐 일군 자신의 철학을 바꾸면서까지 현존 국가를 위해 변절했다는 역사적 증거는 없다. 물론 이에 대해서는 아직 헤겔 철학 내재적인 논의가 남아 있긴 하다. 이 논의는 특히 『개요』뿐만 아니라 1820년을 전후한 그의 법철학 강의들에 대한 세심한 비교 연구를 필요로 할 것이다.

II.

누가 헌법을 만들어야 하는가?

/

‘민족주의자’ 프리스와 ‘헌법 실재론자’ 헤겔

이 개요는 "논리적인 정신에 의거한" "사변적 인식 방식"으로 진행하기에 다른 "보통의 요강(要綱)에서 **벗어난다**." 철학은 "시간적인 것과 일시적인 것의 가상 속에 내재하는 실체와 현재하는 영원한 것을 인식"해야 하며, 이에 따라 "국가학을 포함하는 **한에서**" 이 개요는 "국가를 자기 내 이성적인 것으로 개념파악하고 서술하려는 시도" 이외에 다른 것일 수 없다(GPR, 12-13, 25-26).

『법철학 개요』의 출판을 앞두고 1820년 6월 25일 헤겔이 서문에[1] 덧붙인 이 언급은 『개요』를 통해 무엇을 읽어야 하는지 알려주는 가장 중요한 언급이라 할 수 있다. 『개요』는 당시 정치 상황이나 사회 상황에 **직접적으로** 관계하지 않는다. 오히려 『개요』는 고난과 역경으로 가득 찬 일시적인 "현재의 십자가 속에" 영원히 현재하는 "장미로서의 이성"을 포착하고자 한다(GPR, 26). 현재하는 현실은 일시적으로 보일지 몰라도 그 현실은 무엇보다 영원히 현재하는 그것의 이성적 본성 때문에 있는 것이다. 그러나 가장 주목해야 할 헤겔의 이 언급은 어찌 보면 가장 소홀히 읽혀졌다.

강의용 학생 자습서로 출판된 이 저서는 오늘날에도 그렇지만 당시에는 더욱더 시대 상황의 맥락 속에서 읽혀졌다. 나폴레옹 실각 후(1814) 도입된 빈 체제는 유럽에 반근대적인 왕정복고 시기를 가져왔으며, 부르셴샤프트의 급진적 회원이었던 잔트의 암살 행위로 인해 초래된 카를스바트 결의(1819)는 헤겔이 베를린 대학 교수로 있던 프로이센마저 본격적으로 복고 정치에 휘말리게 했다. 이러한 시대적 역경 속에서 많은 사람들이 현재하는 영원한 것에 주목하기는 어려웠을 것이다. 그러나 『개요』의 오독(誤讀)에는 헤겔 자신도 한몫했다. 여기서 헤겔은 복고와 개혁의 대변자들을 여러 명 거론하고 있기 때문이다. 더구나 그 자신은 이미 하이델베르크에 머물던 시기부터 헌법 논쟁에 관여해 오고 있었다. 당시 벌어진 헌법 논쟁은 빈 체제의 야누스적 측면에서 비롯된 매우 민감한 현안 문제였다. 옛 왕조 권력의 복원을 기조로 하는 빈 체제(1815)는 다른 한편으로 각 국가에 헌법 제정의 자율성을 보장할 수밖에 없었다. 나폴레옹에 대한 해방 전쟁을 통해 민족주의에 고취된 바 있는 많은 개혁 세력들은 국가의 독립을 옛 왕조의 자발적 개혁에 위임할 수밖에 없었고 이에 민족국가 중심의 근대적 헌법 제정을 요구했기 때문이다. 반면 옛 권력을 되찾은 왕조는 무마용으로 헌법 제정을 약속하면서도 고의적으로 그 이행을 지연시키면서 구체제의 부활을 꿈꾸었다.[2] 헤겔은 이미 「1815년과 1816년에 이루어진 뷔르템베르크 왕국 신분의회 심의들」(1817)을 통해 이에 대해 비판적으로 논평한 적이 있다. 익명의 논평이라 해도 헤겔 자신이 편집한 『하이델베르크 연감』에 실린 이 글의 주인이 알려지지 않았을 리 없다. 게다가 『개요』는 헌법 논쟁의 한 가지 핵심 문제를 건드리고 있다. 이 『개요』에서 법철학적으로 다루어진 문제가 뷔르템베르크 논문의 정치 **현안** 맥락에서 읽혀지기도 했다는 것은 충분히 가능한 자연스러운 반응일 것이다. 이러한 오독은 다른 오해들에 덧붙여져 『개요』의 헤겔을 프로이센 국가 철학자라 낙인찍는 데 일조했다.

『개요』에서 다루어진 핵심 문제는 바로 §273의 긴 주석에서 논의된 "**누가 헌법을 만들어야** 하는가(Wer die Verfassung machen soll)"라는 물음이다. 이에 대해 헤겔은 "무의미한" 물음이라 간단히 일축하고 만다(GPR, §273). 그러나 그 이유마저 간단한 것은 아니다. 사실 그 이유는 『개요』 전반에 걸쳐 헤겔이 대결하고 있는 당대 유명한 법학자들과의 논쟁 맥락에서 비교적 상세하게 언급되고 있기 때문이다. 자세히 말하자면 앞서의 물음은 **누가** 헌법을 만들어야 하는지, 그리고 그 주체가 정해졌다면 만들어져야 하는 헌법은 어떠한 성격의 것인지, 그리고 마지막으로 그 성격이 정해졌다면 그러한 헌법은 정말 만들어질 수 있는 것인지 하는 물음들로 나누어질 수 있을 것이다. 이 각각의 물음에 헤겔이 관계하고 있는 논적은 무엇보다 프리스(Fries), 할러(Haller), 사비니(Savigny)로 요약될 수 있다. 그리고 이에 대한 정확한 고찰이야말로 프로이센 왕정복고에 대한 헤겔의 진짜 입장을 선명하게 부각시켜 줄 수 있다. 특히 자유주의 관점에서 헌법 제정을 강력히 주장한 프리스에 대해 『개요』에서 헤겔이 보여준 거의 인신공격에 가까운 비판은 당대 독자들로 하여금 헤겔의 순응적 변신을 증명하는 것으로 읽혔다. 이 장(章)에서는 우선 헌법 제정 주체를 둘러싼 프리스와 헤겔의 바로 이 논쟁을 살펴보고자 한다.

1.
프리스의 민족주의와 위로부터의 헌법 제정론

'천박하다는 독일어만 아는' '헤겔께서 프리스를 그렇게 비철학적으로 뻔뻔하게 비난할' '가치가 있다고 여기신다면, 도대체 왜 아주 진지하게, 다시 말해 철학적으로 철저히 그의 오류들을 밝혀내는 일에 착수하지 않으시는 것인가?'[3] 이 말은 하인리히 에버하르트 고틀로프 파울루스(Heinrich Eberhard Gottlob Paulus, 1761-1851)가 『개요』의 출판 후 『하이델베르크 연감』의 논평을 통해 비꼰 말이다. 그러나 이러한 비난은 당시 파울루스뿐 아니라 여러 개혁론자들에게 있어 흔한 반응이었다. 그도 그럴 만한 것이 프리스는 카를스바트 결의 이후 프로이센에서 추진된 선동자 축출 정책에 의해 예나 교수직을 박탈당한 상태였으며,[4] 이렇게 정치적으로 궁지에 몰린 프리스를 헤겔은 『개요』의 서문에서 대놓고 "천박함의 사령관"이라 경멸하고 있기 때문이다(GPR, 18). 1년 후 파울루스는 다시금 헤겔의 태도를 '그렇잖아도 기가 죽은 사람을 경멸하고 의도적으로 모욕'하는 매정한 처신으로

묘사한다.[5]

야코프 프리드리히 프리스(Jakob Friedrich Fries, 1773-1843)는 유년 시절 경건주의적 신학 교육을 받은 후 라이프치히에서 법학과 철학을 공부하고 예나에서 피히테의 제자로 1800년 박사과정과 1801년 교수자격 심사를 거친 인물이다. 그 후 곧 예나 대학 강사로 활동했으니 같은 대학에서 헤겔과 매우 비슷하게 경력을 시작한 셈이다. 더구나 그 이전에는(1797-1800) 스위스에서 가정교사로 있기도 했고, 1805년에는 헤겔과 함께 예나 대학 비정규 교수로 임용되기도 했다. 그러나 같은 해 그는 곧 하이델베르크 대학 정교수로 임용되며, 1816년에는 다시 예나 대학으로 옮겨 부르셴샤프트의 정신적 지도자 역할을 하는 교수로 부상한다.[6] 헤겔이 하이델베르크 대학 교수가 된 것은 프리스의 후임 자리였고, 베를린 대학 교수로 간 것도 프리스와의 경쟁을 뚫고 된 것이니 둘의 악연은 참으로 모질다고 하겠다.[7] 부르셴샤프트는 빈 체제 이후 자유주의적 민족주의적 근대 개혁을 표방한 독일 최초의 전국적 학생단체로서 그 최초의 창립이 1815년 예나 대학생들에 의해 이루어진 바 있다. 이때 창립자들은 정신적 지도자로서 문필가이자 정치가인 에른스트 아른트(Ernst Moritz Arndt, 1769-1860)와 프리드리히 얀(1778-1852)과 함께 피히테를 내세웠다.[8] 부르셴샤프트는 급기야 1817년 10월 바르트부르크(Wartburg) 성(城)에 모여 근대적 헌법 제정과 독일의 통일을 요구하는 대규모 집회를 열게 되는데, 이 집회의 연설가들 중 한 사람이 바로 프리스였다. 헤겔이 『개요』에서 겨냥하고 있는 것이 바로 이때 프리스가 부르셴샤프트 회원 루트비히 뢰디거(L. Rödiger)로 하여금 대독하도록 한 그의 짧은 연설

문「카이사르의 것은 카이사르에게 그리고 신의 것은 신에게 바치라」이다.[9]

프리스는 이 연설에서 '만약 한 민족의 정신이 진정한 공동체 정신으로 성장하였다면 이 민족에게는 정의와 순결과 희생적인 조국애가 지배할 것'이라 역설한다. 『개요』에서 헤겔은 비교적 자세하게 이 대목을 인용한다. 프리스에 따르면 "진정한 **공동체 정신**(Gemeingeist)이 지배하는 **민족**에게" "국가와 국가의 헌법" 같은 모든 "공적" "업무"에 있어 "**아래로부터** 민족의 삶이 진입할 것이며" "생동한 사회"는 "우애의 신성한 사슬을 통해" 확고하게 "합일될" 것이라 한다.[10] 이제 해방전쟁을 통해 이 단계에 도달한 독일 민족은 '루터가' '점화시킨' '정신의 자유'와 '시민의 평등'을 위해 '유혈 투쟁'을 완결해야 할 사명을 부여받았다는 것이다.[11] 그러나 해방된 민족에게 매우 고무적으로 들리는 프리스의 이 연설을 헤겔은 "사고와 개념의 발전 대신에" "직접적인 지각과 우연한 착상 위에 학문을 세우려는" "천박함의 주요 의미"를 드러낸다고 혹평한다(GPR, 18-19). 이러한 혹평은 사실 당시 『개요』의 대중적인 독자들에게 좋게 읽힐 리 없었다. 그러나 이를 올바로 이해하기 위해서는 먼저 프리스의 주장을 좀 더 자세히 공동체 정신과 민족 그리고 여론의 세 가지 측면에서 살펴볼 필요가 있다.

무엇보다 주목해야 할 것은 프리스가 한결같이 강조하는 **공동체 정신**의 정체이다. 위의 연설문 바로 1년 전에 '독일 젊은이들에게' 헌정되어 출판된 『독일의 결속과 독일의 국가 헌법에 대하여』(1816) 제1부 서론에서 프리스는 '라이프치히와 워털루'가 가르쳐 준 것은 '독일의 조국애와 독일의 공동체 정신'이라 평가한다. 이러한 애국주의는

'유산으로 물려받은 것이 아니라' 최근 역사를 통해 새롭게 경험된 것이기에 해방된 독일의 새로운 정치 질서를 위한 원리가 되었다는 것이다. 해방전쟁에 참여한 적이 있는 많은 회원들로 구성된 부르셴샤프트는 한편으로 자유주의적 근대 헌법을 주장했지만, 다른 한편으로는 사실상 전쟁 경험에서 비롯된 극단화되기 쉬운 민족주의를 이념적 바탕으로 지니고 있었다. 프리스의 공동체 정신은 이 민족적 애국주의의 다른 표현일 뿐이다. 그렇지만 그는 공적인 삶을 규정해야 할 공동체 정신의 촉진을 일반 대중이 아니라 '교양인들의 과업'으로 설정한다. 다시 말해 '독일인들의 정신적 교양'과 이에 바탕을 둔 '독일의 독립'과 정치 질서는 소수 엘리트들이 주도해야 한다는 것이다. '단 한 명의 지배자도 [사회를 구성하는] 신분들 없이 통치하지 않는다.'[12]

프리스가 통치 조건으로 생각한 신분들은 헤겔과 마찬가지로 결코 봉건적 의미의 신분들이 아니며, 오히려 근대적 의미의 세습 불가능한 '시민적' 직업 '신분들'이라 할 수 있다. 이 때문에 프리스는 '국가 내 법의 원천'을 '모든 인간의 인격적 평등 이념' 위에 설정할 수 있었다. 그런데 문제는 만인이 향유해야 할 평등이 **민족**의 평등과 일치하지 않는다는 데 있다. 프리스는 다른 한편으로 '민족 **내**의 모든 사람들을 위한 평등한 시민권'에 대해서만 말하고 있기 때문이다. 이것이 무엇을 의미하는지는 이미 같은 저서에서 드러난다. 평등한 시민권의 보장은 '사유재산'의 '안전한' '상속 가능성'과 '인격적 자립성' 그리고 '교환법칙을 통한 소유와 노동과 욕구 만족 간의 균형'을 조건으로 한다. 그런데 이 마지막 조건이 '자신은 노동하지 않고' 이민족의 노동과 그 이자로 살아가는 유대 민족에 의해 자주 깨지고 있다.

프리스는 '정말 위험한 폐쇄적 사회' 집단들로서 독일 민족의 '복지에 대립하는 유대인들의 작당과 정신의 도야에 대립하는 예수회의 모반'을 들고 있다.[13] 특히 프리스의 자유주의에 깃들어 있는 반유대주의는 같은 해 출판된 「유대인에 의한 독일인의 복지와 성격의 위기」(1816)라는 논문에서 선명하게 나타난다. 같은 반유대주의자 프리드리히 뤼스(Friedrich Rühs, 1781-1820)의 글을 듣기 좋게 논평하는 이 논문에서 프리스는 자신의 반유대주의를 이렇게 정교화한다. '우리는 우리의 형제들인' 개별 '유대인들(Juden)이 아니라' 전체 '유대 민족(Judenschaft)에게 전쟁을 선포하는 것이다.' '유대 민족은 도야되지 않은 이전 시대의 잔여물로서 제한해야 할 것이 아니라 근절시켜야 한다.' 왜냐하면 독일 국가 내 유대 사회는 '자신만의 민족국가'를 이루려는 '정치적 결합'과 '종교적 당파'로서 편협한 '방물장사꾼'의 기질과 '랍비의 귀족 독재'가 뒤섞인 집단이기 때문이다. 따라서 '유대인들의 상황을 개선한다는 것은 바로 유대 민족을 뿌리째 뽑아버린다는 것이며,' 사취를 일삼는 이 '상인 사회를 파괴한다는 것이다. 유대 민족은 집단적으로 발생하여 돈을 통해 권력을 획득한', 여러 '민족들의 질병이다.' 지구 전체에 확산된 이 민족의 '해로움에 대해 판결을 내려야' 한다. '여기가 로도스다, 여기서 뛰어라.'[14]

프리스는 예나 시기부터 이미 '평등'을 '법(Recht)'으로 정의하고 있었다. 칸트에 의거해 '모든 이성적 본질의 동등한 존엄'을 '정언명령'으로 삼아 이로부터 인간들의 상호 관계가 평등하게 제한될 수 있도록 법의 법칙이 도출되어야 한다고 본 것이다. 『철학적 법론과 모든 실정 입법 비판』(1803)에서 그는 이에 따라 헤겔처럼 '자유'를 '법'으로 보지 않고 '인간을 법의 주체로 만들기 위해' 전제되어야 하는 일종의 '성질'로 본다. 법은 오히려 상호 작용하는 인간들의 '자유로운 활동들'을 '평등하게' '**제한**'하는 것이다. 누구도 타인의 자유로운 활동을 일방적으로 제한해서는 안 된다. 왜냐하면 모든 이성적 인간은 인격적 존엄을 지니기 때문이다. '인격적 존엄의 이 평등 법칙'이 바로 '법의 법칙(Gesetz des Rechts)'이다. 그래서 만약 자유로운 나의 인격적 존엄이 유지되기 어려울 정도로 빈곤이 초래된다면, 이러한 빈곤을 일방적으로 초래함으로써 나의 자유로운 활동을 제한한 집단도 또한 법에 의해 제한받아야 한다. 이 초기 저서에서 직접 언급되진 않지만 반유대주의의 맹아를 보는 것은 그리 어렵지 않다. 그러면서 그는 '무역 거래에 있어 전쟁과 속임수'를 제어하고 '재산 분배와 계약의 타당성'을 보장할 '공법'의 성문화를 '정치'에 속하는 것으로 설명한다. 이러한 정치가 이루어지려면 우선 인간 사회는 '공권력'을 갖춘 '국가'를 형성해야 할 것이다. 그리고 인간 사회를 국가로 형성하는 '제도'가 바로 '국가의 헌법'이다. 프리스는 국가를 계약의 산물로 보지 않고, 이성적 인간의 평등한 상호 제한 원리에 의거해 '통치자와 민족 간의 상호 강제의 조직'으로 파악하고자 했다. 그런데 입법, 사법, 행정의 3권 분립적인 헌법을 구상하면서도 프리스가 여기서 중요하게 부각시키는 것은 입법의 바탕이 되는 '**여론**(die öffentliche Meinung)'이다. '통치자가 누구인지, 그가 어떤 정치 형식을 획득하는지, 이런 것은' '경험'이 알려주기에 법률 앞에서는 상관없는 일이다.' 중요한 것은 통치자가 시민에게 '법률의 힘을 행사할 만큼 충분한 권력을 지녀야' 한다는 것이며, 동시에 '자신의 부정의에 대해 말하는 공적인 목소리에 대항해선 안 된다'는 것이다. 민족은 '여론의 힘'을 통해 통치 권력과 균형을 이루며, 이 균형이 깨진다면 혁명이 일어날 것이다. '여론에서는 관습의 힘이 우리를 지배하며, 이 힘이 국가 권력을' '작동하게' 한다.[15] 프리스의 법 개념은 결국 실제로는 여론을 통해 조정되는 제한적 평등 개념에로 수렴된다고 할 수 있다.

프리스의 주장은 어쩌면 당시에 혁명을 정당화하는 최초의 적극적인 입장으로 간주될 수 있을 것이다. 그러나 그는 『독일의 결속과 독일의 국가 헌법에 대하여』에서 프랑스 혁명과 나폴레옹을 예로 들면서 국가를 송두리째 폐허로 만드는 혁명보다는 차라리 '개혁을 할 것'을 주문한다. 개혁은 물론 소수 교양인들에 의한 민족의 공동체 정신 증진에 있다. 이 공동체 정신에 따라 우선 '한 국가 내 민족의 구성(Volksverfassung)'이, 그다음엔 정부의 구성(Regierungsverfassung)이 이루어져야 한다. 그리고 시민적 신분 이론이 다루어지는 전자가 정부 조직과 형식을 다루는 후자의 바탕이 되기에 프리스는 국가의 헌법을 철저히 민족 교양과 그 여론에 기초 지운다. 이때 교양인들이 개선해야 할 것은 그동안 '자유로운 삶의' '상실'에 젖은 민족의 나약한 '감상성(Sentimentalität)'이며, 발전시켜야 할 것은 '민족의 자유를 위한 신성한 투쟁'에서 표출된 '우리 그리스도 민족의 삶의 마음' 가운데 있는 '용기와 자기 신뢰의 윤리학'이다. 이러한 윤리학을 퍼뜨리는 이른바 '선동가'라 불리는 자들은 '물론 도처에 있다. 그러나 이들은 가장 나쁜 인간에 속하는 것이 아니라, 오히려 공동체 정신과 생동한 여론의 좋은 효소(Ferment)'로 여겨져야 한다. 이로써 프리스는 헌법 제정의 주체로서 심정 윤리학(Gemütsethik)에 의존하는 민족을 설정하게 된다. 물론 다른 한편에서 그는 '국가의 건립, 헌법의 제정, 통치자 및 정부와 신민의 특정한 관계' 등을 '장소와 시간에 따른 관습의 작업이자 역사적 사건'일 뿐이라 말하기도 한다. 그렇기에 헌법을 새롭게 만드는 것에 관해서는 말할 수 없으며, 언제나 '이미 인정되어 있는 헌법으로부터' 개별적인 실정법을 창출할 수 있을 뿐이라는 것이다.[16] 그러면서도 그는 정반대로 이렇게 역사를 통해 발전하는 헌법 주체로서의 민족은 심정 윤리학을 촉진하는 프리스 자신 같은 선한 선동가들에 의해 계도되어야 한다고도 말한다. 이때 강조되는 덕목이 바로 조국애로 표출되는 민족의 결속이나 우애 같은 것들이다. 결국 겉으로는 민족 내 헌법의 자생적 발전을 주장하지만, 프리스는 사실상 이 민족을 이끄는 소수 교양인들의 심정 윤리학에 모든 것을 맡기는 셈이다. 그렇기에 소위 여론 주도층의 배타적 민족주의가 그의 자유주의 헌법 제정의 실질적 주체라 할 수 있다.

2.
민족의 삶 속에 실재하는 헌법과 그 변경

헤겔은 이미 오래전부터 프리스의 이런 생각들을 잘 알고 있었다. 천박하다는 그의 비난 또한 『개요』에서만 매정하게 사용된 표현이 아니다. 더구나 둘 사이의 비판은 사실 헤겔이 아니라 프리스가 먼저 시작했다. 그는 언젠가 헤겔의 『정신현상학』(1807)을 '그 언어 때문에' 거의 이해할 수도 '향유할 수도 없는' 저작이며, '셸링의 자연철학을 단지 정신의 측면에서만 완전히 전개한 것'에 지나지 않는다고 혹평한 바가 있다.[17] 헤겔의 『논리의 학』(1812/13)에 대해선 '단지 독단적 방법에 따른 형이상학일 뿐'이며 '존재론의 새로운 독단적 서술'로서, '사물들을 평가할 때 우리 인간들이 양이나 질 같은 것을 구별하는 근거'는 사실 헤겔처럼 '개념들의 형이상학적 고찰을 통해서가 아니라 오직 인간학적 고찰을 통해서만' 밝혀진다는 사실을 알아야 한다고 역설하기도 했다. 그러나 『하이델베르크 연감』에 실린 프리스의 이 논평(1815)은[18] 헤겔이 처음 공식적으로 프리스를 거론하며 비판한 『논리의 학』 서론 부분에 대한 때늦은 보복이었다. 헤겔은 여기서 "인간학적 토대로 복귀"하려는 프리스의 최근 저서 『논리학의 체계』(1811)에 대해 그런 "천박함"을 굳이 살펴볼 가치가 없다고 평하고 있다. 논리학을 "불필요하게" "심리학적, 교육학적, 생리학적" 관점들로 고찰하는 것은 내용의 "외적 연관만" 부각시키게 된다는 것이다(WL Ⅰ, 23-24. 또한 E Ⅰ, §379). 이런 평가는 헤겔이 이미 일 년 전 니트하머(Niethammer)에게 보내는 한 서신을 통해 장황하게 밝혔던 것이다. 여기서 그는 "천박하다"는 단어를 "몰정신적"이고 "속 비고, 진부하고" "단정치 못하다"는 표현들과 함께 너무 심하다 할 정도로 사용하고 있다. 칸트조차 하지 않았던 "경험에 의존하는 인간학적 전제들 위에" "논리학을 연역"하겠다는 발상은 "잡소리"에 지나지 않는다는 것이다. "그렇게 천박한 인간이 철학의 이름으로 세상에 널리 명성을 얻는" 사실에 대해 헤겔은 오히려 "비애감"만 느낀다고 토로한다(B1, 388-389).[19]

프리스가 논리학을 소급시키고자 한 인간학적 토대는 이에 대한 학문적 고찰이 불필요하다고 본 헤겔에 의해 자세히 논구되지는 않는다. 그러나 그 토대가 어떤 의미를 지니는지에 대해선 헤겔이 암시한 바가 있다. 프리스의 후임으로 하이델베르크 대학에 다시 교수직을 얻었을 때 헤겔은 1816년 10월 28일 간명하지만 분명한 취지의 취임 연설을 한다. "우리" "독일 민족국가"는 "유럽 다른 나라들에서" "소멸해 버린" "철학"이라는 "신성한 불의 수호자"가 되어야 하는 "소명"을 얻었습니다. "마치 이전에 세계정신이 자기 자신의 최고의 의식을 위해 **유대** 민족국가를 아껴 두었던 것처럼" 말입니다. 세계정신이 이들로부터 "새로운 정신으로 출현"했듯이, 여러분도 "**진리**의 용기"와 "**정신의 힘**에 대한 믿음"을 갖고 철학을 사취한 "진부함과 천박함"에 "맞서야" 합니다(VM Ⅱ, 4-6). 이 어조가 암시하는 바는 당시 청중들에게 매우 분명했다. 헤겔은 프리스의 인간학적 토대가 이론적으로는 진리에 대한 용기와 정신의 힘을 포기한 정서주의이며, 실천적으로는 인종주의와 별반 다르지 않은 민족주의라는 사실을 잘 알고 있었던 것이다.[20] 이 시절 헤겔과 친분이 두터웠던 예술사가 보이세레(Sulpiz Boisserée, 1783-1854)는 괴테에게 다음과 같은 편지(1819년 10월 9일)를 보내기도 했다. 당신과 헤겔의 색채론을 비판한 '논평은' 원래 '철학자 프리스의 것입니다. 철학에서 일이 안 되자, [그는] 귀부인-천문학'과 '임시변통-물리학'에 빠졌다가 '결국엔 유대인 증오와 독일주의(Teutonismus)에 몸을 내던졌지요.'[21]

하이델베르크에 더 이상 프리스 같은 "효소(Sauerteig)가 없어 진심어린 관계"를 찾을 수 있었던 헤겔은 그런 관계를 얻기 힘들었던 베를린으로 옮겨서도 프리스 같은 무리들이 여기서도 드디어 "진지하게 불신을 받기 시작"했다고 확신한다(B2, 154, 222).[22] 그럼에도 헤겔은 여전히 정치적 불법 행위를 종교적 "경건성"으로 미화하는 자들의 정체를 폭로할 필요성을 느낀다. 당시 베를린 대학 동료 교수였던 데베테는 '자신이 옳다고 **여기는**' '최선의 신념에 따라' 행한 행위는 '옳은 것'이라며 잔트의 암살 행위를 정당화한 적이 있었다.[23] 『개요』의 프리스 비판은 바로 이러한 맥락에서 이해되어야 한다. 헤겔이 보기에 "수천 년간의 이성의 작업을 감정 위에 설정하는" 프리스의 관점은 "국가 이성성의 건축술"을 배타적 민족의 "마음, 우정, 격려의 반죽"

덩어리로 뒤섞어 버린다. 그리고는 이것에 "신의 축복과 성서"를 운운하며 "인륜적 질서와 법률의 객관성을 경멸할 수 있는 최고의 자격을 부여"한다. "여기에선 나쁜 양심의 특수한 형식"에 "주목"해야 한다. 법률 속에서 "자기 자신을 인식하지 못하고" "자기만의 특별한 온기"를 채우지 못한다는 단지 그런 부자유의 감정 때문에 도리어 "올바른 것을 주관적 확신 속에만 설정하는 양심"은 "**법률에 대한 증오**" 이외에 다른 것일 수 없다(GPR, 19-20). 이러한 헤겔의 비판은 그의 법 개념과 애국주의 그리고 교양인과 민족의 관계의 측면에서 좀 더 자세히 논의될 수 있다.

헤겔에 의하면 법률(Gesetz)은 법(Recht)의 피정립태(*Gesetzt*sein)이다. 그리고 정립되는 법은 무엇보다 그 본질에 있어 "자유의지의 현존"이다(GPR, §29). 이때 의지가 지니는 자유는 "자기 자신과의 부정성의 관계"를 통해 보편성에로 자기 지양하는 특수성이다(GPR, §7). 이러한 자기 지양 없이 의지의 모든 충동들과 그 만족 방식들에 대해 형식적으로만 반성하면서 그 위에 머무르려는 의지는 사실 참된 의미의 자유가 아니라 "자의(Willkür)"만 지닐 뿐이다. 이러한 의지는 한편으로 모든 내용으로부터 추상하는 반성의 형식적 자유를 지니지만, 다른 한편으로 이 자유의 실현을 위해 주어지는 우연한 소재에 대해 의존적으로 얽매이게 된다. 그 소재가 충동의 만족에 부합하면 자유를 느낄 테지만 그렇지 않을 경우 의지는 억압을 느끼고 이 억압을 타파하려 할 것이다. 헤겔이 보기에 프리스의 자유는 이러한 자의의 "형식적 활동성" 이외에 다름 아니다(GPR, §15). 그 때문에 프리스가 평등으로 정의한 법은 자유로운 활동의 일방적 제한이 초래될 경우 이

제한의 불균형을 바로잡는 데에만, 또는 이에 앞서 균형 있는 상호 제한을 마련하는 데에만 존립하게 된다. 프리스는 법 자체에서 현실화된 자유의 객관적 현존을 볼 수 없었다. 그러나 헤겔에 따르면 "현실화된 자유의 왕국"이 바로 "법의 체계"이다(GPR, §4).

법은 **개념적으로** 현실화된 자유의 객관적 현존을 표현해야 하지만, 동시에 **실재로**(realiter) 자유의 현존으로 현실화될 수도 있어야 한다. 말하자면 법은 그 자체가 "객관적 현실성"을 지녀야 한다. 법의 객관적 현실성은 한편으로 "의식에 대해" "알려지고", 다른 한편으로는 "보편적으로 타당한" "힘"을 지니는 데 있다(GPR, §210).[24] "그 자체로(an sich) 법인 바의 것"이 "그 객관적 현존 속에서" "의식에 대해(für)" "정립"되었을 때, 이 피정립태가 바로 "법률"이다. 법률로서의 법의 또 다른 이름은 "실정법 일반(positives Recht überhaupt)"이라 할 수 있다(GPR, §211). 실정법은 "보편적으로 인정되고 알려지고 의지된 것"으로서의 법의 현존이다. 헤겔은 법에 이러한 현존을 부여하는 것을 프리스와 유사하게 "교양(Bildung)"이라 설명한다. 그러나 이때 헤겔이 염두에 두고 있는 교양은 소수 교양인들에 의해 외부로부터 민족에게 부여되는 교양이 아니라, 각 "개별자"가 "보편성의 형식으로" 지니는 "의식"을 말한다. "내가 보편적 인격으로 파악되며, 이 점에서 모두가 동일하다는 것", "인간은 그가 **인간이기 때문에** 그렇게 가치 있는 것이며, 그가 **유대인**, 가톨릭, 프로테스탄트, 독일인 혹은 이탈리아인 등등이기 때문에 가치 있는 것이 아니라는 것", 바로 이러한 의식이야말로 "국가의 구체적 삶"을 형성하기 위해 "무한히 중요한 것이다"(GPR, §209).

법률은 보통 입법부에서 정해진다. 입법부가 있으려면 **먼저** 국가의 조직이 있어야 한다. 헤겔은 "국가의 유기적 구성(Organisation)과 자기 자신과의 관계 속에서의 국가의 **유기적 삶**의 과정" 자체를 "정치적 헌법(politische Verfassung)"으로 정의한다(GPR, §271). 헤겔의 이 헌법 개념은 한편으로 실정법적 맥락이 아니라 법**철학적** 의미에서 이해되어야 한다. 즉 그에게 헌법은 '민족의 사회적 구축물'을 의미하며, 정부가 따라야 할 민족의 질서 자체이다.[25] 그러나 다른 한편으로 민족의 사회적 구축물은 역사적으로 발전한다. 따라서 정치적 헌법을 특수하게 형성하는 것은 민족 교양의 형태들, 즉 가족과 시민사회에서 자생적으로 발전한 혼인, 가족자산, 교육, 사법(司法), 공안(公安, Polizei), 협동체 등의 여러 제도들이라 할 수 있다. 이러한 제도들에는 이미 개인의 특수한 관심들이 그 자체로(an sich) 보편화되어 있다. 이를테면 교사가 되고픈 특수한 욕망을 가진 사람은 교사임용고시 제도를 찾아본다. 언제나 특수한 관심을 지닌 개인은 **현실적으로** 이러한 제도들 속에서 자신의 "본질적인 자기의식"을 지닌다. 그리고 이 제도들을 통해 자신의 관심을 실현시키면서도 동시에 이 제도들 속에 설정된 "보편적인 목적"을 추구한다. 교사가 된 사람은 보편적 취지에 따라 임용고시 제도를 개선하기도 하기에 말이다. 바로 "이러한 제도들이 헌법을" "**특수하게** 형성하는 것이다(machen)"(GPR, §§262-265).[26]

따라서 헌법은 제도적 특성과 자기의식적 특성을 지닌다고 볼 수 있다. 이 후자의 주관적 측면을 헤겔은 "정치적 성품(politische Gesinnung) 또는 **애국주의** 일반"이라 부른다. 그러나 헤겔이 말한 애국주의는 심정 윤리학에 의거하는 프리스의 배타적 공동체 정신과는 거리가 멀다. 헤겔은 하이델베르크 시기 법철학 강의를 재개하면서 프리스의 공동체 정신을 암시적으로 비판하곤 했다. 바넨만(P. Wannenmann)의 강의필기문(1817/18)에 따르면 언제나 "자신의 민족의 아들"로서 개인은 자신의 모든 앎을 제도들로 주어지는 "직접적 실체"와 매개한다. "이러한 실체야말로 모두의 **실재적인** 자기의식이다." 이 실재적 자기의식의 측면에 따라 모두의 앎이 보편성을 획득하게 될 때 그러한 앎의 보편성이 바로 "공동체 정신"이다. 그러나 공동체 정신은 구별되지 않은 전체적인 것으로 머물러선 안 되며, 도덕적인 것으로 요구되어서도 안 된다. 다시 말해 공동체 정신은 무구별적 전체의지로 요구되어서도 안 되며, 개별자의 도덕적 의지에 내맡겨져서도 안 된다. 오히려 "공동체 정신이 있기 위해서는 국가의 삶이 현실적이어야 한다는 것이 요구된다"(RW, §129). 무구별적 전체의지로서의 공동체 정신은 "집단적 애국주의"로 흐른다. 개별자의 도덕적 의지로서의 공동체 정신은 자주 "이기주의"를 감추곤 한다. 그리고 이 둘은 자주 만난다. 헤겔은 "최근에" 자신의 특정 직업신분에 대해 "어떠한 숙련도 획득하지 못한 자들이 보편적이고 집단적인 것에로 나아가 군인신분이 되"고자 하는 시대 경향을 개탄해 한다. 그러나 군인으로서도 자질이 모자라자 "애국자" 행세를 한다는 것이다.[27] 헤겔은 이에 대해 "단체정신(esprit de corps)"을 통해 형성되는 "**보편적** 애국주의"를 제안한다. 개인은 협동체와 같은 "단체의 구성원"으로서 자신의 자질과 이익을 추구하면서 "국가의 업무를 대변하는" "성품"을 길러야 한다(RW, §132). 애국주의의 본질은 목숨까지 내놓는 "특별한 희생"의 부담을 기꺼이 지는 것이 아니라, 바로 "일상적" "삶의 연관들 속에서 공동체를" 자신의 특수한 관심의 "실체적 토대로" "아는 데에 익숙한 성품"이다. 이러한 성품은 일상적 삶의 토대로서 기능하는 국가 내 여러 제도들에 대한 "**신뢰**"에 다름 아니다. 이러한 성품 또는 신뢰는 따라서 국가 "제도들의 결과일 뿐"인 것이다(GPR, §268).[28]

두터운 신뢰는 좋은 제도들에서 나온다. 그리고 좋은 제도들이 헌법을 만든다. 따라서 헌법 제정은 그 어떤 교양 있는 특정 주체의 독점물일 수 없다. "누가 헌법을 만들어야 하는가"라는 물음 자체는 "어떠한 헌법도 없이" 개인들이 단순히 "**원자적**"으로 무리지어 있는 상태를 전제한다. 그러나 언제나 자신의 민족의 아이로 태어나는 개인들에게 이러한 원자적 상태란 허구일 뿐이다. 이러한 상태가 있다고 해도 처음에 어떻게 헌법을 형성하게 되는지는—"은총을 통해서든 사상을 통해서든 아니면 폭력을 통해서든"—전적으로 그러한 원자적 무리 자체에 내맡겨져야 할 것이다. 여기서는 누가 그 무리를 이끄는지가 중요해질 것이다.[29] 그러나 헌법의 형성이 이러한 식으로 설명되어서는 안 된다. 물론 헌법 물음은 "이미 현존하는 헌법을 전제로" 할 수도 있다. 그렇다면 이때 헌법을 "만든다는 것(Machen)"은 기존 헌법의 절차에 따른 "**변경**을 의미할 뿐"이다. 이 때문에 헤겔은 시간 속에 다양한 형태로 나타남에도 불구하고 "본질적으로" 헌법 자체를 "만들어진 것"으로 간주하지 "**말아야** 한다"고 본다. 오히려 헌법은 민족의 삶 연관들 속에 "단적으로 즉자 대자적으로 **존재**하는 것"이다. 민족은 항상 제도들과의 관계 속에서 일상 삶을 영위하고 보편적 자기의식을 획득한다. 동시에 이러한 상호 관계 속에서 제도들은 개선되고 발전한다. 이렇게 형성되는 인륜적 제도들이 국가의 정치적 헌법을 이루는 것이다. 따라서 정치적 헌법은 민족의 '**주관적** 자유의 **현실성**' 자체이지,[30] 인위적으로 만들어지는 것이 아니다. 그렇지만 당연히 이 현실성은 발전할 수 있다. "**특정** 민족의 헌법은 일반적으로" "그 민족의 자기의식의 교양"에 "의존한다"(GPR, §§273-274). 헌법은 "한 민족 내에 발전"하는 "이성적인 것"의 "이념"으로서 "수백 년간" 이루어 온 민족 교양의 발전 결과라는 것이다(RHt, §274).[31] 유일하게 가능한 헌법의 변경은 "자체가 헌법의 한 **부분**"인 "입법부"에서 이루어진다. 이때 입법 주체들은 무엇보다도 자신들의 헌법의 기원이 되는 민족의 발전된 교양 수준에 주목해야 할 것이다.[32] 왜냐하면 "헌법의 절대적 기원은 역사 속에서 발전하는 민족정신의 원리"이기 때문이다. 현재에 출현하는 "진보의 이 역사적인 것이 헌법에 좀 더 고차적인 권위의 형태를 부여한다."

그러나 헤겔은 발전한 민족정신의 원리를 **이성적으로** 파악하는 작업을 "전체 민족의 과제가 아니라," 프리스처럼 "단지 **교양인들의** 과제일 뿐"이라고 본다. 민족은 자신의 교양의 역사적 발전 주체이지만, 발전한 그 교양 원리의 이성적 이해 주체이기는 어렵다는 것이다. 언뜻 유사하게 보일지 모르나 그럼에도 그 둘 사이의 엄청난 차이점을 놓쳐서는 안 된다. 헤겔에 따르면 새로운 헌법 원리의 이성적 파악은 "민족정신의 **의식**을 자기 안에 **성숙하게** 갖고 있지 못하는" "민족"에겐 불가능하다. 그렇기에 민족에게 "헌법의 도야(Bildung)를 맡기는 것은 잘못된 것"이다(RW, §134). 민족은 헌법을 **주로** 일상적 삶으로 살 뿐이다. 만약 민족에게 그런 일을 맡긴다면 프리스에게서처럼 여론이 중요한 역할을 맡게 될 것이다. 그러나 여론은 공적 사안(事案)에 대해 사적으로 판단하는 개별자들의 "형식적 주관적 자유"의 "현상"이기에 항상 대립적인 양가성(兩價性)을 지닌다. 말하자면 여론은 사안의 공적 보편성을 지니는 동시에 이에 대해 각자 사적으로 판단하는 저마다의 고유성을 지닌다. 공적 사안에 대한 자기 나름의 고유한 판단들의 다수성이 여론이다. 이렇게 여론은 진리와 오류가 "직접적으로 합일되어 있는" 것이기에 "존경"해야 하는 것과 마찬가지로 동시에 "경멸"할 수도 있어야 한다. 따라서 여론은 참된 교양의 표출이 아니라, 비로소 참된 교양에로 계도되어야 할 것이며, 그 자체가 민족을 계도하는 "교양수단"이기도 하다. 『개요』에서 헤겔은 여론 계도의 장(場)으로서 "공공" "언론"의 "자유"를 보장할 것을 강조한다(GPR, §§ 315-319).[33] 또한 바넨만 필기문에서 그는 "공개적인" 직업 "신분의회"를 여론의 "최대 교양" 장소로 꼽고 있다(RW, §154). 어떻든 간에 이때 교양인들이 주의해야 할 것이 있다. 민족정신의 발전 주체는 언제나 민족 **자신**이라는 점이다. "민족은 자신의 정신의 전체 의식을 단번에 변화시킬 수 없으며", 단지 "역사 속에서" "교양 형식을 통해" "점진적으로" 발전시킨다. '민족정신의 자기 자신에 관한 지(知)'는 한편으로는 민족과, 다른 한편으로는 군주와 다투는 '중간 신분'으로서 교양인들의 몫이다.[34] 더구나 교양인들은 역사 속에서 전개되는 민족정신의 심정 윤리학이 아니라 그 속에서 발전하는 민족정신의 "이성성"을 파악해야 한다. 왜냐하면 이성적인 "민족정신이 실체이며", 바로 이 이성적인 것이 더욱 현실적으로 "이루어져야" 할 것이기 때문이다. 한마디로 이렇게 파악된, 발전된 "민족정신과 일치"하는 "참다운 이성성"이 바로 헌법의 기원인 것이다. 그렇기에 교양인들은 민족이 헌법의 현실적 주체라는 사실을 명심해야 한다. 이것은 자신들이 여론의 계도를 통해 발전시키는 교양의 주체가 단지 자기 자신들인 것만이 아니라, 동시에 자신들도 속해 있는 민족 전체라는 사실을 잊지 말라는 말과도 같다. 계몽 군주가 헌법을 부여한다고 한들 이것마저 "단지 권위의 행동**일 뿐**"이다. 그리고 이 행동의 기원은 군주에게 있는 것이 아니라 민족의 삶에 있다. 그렇기에 이렇게 제정되는 헌법조차 사실 군주가 만든 것이 아니다(RW, §§134, 191). "한 민족에게" "이성적 헌법을 선차적으로(a priori) 부여하고자 하는" 교양인들의 "발상"은 "헌법이 사고의 산물(Gedankending) 그 이상의 것"이라는 점을 간과한다. 따라서 교양인들은 헌법을 자신들이 만들 수 있는 것으로 간주해서는 안 되며 "만들어지는 것의 영역 너머의 것"으로 고찰해야 한다(GPR, §§273-274). 이렇게 고찰하는 헤겔의 교양인들은 결코 프리스의 선동가들과 같을 수 없다. 프리스의 자칭 선한 선동가들이 법률을 증오하는 심정 윤리학으로 민족을 이끈다면, 헤겔의 교양인들은 인륜적 삶 속에서 민족 스스로 발전시킨 민족정신을 그 민족의 이성적 자기의식에로 인도하는 것이다.

3.
선동가들과
교양인들

1817년 익명으로 출판된 「뷔르템베르크 왕국 신분의회 심의들」은 헤겔이 정치 현안에 직접 개입한 전단지 성격의 글이었다. 이곳의 왕 프리드리히 1세는 이미 1815년 근대 헌법 제정을 약속한 바 있었으며, 이를 위해 1815-16년 신분의회를 소집해 논의하고자 했다. 그러나 이 의회에서 구 신분세력들은 왕으로 하여금 프랑스 혁명 이전의 "좋은 옛날 법"을 복원하도록 부추겼다. 이에 대해 헤겔은 거의 일방적으로 계몽 군주의 편을 든다. 옛날의 좋은 법은 봉건 세력들의 "사적 소유의 관리"일 뿐이었으니 이제는 "국법에 의해 관리"되는 체제로 이행해야 한다는 것이다(SE I, 42).[35] 이에 반해 왕정복고가 본격화된 시기에 출간된 『개요』는 정치 현안에 대한 논의보다는 철학적 법학이고자 한다. 따라서 여기서 비판되는 학자들은 시대적 맥락보다는 철학적 관점에서 고찰되어야 한다. 당시 아무리 진보적인 지식인이었다 한들 프리스의 자유주의는 폐쇄적 민족주의를 바탕으로 하는 것이었다. 그

리고 그에게서 민족의 공동체 정신은 언제나 소수 교양인들의 심정 윤리적 정당화에 의해 인도된다.[36]

말년에 프리스는 자신의 과거를 회상하며 반유대주의에 관해 이렇게 말한 바 있다. '내가 독일 민족의 삶에서 유대인들을 부패한 사회적 형성물이라 열렬히 반대했을 때' '나는 유대인들을 증오하고 그들의 파멸을 원했던' 것이 아니다. 내가 진정 원했던 것은 바로 '유대 민족성을 개혁하고 상인 계급으로서는 제거'하는 것이었다. 그들이 '이웃을 불법적 감언이설로 현혹시키지 않고 완전한 자격을 갖춘 시민으로 국가에 등장할 수 있기 위해서' 말이다.[37] 그러나 이러한 그의 회상 속에서도 여전히 그의 자유주의는 민족 **내의** 평등한 시민 자격에 제한되어 있다. 이러한 폐쇄적 시민 자격이 자칭 교양 지도층에 의해 심정 윤리적으로 극단화될 때 어떠한 국가적 폭력이 행사될 수 있는지는 그로부터 백여 년 후 나치의 민족사회주의가 좋은 사례가 될 것이다. 그런 프리스를 옹호했던 파울루스도 사실은 뷔르템베르크 왕에 대해 구 신분세력들의 입장을 옹호하던 자였다.[38]

반면 헤겔에게 있어 자유는 **모든** 인간의 평등한 법 개념이라 할 수 있다. 자유의 현존으로서의 법은 언제나 민족의 삶 속에 객관적으로 현존한다. 이렇게 객관적으로 현존하는 법에 민족의 특정 집단이 인종적으로 배제되어서는 안 될 것이다.[39] 헤겔에게서는 언제나 사회적 공동체 단위를 의미하는 **민족**의 통합은 사실 민족의 경험적 교양 증진의 문제이지 철학의 선차적 경계의 문제일 수 없다. 철학은 늘 경험적으로 발전한 민족 교양의 이성적 해석자일 뿐이다. 이에 따르면 민족의 유기적 삶으로서의 객관적인 법의 구조가 바로 헌법이다. 따라서 헌법은 그때마다 새롭게 만들어지는 것이 아니다. 그때마다 민족이 새롭게 탄생하는 것이 아니듯이 말이다. 오히려 헌법은 민족 교양의 자생적 발전에 따라 변경될 수 있을 뿐이다. 이에 따라 교양인들은 발전한 민족 교양의 이성적 원리를 파악하고 실정법적 변경을 통해 헌법에 사회적 현실성을 부여해야 한다. 이때 발전하는 헌법의 주체는 언제나 인륜적 삶을 살아가는 민족 자신이다. 이에 반해 교양인은 발전한 헌법의 실정화 주체일 수 있을 뿐이다. 민족 내의 이러한 헌법 실재론을 잊지 않는 교양인만이 독재로 흐를 수밖에 없는 자의적 정치 혁신을 삼가게 된다. 헤겔이 교양인에게만 부여한 이 과제야말로 비교양인까지 아우를 수 있는 참된 정치적 성품을 가능하게 할 것이다. 적어도 이성적 개념파악이 민족 모두의 능력일 수 없다면 말이다.

아직 프리스의 법철학은 국내에 본격적으로 논의되지 않고 있다.[40] 그러나 흥미롭게도 최근 자유주의를 민족 내의 평등 개념과 배타적인 관계로 설정한 유명한 한 독일 법학자는 다시 주목을 받고 있다. 인민(demos)의 지배(kratia)로서의 민주주의란 '평등한 사람들의 집단 **내부에**' '동질성이 존속하는 곳에서'만 가능하기에, 이러한 동질성을 해치는 '절대적 인간의 평등'이나 끊임없이 결정을 지연하며 회의만 일삼는 '의회민주주의'는 '자유주의적 개인주의'에 기반을 둔 것으로서 배척되어야 한다고[41] 주장하는 칼 슈미트가 바로 그 인물이다. 그에 따르면 평등한 민족 구성원들의 내부와 외부를 경계 짓는 것은 곧 '법질서와 예외상태를 결정'하는 '주권자'의 몫이 될 것이다.[42] 주지하다시피 슈미트는 나치에 협조한 것으로도 잘 알려져 있다. 헤겔처럼 헌법의 민족 기원설을 주장하면서도 프리스는 일관되지 못하게 헌법의 기원에 관해 통치자와 신민의 의견이 불일치하는 경험적인 경우를 마치 선험적인 조건인 것처럼 가정한다. 이에 따르면 통치자와 신민 간에는 더 이상 재판관이 있을 수 없기에 '단지 두 가지 관점들만' 가능하다. 즉 한편으로 '자신의 통찰에 따라' '긴급사태'를 '결정'하는 통치자의 '무제한적인' '법들'이 타당하거나, 아니면 다른 한편으로 '공공복리'를 주장하는 민족이 '모반과 혁명을 통해' '명예'를 '회복'하거나 말이다. 그러면서 프리스는 결단을 미룬 채 그냥 '불행한 운명'에 맡기고 더 이상 논의하지 말 것을 권유한다.[43] 혹자는 이런 프리스를 후자의 관점에서 '마르크스 이전의 사회주의의 발견자'라 평하기도 한다.[44] 그러나 전자의 관점에서 더구나 배타적 민족주의를 주장한 프리스를 슈미트를 예고하는 우파 독재의 선구자라 볼 수는 없는 것일까? 적어도 민족 내 헌법 실재론이 망각된다면 이 두 가지 극단은 언제나 열려 있을 수밖에 없을 것이다.[45]

III.

자연의 법인가, 이성의 법인가?

/

'왕정복고 철학자' 할러와 '자유의 철학자' 헤겔

왕정복고의 시대적 분위기 속에서 철학을 "이성적인 것"과 "현실적인 것"을 동일시하는 듯이 파악한 『법철학 개요』에서의 헤겔의 언급은(GPR, 24, 26) 결코 '자신의 시대를 앞지를 수 없는' 인간의 '그때마다의 세속적 삶'을 정당화한 것으로 읽혀지기도 했다. 당시에 영향력 있었던 국법학자 차하리에(K. Salomo Zachariae, 1769-1843)는 그래서 헤겔 철학을 '바로 일상의 질서에 놓인 모든 것에 순응할 수 있는' 철학으로 평가한다.[1] 더구나 헤겔은 나름의 이유가 있긴 했지만 『개요』 서문에서 그 시대 진보적인 지식인 프리스를 매우 신랄하게 비판하기도 한다.[2]

그러나 자주 간과되는 사실이 하나 있다. 헤겔은 『개요』에서 마찬가지로 왕정복고 철학자 할러를 매우 자세히 비판하고 있다는 점이다. 할러는 당시 프로이센 궁정의 애호를 받을 정도로 영향력 있는 인물이었으며, 오늘날 역사학 시기 개념으로 사용되는 왕정복고

(Restauration)란 용어도 원래 그의 저서에서 비롯된 것이다.[3] 따라서 『개요』를 둘러싼 철학자 헤겔에 대한 공정한 평가는 그리 간단한 작업일 수 없다. 이를 위해서는 그 시대 상황 속에서 헤겔이 어떠한 정치적 입장을 갖고 처신했는지에 대한 역사적 연구는 물론이고 아울러 『개요』에서 전개된 법철학적 내용을 당시의 헌법 논쟁들과 비교할 필요도 있을 것이다. 물론 "사변적 인식 방식"으로 서술한 『개요』를 통해 헤겔은 당시의 첨예한 논쟁들에 직접적으로 관여하려 하진 않았다(GPR, 12).[4] 그럼에도 비교 가능한 흔적들은 충분히 찾을 수 있다. 그 대표적인 흔적이 바로 §273의 긴 주석을 통해 제기한 "누가 헌법을 만들어야 하는가(Wer die Verfassung machen soll)"라는 물음이다. 그런데 여기서도 헤겔은 "헌법"을 "만들어지는 것으로 간주"하지 말아야 한다고 말함으로써 당시 진보적인 헌법 제정 노력에 찬물을 끼얹는 듯한 인상을 주었다(GPR, §273).

헤겔이 제기한 헌법 물음은 도대체 누가 무엇을 어떻게 만든다는 것인지의 측면에서 헌법 제정의 주체와 제정되는 헌법의 성격 그리고 헌법 제정 행위의 의미로 나누어 논의될 수 있다. 이 각각의 물음들에 대해 헤겔은 프리스와 할러 그리고 사비니와 간접적으로 대결한다. 특히 『개요』 §258에 드물게 긴 각주까지 붙여가며[5] 헤겔은 할러에 대립해 법률이든 헌법이든 국가에서 제정되는 실정법은 무엇보다 이성적인 형식을 취해야 한다고 역설한다. 누구든 법률을 만들어야 한다면, 그것은 사적인 법률이 되어서는 안 된다는 것이다. 이 장(章)에서는 『개요』를 중심으로 드러나는 바로 이 헤겔과 할러의 대결에 초점을 맞춘다. 그러나 여기서 헤겔은 헌법이 아니라 공법적 법률 일반의 법전화 필요성 맥락에서 할러와 맞서고 있다. 따라서 효과적인 논의 전개는 각자가 생각하는 법률의 기원과 성격을 소개하고 비교하는 것에 국한해 논의하는 방식일 것이다. 이를 통해 거시적으로는 철학자 헤겔에 대한 오랜 오해가 교정될 수 있을 것이며, 특정하게는 헌법을 포함한 법률 일반과 그 법전화에 대한 헤겔의 관점이 좀 더 명료화될 수 있을 것이다.

1. 할러의 자연적 법

'당신은 국가를 법의 현실성으로서, 현실화된 자유로서 서술합니다.' 그러나 대체 '어떤 국가를 위한' 것입니까? '나는 프로이센 국가일 거라 추측합니다.' '이것을 잘 살피지도 않고 현실적으로' '타당시해야 한다면 국가에 대해 철학하는 것은 쓸데없는 일입니다. 그렇다면 할러 식의 고된 복종의 교리로써' 당신 방식보다 '훨씬 더 쉽게 좋은 시민'이 될 수 있기 때문입니다(B2, 279).[6] 이 말은 '우리의 적' '할러'에(B2, 224)[7] 적대적인 줄만 알았기에 이전까지 헤겔에게 매우 호의적이었던 법학자 니콜라우스 폰 타덴(Nikolaus von Thaden, 1770-1848)이 『개요』의 출판 후 한 서신을 통해 따지듯이 헤겔에게 한 말이다. 그러나 타덴은 『개요』를 꼼꼼히 읽지 않았거나 애써 무시한 것처럼 보인다. 여기서 헤겔은 분명 할러에 대해 "법률에 대한 증오"의 관점이라 비판하고 있기 때문이다(GPR, 402). 헤겔은 이에 대한 답장은커녕 타덴과의 서신을 끊은 것으로 알려진다.

카를 루트비히 폰 할러(Carl Ludwig von Haller, 1768-1854)는 스위스 베른(Bern)의 명망 있는 도시 귀족가문 출신으로, 오늘날 그 박학다식함으로 인해 계몽주의 '보편학자'라 알려져 있는 알브레히트 폰 할러(Albrecht von Haller, 1708-1777)의 손자이다. 그러나 조부와 달리 그는 반계몽적인 길을 걸었다. 어린 시절부터 뛰어난 자질을 보이던 그는 대학에 입학하기도 전에 이미 16세의 나이로 베른 공화국 내각에서 일자리를 얻었다. 이 시기 간혹 들은 철학 강의 외에 대학 교육을 받은 적이 없다. 1792년부터 1798년 나폴레옹의 스위스 점령까지 베른 공사관 서기보로 일했으며, 조국의 독립을 위해 「스위스 공화국 베른의 헌법 계획(Project einer Constitution für die schweizerische Republik Bern)」을 저술하고 스위스 민족 「헬베티아 연대기(Helvetische Annalen)」를 편집하기도 했다. 그 후 남독일과 오스트리아 피신 기간 동안 프랑스 혁명과 나폴레옹에 반대하는 여러 논문들을 발표했으며, 1806년 베른 정부의 초빙으로 법학 교수가 되었다. 1814년 옛 귀족정의 완전한 복원 후 베른 대고문관으로 선출되자 할러는 교수직을 사임하고 1815년 빈 회의에 이어 형성된 신성동맹에 '사상적 기초'를 제공하기 위해[8] 자신의 식견과 경륜을 집대성한 저작에 전념하게 된다. 이 저작이 바로 1816년부터 1834년까지 6권으로 집필된 『국가학의 복고 또는 인위적-시민적 상태의 괴물에 대립된 자연적-사회적 상태의 이론』이다. 『개요』에서 헤겔이 비판의 표적으로 삼고 있는 것이 바로 이 저서이다. 반면 할러는 이 저서를 통해 대표적인 왕정복고 이론가로 학계와 정치계에서 유명세를 얻게 된다. 그러나 집필 도중 비밀리에 행한 가톨릭 개종으로 공직을 잃자 할러는 파리로 옮겨

왕당파 언론인으로 활동하다가, 1830년 7월 혁명 후엔 다시 스위스로 돌아와 교황전권론파의 대표적인 정치가 및 저술가로 복귀한다.[9]

헤겔이 『개요』에서 할러를 비판할 당시 『국가학의 복고』는 3권까지 출판된 상태였다. 그 중 1권(1816)은 모든 시대 모든 나라의 역사로부터 국가의 실존을 증명하고 이로부터 국가의 보편 원리들을 도출하며, 2권부터 5권까지는 이 원리들의 적용을 다룬다. 즉 2권(1817)은 이 원리들의 군주제와 세습영주 국가에 대한 적용을, 3권(1818)은 군사국가에 대한 적용을, 4권(1822)과 5권(1834)은 성직국가에 대한 적용을, 마지막으로 6권(1825)은 공화국과 자유 협력체에 대한 적용을 전개하고 있다. 그러나 그 방대함에도 불구하고 할러의 주장은 1권에서 원리적으로 서술된 자연법 사상을 중심으로 설명될 수 있다. 그의 자연법 사상은 단지 법이 자연적으로 주어진 것이라는 의미 그 이상이 아니며, 이에 따라 자연 상태에서 확립된 강자의 지배가 국가와 법률의 기원으로 논의된다.

이 저서에서 할러의 목표는 빈 체제를 통해 근절된 '혁명의 히드라'를 진단하고 '모든 사회적 연관들의' '참된 반혁명' '이론'을 확립하는 것이다. 그래서 '국가학의 복고(Restauration)란 말은 잘못되거나 강탈된 원칙들의 제거와 참되거나 적법한 원칙들의 복원을 전제로 한다.' 이때 잘못된 원칙들은 무엇보다 모든 사회계약 이론의 원칙들을 의미한다. 부제에서 알 수 있듯이 할러는 이 원칙들에 의해 혁명적으로 형성된 근대 시민의 상태를 인위적으로 만들어진 '괴물(Chimäre)'로 보고 그 이전에 자연적으로 교제하던 사회(gesellig) 상태와 대립시킨다.[10] 왜냐하면 '역사'는 우리에게 '인간 사회'와 '국가'의 '실존'이 '모든 시대에' '전 세계적으로 나타나는' '보편적' '현상'임을 알려주기 때문이다. 그렇다면 애써 국가를 인위적으로 만들려 하기보다 역사 속에 현상하는 국가의 보편적 기원과 본성을 통찰하는 것이 더 낫다. 이러한 통찰은 '전체 국가학의 토대'로서 '보편적 국가론' 내지 '국가의 자연사(自然史)'의 과제이다. 이에 따르면 국가를 포함한 인간의 모든 관계들은 '정도 차이만 있을 뿐' 본성적 차이를 지니는 것이 아니다. 따라서 자연적으로 주어진 상태에서 형성되는 인간의 '사회적 연관'을 탐구한다면, 국가의 기원을 설명할 수 있게 된다.[11] 단적으로 할러의 출발점은 '국가와' 온갖 형식의 '사회 간의 구별'이 '무의미'하다는 데 있다.[12]

할러는 자연 상태를 '신의 영원불변한 질서'로 이해한다. 자연 상태는 지금까지 한 번도 '중단된 적이 없기' 때문이다. 그러나 자연 상태는 사회계약 이론에서처럼 사회가 완전히 부재하거나 '보편적 독립, 자유, 평등'의 상태는 아니며, '부분적으로 사회 외적이고 부분적으로' '사회적인' 상태이다. '모든 인간이 동시에 다른 모든 인간들과 사회 속에 살거나', 아니면 동시에 '사회 밖에 사는' 것은 불가능하기에 그렇다. 인간은 모두 한편으로는 사회 속에 살면서, 다른 한편으로는 사회 외부에 놓여 있을 수밖에 없다. 이때 사회가 자연적으로 형성된 전자의 상태는 언제나 '자유와 복종, 지배와 의존'을 포함한다. 반면에 사회 외부의 자연 상태는 '군주들 간에' 존립할 뿐만 아니라 특정한 사회적 결합 속에 살지 않는 '모든 인간들 사이에' 존립하는 상태를 말한다. 이 후자의 상태에서는 모든 인간이 상호 독립적이기에 사회적 결속에 따른 의무들이 아니라 오직 서로에 대한 '정의와 선의'의

'의무들만' 타당하다. 따라서 할러는 이 상태를 '절대적인 또는 자연적인 사법(私法)'의 상태로 본다. 이 상태의 대표적인 사례는 상호 조약을 맺은 바 없는 국가들 간의 관계라 할 수 있다. 사회 외적 자연 상태에서 통용되는 개인들 간의 절대적 사법이 독립 국가들 간의 법 즉 '국가들의 법(Staatenrecht)'과 다르지 않다는 것이다. 어쨌든 간에 인간은 국가 속에 살면서 국가 외부의 다른 국가와 대면한다. 사회적 자연 상태와 사회 외적 자연 상태에 '동시에 놓여 있지 않은 인간은 지구상에 없다.'[13]

문제는 인간이 어떻게 후자의 상태에서 전자의 상태로 자연적으로 이행하게 되는가 하는 점이다. 인간들 간에 자연적으로 형성되는 사회적 연관은 곧 국가의 기원을 설명해 주기 때문이다. 할러에 따르면 '경험과 역사'는 '모든 동물들'이 다른 '모든 동물들과' 떼 지어 살지 '않고 자신들과 같은 많은 동물들과' 무리 지어 사는 것을 보여준다. 무리 짓는 목적은 '영양섭취, 보호, 도움, 상호 애착' 같은 자연적 요인들을 위해서이다. 인간 또한 이와 크게 다르지 않다. 나면서부터 사회 없이 살 수 없는 인간은 자신과 어느 정도 동일성을 공유하는 다른 인간들과 사회를 이루고 살며, 그렇지 않은 인간들과는 사회 외적인 관계를 가진다. 그런데 자연은 인간들 간의 자연적 무리 짓기를 '힘들의 상이성과 상호적인 욕구'를 통해 조성한다. 이것은 '자연적 탁월함'이 불평등하게 배분된다는 것을 의미한다. 그래서 언제나 '정신과 육체의 힘에 있어' '탁월한' '강자가 지배하는 것'은 '위대한' '자연법칙(Natur-Gesetz)'이다. 이 법칙이야말로 '신의 영원불변한 질서'이며, 이에 따라 인간은 지배와 복종 관계에 놓이게 된다. 할러에 따르면 지배와 복종은 '결코 인간의 의지에 의존하는 것이 아니며', '단 한 명의 인간'이 모든 인간을 지배하게 되는 것 또한 그런 탁월함을 부여한 '신의 은총(Gnade)'에 의한 것이지 신하들의 동의에 의한 것이 아니다. 게다가 인간은 모두 '자신 위에' 언제나 '강자만을 기꺼이' 받아들이며, 그에게 찬성의 표를 던진다. 이렇게 신이 설계한 자연법칙으로부터 철저히 '위에서 아래로', 그러나 사회계약처럼 '동시에 이루어지지 않고' 개인들 간의 '용역계약처럼' '서로 다른 시기에 계속적인 응집을 통해' 수직적 위계사회가 형성되어 왔다. '동시에 동일한 정도로 자유롭다는 것이 모든 인간에게 주어진 적은 결코 없다.'[14]

일단 모든 신체적 욕구가 만족되면 인간들 간에는 '사랑과 선의의' 두 번째 '법칙'이 작동한다. 왜냐하면 '인간의 일차적인 보편적 욕구는' '평안하게 사는 것이며, 이차적인 욕구는 보호받는 것이고', 마지막 욕구는 '가르침을 받는 것'이기 때문이다. 사랑과 선의의 법칙은 신이 인간의 '이성 속에 써 놓은 것이 아니라', '나면서부터', 인간의 '마음속에' '불타오르는 글씨로' 써 놓은 '자연의 목소리'이다. 이러한 '신의 말씀'이 바로 지배자의 지배 행위를 '규제하고 인도하며', 이를 통해 신하는 '가장 부드럽게' '자기감정을 간직'한다. 할러는 지배와 복종의 첫째 자연법칙을 '정의의 법칙'으로 부르며, 사랑과 선의의 법칙과 불가분의 것으로 간주한다. 그리고 양자를 각각 '악을 피하고 선을 행하라'는 도덕명령과 '누구도 해치지 말고 할 수 있다면 유용한' 사람이 되라는 도덕명령으로 해석한다.[15] 결국 이 두 법칙들을 통해 자연적으로 형성된 인간들의 사회적 결합체가 바로 국가라 할 수 있다. 즉 첫째 자연법칙을 통해 '세습영주 국가(Patrimonialstaat)'가 탄생하며, 두 번째 법칙을 통해서는 '성직국가'가, 그리고 이 양자 사이에 보호받는 욕구를 충족시키는 '군사국가'가 탄생하게 된다.[16]

할러에 따르면 '참된 자연 상태'는 지배와 복종, 자유와 의존 관계가 탁월함의 상이성에 따라 자연스럽게 형성되고 사랑과 선의에 따라 유지되는 상태이다. 그런데 이 관계가 '신 이외에 어떠한 지배자도 지니지 않는' '전적으로 자유로운 한 사람'에게서 즉 군주에 의해서 중단될 때 비로소 '국가가 완성'된다. '군주'란 '시민 계약'의 '위임'을 통해서가 아니라 이렇게 '자연에 의해', 다시 말해 '신 자신에 의해' 주어진 '최고 권력'을 지닌 자이다. 그렇다면 나머지 '민족' 전체는 '복종하는' '의존적인 사람들의 집단'을 의미할 뿐이다. 할러는 민족을 단순히 '협동체'나 '시민 전체(Bürgerschaft)'로 이해하길 거부한다. 시민 사회와 자연적으로 형성된 사회 간에는 아무런 차이점도 없다. 오히려 그는 새롭게 출현한 '시민 신분'을 귀족, 승려 다음의 '제3신분'으로 부를 것을 제안한다. 이들은 모두 군주를 정점에 지니고, 그로부터 베풀어진 상대적 자립성만 지닌다. 그렇기에 혼동만 야기하는 '시민 사회(societas civilis)'란 표현은 '학문에서 완전히 추방되어야' 한다. '자유와 평등'에 기초해 '새로운 헌법'을 만들자는 것은 최근 '철학적 법체계의 첫째 허구'이다. 이에 반해 국가는 자연 상태 내 인간들의 사적 관계가 '지배자의' '독립성'과 '자유'를 통해 '최고도로' 발전한 '자립적이고' '완결된' '인간 결합체'일 뿐이다. 따라서 국가의 최고 목적은 군주를 통해 유지되는 '독립성'이다. '전제정치'는 이러한 '자연 질서가 전도'되어 군주의 권력이 신하에게 놓이게 될 때 군주가 여전히 자신의 권력을 정당하게 주장하려 함으로써 발생한다. 그러나 '모반이나 반란'에 의해 군주가 전복되는 경우에도 새로운 지배와 복종 관계가 형성되기는 마찬가지이다. 인간은 '결코 자연 상태를 떠난 적이 없다.' 할러는 베네치아처럼 몇몇 독립적인 자들이 '공동체'를 형성해 지배하는 경우를 인정한다. 그러나 그에게 '군주제와 다두제(多頭制)' 이외의 제3의 국가 형태란 없다. 게다가 다두제 즉 독립적인 인간들의 공동체가 지배하는 '공화국' 역시 복종하는 신하 집단을 지니며, 군주제의 법적 관계로 소급된다. 그의 '보편적 국가론'이 이렇게 국가의 기원을 밝힌다면, 이어지는 '보편적 국법'과 '보편적 국가 영리(怜悧)'에 관한 논의는 '신과 자연의 질서'가 '계시되는' '국가의 장수법(長壽法, Makrobiotik)'을 목표로 한다.[17]

2.
헤겔의 이성적 법

헤겔은 할러의 저서를 『개요』 이전부터 법철학 강의에서 다루고 있었다. 그러나 할러에 대한 반감은 이미 베른 가정교사 시절(1793-1796)까지 추정 가능하다. 이 시기 경험을 바탕으로 헤겔은 스위스 바틀란트(Waadtland) 지방의 주도(州都)인 로잔(Lausanne) 출신 변호사 장-자크 카르(Jean-Jacques Cart)의 『바틀란트와 도시 베른의 이전 국법 관계에 대한 신뢰할 만한 서신들』(1798)을 머리말과 주석을 덧붙여 익명으로 번역 출판한 적이 있다. 당시 바틀란트에는 베른에서 파견된 군대가 주둔하면서 이곳 법을 유린하고 있었다. 이 베른 귀족 '과두제'의 '정치적 억압'에 대해 헤겔은 카르와 마찬가지로 신분 대의제가 행해지고 있는 바틀란트 편을 든 것으로 알려진다. 바로 이 시기 베른 공직을 막 그만두게 된 할러는 자신이 편집한 「헬베티아 연대기」에서 베른에 의해 추방당한 카르를 다시 한 번 공격한 바 있다.[18] 그러나 친정부적이진 않았어도 마찬가지로 베른 도시 귀족이었던 집안의 가정교사로서 이 시기 헤겔이 할러에 대해 남긴 기록은 없다.

그럼에도 세습영주 국가를 옹호하는 할러의 저서가 파장을 일으키는 것에 대해 헤겔이 침묵했을 리 없다. 헤겔의 할러 반박은 1819/20년 법철학 강의필기문들에서 처음으로 나타난다. 링기어(J. R. Ringier)의 필기문에 따르면 할러는 "법을 필연적인 어떤 것이 아니라" 전적으로 자유로운 최고 권력을 지닌 "군주가" "은혜롭게(aus Gnade) 수여하는 단순한 호의"로만 본다는 것이다(RR, 133). 같은 시기 또 다른 무명의 필기문도 "사법(司法)"을 "통치자의 단순한 은혜와 호의"로만 보는 할러를 비판하고 있다(RA[1], 178). 그 후 헤겔의 비판은 그의 법철학 강의 곳곳에서 나타난다. 그러나 『개요』를 중심으로 그의 비판은 크게 자연법과 국법 그리고 법전의 측면에서 설명될 수 있다.

헤겔은 이미 예나 시기부터 사회계약 이론에 비판적인 입장을 견지하고 있었다. 할러와 유사한 이러한 입장은 자주 근대 국가 수립에 반대하는 정치적 반(反)자유주의로 이해되곤 했다. '현실에 결코 존립한 적이 없는' 사회계약에 관한 논의는 '자신이 원하는 대로'[19] "자연 상태"와 같은 "허구"를 꾸며낸다(JKS, 424). 그래서 헤겔은 '초국가적 법적 심급이 실재할 수 없는' 국제 관계만을 유일하게 현실적인 자연 상태로 언급한다.[20] 이 또한 개인들이나 군주들 또는 국가들 간에 성립하는 할러의 사회 외적 자연 상태를 연상시킨다. 게다가 헤겔이 개인들 간에 실재로 체결되는 증여, 교환, 임대 등의 계약만을 고찰하는 것도 할러와의 공통점이다. 그러나 헤겔은 투쟁 가능성이 원리적으로 극복 불가능한 한에서 자연 상태란 용어를 매우 제한적으로 사용하며,[21] 자연법이란 표현도 매우 조심스럽게 언급한다. 그 이유는 바로 자연 개념의 이의성(二義性) 때문이다. "자연(Natur)"은 한편으로 "몰의식적이고 직접적으로" 주어진 것을, 다른 한편으로는 "어떤 것의 본질, 개념", 본성을 의미하기도 한다(RW, §2). 이 때문에 "자연법(Naturrecht)"은 지금까지 "직접적인 자연에 의해 흡사 이식된 것"으로 여겨지거나 아니면 "사태의 본성 다시 말해 개념을 통해 규정되는 것"으로 생각되기도 했다(E I, §415). 1817년 『철학백과요강』에 나타나는 이러한 통찰은[22] 비슷한 시기 바넨만(P. Wannenmann)의 법철학 강의필기문(1817/18)에서 "자연법이란 이름을 포기하고 철학적 법론이란 명칭으로 대체"하자는 제안으로 표출된다(RW, §2). 『개요』에서도 사정은 크게 다르지 않다. 여기서 헤겔은 "자연법"과 "철학적 법"을 동격으로 표현하면서 "법학"은 그 "대상의 이성"을 "개념으로부터 발전시키고" "주시해야" 한다고 강조한다. 다시 말해 "법(Recht)의 지반"으로서의 자연은 본질, 개념, 본성을 뜻하는 정신적이고 이성적인 것으로서의 자연이어야 한다는 것이다. 자연법은 직접적으로 주어지는 자연이 아니라 이성적 의미에서 "제2의 자연"의 법이어야 한다(GPR, §§ 2-4).

할러와의 가장 큰 차이점은 바로 여기에 있다. 할러는 직접적 소여성의 의미에서 자연 상태로부터 출발하기 때문이다. 그에게 자연 상태는 무리 지어 있기도 하고 떨어져 있기도 하는 순전히 직접적인 상태이다. 이 상태에서는 무생물체들 간에 '큰 것이 작은 것을, 힘센 것이 약한 것을' 몰아내는 것처럼, 동물들과 인간들 사이에도 같은 질서가 유효하게 작용한다. 할러는 이 질서를 주지하다시피 위대한 자연법칙(Naturgesetz)이자 '신의 영원불변한 질서'라 부른다.[23] 그러나 인간 사회까지 지배하는 이 질서는 헤겔이 보기에 법칙도 아니요, 법은 더더욱 아니다. 할러 자신은 직접적으로 나타나거나 주어지는 자연의 상태와 법칙에 머물기 위해 인위적 제도화의 대상으로서 이성적 함의를 지닐 수 있는 자연법이란 용어를 의식적으로 회피한다.[24] 그 대신 강자가 약자를 지배하는 자연법칙을 직접 국법의 토대로 삼고자 한다. 그러나 작은 돌멩이도 급소를 타격하면 큰 바위를 깨뜨릴 수 있다. 큰 것이 작은 것을 튕겨 나가게 하는 것 또는 그 반대 등등은 엄밀히 말해 자연현상이지 자연법칙이 아니다. 자연 사물들 간의 힘의 현상을 이성적으로 고찰할 때에만 그것들의 본성에 따른 법칙적 인식이 가능하다. 더구나 자연 사물은 법칙을 자신을 위해 대자적으로 실현할 수 있는 의식적 주체가 아니다. 법칙이 이성적이고 정신적인 것이라면 자연 사물은 자신의 법칙과 타자로서 관계한다. 그래서 "자신의 타자존재 내에 있는 정신"이 바로 "자연"이다(SE, 373). 결국 할러가 주목한 존재자들의 힘의 관계는 사실 힘의 법칙이 아니라 힘의 현상, 그것도 자연적으로 발생하는 우연한 현상일 뿐이다. 따라서 헤겔은 할러의 힘을 "우연한 자연 폭력"일 뿐이기에 결코 "정의롭고 인륜적인 것의 권력"일 수 없다고 본다. 한마디로 할러는 자연법 사상가가 아니며, 엄밀히 말해 자연법칙론자도 아니다.[25]

할러에게 남는 것은 자연 상태 내 개별자들의 힘의 현상들을 취합해 "보편적이고 이성적인 것에 대한 상기(想起)"와 "뒤섞는" 것이다. 현상들을 갖다 놓고 법칙이라 상기시킨다는 것이다. 할러는 '보편적 자유와 평등'을 외치지만 '정부'를 '단지 민족을 위한 행정 관청'으로 만드는 프랑스 혁명이 조국을 유린하는 것을 경험하면서 '나의 살아 있는 조국애가, 나의 감정이 이미 나의 오성보다 더 정확하게 판단했다' 고 고백한다. '자연이 아니라 책 속에서만 학문을' 추구하는 '철학주의(Philosophismus)'에 빠지지 않고 '경험과 역사'의 가르침에 따라 자연 법칙에 맞는 '강자의 법을 구성'하겠다는 것이다.[26] 그러나 그는 정작 자신의 조국보다 우세했던 프랑스 혁명 자체에는 강자의 법을 적용하지 않는다. 법칙을 주장하기 위해 현상들을 모으는 데 있어 결정적인 것은 오히려 그의 감정, 바로 현존하는 조국, 군주, 영주 등을 탁월하다 여기는 그의 마음뿐이다. 이에 따라 할러는 "국가"의 "이성적 내용"과 "사상의 형식"을 "의식적으로" "포기"한다. 그리고 강자의 지배라는 "한 조각"의 법칙으로부터 "진체를 몰사상적으로" 그려낸다. 헤겔에 따르면 일찍이 할러의 저작처럼 "몰사상성(Gedankenlosigkeit)"이, "사상의 완전한 결핍"이 한 줌의 사상과도 섞이지 않은 채 순전하게 나타난 적이 없다. 그렇기에 "그 내용에 대해 이야기할 수 없다."

그럼에도 헤겔이 꼭 집고 넘어가려는 점이 하나 있다. 바로 "모든 법률, 입법, 공식적이고 법률적으로 규정된 모든 법에 대한 가장 쓰디쓴 증오"이다. 할러의 이 증오 또한 당시의 법학자에 대해 미리 결정된 그의 마음이라 할 수 있다. 할러는 묻는다. '학문의 왕국'에서 누가 '권위와 신뢰를 비천한 이기적 목적을 위해' '오용하는지', '법학자들 중 누가' '고객의 소망을 기만하고' '검은 것을 희다 하고 흰 것을 검다 하면서' '인간의 법률을' '불법의 은폐물로' '남용하는지', '마치 굶주린 맹금이 무고한 양을' 낚아채듯이 불법을 저지르는 '무면허' '사이비' '변호사'가 누구인지. 할러의 답은 '탁월함 없이 지배하려고만 하는 유약하고 범상한 자들'이지 '학문의 대가'는 아니라는 것이다. 그러나 그

유약하고 범상한 학자들이 굶주린 맹금처럼 활동할 때 할러는 "강자의 지배"라는 불변의 법칙을 "망각하고" 무고한 양을 위한 정의를 내세운다(GPR, §258). 학문의 '가장 위대한 정신'은 '가장 공평'하다는 것이다.[27] 물론 할러가 생각하는 정의와 공평의 주인은 자연 상태 내 우연히 권력을 획득하게 된 지배자일 뿐이다.

할러에 따르면 '법률은 보편 의지의 표현과는 전적으로 다른 것'이며 자연 상태에 사는 누구든지 자신의 생존을 위해 제정할 수 있는 것이다. 즉 입법은 기본적으로 사법적(私法的) 필요에서 비롯된다. 이를테면 모든 인간이 그렇듯 군주 또한 '자신의 자산'으로 먹고살아야 하기에 그것을 방어하고 때에 따라 전쟁을 수행할 자격이 있다. 그리고 자연 상태 내 강자는 지키고 약자는 보호받을 필요가 있기에 그때마다 지배와 복종의 계약이 이루어진다. 역사적으로 이루어진 이러한 계약들의 총체가 '사회적 사법(geselliges Privatrecht)'이다. 할러는 이렇게 개인들을 사회적으로 결합시키는 사법(私法)을 국법의 기원으로 본다. 이에 따르면 법률이란 '민족의 대의 권력' 같은 것에 의해 형성되는 것이 아니라 개인들이 지니는 저마다의 '고유한 법(eigene Rechte)'에 의거하게 된다. 이 절대적 자연적 사법이 군주를 둔 사회적 협동체로 발전하면 비로소 국가가 탄생한다. 따라서 할러에게 국가란 '사법적(私法的)' '협동체' 이외에 다른 것이 아니다. 그리고 국법은 강자 지배의 자연법칙에서 비롯된 사법들의 총괄일 뿐이다. 이 '참된 보편적 국법'은 '프랑스 혁명 이전에' 이미 '역사 속에' '대부분 실행되고 있었다.'[28] 그 때문에 할러에 따르면 사회계약 이론을 통해 새로운 사법제도(司法制度)를 마련하려는 것은 정의롭지 못한 학자들의 지배

욕에 불과하다. 오히려 "영지(領地)"가 "군주 왕조의 사유재산"으로 간주되던 옛 사법의 복원이 더 자연에 부합한다. 이에 헤겔은 응수한다. 이미 "위대한 혁명은 일어났다." 영지는 더욱더 "국가재산"이 되었으며 "농노제는 철폐되었다. 인간은" 누구나 "자유로운 자이이어야 한다는 것, 이것이" 혁명의 "사상이다. 할러의 이론에는 이 사상에 대한 분노가 지배적이다"(RA², 235). 그러나 과거 "역사 속에 현존했던 형식을 다시 불러오는 것"만큼 "어리석은" 짓은 없다(RHm, §135).

헤겔은 1817년 이미 「1815년과 1816년에 이루어진 뷔르템베르크 왕국 신분의회 심의들」을 논하면서 "프랑스 혁명의 시작"을 "이성적 국법"과 이를 억압하는 "실정법과 특권 집단"과의 "투쟁"으로 본다(SE I, 61).[29] 1819/20년 법철학 강의에서 헤겔의 비판이 겨냥한 것은 할러의 바로 그러한 특권집단의 사법(私法)과 국법의 동일시이다. 『개요』에 따르면 할러의 동일시는 무엇보다 법률의 기원을 역사적 현상 속에서 찾으려는 데에서 비롯된 것이다. 사법은 내가 유한한 개별자로서 지니는 법에 지나지 않는다. 이 법이 타인과의 관계 속에서 언제나 타당하기 위해선 모두가 의지하고 안다는 "피인정태(Anerkanntsein)의 의미"를 획득해야 한다(GPR, §217). 다시 말해 사법의 타당성은 공적인 인정과 효력을 전제로 한다. 그리고 법의 공적 인정과 효력은 무엇보다 법을 "객관적 현존" 속에 정립하는 데에 존립한다. 객관적 현존 내 법의 피정립태(Gesetztsein des Rechts)가 바로 "법률(Gesetz)"이다(GPR, §211). 따라서 그것이 사법이든 공법이든 법률의 기원은 법(Recht)이라 할 수 있다. 헤겔은 법철학에서 법을 "자유의지의 현존"으로 정의하지만(GPR, §29), "법 개념"의 "생성"은 "법학 외부에," 정신에 관한 철학적 논의에 놓여 있는 것으로 설명한다(GPR, § 2). 이러한 철학적 의미의 법이 법률로 제정될 때 비로소 사법이든 공법이든 타당성을 지니게 된다. 할러에겐 물론 이러한 철학적 의미의 법 개념이 없다. 따라서 그는 자연 상태 내 누구나 사적인 필요에 따라 구체화한 자연법칙을 법률로 본다. 결국 그에게 있어 법률은 사법 그 이상의 것일 수 없다. 이때 사인(私人)들 간의 분쟁은 오직 사적으로 판가름 날 것이다. 여기서는 가장 강한 자의 사법이 가장 적법하다. 그래서 분쟁을 판결하는 "재판" 제도를 도입하는 것 또한 전적으로 강자의 제도적 편의 그 이상의 의미를 지니지 못한다. 할러는 이것을 "군주"의 "호의" 또는 "은혜"로 간주한다. 그러나 헤겔에게 중요한 것은 사법제도의 역사적 도입 형식이 아니다. 그것은 역사 속에서 "가부장적" 형식을 취할 수도, "폭력이나 자발적 선택의 형식"을 취할 수도 있다. 중요한 것은 그렇게 도입된 사법제도에는 개인의 특수 의지에 좌우되지 않는 법률로서의 법의 객관적 "현실화"가 포함되어 있다는 점이다(GPR, §219, RHt, §219). 법철학은 무수한 특정 사례들에 대한 적용을 통해 이루어지는 이성적인 것의 현실화 과정을 포착해야 한다.

헤겔에게 법률은 법의 현실화의 필수적 계기이다. 이를 위해 법률은 무엇보다 이성적 내용의 규정적 보편성과 의식에 대한 공공성을 갖추어야 한다. 헤겔은 전자를 "개별 사례에 대한" 보편의 "적용 가능성"이라 설명하고, 후자를 누구나 책임질 수 있는 "자기의식의 법"이라 부른다(GPR, §§214-215).[30] 그런데 이것들을 갖춘 법률 제정이 가능하려면 사인으로서의 개인의 사회적 관계를 넘어선 국가 제도가 필요하다. 국가는 시민사회에서 도야된 "인륜적 이념의 현실"이다(GPR, §257). 이것은 국가가 인륜적 이념이 형성되고 있는 시민사회 내 개인들의 관계로 환원될 수 없다는 말이다. 국가는 이 관계에 기초를 두지만 이 관계를 넘어선다. 다시 말해 이성과 비이성의 항쟁 속에 현상하는 사회적 관계들에서 이성적인 것을 파악하고 현실화하는 "실체적 의지의 현실"이 바로 철학적 의미의 국가(der Staat)이다.[31] 이러한 국가는 역사 속에 다양한 형태로 등장하는 개별 국가(ein Staat)와는 다르다. 이 후자의 국가 개념에 머무르는 할러는 국가와 사회를 구별하지 않는다. 어찌 보면 '왕정복고의 추종자 할러가 아니라 그 적대자 헤겔이' 더 '국가주의적으로 논증'하는 것처럼 보인다.[32] 할러에 따르면 가족, 사회, 국가의 모든 공동체 단위들은 강자 지배 법칙에 따른 개인의 사적 관계에서 파생되며, 입법 또한 그러한 법칙을 사적으로 규정하는 행위에 지나지 않는다. 만약 그렇다면 개인들의 관계는 강자 지배의 법칙에 따라 자연스럽게 이해될 것이기에 "민법"을 별도로 제정할 필요가 없게 된다. 헌법을 포함한 그 밖의 모든 법률들 또한 강자의 의지를 천명하는 교육적 "지침서" 그 이상일 수 없다. 왜냐하면 할러에게 법률의 기원은 바로 강자 지배의 자연법칙이기 때문이다. 할러에 따르면 자연법칙은 만들어진 것이 아니라 '타고난 것이며 인간에게 주어진 것'이다. 자연법칙 자체의 기원은 탐구될 수 없다. 그것은 단지 '가장 숭고한 의미에서 신의 직관'이라 부를 수 있을 뿐이다. 법률은 이러한 숭고한 직관에 거스르는 행위를 막기 위해 생긴 것이다. 다시 말해 어떤 인간의 힘보다 더 높은 인간의 힘이 있을 때, '전자의 힘의 남용'이 '이 후자의 힘의 개입을 통해' '제어될 수 있기' 위하여 '법률과 법원이 생긴 것이다.' 따라서 신의 은총의 산물인 자연법칙은 강자의 은혜에 힘입어 법률로 알려진다. 할러는 그 대표적 사례로서 프리드리히 대왕과 그 후계자 프리드리히 빌헬름 2세에 의해 공포된 프로이센 일반법전(das Allgemeine Landrecht)을 들고 있다. 그러면서 그는 군주의 "선행"을 부각시키면서 동시에 이 법전이 지니는 계몽적 내용을 '철학자들의 오류'로 얼룩진 것이라 폄하한다.[33] 왜냐하면 여기서 "법률적으로 규정된 모든 법"이 '민족국가의 자유(National-Freyheiten)'라 일컬어지기 때문이다. 그러나 할러에 따르면 모든 인간이 동시에 자유로울 수는 없다. 자유는 '결코 모든 거주자들에게' 부여되는 것이 '아니며 단지' 군주와 그의 충신들만이 누릴 수 있는 것이다. 따라서 민족국가의 자유 같은 것을 약속했다면 그것은 '국왕의 선행' 이외에 다른 것일 수 없다.[34]

결론적으로 헤겔은 할러를 "법전의 적"이라 부른다. 할러는 법전에 보장되는 국가 구성원들의 자유에 아무런 실질적 가치를 부여하지 않기 때문이다. 그것은 그에게 단지 "책 속의 가치"일 뿐이다. 더구나 그런 가치를 담은 법전이라면 "매우 무의미한" 법률들을 표현한 것에 지나지 않는다는 것이 할러의 생각이다(GPR, §258). 헤겔 또한 "자신의 민족에게" "법전"을 제공한 "통치자"를 "민족의 선행자"라 표현한다. 그러나 할러와는 아주 다른 이유에서 그렇다. 이미 언급했듯이 법의 현실화는 법률 제정과 동시에 보편적 공지를 조건으로 하기 때문이다. 알려지지 않거나 알 수 없는 법률은 살아 있는 인간에게 적용되는 지배자의 죽은 문자일 뿐이다. 법의 현실화는 누구나 그 법을 자신의 법률로 알 수 있다는 의미에서 "자기의식의 법"을 갖추어야 한다.

"높은 곳에 매달아 놓거나" 알 수 없는 "외래" 문자로 써 놓은 법률은 헤겔에 따르면 그 자체가 "불법(Unrecht)"이다. 이 때문에 군주의 법전 편찬은 그 민족에겐 선행으로 여겨질 수 있지만, 다른 한편으로는 반드시 필요한 "정의의 행동"이기도 하다(GPR, §215). 헤겔이 생각하는 "본래적인" "법전"은 "법의 원리들을 그 보편성에 있어서 그리고" 적용을 위한 "그 규정성에 있어서 사유하면서(deneknd) 파악하고 진술하는" 법전이다(GPR, §211). 그러나 그렇지 못하다 하더라도, 관습법이든 제정법이든 아니면 단순히 법률과 법률해석의 모음집이든 모든 법률은 법전의 형태로 성문화될 필요가 있다. 1824/25년 그리스하임(K. G. v. Griesheim) 강의필기문에는 이에 대한 재미있는 설명이 나온다. 내 발에 "구두가 맞는지 알기 위해" 나는 "제화공이 될 필요가 없다." 마찬가지로 무역수지와 같은 "보편적 관심 대상에 대해 알기 위해" 내가 무역업에 종사할 필요까진 없다. 그러나 "법은 인간에 있어 가장 존엄하고 가장 신성한 것"에 관한 것이기에, 다시 말해 바로 "자유"에 관한 것이기에 특정 "신분의 독점물일 수 없으며", "인간 스스로 알아야만 하는 것"이다(RG, §215). 무지 속의 법은 자유의 억압이다. 그 가장 전형적인 사례를 지금까지 할러에게서 확인한 셈이다.

3.
법률에 대한 증오를 넘어서

헤겔은 군주의 은혜로만 주어지는 할러의 사법적 국법에 대하여 사법과 공법을 포함한 모든 국법이 이성적 기초를 지녀야 한다고 맞선다. 특히 모든 법률의 법전화 필요성에 대한 강조는 헤겔에게서 공법 우위의 관점을 부각시킨다. 이에 따르면 공적으로 정해진 사법은 곧 민법이 될 것이다. 그리고 공적으로 정해진 사회와 국가에 관련된 법률들은 형법, 헌법 등으로 구체화될 것이다. 그렇다면 앞서 언급한 §273의 헌법 물음에 대한 헤겔의 답변은 언뜻 보기에 모순적일 수 있다. 여기서 그는 "헌법은 시간 속에서 출현함에도 불구하고 만들어진 것으로 간주되지 말아야 한다"고 말하기 때문이다. 그러나 이 진술은 이제 다음처럼 이해되어야 한다. 헌법은 시간 속에서 이를테면 헌법전(憲法典) 등으로 출현함에도 불구하고 그 자체는 인위적으로 만들어지는 것으로 간주되지 말아야 한다.

헤겔은 "정치적 헌법"을 민족이 주체가 되어 영위하는 삶 속에 녹

아들어 있는 그 민족의 '주관적 자유의' 인륜적 '현실성'으로[35] 정의한다. 한마디로 민족의 삶이 영위되는 인륜적 제도들이 바로 헌법의 기초라는 것이다. 따라서 민족 전체가 필요에 따라 그때마다 새로 태어나는 것이 아니듯 헌법 또한 시기마다 인위적으로 만들어지는 것이 아니다. 오히려 헌법은 민족 자신이 주체가 되는 민족 교양의 발전에 따라 시대마다 다른 인륜적 제도들로 현상한다. 정치적 헌법은 바로 이 인륜적 제도들 속에 구체화된 민족정신의 이성적 원리라 할 수 있다. 교양인은 사회계약 같은 인위적 구성물로 새 헌법을 만들려 해서는 안 되며, 오히려 민족이 주체가 되는 그 민족정신의 이성적 원리를 파악해야 한다. 이렇게 파악된 원리가 성문화될 때 바로 새로운 헌법전이 형성되었다 할 수 있을 것이다. "어떠한 헌법도 없이" "원자적으로" 무리지어 사는 개인들은 없다. 인간은 언제나 기존 헌법의 인륜적 맥락 속에서 살아가기에, 헌법은 만들어지는 것으로 간주되어선 안 되며 단지 그때마다 "변경"될 수 있을 뿐이다(GPR, §§273-274).[36] 그러나 변경된 헌법은 군주의 은혜에만 기대지 말고 민족 모두가 지니는 자기의식의 법에 따라 반드시 법전화되어야 한다. 물론 §273에서 헤겔은 직접 헌법전의 필요성을 언급하지 않는다. 그러나 이것은 무엇보다 할러와의 대결을 통해, 특히 앞서 §215에서 강조한 모든 이성법의 법전화 필요성 논의를 통해 이미 자신의 입장을 분명히 피력한 후였기 때문이다. 따라서 왕정복고 시기 현안 헌법 논쟁에 대해 헤겔이 보수적으로 대처했다는 오해는 극복되어야 한다.[37]

그토록 근대적 헌법 제정의 필요성을 역설했던 프리스는 사실 앞서 살펴보았듯이 자신의 자유주의를 폐쇄적 시민자격을 갖춘 자들의 민족주의로 환원시켰던 인물이다. 그리고 그에게 민족은 언제나 '심정 윤리학'에 전념하는 소수 교양인들에 의해 수동적으로 계도되는 존재일 뿐이었다. 프리스의 폐쇄적 자유민족주의가 극단적인 반유대주의로 나아간다는 것은 그의 대표작 『독일의 결속과 독일의 국가 헌법에 대하여』(1816)에 잘 나타난다.[38] 당시(1818년) 혁신적으로 헌법을 도입한 바덴(Baden) 대공국에서 1822년부터 입법 활동에 참여한 바 있는 차하리에는 '원리상' '자유주의 개혁적' '입헌 국가제도'를 표방하면서도 실제로는 '언론 검열', '귀족 특권', '귀족정'을 비롯하여 군주의 태생적 '대권(Prärogativ)'까지 옹호한 인물로 알려진다.[39] 그 자신이야말로 이름뿐인 헌법을 내걸고 옛 왕권의 회복에 순응적으로 변해갔던 것이다. 철학이 아니라 재정학으로 학위를 받은 타덴에게 헤겔이 일일이 답변할 필요를 느끼진 못했을 것이다. 타덴은 헤겔이 말하는 '근대 국가'가 '프로이센'이 '아니라' '프랑스 혁명과 나폴레옹 전쟁을 통해 절대주의에서 벗어난' 모든 국가들을 '총괄'하는 개념이라는 것을 이해하지 못했다.[40] 반면에 헤겔이 할러를 그토록 줄기차게 비판하는 것은 그 시기 상당한 영향력을 발휘하던 그의 복고주의 때문이었다고 할 수 있다. 그러나 이뿐만이 아니다. 엄밀히 본다면 할러의 복고주의야말로 사회계약이라는 인위적 제어장치를 제거한 완전한 자유주의를 그 바탕으로 하고 있기 때문이다. 강자 지배의 법칙이 관철되는 순전한 자연 상태 이론이야말로 자유주의의 이상적 이론일 것이다. 그리고 이 이론은 복고주의와 효과적으로 만난다. 이는 프리스의 자유주의가 배타적 민족주의와 만나는 것과 유사하다. 이들 모두는 민족의 삶 속에 실재하는 헌법을 보지 못했다. 따라서 민족정신이 소수 교양인에 의해 심정 윤리적으로 개조 가능하거나 권력자에게 복종하는 민족의 자연 상태적 삶을 가장 좋은 것으로 미화하고 말았다. 이 둘을 겨냥해 헤겔은 말한다. "공식적으로 규정된 모든 법" 즉 "법률에 대한 증오"는 "민족의 거짓 형제들과 친구들"을 가르는 "암호(Schiboleth)"이다(GPR, 20, §258).

할러의 이론은 훗날(1840년) 프로이센 군주 프리드리히 빌헬름 4세로 즉위하는 황태자와 그의 궁정 간신배들에 의해 적극적으로 수용된 것으로 전해진다. 이 '황태자파(Kronprinzenpartei)'가 점점 자신의 복고 세력을 넓혀감에도[41] 할러에 대한 헤겔의 비판은 그러나 전혀 사그라지지 않았다. 온전히 남아 있는 마지막 법철학 강의필기문(1824/25)에서도 그는 사법제도를 마치 "자유의 억압"으로 간주하고 "자위권(Faustrecht)"을 찬양하는 할러의 관점을 "끔찍한 귀족정의 정열"에 사로잡힌 "조야"한 "정신"의 "용기"라 단정한다(RHt, §219).[42] 반면 놀랍게도 헤겔은 이미 1802년 자연법 논문에서부터 법전화 필요성을 일관되게 주장해 왔다. "참다운 인륜을 법률의 형식으로 가져가지 못하는 미숙함 그리고 이 인륜을 사유하고 자신의 것으로 간주하지 못하는 불안"은 "야만성의 표시"이다. 그러나 "절대적으로 인륜적인 것"은 "또한 보편성과 인식의 형식으로 입법의 체계로서 표상되어야 한다". 이 입법의 "체계가 실재성을 또는 현존하는 살아 있는 인륜을 완전히 표현하도록" 말이다(JKS, 470).[43] 모든 입법의 내용은 민족의 인륜적 삶 속에 구체적으로 실재한다. 구체적으로 실재하는 인륜을 그 이성적 본질에 따라 보편적인 형식으로 표현한 것이 바로 법률이다. 교양 있는 입법자는 머리 좋은 자기만의 논변으로 정당화된[44]

법률을 지어내지도 강자의 권력 편에 빌붙는 주먹다짐(Faust)의 법률을 양산하지도 않는다. 적어도 모든 법률의 기원을 먼저 민족의 삶 속에서 보려는 참된 교양인이라면 그렇다. 이에 반해 민족의 살아 있는 인륜적 삶을 표현하지 못하는 법률은 야만성의 징표이다.

IV.

“철학은 법에 대해 아무것도 모른다.”

/

사비니의 ‘역사적 법’과 헤겔의 ‘철학적 법’

헤겔이 베를린에 왔다.' '우리는 곧 헤겔과 사비니 사이에, 헤겔과 슐라이어마허 사이에' 형성된 '가장 격렬한 적대감을 보았다.' '그가 당시에 대항했던' '배타적인 집단'은 교수직에서 해임된 '데 베테'에 '공감을 보였'지만, 그는 '준엄하게 반대했다.' '베를린 해방 시기를 지배했던' '자유주의 이념들'은 그 집단에서 안식처를 찾았지만, '헤겔은 결코 이 이념들을 공유하지 않았다.' 이 말은 헤겔에게서 친정부적 성향을 찾으려 했던 복고주의 역사학자 하인리히 레오(Heinrich Leo, 1799-1878)가 헤겔 강의를 듣던 시절을 회고하며 쓴 기록이다.[1]

1818년 9월 헤겔이 프로이센의 수도 베를린에 대학교수로 이주한 시기는 1814년 나폴레옹 실각 후 빈 회의와 신성동맹을 통해 유럽 열강들이 앞다투어 왕정복고를 추진하던 시기였다. 나폴레옹은 정치적 야심이 지나쳤으나 프랑스 혁명 이념을 구현한 법전을 전파한 것으로 환영받기도 했다. 그의 실각은 예전에 그가 점령했던 나라들에 정치적 공동화(空洞化)를 초래했고, 이를 메우기 위해 옛 봉건세력들이 다시 권력에 등장하게 되는 것이 바로 오늘날 역사적 시기 개념으로 언급되는 왕정복고 시기이다.[2] 그러나 아무리 왕정복고라 해도 과거 절대주의의 온전한 복원이 의도되었던 것은 결코 아니다. 이미 나폴레옹에 대한 해방전쟁의 경험을 통해 각 민족은 과거 영주 중심의 왕조국가가 아니라 민족 중심의 단일 국가를 희망하게 되었고 그런 국가의 정치적 자유주의 이념을 프랑스 혁명에서 찾고자 했다. 복고 세력들은 자신들의 권력의 안정적 복원을 위해 민족의 이러한 요구를 약속의 형태로나마 어느 정도 인정하지 않을 수 없었다. 그 대표적인 약속이 바로 빈 회의에서 보장한 각 국가의 자율적인 헌법 제정 권한이다. 이 권한에 따라 각 국가의 왕들은 근대적 헌법 제정을 약속하거나 계몽 군주일 경우 시도까지 하게 된다.[3]

당시 정치 지형은 따라서 헌법 제정을 비롯한 여러 근대화 약속의 이행을 지연시키며 자신의 옛 권력의 복원을 기도하는 복고 세력과 민족주의와 자유주의를 바탕으로 민족국가와 헌법 제정을 강력하게 요구하는 근대화 세력으로 나누어진다. 그러나 이 후자의 세력은 잔트의 무모한 코체부 암살 사건으로 인해 결정적인 타격을 입게 된다. 바로 선동자 축출을 목표로 하는 카를스바트 결의에 따라 복고정책이 본격적으로 추진되는 계기가 되기 때문이다. 헤겔은 카를스바트 결의가 도입한 국가의 대학 감독과 출판물 검열로 인해 『개요』의 저술을 정치적 현안 문제와는 거리를 둔 채 공동체의 이성적 법 개념을 현실화할 수 있는 '정치적 의식'을 철학적으로 서술하는 방향으로 잡았다.[4] 이 때문에 헤겔의 언급은 여러 측면에서 이미 동시대인들에게 많은 오해를 받았다. 특히 §273에서 “누가 헌법을 만들어야 하는가(Wer die Verfassung machen soll)”라는 물음을 던지고 이에 대해 “헌법”을 “만들어지는 것으로 간주”하지 말아야 한다고 주장한 그의 답변은 당시 추구되던 근대화 열망에 찬물을 끼얹는 듯한 인상까지 주었다. 그의 이 답변은 법전을 편찬한 군주를 “민족의 가장 위대한 선행자”라 표현한 §215의 언급과 맞물려, 헌법 제정을 군주의 은혜로운 자비에 맡기자는 것으로 비춰지기도 했다(GPR, §§215, 273). 그러나 §273의 헌법 물음은 당시의 헌법 논쟁에 직접적으로 관여하는 현안 물음이 아니다. 오히려 헤겔은 『개요』에서 당시 논쟁에 관여한 인물들을 단 한 번도 언급하지 않는다. 따라서 당시 논쟁에 대한 헤겔의 답변은 철학적 법론으로 기획된 『개요』 전반에 걸쳐 단지 **간접적으로만** 들을 수 있다.

당시 유명했던 법전 논쟁은 바로 티바우트(Thibaut)와 사비니 간에 직접 벌어졌던 논쟁이다. 오늘날 법학사에서도 자주 언급되는 이 논쟁에서 사비니는 민법전 편찬을 주장한 티바우트에 강력히 반대한 것으로 알려진다. 헤겔은 『개요』의 단 한 곳에서 각주 없이 사비니의 저서를 인용한다. 그러나 다행히 『개요』를 전후해 당시 출판되지 않았던 그의 법철학 강의필기문들은 곳곳에서 사비니 비판을 담고 있다. 게다가 티바우트는 하이델베르크 시기 헤겔과 친분이 두터웠던 법학과 동료 교수였다. 사비니는 티바우트의 민법전 편찬 요구에 반대하는 자신의 입장을 그 후 헌법전 편찬 요구에 대해서도 일관되게 유지했다. 이 때문에 헤겔은 자신의 강의 및 『개요』에서 민법, 형법, 헌법을 구분하지 않고 법전 편찬에 반대하는 사비니의 복고주의적 면모를 암묵적으로 비판한다. 이 장(章)에서는 이러한 배경적 이해 하에 헤겔이 대결한 사비니와의 쟁점들을 살펴보고자 한다. 이를 통해 우선 이들이 지닌 법 이해의 차이점들이 선명하게 부각될 수 있을 것이다. 이 차이점들은 크게 **법 개념**과 **법전** 필요성 여부를 중심으로 구분될 수 있다. 이 차이점들의 부각은 더 나아가 앞서 언급한 『개요』에 대한 몇 가지 오해를 불식시키는 데에도 일조할 수 있을 것이다. 아울러 여기서는 또한 역사법학이 놓치고 있는 철학적 법 개념을 재조명해 보고자 한다. 헤겔은 사비니와 직접 논쟁한 적이 없다. 법학에 철학이 필요 없다고 본 사비니가 정치 고위직에 있기 때문이기도 했고, 당시 분위기 속에서 헤겔이 이런 사비니와 표면적으로 논쟁하고자 하지 않았기 때문이기도 하다. 독일의 법 역사에서는 사비니가 지속적으로 강력한 영향력을 발휘했던 것으로 평가된다. 이 때문에 그의 법 이론이 보완해야 할 요소들이 자주 간과되어 온 것도 사실이다. 이러한 보완 작업에 헤겔의 비판적 기여는 자못 크다고 할 수 있다.

1.
사비니의 역사적 법과 법전 편찬의 인위성

역사법학의 창시자로 잘 알려진 프리드리히 카를 폰 사비니(Friedrich Carl von Savigny, 1779-1861)는 그의 부친과 외조부가 모두 추밀 고문관을 지낸 적이 있는 기사 귀족 집안 출생으로, 어린 시절 부모를 모두 여의고 어느 명망 있는 법학자의 후원 하에 여러 대학에서 법학을 공부했다. 1800년 마르부르크 대학에서 박사학위를 취득하고 곧이어 강사로 활동했다. 이 시기 예나를 잠시 여행한 것으로 알려진다. 사비니는 그 후 1803년 『소유법(*Das Recht des Besitzes*)』 출판과 함께 비정규 교수로 승진했으나, 1804년 결혼하면서 교수직을 사임하고 1807년까지 중세 법 역사를 연구하기 위해 독일 여러 대학 도시들을 비롯해 파리와 빈 등지를 여행했다. 이듬해 란츠후트(Landshut) 대학의 정교수로 취임하지만, 훔볼트(W. v. Humboldt)의 추천으로 1810년 개교 준비 중인 베를린 대학으로 자리를 옮긴다. 사비니는 이곳 초대 법학과 교수로 대학 창립에 헌신하는 동시에 훗날 프리드리히 빌헬름 4

세로 즉위하는 황태자의 개인교사가 된다. 나폴레옹에 대한 해방전쟁이 한창이었던 이 시기 하이델베르크 법학과 교수인 티바우트(Anton Friedrich Justus Thibaut, 1772-1840)는 1814년 미래 예견적인 논문『독일 일반 민법의 필요성에 대하여(*Über die Notwendigkeit eines allgemeinen bürgerlichen Rechts in Deutschland*)』를 통해 사비니 등의 로마법학자들을 비판하며, 독일이 상이한 외래 법들에서 해방된 공통 민법전을 편찬해야 한다고 역설한다. 이에 대해 사비니는 역사법학의 입장을 천명하면서 법전 편찬에 대한 소명을 거부하는 장문(長文)의 저서로 응수한다. 이 저서가 바로 헤겔이 『개요』에서 말없이 비판적으로 인용한 『입법과 법학을 위한 우리 시내의 소명』(1814)이다. 사비니는 다음 헤아이히호른(Karl Friedrich Eichhorn, 1781-1854)과 함께 『역사법학지(*Zeitschrift für geschichtliche Rechtswissenschaft*)』를 창간하고, 이어 『중세 로마법의 역사(*Geschichte des römischen Rechts im Mittelalter*)』 1권을 출판한다. 사비니의 입장은 1820년 프로이센 일반법전 개정 위원회에 참여할 때에도 크게 달라지지 않는다. 1842년에는 오늘날 법무장관에 해당하는 '입법 개정 장관'에까지 올라 2년 전 즉위한 낭만적 복고주의자 프리드리히 빌헬름 4세를 계속 보좌했다. 그러나 그는 1848년 3월 혁명을 계기로 일선에서 물러나게 된다. 1840년부터 출판된 그의 『현대 로마법의 체계(*System des heutigen Römischen Rechts*)』는 현대 민법학에도 영향을 끼친 역사법학의 대표작으로 평가된다.[5]

티바우트와 사비니의 논쟁은 빈 체제(1815)와 맞물린 국왕들의 헌법 제정 약속보다 먼저 점화된 사건이다. 여기서 상론할 수는 없지만 티바우트는 위 논문에서 나폴레옹 실각을 눈앞에 둔 시점에서 그동안 프랑스 국권의 부흥 원인을 통일된 성문 법전에서 찾는다. 프랑스처럼 신분제 폐지를 골자로 '모국어로 쓰인' '간결한' '보편적 민법전' 도입만이 향후 독일의 민족적 통일에 기여할 수 있으리라는 것이다. 이를 위해서 그는 독일 영방 전역에서 작업자, 실무자, 법학자 등을 모집해 '작업위원회'를 구성하고 '2-4'년에 걸쳐 '후세에 물려줄' 만한 독일 공통의 민법전을 편찬토록 하자고 주장한다. 그리고 이 작업의 토대로 기존에 통용되던 프로이센 일반법전(das Allgemeine Landrecht)과 오스트리아 일반민법전(das Allgemeine bürgerliche Gesetzbuch) 그리고 나폴레옹 법전을 '활용'할 것을 제안한다.[6] 이에 대해 방대한 저서로 조목조목 따지는 사비니의 민법전 반대 논박은 지나치다 싶을 정도였다. 이러한 그의 반응은 1년 후 헌법 제정 요구가 불거졌을 때도 변하지 않는다.[7] 그 취지에 있어 티바우트의 편에 섰던 헤겔이 그 후 『개요』를 출판할 때 사비니는 (1817년부터) 법무부 소속 국가고문관으로 재직 중이었다. 아마도 이런 사비니를 공개적으로 자극하지 않으려는 신중함 때문에[8] 『개요』의 헤겔은 그의 이름을 한 번도 거론하지 않았을 것이다. 반면에 여러 법철학 강의에서 헤겔은 헌법, 민법, 형법 가리지 않고 대놓고 사비니를 표적으로 삼는다. 그가 비판의 표적으로 삼는 사비니의 입장은 우선 『입법과 법학을 위한 우리 시대의 소명』을 중심으로 법의 역사성과 법전화 측면에서 재구성될 수 있다.

사비니는 이 저서 서론에서 나폴레옹 법전의 강제 도입 이후 '법전의 고유한 가치에 완전히' '외적인 목적이 모든 것을 규정'하게 되었다고 진단한다. 이로 인해 민족 법전의 요구와 관련된 '적대적 논쟁과 평화로운 논쟁'이 발생했다는 것이다. 사비니가 생각하는 적대적 논쟁은 '독일 내 모든 국가들'을 **하나의** '민족국가(Nation)'로 형성하기 위해 각 국가가 공통적인 법의 지반을 마련할 수 있도록 법전 편찬에 힘써야 한다는 정치적 주장과 관련된 논쟁이다. 이때의 법전 편찬은 무엇보다 티바우트의 민법전 주장을 염두에 둔 말이라 할 수 있다. 그러나 이 논쟁은 주지하다시피 빈 체제 이후 조국 통일과 헌법 제정을 요구하는 자유주의 세력들과 과거 영광을 재현하려는 각 영방의 봉건 세력들 간의 적대적 관계로 첨예화된다. 이런 식의 논쟁은 학문적 논의에 적절히 도입될 수 없기에 사비니는 오직 민법전에 대해 학문적으로 제기되는 평화로운 논쟁에 눈길을 돌린다. 여기서 민법전 도입에 찬성하는 측은 다시 '과거 상태의 복원'을 주장하는 편과 '독일 국가들에 공통적인 법전 채택'을 주장하는 측으로 갈린다. 사비니가 논박하고자 하는 것은 이 두 번째 주장이다. 왜냐하면 이 주장은 한편으로 '18세기 중반 이래' '완전히 계몽되지 않은 도야의 충동(Bildungstrieb)'에서 비롯된 것이기 때문이다. 이로 인해 '다른 시대의 위대함'이나 '민족과 헌법의 자연스런 발전'에 대한 '감각'이 상실되고 오직 '현 시대의 경계 없는 기대감'만이 지배하게 되었다. 상실된 그 감각은 역사의 결실을 통찰할 수 있는 감각을 말한다. 다행히 이 '역사적 감각'이 도처에 다시 소생하고 있기에 사비니는 이를 통해 법의 확고한 지반을 설명하고자 한다. 공통 민법전 도입의 주장은 다른 한편으로 '모든 법이 법률로부터, 다시 말해 국가 최고 권력의 명시적 규정들로부터' 생긴다는 관점에 의거한다. 이 관점 또한 비역사적인 것이라 할 수 있는데, 왜냐하면 이런 인위적 법 발생의 관점은 모든 '입법'과 '법학'이 오직 그때마다 필요에 의해 제정되는 '법률들'의 '우연한' '내용'만을 고찰하도록 하기 때문이다. 법률의 우연성을 극복하기 위해 이 관점은 '모든 시대 모든 사례에' '타당한' '이상적 입법'의 토대로서 '실천적 자연법이나 이성법'을 가정한다. 이 가정에 의거해 완벽한 법전 편찬이 요청된다는 것이다. 이에 따르면 그때마다 결핍된 실정법의 개선만이 과제로 남는다.[9] 그러나 사비니에게 문제는 자연법이나 이성법의 **기원**이다. 이것이 해결되지 않을 경우 법전 편찬은 다시금 실정 법률들의 우연한 내용과만 관계하게 되기 때문이다.

그래서 사비니는 우선 법의 기원과 관련하여 '고상한' '민족들에서 법이 어떻게 현실적으로 발전했는지' 역사적인 물음을 던진다. 그의 답변은 의외로 간단하다. 문서로 확인할 수 있는 **역사**에 따르면 '민법은 이미 그 민족에게 **고유한**' '성격'을 지니고 있다는 것이다. 그러나 이 답변은 유기체적 민족이라는 다소 복잡한 개념에 기반을 둔다. 한 민족이 지닌 '언어, 풍속, 헌법' 등과 같은 개별 힘들과 활동들은 '우리의 고찰에만' 분리되어 나타나는 것이지, 사실 그 민족의 '본성 내에 분리 불가능하게 결합되어' 있다. 그리고 그것들이 하나의 전체로 결합되는 것은 '그 민족의 공통적인 확신, 내적 필연성의 동등한 감정'을 통해서이다. 법은 이러한 공통 확신을 통해 자연적으로 발전하는 것이지 자의적으로 형성되는 것이 아니다. 사비니는 개별 민족을 특징짓는 그러한 요소들 자체가 어떻게 발생했는지는 역사적으로 묻지 않는다. 이 물음은 법학을 넘어선 인류학의 주제이기에 그렇다.[10] 그는 오히려 단지 '문서로 확인 가능한 민법의 최초 상태'로부터 '보편적 성향들'만을 서술하고자 한다. 말하자면 사비니의 법학은 기록된 법의 역사에서, '학문을 통해 가공되어야 할' '역사 내재적인 법의 소

여(所與)'에서 출발한다.[11]

이로부터 그는 현재 법전 요구의 인위성을 비판하기 위해 '젊은 시절' 법전을 지녔던 '민족들'과 지금의 독일을 비교한다. 이들은 비록 '빈곤한' '개념들'을 지녔지만 '자연스럽게' 발전한 자신들의 상황에 대해 '명료한 의식'을 갖고 살아갈 줄 알았다. 이러한 상태는 무엇보다 '민법'에 보존되어, 각 구성원이 자신의 가족관계나 소유관계를 품위에 따라 구체적으로 향유할 수 있었다. 다시 말해 '사법(私法)의 규칙'은 곧 '민족 신앙의 대상에 속하는' 것이었다. 민족 신앙의 대상은 물론 그 민족을 구성하는 언어, 풍속, 법 등의 구체적 요소들을 가리킨다. 이 요소들의 '감성적 직관 가능성' 속에 민법도 자리 잡고 있었다는 것이다. 따라서 법은 우선 민족의 유기적 삶을 구성하는 요소들과 이에 대한 믿음으로부터 사법의 형태로 생성되고 확고하게 유지되기 위해 민법전의 형태를 갖추게 된다. 사비니는 이 후자의 민법전 형태를 '물체적 현존'(körperliches Daseyn)이라 부른다. 그리고 민법이 법전과 같은 이런 물체적 형태를 지니게 된 것은 '언어'의 '지속적인' '연습' 필요성 때문이라고 본다. 사비니는 물론 '헌법에 대해서'는 그런 물체적 형태의 필요성을 느끼지 않는다. 이에 대해서는 이미 '가시적이고 공적인 권력들'이 헌법의 외적 형태로 현존했기 때문이다. 결국 '법과 민족의 본질과 성격 간의 이러한 유기적 연관은 시대의 흐름 속에서도 보존'된다는 것이 사비니의 기본 관점이다. 반면에 그가 보기에 '우리의 시대'에는 '추상'을 전제하는 저술들과 연설들의 '인위적으로 착종된 현존' 속에서 아무도 법의 '직관 가능성'을 향유하지도 '보편적 민족 신앙'을 느끼지도 못한 채 살아가고 있다. 우리는 그저 옛 시대를 '야만과 미신'의 시대라 경멸하지만, 정작 우리 자신에게 '법의 본래적인 문법'은 '자의적인' '부담'으로만 여겨진다. 이때 법의 본래적 문법은 바로 '민족의 공통적인 의식'으로서의 보편적 민족 신앙을 뜻한다. 따라서 사비니의 역사 물음은 법이 민족의 의식과 신앙 속에서 '어떻게 살아 있었는지'에 대한 물음으로 구체화된다. 그러나 이 물음에 대한 탐구는 그리 간단하지 않다. 자신의 법의 '보편적 본성'을 생생하게 인식하고 있었다 해도 과거 민족조차 무수히 많은 세부 사항들을 전부 알지는 못했기 때문이다. 문화의 발전에 따라 이 후자의 과제는 그래서 점점 더 학자의 몫으로 넘겨진다. 우리 시대에는 이미 법이 '전체 민족 삶의 부분으로서' 그리고 '법학자'의 '특수한 학문으로서' '이중적인 삶'을 살게 되었다. 사비니는 법의 전자의 삶을 '정치적 요소'로 그리고 후자의 삶을 '기술적(技術的) 요소'로 명명하면서,[12] 이 후자는 전자에 근거한다고 역설한다. 이에 따르면 모든 법의 일차적 기원은 '관습법'이라 할 수 있다. 언어적으로 결정화되지 않은 채 민족 삶의 생생한 맥락 속에서 발전하는 법은 관습법 이외에 다른 것일 수 없기 때문이다. 관습법은 '입법가의 자의를 통해서가 아니라' 민족의 삶 속에 '조용히 작용하는 힘들'에 의해 형성된다. 법학의 과제는 문서화된 법률들을 통해 이 힘들의 총체를, 바로 민족의 공통 의식을 읽어내는 데에 있다. 이러한 의미에서 사비니의 법학은 기록된 법의 해석학이다.

따라서 사비니의 법학은 민족과 그 법의 '전적으로 파괴되지 않은 토착적 발전'을 전제할 수밖에 없다. 이를 기준으로 외래 법의 영향이 평가될 수 있으며, 아울러 인위적일 수밖에 없는 '입법'이 민족 삶 속에 자생하는 '민법에 끼친 영향'도 측정될 수 있다.[13] 그러나 이러한 구상에도 불구하고 사비니가 젊은 시절을 누리고 있는 민족의 법이라 긍정적으로 보는 것은 **오직** 로마법이라고 할 수 있다.[14] 사비니가 보는 로마법의 장점은 크게 세 가지이다. 로마법을 마치 '영원한 규칙'인 것처럼 높이 평가하기도 하는 사회계약 이론은 로마법이 **첫째**, '법학적 교양 없이도 건전한 오성을 통해' 알려질 수 있었다는 점을 놓친다. 로마법의 이 '참된 탁월함'에 로마 법학자들은 사회계약 이론가처럼 '자의적으로' 무언가를 보태려 하지 않았다. 그들은 오직 '수학'에서 하듯이 '개념들을 계산하기만 했으며' 이러한 방법 또한 '모든 곳에서 동일한' '공동 자산'이었다.[15] '로마 법학자의 주요 업무'는 법률들의 '보존과 정확한 적용'이었기에[16] 형식적 방법을 모두에게 이해시키는 일에만 몰두했다는 것이다. **더구나** 이때의 기준은 언제나 '전래된 것의 고수(Festhalten am Herkömmlichen)'였다. '새로운 법 형식이 생기면' 언제나 '옛 형식의 규정성'을 시험해 보았고 이를 통해 법의 '점진적이고 완전히 유기적인 발전'을 도모했다. **셋째**, 로마법은 따라서 '거의 전적으로 내부에서부터 관습법으로 형성되었다.' 법이 민족의 삶과 결합되어 있는 한, 본래적 의미의 제정된 '법률들의 영향'은 매우 '적었다'는 것이다. 왜냐하면 법이 민족의 삶 속에서 '생동하게 진전'되고 있는 한, 어떠한 '법전의 욕구'도 발생하지 않기 때문이다. 법전은 '카이사르'처럼 자신의 의지를 관철시키려 하거나 '6세기'처럼 '모든 정신적 삶이 소진되었을 때' '더 나은' 과거 시대로부터 도움을 받고자 시도되었을 뿐이다. 이 짧은 시기에 여러 법전들이 편찬되었지만 사비니는 '유스티니아누스 법전'만을 유일하게 '로마법의 정신'

이 온전히 남아 있는 것으로 평가한다.[17]

반면에 사비니가 보기에 근대의 유명한 세 법전들은 모두 로마법의 장점들을 결여하고 있다. 우선 나폴레옹 법전은 기술적 요소보다 정치적 요소가 너무 강하게 작용해 '존립하는' 삶의 현재에 '대항하는 맹목적인 충동'과 '규정되지 않은 미래에 대한 무의미한 기대'로부터 인위적으로 작성된 것이다. 기술적 요소의 측면에서는 '부분적으로 로마적이고' '부분적으로 프랑스적'인 것이 뒤엉켜 과거 법 형식의 '유기적' '보충'은 전혀 나타나지 않는다.[18]

원래 로마법의 '보조 법'으로 기술적 요소 측면에서 시도된 프로이센 일반법전은 조금 낫다. 그러나 '단순히' 탁월한 업적을 쌓으려는 동기에서 프리드리히 대왕은 '극도로 단순하고 대중적이며' 내용적으로 '완전한' 법전을 만들려 했다. 이로 인해 그는 '판사의 해석'을 완전히 금지하고 '법률위원회'로 하여금 모든 개별 사례들을 포함하는 법전을 계획하게 했다. 그의 후계자 프리드리히 빌헬름 3세에 이르러 비로소 완성된 이 법전은 물론 선왕의 의도와는 조금 다른 결과물이었지만 여전히 개별 사례들을 다 열거하려 하며 판사의 해석을 학문적인 측면에서만 허용한다. 이로 인해 이 법전은 '규칙으로 적용 가능한' 로마법과 '예외로 적용 불가능한' 로마법으로 쪼개지고 복잡 미묘해져 판결을 위해 매번 법률위원회의 자문을 구하게 되었다. 결국 이 법전은 '보편적 원칙들'의 위상을 획득하지도 법의 생생한 '직관 가능성'을 보장하지도 못한 채 '양 극단 사이에서' '부유'한다.[19] 이에 따라 사비니는 독일 최근의 어찌 보면 가장 중요한 당대의 '법 정치적 결과들'을 '학문적 논의'에서 '배제'한다.[20]

마지막으로 오스트리아 일반민법전 또한 로마법에 충실하지 않기는 마찬가지이다. 여기서는 법 '개념들'과 '가장 보편적인 규칙들'만을 설정하고자 하기에 거의 '무규정적'일 정도의 내용을 로마법의 문자적 해석과 오해에 의거해 마련해 놓고 있다.[21] 연이어 법전 편찬에 참여했던 여러 학자들과 법조문들을 세세히 따지며 사비니가 내리는 결론은 그동안 '어떠한 법전도 착수되지 말았어야 했다'는[22] 것이다. 그에 따르면 '법전이란 존립하는 전체 법의 기재(記載)' 이외에 다른 것이 아니다. 다른 것이 있다면 '국가에 의해 배타적인 타당성'을 부여받는다는 점뿐이다. 그러나 배타적 타당성은 법전 자체에 의존하는 것이 아니라 법 행정의 일관성에 의존하는 것이다. 보통 '법의 확실성'과 법 '적용'의 일관된 '보장'이 결여될 때 법전에 대한 요구가 제기되곤 한다. 그러나 이러한 결점들은 대부분 '실행의 탁월함'을 통해 극복될 수 있는 것이며, 새로운 법전을 통해 극복하려는 것은 '얻는 것만큼이나 잃을 것도 많다.'[23] 이러한 이유에서 법전 및 입법 개정을 위한 공직에 있을 때도 사비니는 주로 로마법에 따른 수정법령들(Novellen)을 다듬는 데에 전념한 것으로 알려진다.

2.
헤겔의 인륜적 법과 법전 편찬의 이성성

헤겔은 이미 예나 시기부터 사비니를 잘 알고 있었다.[24] 헤겔과의 직접적 만남의 증거는 없으나 학위를 마칠 무렵 사비니는 자신의 법학 방법론을 발전시키기 위해 1799년과 1800년에 걸쳐 셸링과 연락을 주고받곤 했다.[25] 따라서 이 시기 사비니의 예나 여행에는 셸링 방문이 포함되었을 가능성이 높다. 또한 사비니의 독서 목록에는 헤겔의 자연법 논문(1802)도 들어 있었다.[26] 그러나 사비니에게 이 둘은 그리 마음에 들지 않았던 것으로 보인다. 1803/04년 방법론에 관한 그의 유고는 셸링과 헤겔을 모두 거론하며 '학문적 과제 = 절대지' 설정에 이의를 제기하고 있기 때문이다. 모든 학문적 작업은 '시대 속에 머물면서도 그 시대에 제한되지 말아야' 하는데 절대지를 목표로 둔다면 전자의 측면이 간과된다는 것이다.[27] 그럼에도 사비니와 헤겔은 '낭만주의'의 영향을 받은 '법의 유기적 발전'이나 셸링, 헤르더, 아담 뮐러 등의 영향을 받은 유기적 역사 관점 등에서 공통점을 지닌다.[28]

헤겔이 사비니의 저서를 처음 비판적으로 언급하는 것은 하이델베르크 시기에 이르러서이다. 이것은 무엇보다 개인적으로 친밀했던 동료 교수 티바우트를 통해 그의 사비니와의 논쟁을 생생하게 목격했기 때문이다.[29] 이 시기 사비니의 『중세 로마법의 역사』를 읽은 헤겔은 자신과의 **완전한** 의견 차이를 확신한다.[30] 또한 1817/18년 바넨만(P. Wannenmann)의 법철학 강의필기문에서 그는 사비니의 『소유법』을 겨냥해 "소유(Besitz)"를 '노동'을 통해 성립하는 "재산(Eigentum)"의 자연법적 근거로 보지 않고, 유스티니아누스 학설휘찬법(Pandektenrecht)에 따라 "시효 소멸의 방해"를 통해 성립하는 역사적 '사실(Faktum)'로 고찰하는 일면성을 비판한다(RW, §27).[31] 그러나 당시 법전 논쟁을 잘 알고 있던 사람들은 헤겔의 비판을 오히려 『개요』에서 더 예리하게 감지하곤 했다. 이것은 사비니에서와 마찬가지로 법의 역사적 발전과 법전화 측면에서 논의될 수 있다. 먼저 자세히 규명될 필요가 있는 후자에 대한 헤겔의 입장부터 살펴보자.

헤겔은 이미 예나 자연법 논문에서 법전의 필요성을 강력히 암시한 바 있다. 자연법의 기존 학문적 논의방식들을 평가하는 이 논문에서 헤겔은 "절대적으로 인륜적인 것"이 "개인들**에게서** 자신의 고유한 유기적 신체"를 갖기 위해서는 "또한 보편성과 인식의 형식으로" 다시 말해 "입법의 체계로서" **표상되어야** 한다고 말한다(JKS, 470). 이러한 생각은 1817/18년 강의필기문에서도 그대로 유지된다. "법원(法院)"에서 적용되는 "법"은 "**인식되어야** 한다는 본질적 연관"을 지닌다. 물론 법의 표상 또는 인식 가능성을 위해 꼭 법전이 필요하지 않을 수 있다. 법의 인식은 판사의 판결이나 학자의 해석을 통해 그때마다 이루어질 수 있기 때문이다. 그러나 헤겔이 여기서 생각하는 법의 인식 가능성은 **모두**의 인식 가능성이다. 오직 이를 통해서만 인륜적 보편은 개인의 삶과 유기적으로 통일될 수 있기에 그렇다. 그래서 헤겔은 법전이 "언제나 개선되어야" 하는 필요성과 함께 "공정하고" "공개적인" 법정과 배심제 등을 강조한다(RW, §§109-110, 115-116). 이러한 생각은 1818/19년 법철학 강의에서 더욱 선명해진다. 이 시기 호마이어(C. G. Homeyer) 필기문에 따르면 "그 자체로(an sich) 법인 바의 것은 우선 의식에 대해 현존하고 알려지도록 해야 한다." "공적인 앎"을 위해 정해진 법이 바로 "법률(Gesetz)"이다. 그리고 법률은 법전의 형태로 모두의 앎의 대상이 된다. 따라서 "법전"은 "즉자 대자적으로 단적으로 필연적인" 것이며, "입법에 대한 시대의 소명(Beruf der Zeit zur Gesetzgebung)"이다. 사비니 저서를 연상시키는 이 언급은 법전과 관련된 헤겔 최초의 사비니 비판이라 할 수 있다. 헤겔은 덧붙인다. "법률은 그 민족 외부에서, 그 시대 밖에서 가능하지 않다"(RHm, §104). 이러한 생각은 1819/20년 강의필기문에서도 유사하게 나타난다.[32]

출판된 『개요』 또한 사비니 비판을 암시하는 구절을 곳곳에 포함하고 있다. 헤겔이 직접 쓴 글이기에[33] 법전 필요성에 대한 논거들도 더 체계적이다. 이 중 제일 먼저 주목해야 할 것은 헤겔의 법 개념이다. 헤겔은 법 개념의 "생성"을 "법학 **외부**"에 있는 것으로, 다시 말해 정신철학적 논의에 속하는 것으로 설명한다(GPR, §2). 이에 따르면 법의 정의는 바로 "자유의지의 현존"이다(GPR, §29). 헤겔 법철학은 철학적 법 개념에서 시작한다. 그런데 법은 개념으로만 머물러서는 안 되며, 인륜적 삶 속에 "객관적 현실성"을 갖추어야 한다. 이를 위해 법은 무엇보다도 **첫째**, "**알려**져야" 하며, 그것도 그냥 알려지는 것이 아니라 **누구에게나** "보편타당한 것**으로** 알려져야" 한다. 그 첫 단계가 헤겔에겐 바로 법률이다. 법률(*Gesetz*)은 "그 자체로 법(Recht)인 바의 것"이 "의식에 대해" "정립된(*gesetzt*)" 것이다. 법률은 정립된 법(ius *positum*)이며, 이러한 의미에서 입법기관을 통해 제정되는 "실정법(*positives* Recht)"이다. 물론 법은 그때마다의 판결이나 해석을 통해 법률로 알려질 수 있다. 그러나 누구에게나 알려질 수 있는 법은 **둘째**, 법률이 누구나 접근할 수 있는 법전의 형태를 갖추었을 때 가능하다. 법전은 "법률의 현존"이다. 이 현존하는 법률을 통해 법을 표상할 수 있는 사람은 누구나 인륜적 삶을 살려 할 것이다. 그것도 자의적 표상이 아니라 보편타당한 법의 표상에 따라서 말이다. 이를 위해 법전은 두 가지를 구비해야 한다. 법률은 철학적 법과 인륜적 삶을 매개해야 한다. 따라서 법전은 먼저 내용적으로 "법 원리"의 "보편성"과 동시에 언제나 "특수" 사례에 "적용 가능한" "규정성"을 갖추어야 한다. 법률은 그 다음으로 또한 법의 보편타당한 구속력을 갖추어야 한다. 다시 말해 법전은 공적 현존의 형식으로 마련되어야 한다. 이에 대해 헤겔은 법전을 반드시 모국어로 작성할 것과 공적인 업무로 추진할 것을 요구한다. 이때 공적 업무란 입법기관을 통해 제정된 법률들을 법전화하는 데 있어서도 국가권력의 계기가 필요하다는 것을 뜻한다. 바로 이러한 의미에서 헤겔은 법전을 편찬한 통치자를 한편으로 그 민족의 "가장 위대한 선행자"라 추켜세우면서, 다른 한편으로는 그들의 법전 편찬을 반드시 해야 할 "정의의 위대한 행동"이라 말한다(GPR, §§210-216). "법전이 완성되는 데에는 통치자"의 명령이 필요하다(RA[1], 172).

이어서 헤겔은 법 현실화의 **셋째** 단계로서 법원의 여러 조건들을 서술한다. 이를 열거하자면 그 자체 법률로 정해진 소송절차, 공개적인 판결과정, 당사자의 법 인식을 보장하는 서약과 증언, 배심재판제도 등이 있다.[34]

법전의 내용은 한편으로 모든 특수 사례들에 적용될 수 있을 만큼 완벽함을 갖추어야 할 것이다. 그러나 다른 한편으로 발전하는 민족에겐 언제나 "새로운 법률 규정들"에 대한 욕구가 생기기 마련이다. 이 때문에 법전 내용의 완벽함은 **당위**로만 요구되는 것이지 결코 실현될 수 있는 것이 아니다. "법전에 완성을 요구하는 것"은 헤겔이 보기에 고질적인 "독일병(獨逸病)"이다. 사비니도 프리드리히 대왕이나 자연법 사상가들을 통해 이 병을 잘 알고 있었다. 그러나 그는 주지하다시피 헤겔과는 전혀 다른 결론으로 나아간다. 모든 사례에 대해 '사전 결정을 포함하는' 완전한 법전 편찬의 시도는 '아무런 결실도 없을' 것이기에 포기되어야 한다는 것이다. 그 대신에 그는 '기하학'에서처럼 '다른 종류의 완전성'에 힘쓸 것을 요구한다. 예를 들어 모든 삼각형에는 공통되는 규정들이 몇 가지 있다. '두 변과 그 사이에 붙은 각'만 알면 언제나 삼각형을 그려내고 분석할 수 있는 것처럼 우리의 법도 모든 부분들에 공통적인 '지도적 원칙들(leitende Prinzipien)'이 있다. 따라서 이러한 지도적 원칙들, 다시 말해 '모든 법학 개념들과 문장들의 내적 연관과 친화성의 종류를 인식하는 것'이야말로 법학의 '가장 어렵지만' '본래적으로' '학문적인' 과제라는 것이 사비니의 결론이다.[35] 물론 이 과제는 무엇보다 실정법들의 분석에서 출발해야 할 것이다.

이에 반해 헤겔은 우선 독일병의 원인을 철학적으로 진단한다. 그에 따르면 이 병은 “유한한 대상들의 본성에 대한 오인”에서 비롯된 것이다. 한마디로 말하자면 이 오인은 유한한 대상이 보편적 본성을 완전히 실현할 수 있다고 전제하는 잘못된 가정을 말한다. 그래서 유한한 개별 대상들을 끊임없이 모으면 보편의 완전성에 접근할 수 있다든지, 하나의 보편을 개별 대상들에 전부 다 적용하다 보면 언젠가는 들어맞는 개별 대상을 하나 찾을 수 있다든지 하는 발상이 생긴다. 그러나 이것은 사실 **존재론적으로** 불가능하다. 우리는 한 그루의 소나무를 보고 이 소나무는 푸르다고 판단한다. 그러나 푸름의 개념적 보편을 완벽하게 실현하고 있는 개별 소나무는 이 세상에 단 한 그루도 없다. 마찬가지로 우리는 한 명의 절도범을 붙잡고 이 행위는 절도라 판결한다. 그러나 절도의 개념적 보편을 완벽하게 구현하는 개별 범행이 굶어 죽을 것 같아 빵 한 조각을 훔친 이 행위인지, 아니면 예금자들의 생활 자금 수백억을 빼돌린 저 행위인지는 그 자체로 결정될 수 없다. 우리가 할 수 있는 것은 절도의 이성적 보편 개념을 정의하고 이에 상응하는 개별 범행들을 오성적으로 분류해 적절한 형벌을 규정하는 것뿐이다. 이때 이 후자의 측면에는 항상 우연성이 끼어들 여지가 있다. 동종 범죄에 대해 어떤 판사는 벌금 백만 원을 선고하고, 다른 판사는 백십만 원을, 또 다른 판사는 사회봉사를 선고한다 해서 사법제도에 심각한 하자가 있는 것은 아니다.[36] 법률의 양적 규정은 언제나 경험적 우연성의 여지가 있기 때문이다. 이것은 철학적 법과 인륜적 삶을 매개해야 하는 법률이 후자의 측면으로부터 지닐 수밖에 없는 불가피한 특성이다. 인륜적 삶은 언제나 개별자의 경험적 삶으로 살아지기 때문이다. 헤겔은 이 특성을 "법률의 순수 실정적인 것"이라 표현한다. 그리고 이 특성은 "이성적으로 규정될 수 없는" 것이기에 인정해야만 하는 "우연성의 영역"이라 본다. 이성적 보편의 현실화는 언제나 이러한 영역을 수반할 수밖에 없다. 사비니는 바로 이 우연성의 영역을 **아직** 아무 결실도 없는 것으로 속단하고 법전화를 거부한 것이라 할 수 있다. 그러나 좀 푸르스레하다 해서 이 한 그루의 소나무에 소나무의 푸른 본성이 전혀 없는 것은 아니다. 오히려 이 개별 소나무를 통해 소나무의 보편적 본성이 실현되며 살아지고 있다고 보아야 한다. 법전 또한 보편적인 법 원리를 지속적으로 특수화하고 세분화하면서 법 자체를 현실화하는 과정이다. 법률 조항 하나를 읽으면서도 나는 언제나 내 특수 사례의 적용 가능성을 이해하면서 동시에 보편적인 법 개념과의 일치를 사유한다. 개별자에게 법률은 그래서 삶의 지침이면서 동시에 "법의 교양"이다(GPR, §§216-217). 시대가 변하면 욕구도 바뀐다. 그러나 언제나 "즉자 대자적으로 타당한 것"은 "민족의 욕구에 맞는" "법전이 현존해야 한다는 것이다" (RA[1], 174).

법전은 더 나아가 형식적으로 공적 현존을 갖출 필요가 있다. 앞서 언급했듯이 여기에는 다시금 두 가지 요소가 요구된다. 먼저 통치자의 명령 형식은 법전이 공적 구속력을 갖추는 데에 없어서는 안 될 계기이다. 법률 자체가 이미 입법기관을 통해 제정되긴 하지만 이를 소수의 교양인들을 위해서가 아니라 민족의 법 교양을 위해 법전화하는 것 역시 중요하기 때문이다. 이러한 의미에서 헤겔은 『개요』에서 민족의 가장 위대한 선행자들로 유스티니아누스를 꼽고 있으며, 『개요』

사이에 끼워 넣은 자필 메모에는 "독일 제국헌법"을 마련한 프리드리히 대왕을, 1819/20년 강의필기문에서는 이들을 포함해 나폴레옹 법전까지 거론하고 있다. 이에 따르면 법전화 대상으로서 헤겔이 민법뿐만 아니라 헌법까지 염두에 두고 있음을 알 수 있다.[37] 그런데 정작 『개요』의 법전 논의 부분에서 헤겔은 "형법전"의 필요성을 전개하고 있다.[38] 결국 오늘날의 모든 법률 체계가 이미 헤겔에겐 법전화의 대상인 셈이다. 물론 그렇다고 통치자가 법전의 내용까지 만들어야 한다는 것은 아니다. 사실 역사적으로 그런 적도 없으며, 헤겔이 군주에게 부여한 역할에[39] 따른다면 그럴 수도 없다.

또한 헤겔은 법전을 편찬한 통치자들의 업적을 사비니와 상당히 다르게 평가한다. 법전 편찬 자체는 매우 훌륭한 업적임에도, 편찬된 법전마저 모두 좋은 것은 아니기 때문이다. 헤겔은 『개요』 곳곳에서 사비니의 선행자인 실정법학자 구스타프 후고를 신랄하게 비판한다. 사비니는 '신 자신에 의해 인간 마음속에 구비된 감정들의 표현(l' expression des sentinments mis par Deu meme dans le coeur des hommes)'을 나폴레옹 법전이 아니라 오히려 로마법에 부여되어야 할 찬미라고 보았다. 그러면서 후고의 로마법 연구 업적을 거의 찬양하다시피 한다.[40] 이에 반해 헤겔은 후고처럼 "법 규정들"의 "순수 역사적" 고찰에만 몰두하면 "개념으로부터의 발전"을 "철학적으로 고찰"하지 못한다고 비판한다. 예를 들어 "로마 사법(私法)" 규정들은 "현존하는" 것으로 "완전히 확증"될 수 있지만 그렇다고 해서 즉자 대자적으로 옳다는 것이 보증되는 것은 아니다. 헤겔이 보기에 로마법에는 "노예" 규정이 없으면 "인간에 대한 어떠한 정의(正義)도 불가능"하다. 칸트마저 로마법의 영향을 받아 "인격권"과 "물권"을 구분하고 "어떤 지위(status)를 지닌" 인간만이 비로소 "인격"인 것으로 고찰했다. 로마법에서 아이는 "물건"이나 "노예"와 같았고 부부관계나 상속법도 평등하지 못했으며 법전은 "무수한 규정들"과 "화려한 표현"들로 되어 있어 "법무관"이 "법정보조원"을 필요로 할 정도였다, 등등. 헤겔에게 로마법은 한마디로 "법 교양"의 초기 상태에서 "비(非)인륜성"을 포함하는 법이다(GPR, §§2-3, 40, 43, 175, 180, 211, 217, 225).[41]

『개요』에서 나폴레옹에 대한 평가 또한 좋지만은 않다. 그러나 나폴레옹 법전과 관련된 헤겔의 생각은 1819/20년 강의필기문에 따른다면 로마법보다 훨씬 긍정적이다. 왜냐하면 여기서는 "모든 농노제가 철폐"되어 있기 때문이다. 이 때문에 봉건 세력들은 나폴레옹 법전에서 "항상 흠잡을 데를 찾곤" 했지만, 이 법전이 도입된 곳에서는 언제나 "선행"으로 인정받았다. 그러면서 헤겔은 부르셴샤프트 학생들이 바르트부르크 축제에서 나폴레옹 법전을 불태운 것을 질책한다. 독일에 민법전이 없다면 우선 나폴레옹 법전이라도 유지해야 한다. "나쁜 날씨라도 언제나 전혀 날씨가 없는 것보단 낫다"(RR, 129-130, RA[1], 172-173). 헤겔이 『개요』에서 묘사하는 나폴레옹은 주로 "야만적인" "군인들"과 "약탈"을 일삼은 "권력자"의 면모이다(GPR, §§123 Notizen, 140 Notizen). 예나 시기부터 헤겔은 나폴레옹의 이런 면모에 대해 비판적 시각을 숨기지 않았다. 1822/23년 호토(H. G. Hotho)의 강의필기문에 따르면 나폴레옹의 실책은 아직 법의식이 발전하지 못한 스페인에 "선차적으로(a priori) 헌법을 부여하려" 했다는 데 있다(RHt, §274). 아무리 좋은 법이라도 민족의 교양 수준에 맞지 않는 외래 법을 그 민족에게 억지로 강요해선 안 된다는 것이다. 그러나 예나 시기부터 헤겔은 **동시에** 언제나 법전을 편찬하고 '대의제 헌법'을 제정한 나폴레옹을 "파리에 거주하는" "위대한 국법론자"라 호평하곤 했다(B1, 185).[42]

마지막으로 프리드리히 대왕은 『개요』에서 모든 "특수한 법들과 특권들을 존중하지 않은" "철학적인 왕"으로 평가된다. 아울러 헤겔은 왕정복고주의자 할러의 프로이센 일반법전에 대한 비판에 드물게 긴 주석을 붙여가면서까지 재논박한다. 이에 따르면 "국가의 자산"을 군주의 "사유자산"으로 간주하지 않은 이 프로이센 **법전**이야말로 진정한 "국가의 종사자(Staatsdiener)"이며, 반면에 할러는 "법전의 적"이다(GPR, §§75 Notizen, 258 Fußnote). 물론 세세히 항목들을 다 거론하진 않지만 헤겔의 프로이센 일반법전에 대한 언급은 다소 과장되게 이 법전의 철학적 이념에 대한 평가에 치우쳐 있다. 사실 이 법전은 여전히 불평등의 요소들을 많이 포함하고 있었다.[43] 그러면서도 그는 실정법적 업무와 관련하여 대왕을 일방적으로 찬양하진 않는다. 내각의 조언을 경청하지 않고 계몽 군주이려 했던 대왕 자신은 아직 부족한 왕이었다. "프리드리히 대왕은 자신을 국가의 제일 종사자라 자칭"했지만 "자신의 자질"까지 함께 약속한 것은 아니었다는 것이 헤겔의 생각이다(RR, 179, RA[1], 248-249).[44]

3.
법률의 정신을 찾아서

법전의 형식은 또한 누구나 이해할 수 있는 **민족의 언어**와 표현으로 이루어져야 한다. 법률을 전문 용어들과 무수한 예외 판결들과 관습법들로 구성해 외국어로 숨겨 놓는다면 헤겔에겐 그것 자체가 이미 "불법"이다. 왜냐하면 그렇게 되면 "타당한 법"은 "배운" 자들에게만 알려지고(GPR, §215) 이 학자들은 "법을 모르는 자들의 주인"이 될 것이기 때문이다. 이때의 법률은 "지배의 도구"일 뿐이다. 그렇다고 법전이 일반인에 의해 편찬될 리는 없다. 여기에는 분명 학자의 역할이 있기 마련이다. 헤겔이 학자에게 부여한 역할은 바로 법의 역사성 측면에서 사비니와 가장 결정적인 차이를 보여준다. 1819/20년 강의필기문에 따르면 "법률이 문자를 지닌다는 것은 자유의 보장이다." 그러나 법률의 "문자와 정신"은 "구별"되어야 한다. 학자는 법률의 정신을 만드는 자가 아니라 이미 타당하게 현존하는 정신을 문자로 바꾸는 자이다. 법전이 없는 민족국가는 하나 만들어야겠지만, 이미 법전이 있는 국가에게 법전 편찬이 필요하다는 것은 "새로운 법률을 **고안**" 해야 한다는 것이 **아니라** 민족의 삶 속에 "이미 타당"하게 "현존하는 것을 사려 깊게 질서"지워야 한다는 것을 의미한다. 그것도 보편이 특수에 잘 적용될 수 있도록 "단순하고" "쉽게" 정돈되어야 한다. "법률의 **정신**이 법률로 **진술**된다는 것"이 바로 "시민적 자유의 본질적 보장"이다. 이때 법률의 정신은 인위적으로 고안되는 것이 아니라 "시민사회의 상태"**에 따라** 이미 "피인정태와 타당함"으로 "현존"한다(RR, 128-132, RA¹, 171-177).[45] 이렇게 민족의 "교양"에 따라 법률은 "감성적이고 직접적인 형식"에서 "사상"의 "단순한 표현"으로 발전한다(GPR, § 217).

이에 대해 사비니는 주지하다시피 정반대의 생각을 가지고 있었다. 그에게 법은 민족의 감성적 직관 가능성 속에서 역사적으로 발전한다. 따라서 삶과의 직관 가능성을 상실한 단순 보편적인 법은 모두 인위적인 것으로 거부된다. 참된 법은 그에 따르면 민족의 삶의 역사 속에서 생생하게 발전하는 법이다. 그러나 그의 역사적 법 개념이 놓치고 있는 것이 두 가지 있다. 그 중 **하나**는 바로 역사적 민족 개념이다. 법이 스스로 역사적으로 발전하는 것이 아니라 그 전에 민족이 먼저 역사적으로 발전한다. 사비니는 자신의 **이른바** 진화적 역사 개념을 법**에만** 적용할 뿐 이 법을 담지하고 있는 민족 자체에는 적용하지 않는다. 그래서 로마 민족과 근대인이 역사적으로 어떻게 다른지 그 '내적 법사에 대한 탐구'가 이루어지지 않은 채 법의 추상적 타락만을 불평한다.[46] 로마 시기에만 이상적으로 설정된 그의 역사적 법 개념은 사실상 과거를 동경하는 낭만적 역사 개념을 넘어서지 못한다.

로마법의 근대 국가법과의 관계는 '철저한 법**의** 역사'로부터만 파악되지, **민족의** 역사로부터 파악되지 않는다. 물론 사비니 자신은 민족들의 역사에 관해서도 말하고 있다. 그러나 이때의 역사는 '현재의 일면성'에서 보호해 주고 '근원적 상태와의 생생한 연관'을 가르쳐 주는 과거 민족의 역사이다.[47] 결국 법이든 민족이든 그의 역사 개념은 결코 진화적이지 않으며, 진화적이라 해도 로마 시기에만 한정된 것일 뿐이다. 그의 법 개념의 이러한 한계는 근본적으로 보면 **무엇보다** 철학적 법 개념을 결여하고 있기 때문이기도 하다. 사비니는 자신의 법 인식을 온통 과거 "실정법" 내 기존 "법률에 따른(gesetzmäßig) 것"에서만 찾고 있다. 그러한 한 그의 "역사 법학"은 현재 타당하게 여겨지는 "권위를 원리로" 할 수밖에 없다. 역사 속에서 권위 있게 법률로 인정되었던 것은 모두 그 자체로 법의 기원이 되는 셈이다. 예를 들어 아이를 물건으로 취급했던 로마 사법(私法)이 그 자체로 타당하게 간주될 수 있다는 말이다. 헤겔에게 이러한 고찰은 철학적 관점을 상실한 "오성의 일"일 뿐이다(GPR, §212). "역사적으로 확정된 것에 집착"하는 "실정 법학자는 국가의 이성성에 대해 말할 수 없다"(RA², §257). 사비니는 이미 청년 시기부터 '법학자에겐 예비지식으로 철학이 결코 필요하지 않다'는 생각을 갖고 있었다.[48] 그는 과거 법전을 어떻게 해석해야 하는지 그 방법론만 섬세하게 탐구할 뿐, 법전 자체의 가치를 평가할 수 있는 기준으로서 철학적 법 개념은 언급조차 하지 않는다. 그의 『법학방법론 강의』에 따르면 물론 '모든 체계는 철학에로 나아간다. 단순한 역사적 체계의 서술은 통일성을, 이상을 향하기' 때문이다. 그러나 '이미 예전 시대에 철학이 체계에' 끼친 영향은 '대부분

단지 형식'에 관한 것뿐이었다. '철학에 기대'할 것이라곤 사비니에겐 단지 역사적 서술에 통일성을 마련하기 위한 '형식'뿐이다.[49] 바로 이 때문에 로마법의 민족 삶과의 살아 있는 연관이 높이 평가되는 **철학적** 근거 또한 그에게서는 찾아보기 어렵다. 이것은 단지 개인적인 선호 그 이상일 수 없다. 물론 그의 이 개인적 선호는 로마법에서 관습법을 추적하고 더 나아가 그 민족 삶과의 연관까지 해석해내야 하는 것이니 매우 고상한 취향인 셈이다. 법전 편찬자는 사전에 이 모든 작업을 완수해야 비로소 본업에 힘쓸 수 있다. 역사적으로 전해지는 '광범위한' '법의 원천'을 모두 섭렵하고 서술할 수 있을 때에야 민족 삶을 반영하는 제대로 된 법전이 가능하다는 말이다. 그러나 '교양의 절정'에 도달한 '매우 극소수의 시대에만' 그런 '능력이 현존'했으며, 당연히 서술의 '건조한 간결함'만을 원하는 오늘날엔 '매우 적은' 사람들만이 그런 '생동한 정신'을 가지고 있다. 그래서 사비니는 결론짓는다. '나는 찬양할 만한 법전을 산출할 수 있는 우리의 능력을 부인한다.' 우리가 할 수 있는 것이라곤 **라틴어로** 된 '로마법의 우수함'을 분석하고 규정할 수 있는 '법학 **천재**'가 민족에게서 태어나길 기다리는 것뿐이다.[50] 결국 사비니에겐 천재 학자만이 법전 편찬을 할 수 있다. 한편으로 그는 법의 기원을 민족의 삶 속에서 찾으면서, 다른 한편으로는 법의 내용을 학자에게만 맡긴다.[51] 한마디로 민족은 그 자신의 법 이해의 주체가 아니다. 사비니의 법은 민족의 '삶을 위한' '실천적' '적용 가능성조차 고려하지 않은 채' 결국 '삶으로부터 이반'에 귀착한다.[52] 이에 대해 헤겔은 온 힘을 기울여 반박한다. "민족국가에 법전을 만들 능력을 부인"하는 것은 그 민족에게 "행할 수 있는 가장 큰 모욕"이다.

더구나 민족은 역사와 더불어 발전한다. 헤겔에 따르면 오늘날 "교양의 엄청난 진일보"가 이루어졌다. 그것은 무엇보다 "사람이 사람을 인간으로, 이미 인격으로 고찰"하기 시작했다는 점이다. "그리스 로마"에선 그렇지 못했다. 근대에서야 비로소 "인간이라는 사실이 최고의" "법"이 되었다는 것이다(RR, 127, 129, RA[1], 171).[53] 바로 이 법이 객관적 현실성으로서 힘을 지녀야 한다. 인간이 곧 인격이라는 사상은 역사 속에서 발전한 것이지만 철학적으로도 보편성을 지니는 개념이다. 그렇기에 철학적 법 개념은 이제 인격 자체에서, 그것도 자유를 본질로 하는 인격 자체에서 다시 쓰이고 정돈되어야 한다. 법전은 바로 **모든** 인격의 자유의 보장이어야 한다.

사비니의 역사적 법 개념만큼 비역사적인 것도 없다.[54] 법은 물론 관습법 속에서 삶과의 생생한 연관을 지닐 수도 있다. 그러나 "관습법이라는 형식" 때문에 그렇다고 보는 것은 "착각"에 지나지 않는다. 관습법은 무엇보다 "주관적이고 우연한 방식으로 알려진다." 그럼에도 타당한 법률이길 멈추지 않을 수 있는 것은 그 자체의 형식 때문이 아니라 바로 "수집되고" "쓰였다"는 법전의 형식을 통해서였다. 영국의 불문법조차도 "잘 쓰였기에" 유지된 것이다(GPR, §211). 그러나 본래의 법전이란 민족의 교양에 따른 법 원리의 보편성과 규정성을 알기 쉽게 체계적으로 갖추어야 한다. 이를 위해 역사 법학자들이 "역사적으로 현존하는 것"을 구체적으로 밝혀낸다면, 철학적 법학자는 그로부터 "보편적인 것을 추려내고" "특수한 것"에 적용 가능한 "법률적 규정"을 마련해야 한다(RA[1], 173).[55] 여기에는 법의 모든 영역이 망라된다. 그 중 "헌법은 민족이 의존할 수 있는 가장 강력한 근거이다." 여기에서 "법이 무엇인가에 대한 대자적 개념이 그 보편성 속에서 존립하기" 때문이다(RR, 130). 이와 관련하여 헤겔은 1817/18년부터 헌법을 "만들어지는 것으로 고찰하지 말아야" 한다고 강조한다. 이제 이 말은 좀 더 분명하게 이해될 수 있다. 이것은 헌법전을 만들지 말아야 한다는 말이 아니다. 헌법전을 편찬하고 다듬되 학자는 헌법의 주체가 자신이 아니라 바로 "민족정신"이라는 사실을 잊지 말라는 말이다(RW, §134). 학자나 왕은 '마치 산파처럼' **'정화된** 민족정신'의 내용을 헌법전으로 구현할 뿐이다.[56] '그때마다의 민족정신의 원리에 부합'하는 헌법은 만들어지는 것이 아니라 '불변'하는 것으로 **간주되어야** 한다.[57] "특정 민족의 헌법은 일반적으로" "그 민족의 자기의식의 교양"에 "의존한다"(GPR, §274). 이 때문에 실존하는 개별 국가는 이러저런 요소를 결여할 수 있다. 그러나 국가가 정신적인 민족의 공동체인 한, "모든 국가는 헌법을 지니고 있으며," "헌법은 명시적으로나 함축적으로(expliciter oder impliciter) 있을 수 있다"(RG, §272).[58] 이와 무관하게 마치 "이성 헌법을 선차적으로(a priori)" 민족에게 선사하려는 양 행세하는 것은 다시금 법을 지배 권력의 도구로 만들려는 것이다(GPR, §274).[59] 그렇게 행세하면서 정작 민족에게 가장 중요한 헌법전 하나 편찬하지 않고, 너무 어려우니 일단 학자의 해석에만 맡기라는 사비니의 조언처럼 말이다. 사비니가 공직으로도 있었던 시기 프로이센은 근대 헌법을 제정하지도 헌법전을 편찬하지도 않았으며[60] 여전히 '관료 군주제'로 머물렀다.[61]

4.
헌법의 주인은 누구인가?

헤겔이 『개요』를 출판한 지 10년 후에도 독일에는 성문 헌법에 대한 이해가 일반화되지 않은 상태였다.[62] 이것은 어찌 보면 법전 논쟁에서 사비니 측이 **정치적으로** 승리한 결과라 할 수 있다. 『개요』가 출판되었을 때 이 논쟁은 이미 역사법학파 쪽으로 결판난 상태였으며, 헤겔이 여기서 티바우트의 입장을 한마디도 언급하지 않는 이유도 그 때문이라 할 수 있다. 그는 또한 독일 전역의 **모든** 신분들이 참여해 법전을 제정하자는 티바우트의 **비현실적** 요구에는 사비니와 마찬가지로 거리를 둔 것으로 보인다.[63] 티바우트가 활동하던 당시 하이델베르크 대학이 속해 있던 바덴 대공국은 1818년 혁신적이라 할 만한 헌법을 도입한 적이 있다. 그러나 학자의 소명을 위해 바덴 의회 상원 의원직을 고사(叩謝)한 티바우트는 후임으로 자신의 의원직을 물려받은 차하리에의 복고적 변신을 지켜보아야 했다.[64] 프로이센은 그 후 1848년 혁명을 겪고서야 처음으로 헌법을 제정하게 된다. 그러나 이 헌법에는 이미 법학 영역을 독점한 사비니의 영향이 짙게 드리워져 있었다. 물론 아무런 발전도 없이 사비니의 영향이 지속되었던 것은 아니다. 무엇보다 그의 법학은 헤겔 역사철학의 영향을 받은 푸흐타(G. F. Puchta, 1798-1846)의[65] 개념 법학을 통해[66] 법실증주의의 면모를 갖춘 것으로 여겨진다.

헤겔을 슐라이어마허, 데 베테 등의 자유주의 집단과 갈라놓으려던 하인리히 레오 또한 정치적 변신에 불편함이 없었던 인물이다. 그는 예나 대학 시절 부르셴샤프트의 지도적인 역할을 수행한 바 있으나, 잔트의 암살 후 괴팅겐에서 후고의 영향 아래 법학을 공부하며 젊은 시절의 이상과 질교했다. 한때 역사를 형이상학적 맥락에서 해석하기 위해 베를린의 헤겔 강의를 듣기도 했지만, 그 후 그는 헤겔에게도 적대적인 입장으로 변모한다. 1830년을 전후에 그는 반계몽주의(Obskurantismus)와 정치적 반동으로 완전히 전향한 것으로 알려진다. 1858년 쓰인 레오의 앞서 소개한 회고와는 달리 헤겔이 데 베테와 그의 스승 프리스를 비판한 이유는 본래 심정 윤리학에 기초한 이들의 자유주의와 배타적 민족주의 때문이었다.[67] 종교적 심성에 있어 개별성을 강조한 슐라이어마허나 법학에 있어 역사성의 잘못된 이해와 과거 회귀적 전문성을 강조한 사비니를 비판한 것도 무엇보다 학문적 근거에서였다. 더구나 이들은 앞서 살펴보았듯이 대학의 학문적 자유를 위해 때로는 합심하기도 했고 이를 위해 사적인 파티를 갖기도 했다. 헤겔은 한결같이 잘못된 이론이 현실에 관철될 때의 문제를 철학적으로 진단한다. 이러한 진단은 자신의 법 발전이론이 낭만적 역사성에 의해 잠식된 사비니에게도 적용된다. 그의 중세 회귀는 그가 가르쳤던 왕의 낭만적 복고주의와도 잘 맞는다. 반면 헤겔은 항상 철학을 "자신의 시대" 속에서 진행 중인 "사고"의 형식으로 파악하려 했다(GPR, 26). **현재** 역사적으로 발전하고 있는 민족정신을 이성적인 사고의 형식으로 파악하는 것이 바로 법철학이다. 그래서 무엇보다도 헌법은 민족의 인륜적 삶 속에서 발전하는 민족정신이다. 민족의 이 삶과 정신 속에 실재하는 헌법을 보지 못한다면, 한 국가의 모든 법은 권력의 도구가 될 것이다.

헤겔 당시 많이 애용되던 아델룽 사전은 '헌법(Verfassung)'을 '부분들의 전체와의 결합 방식'을 뜻하지만 자주 사용되지는 않는 의미로 설명한다.[68] 이 말은 원래 유기체의 구성이나 체질을 뜻하는 라틴어 'constitutio'의 번역어로서 주로 생물학에서 사용되던 용어였다. 따라서 정확히 말하자면 헌법은 한 공동체의 부분과 전체의 **유기적** 결합을 정치적으로 표현하는 말이라 할 수 있다.[69] 한 정치 공동체의 유기적 결합은 결코 국가와 민족 구성원들 간의 기계적 연결일 수 없다. 인간의 생명이 **정신적** 통일성에 있다면 정치 공동체 또한 공유되는 정신에 기초한다. 이 정신은 헌법을 인위적으로 구상하는 몇몇 학자들의 머릿속에만 있을 수도 지금 살아 있지 못하는 과거 민족의 기록 속에 있을 수도 없다. 헤겔은 이 정신을 현재를 살아가는 민족정신으로 보고자 한다. 물론 민족정신은 잘 다듬어지지 않은 개별 구성원들의 날 것 그대로의 모습으로서가 아니라 철학적 조탁을 통해서만 이성적으로 파악된다. 그러나 이 조탁 작업에는 헤겔이 항상 강조하듯이 주의해야 할 점이 있다. 민족의 삶과 정신의 **주체**는 바로 민족 자신이지 그 외부에서 학문적으로 고찰하는 이론가가 아니라는 것이다. 헤겔에게서 헌법의 주인은 언제나 인륜적 삶을 살아가는 민족과 그 민족의 정신이다. 그렇기에 헌법은 몇몇 권력층 지식인에 의해 만들어지는 것으로 **간주되어서는** 안 된다. 그는 일찍이 법철학 강의에서 이를 간과하거나 무시할 때 어떤 일이 벌어지는지 역설한 적이 있다. 민족 "정신의 발전"을 보고도 "제도의 균형 있는 발전이 없는" 국가라면, 이는 "불만족의 원천일 뿐만 아니라 혁명의 원천이 되기도 한다" (RW, §146).[70]

우리말 한자어 헌법(憲法)은 말 그대로 본보기가 되는 가르침을 상관(上官)으로 삼아(憲) 정한 법(法)을 뜻한다. 그렇다면 국가 **최고**법인 헌법조차 본보기가 되는 가르침을 자기 **위에** 지니는 셈이다. 이제 헤겔의 답변을 다시 읽어도 지나치지 않아 보인다. "헌법은 시간 속에 출현함에도 불구하고 만들어지는 것으로 간주되지 않아야 한다. 오히려 그것은" "민족의 정신 속에" "즉자 대자적으로 존재하는 것이다" (GPR, §§278-279).

V.

헤겔은 과연 왕정복고 철학자인가?

/

헤겔 법철학에서 군주의 역할

요즘 세간의 관심을 끌고 있는 한 유럽 철학자는 '노년'의 헤겔이 현존 질서를 '이성의 체화물로' '칭송한 국가 철학자가 되었다'는 평가를 '**표준적** 신화'로 간주하고 이 신화를 바꿔 보려는 야심찬 포부를 밝힌다. 그러나 그의 수정 작업은 '젊은 헤겔의 혁명적 기획'을 부각시키는 것이지 원숙한 헤겔 자체에 대한 평가를 교정하는 것이 아니다.[1]

그와 같은 표준적 오해의 진원은 무엇보다 선동자 축출 정책이 한창 몰아치던 1820년에 출판된 그의 『법철학 개요』라 할 수 있다. 여기서 헤겔은 당시 부르셴샤프트나 왕정복고에 대한 직접적 언급을 극도로 삼갔다. 일말의 혐의**만** 있어도 옥살이를 했던 경찰국가 분위기 때문이었을 것이다. 게다가 그는 『개요』를 현 정세에 거리를 두는 이론적 관점에서 저술했지만 이를 정반대로 읽은 자들에게 많은 오해를 받기도 했다. 한때 헤겔의 『논리의 학』을 '책들 중의 책'으로[2] 찬양한 바 있는 법학자 타덴(N. v. Thaden)조차도 『개요』를 헤겔이 1817년 『하이델베르크 연감』에 게재한 「신분의회의 심의들」처럼 현안 정치를 논의하는 저서로 읽었다. 이에 따라 헤겔에게 보내는 한 편지에서 타덴은 '법의 현실성' 내지 '현실화된 자유'로 서술된 『개요』의 국가를 단적으로 '프로이센 국가'로 이해하고 헤겔의 '편향된 서술'을 힐난한다.[3] 이뿐만이 아니다. 서문에서 이성성과 현실성을 등치시킨 저 유명한 명제도 그랬지만[4] 철학을 "사고 속에 파악된 철학의 시대"로(GPR, 26) 규정한 문장 또한 현재의 일상 질서를 넘어설 수 없는, 오히려 그때마다의 일상 질서에 언제나 '순응할 수 있는' 철학의 정의(定義)로 비춰졌다. 국법학자 차하리에의 것으로 알려지고 있는[5] 이 평가 또한 오늘날까지 헤겔 법철학에 대한 표준적인 비판 문구로 자주 사용되고 있다.

헤겔 법철학을 둘러싼 이러한 오해들은 역사적 사실 측면과 더불어 쟁점들마다 냉정하고 세심한 재검토를 필요로 한다. 여기서는 그러한 쟁점들 중 하나로서 헤겔이 설명한 군주의 역할에 주목하고자 한다. 헤겔 법철학의 다른 많은 논쟁거리들과 달리 이 주제는 얼마 전까지만 해도 논란의 중심에 있었다. 불행히도 아직 국내에 소개되지 않은 이 논쟁을 통해 헤겔의 순응주의 테제가 어떻게 공식화되는지 우선 검토해 볼 필요가 있다. 그러나 이 테제에 대한 근본적 비판은 법철학에서 이론적으로 개진된 군주의 역할을 올바로 이해하는 데 있다. 다행히 그동안 『개요』를 전후한 헤겔 법철학 강의필기문들이 상당수 출판되었다. 따라서 이 텍스트들의 비교를 통해 헤겔이 군주에게 부여한 역할을 재조명하려는 것이 이 장(章)의 궁극 목표가 된다.

1.
순응주의 문제

앞서 인용한 편지에서 타덴은 헤겔이 '군주를 향한 열망'에서 현행 세습군주제를 옹호한다는 비난까지 하게 된다. 이에 따르면 헤겔은 『개요』 §273에서 군주 권력을 맨 마지막에 언급했음에도 불구하고 곧이어 군주 권력을 먼저 다루면서 뜬금없이 왕위의 장자 상속이라는 '자의적' 규정까지 도입한다는 것이다.[6] 헤겔은 타덴에게 아무런 답장도 보내지 않았으며 그 후 둘 사이의 서신 교환은 단절된 것으로 전해진다. 그러나 헤겔의 이러한 반응은 타덴의 엄격한 비판을 내심 인정해서[7] 그런 것이 아니라 오히려 그의 비판의 부적실성에 일일이 공개적으로 대응할 수 없는 당시의 검열 분위기에서 이해되어야 한다.

헤겔은 『개요』 서론에서 자신의 "철학적 법학이 법의 이념과 법의 개념과 이 개념의 현실화를 대상으로 한다"는 것을 분명히 밝힌다. 왜냐하면 "개념"이야말로 "스스로에게" 현실성 "자체를 부여할 정도로" "현실성을 지닌 것"이기 때문이다(GPR, §1). 이때 현실성을 지닌 개념이란 현실적으로 "있는 것"의 **이성적** 본질을 파악함으로써 획득되는 개념을 말한다(GPR, 26). 현실적으로 있는 것은 그것의 이성적 본질 때문에 있는 것이지 비이성적 우연에 의해 있는 것이 아니다. 한 그루의 소나무는 소나무로서의 이성적 본질 때문에 소나무로 사는 것이지 그 나무가 우연히 갖게 된 쭉정이 때문에 소나무가 된 것은 아니다. 물론 현실적으로 있는 것에는 **현존**상 이성적 본질과 비이성적 우연이 혼재되어 있다. 이것을 이성적 본질의 관점에서 개념파악한다면 그렇게 획득된 개념은 후자를 극복하고 전자를 완성하려, 즉 스스로에게 현실성을 부여하려 할 것이다. 현실성의 "**개념파악**"에 주목해야지 타덴처럼 개념으로 서술된 현실 상황에 주목해서는 안 된다. 살벌한 검열 분위기에서 『개요』가 취한 전략은 바로 이것이다. 현안에 대한 실천적 지침 제시를 포기한 채 법적 공동체의 이성적 본질 개념을 전개함으로써 『개요』를 '일상 정치적 사건으로부터 독립적인 것으로 만드는' 동시에 그 개념을 현실화할 수 있는 '정치적 의식'을 철학적으로 확립하는 것이다.[8]

그러나 이성적 본질 관점에서의 법의 서술은 그 자체로 쉽게 이해되지 못했다. 더구나 그러한 서술 자체마저 왕정복고에 순응하기 위한 것이라는 의심을 받았다. 최근 2007년에도 여전히 헤겔 연구자 슈네델바흐는 헤겔이 '공화주의' 혐의에서 벗어나기 위해 『개요』의 몇몇 부분을 '엄격히 군주제적인' 것으로 변경했다고 본다.[9] 그에 따르면 헤겔은 선동자 축출 정책에 대한 두려움으로 1818/19년 법철학 강의와 달리 『개요』의 주요 부분을 출판 이전 '1819년 늦여름'에 수정했다는 것이다. 그리고 그 수정된 내용은 적어도 '자연법과 군주제'에 관련된 부분에서 확인할 수 있다고 본다.[10] 슈네델바흐의 주장은 대부분 1970년대 중반 헤겔 법철학 강의필기문들을 처음 편집한 일팅의 논거들에 의존한 것이다.

일팅의 의심 논거들은 크게 두 가지로 나누어질 수 있다. 먼저 그는 『개요』 출판 전후 헤겔 편지들에서 원고 수정 시기를 추적할 수 있다고 본다. 『개요』는 1821년으로 연도 표기된 채 실제로는 1820년 10월 1일에 출판되었다. 일팅이 주목하는 첫 편지는 헤겔이 베를린 첫 학기를 마친 다음 날 1819년 3월 26일 니트하머(Niethammer)에게 보낸 안부 소식이다. 여기서 헤겔은 "라이프치히 시장(市場)에 맞춰 아직 책을 (여러 **절들로** 된 저의 **자연법**을) **써야** 합니다"라고 언급하고 있다(B2, 213). 헤겔이 1819년 4월에 열리는[11] 그 시장을 목표로 저술하고 있다면, 일팅은 이미 이 시점에 『개요』가 상당 부분 완성된 상태였을 것이라 추측한다. 그러나 이 편지 3일 전에 잔트의 암살 사건이 벌어졌으며, 카를스바트 결의 전에 이미 헤겔의 제자가 체포 구금되기 시작했다. 1819년 4월 8일 아스베루스(Asverus)를 시작으로 『개요』 출판 전까지 헤닝(L. v. Henning), 울리히(Ulrich), 카로베(Carové) 등이 끌려갔다.[12] 헤겔 또한 같은 해 3월 2일 베를린 부르셴샤프트 축제에 참석한 바가 있었기에 막 몰아치고 있는 선동자 축출 정책에 민감할 수밖에 없었다. 이후 1819년 10월 30일 크로이처(Creuzer)에게 보낸 편지에서 헤겔은 최근 정세와 그 희생자들에 대한 우려를 나타내며, "연방의회 결정[카를스바트 결의]이 도착하는 대로 [『개요』] 인쇄를 시작하려 했"는데, "이제 [이 저서] 어느 곳에서 검열의 자유를 지닐 수 있는지 알기에" "곧 인쇄하려 한다"고 말한다(B2, 220). 이 언급을 토대로 일팅은 헤겔이 그 해 3월 거의 완성된 원고를 일련의 정치적 소용돌이와 검열을 통과하기 위해 그 사이 현 정세에 맞게 수정했음에 틀림없다고 본다. 그러나 검열을 위한 인쇄는 적어도 1820년 6월 25일 『개요』의 서문이 작성될 때까지 지체되었다. 이에 따라 일팅은 이미 상당 부분 완성된 원고가 오직 검열을 통과할 목적으로 왕정복고 정세에 순응주의적으로 수정되었으며 그 시기는 헤겔 스스로 검열을 위한 인쇄 준비가 끝났다고 보는 두 번째 편지 이전 시기, 즉 1819년 '늦여름'이나 '초가을'이라 추정하고 있다.[13] 이에 슈네델바흐는 1820년 6월 9일 주소 표시가 안 된 한 서적상(書籍商)에게 보내는 헤겔의 편지를 논거로 덧붙이고 있다.[14] 여기서 헤겔은 "절반 (좀 넘는) 원고를 검열을 위해 보내"지만 "곧 보내게 될 나머지 부분이 검열을 마칠 때까지" 출판을 위한 "인쇄를 시작하지 말 것을 부탁"하고 있다(B4, T12, 34). 일팅은 1821년 6월 9일 "선동적 고난을 아무 위험 없이 극복했다"고 니트하머에게 말하는 편지에서 헤겔이 처음으로 스스로를 안전하다고 생각했다고 본다(B2, 271).[15] 헤겔은 1819/20년 겨울학기에 행한 법철학 강의를 그 이듬해엔 하지 않고 1821/22년에 다시 시작했다. 따라서 일팅의 결론은 『개요』가 왕정복고 순응의 결과물이며 자신이 편집한 헤겔 법철학 강의들과 차별적으로 이해되어야 한다는 것이다. 일팅은 이것을 법철학 내용으로도 확인할 수 있다고 본다.

일팅의 내용적 의심 논거들은 전혀 다르게 이해될 수 있는 『개요』와 편지들에서의 언급을 제외한다면 크게 두 가지로 모아진다. 먼저 가장 눈에 띄는 것은 법철학 제목이다. 헤겔은 1818/19년에 '자연법과 **국법** 또는 법철학'이란 이름으로 강의를 공고했다. 이 강의를 필기한 호마이어(G. Homeyer) 또한 자신의 노트에 '자연법과 국법'이라 적고 있다. 1819/20년에도 헤겔은 같은 이름으로 강의를 했다. 그런데 1820년 『개요』의 제목은 『자연법과 **국가학** 개요』라는 또 다른 이름을 달고 출판되었다. 여기서 국법이 국가학으로 대체된 것은 일팅이 보기에 자연법이든 국법이든 법이 지녀야 할 **당위**적 논의가 현존 국가에 대한 **존재**론적 학문에 흡수되는 과정으로 여겨졌다. 이에 따르면 1819/20년 강의야말로 몇 달 전에 착수한 내용적 수정의 좋은 기회였으리라는 것이 일팅의 생각이다.[16] 슈네델바흐는 이 겨울학기 강의가 '곧 출간될 개요를 위하여(ad compendium proxime in lucem proditurum)'라는 부제를 갖고 있었다고 덧붙인다.[17] 일팅이 『개요』 서문의 이성성과 현실성의 등치 명제를 '현실과의 평화 유지' 맥락에서 해석하는 것은 어찌 보면 당연한 귀결인지 모른다.[18]

일팅이 내용적으로 의심하는 변경 사항은 무엇보다 바로 군주의 역할에 관한 것이다. 한마디로 『개요』에서 서술된 군주는 그 전후의 법철학 강의들에서와는 달리 현존 군주제에 들어맞도록 교정되어 있다는 것이다. 그에 따르면 우선 호마이어 강의필기문에서는 "군주의 권력"을 형성하는 것이 "공허한 결정"으로 설명되고 있으며, "근거들에 따른 객관적 결정"은 군주 권력에 속하지 않고, 군주는 단지 이 결정 "밑에 이름을 적는 것"이라 언급되고 있다(RHm, §122). 헤겔이 안전을 확신한 1822/23년 호토(H. G. Hotho)의 강의필기문에서 군주는 "짐(朕)이란 말 위에(auf das I) 점을 찍"음으로써 객관적 결정을 재가하는 사람으로 유사하게 설명되고 있다(RHt, §277). 1824/25년 그리스하임(K. G. v. Griesheim)의 강의필기문에서도 마찬가지이다. 여기서 군주는 "장관의 의지에 반해 재가하기가" "드물며", 모든 사람들이 할 수 있는 것이지만 한 사람이라도 해야 하는 것이기에 국가에서는 바로 군주가 "최종 결정"을 재가하는 형식적 역할을 해야 한다고 묘사된다(RG, §280). 반면에 일팅이 보기에 『개요』에서의 군주에게는 과도한 역할이 부여되고 있다. 이에 따르면 군주는 "전체의 절대적으로 결정하는 계기"로서 "단순한 자기 속에 모든 특수성들을 지양하고, 이리저리 요동치는 근거와 반론의 숙고를 종결시키며, 나는 의지한다"라는 결정으로 "모든 행위와 현실을 추진하는" "결정의 최종" 심급이다. 일팅은 "정부 권력이" 이 "군주의 결정을 실행하고 적용"하기 위한 기구로 전락해 있다고 본다(GPR, §279). 더구나 세습제를 옹호한 『개요』의 군주는 바로 왕정복고 시기의 군주와 꼭 닮았다는 것이다. 결론적으로 일팅은 헤겔이 선동자 축출의 난세를 살아남기 위해 출판될 『개요』의 내용을 자신의 법철학적 본래 관점과는 현저히 다르게 현 정세에 '순응주의적'으로 변경시켰다고 본다. 『개요』 출판을 통해 얻게 된 '프로이센 국가 철학자'라는 비난은 따라서 어찌 보면 헤겔 스스로 자초한 셈이다.[19] 그럼에도 일팅은 드러나지 않은 측면에서 헤겔이 자신 고유의 법철학을 계속 발전시켰다고 평가한다.[20] 그가 보기에 헤겔이란 철학자는 '겉으로는(exoterisch)' 어쩔 수 없이 '왕정복고의 대변자' 노릇을 하면서 노출되지 않는 곳에서는 '비밀리에(esoterisch)' 진보적인 법철학을 다듬어야 했던 '햄릿 같은' 인물이다. 그럼에도 말년의 헤겔은 '예전보다 더욱' 왕정복고 철학자가 되었다.[21] 따라서 이 인물의 참된 법철학은 그의 강의필기문에서 찾아져야 한다는 것이다.

일팅의 이러한 지적은 십여 년 넘게 큰 파장을 몰고 왔다. 적어도

『개요』와 관련해서는 왕정복고 철학자 헤겔을 인정해야 할 것이기 때문이다. 슈네델바흐뿐만 아니라 저명한 헤겔 연구자 리델조차 국가철학자라는 혐의를 받아들이지 않음에도 일팅의 발견을 수용했다. 바로 『개요』의 원고 수정이 헤겔 법철학의 '불운한 수용'을 규정했다는 것이다.[22] 그러나 그동안 전기적(傳記的) 연구의 진척과 더불어 새로운 강의필기문들의 발견과 편집이 상당히 이루어졌다. 따라서 이론적 논의에 앞서 우선 일팅이 의심 논거들로 제시한 헤겔의 편지들을 다시 간단히 살펴볼 필요가 있다.

가장 주목해야 할 것은 1819년 3월 26일 첫 번째 편지다. "아직 책을 써야 합니다"라는 말은 이미 거의 완성된 원고를 다듬는 단계가 아니라 바로 '자연법이라는 책을 여전히 써야 한다'는 것을 의미한다. 여전히 책을 써야 한다면 바로 다음 달에 열리는 시장을 염두에 두고 쓰는 것은 아닐 것이다. 라이프치히 시장은 그 해 부활절 4월이 아니라 5월 초에 열렸으며, 10월 미카엘제(祭)에도 열렸다. 한스 크리스티안 루카스와 우도 라마일의 조사에 따르면 헤겔은 분명 이 10월을 생각하며 저술하고 있었다. 그가 써야 하는 책은 "절들로 된(in §§)" "자연법"이었다(B2, 213). 다시 말해 그는 강의에서 활용한 구술용 원고가 아니라 『철학백과요강』처럼 학생용 자습서로 계획된 **개요**를 **별도로** 저술하고 있었다. 그리고 아직 **써야** 한다는 것은 누군가의 독촉을, 아마도 이미 계약한 출판사의 독촉을 이미 받고 있음을 암시한다. 그러나 이 책을 언제부터 쓰기 시작했는지는 정확히 알려진 바가 없다. 이 첫 편지가 유일한 최초 증거이다. 따라서 원고 작성은 이 편지 일자로부터 그리 오래전에 시작된 것은 아닐 것이다.[23]

이렇게 가정한다면 10월 30일 편지도 새롭게 해석된다. 3월에 시작한 지 얼마 안 된 원고가 계획했던 10월에도 완성되지 않은 것이다. 의회 결정이 도착하는 대로 바로 인쇄를 시작하려 했었다는 것은 하려 했는데 작성이 늦어져 하지 못했다는 것이다. 이 편지에서 헤겔은 이전에 크로이처에게 받은 선물에 "빈곤하지만 **몇 절로**(§§) **된** 법철학 원고로 보답하고자" "당신처럼" "부지런하지 못해" "답장이 늦어졌다"고 양해를 구하고 있다. 이제 곧 인쇄하려 한다는 것은 『개요』 완성본이 아니라 원고 **앞부분**을 의미하는 것으로 이해해야 한다. 빈곤하지만 몇 절로 된 원고로 보답한다는 것이 이 점을 암시한다. 또한 헤겔은 『정신현상학』, 『논리의 학』, 『철학백과요강』 모두 그랬듯이 **보통** 원고 앞부분을 먼저 인쇄시키면서 뒷부분을 계속 작업하곤 했다. 아울러 인쇄된 앞부분을 회람시키곤 했다. 헤겔이 기다린 의회 결정의 도착은 루카스와 라마일의 조사에 따르면 카를스바트 결의에 따른 9월 20일 프랑크푸르트 의회 결정이 프로이센 왕에 의해 10월 18일 공포된 후 법률집이 10월 26일 그 왕의 공포를 공시하는 시점을 가리킨다. 프랑크푸르트 의회 결정이 새로운 검열 규정을 공포할 것이라는 사실 **자체**는 헤겔이 10월 2일 '프로이센 국영 일간지'에서 읽었거나 출판사를 통해 알게 되었을 가능성이 제일 높다. 헤겔은 26일에야 공시를 통해 새로운 검열 규정을 알 수 있었기에 아마도 10월 초쯤 하려던 앞부분 인쇄를 이제 곧 시작할 수 있다는 것이다.[24] 이러한 절차상의 진술이 마치 검열에 대한 두려움에서 최종 원고를 수정하려는 의도로 확대 해석될 필요는 없다.

그럼에도 1820년 6월 9일 편지에 따르면 원고 첫 부분이 그때에도 아직 인쇄되지 않은 상태였다. 이것은 바로 1819년 10월 26일 공시된 검열 규정을 통해 이해될 수 있다. 이 규정은 그동안 검열의 자유를 누리던 프로이센에 5년간 인쇄물에 대한 항시적 검열을 도입했으며, 검열 방식은 출판사나 인쇄업자가 원고를 '전체로' 또는 '부분마다' 표본 인쇄해 검열 당국에 제출하는 식으로 이루어졌다. 단, 부분 제출할 시 뒷부분이 검열을 통과 못하면 이미 출판용으로 인쇄된 앞부분의 재정 손실은 전적으로 출판사나 인쇄업자가 떠맡게 되어 있었다. 결국 이 서적상에게 보낸 편지는 원고 완성 무렵 재정 위험을 피하기 위해 전체 견본 형태로 검열 당국에 제출하는 과정 중에 쓰인 것으로 보아야 한다. 따라서 **곧** "나머지 부분"을 보내겠으니 "인쇄를 시작하지 말라는 부탁"은 출판을 위한 인쇄가 아니라 전체 원고의 검열을 위한 인쇄를 말한다(B4, Tl2, 34). 이 언급은 탈고 막바지에 헤겔이 '출판업자의 독촉'을 받고 있는 것으로도 이해될 수 있다. 원고는 늦어도 서문이 쓰인 6월 25일에 완성된 것으로 볼 수 있다. 그 후 '검열, 조판, 인쇄, 교열, 배포로 4개월 남짓'한 시간을 거친 후 『개요』는 1820년 10월 미카엘제(祭) 시장에서 니콜라이 서적상에 의해 비로소 출판되었다.[25] 헤겔은 이 출판된 저서가 학생들의 수중에서 읽히길 기다려 1820/21년이 아니라 1821/22년부터 법철학 강의를 재개한다.

앞서 언급했듯이 헤겔이 『개요』 서술에서 취한 전략을 염두에 둔다면 원고 검열에 적어도 주의는 했겠지만 그 두려움에서 근본 입장을 바꾸거나 할 정도는 아니었던 것이다. 1821년 6월 9일 편지는 자세히 읽어보면 베를린 신참자로서 실제로 "선동적이었던" 사람들과 그렇지 않은 사람들을 구별하기가 어려웠음에도 그 고난을 무사히 극복했다는 말이며, 같은 편지에서 헤겔은 또한 선동자 축출에 의해 희생된 예나 대학 교수 "오켄(Oken)의 자연철학"이 금서 목록에 오른 것을 애석해 하기도 한다(B2, 271-272). 물론 실제로 선동적이었던 자들에 대한 헤겔의 생각은 앞서 보았듯이 부르셴샤프트와 왕정복고에 대한 헤겔의 정치적 입장이 밝혀짐으로써만 온전히 이해된다. 여기서는 『개요』에서 서술된 군주에 대한 올바른 이해를 시도해 보자.

2.
군주의 역할:
'짐'이라는 단어 위에 점을 찍는 자

헤겔은 "국가학(Staatswissenschaft)"이란 표현을 이미 뉘른베르크 시기 김나지움 상급반 강의에서 사용한 적이 있다. 여기서 그는 『철학백과요강』의 초기 얼개를 보여주는 "특수한 학문들 체계"를 다루면서 정신론은 또한 "그 실현에 있어서의 정신 즉 법학과 도덕과 국가학과 역사를 그 대상으로 지닌다"고 설명하고 있다. 후에 객관정신 부분에 해당하게 되는 이 대목에서 "법의 철학적 개념을 포함하는 학문" 다시 말해 철학적 법학은 "예전에 자연법이라 불렸다"고 한다. 자연법이라 불린 철학적 법학이 "구체적 연관들"에 적용되면 "도덕", "내적, 외적" "국법", "국제법" 등을 포괄하게 되는데 이를 헤겔은 "국가학"이라 부르고 있는 것이다. 이에 따르면 "국가학은 한 민족이 자기 내 생동한 **유기적** 전체로서 지니는 구성(*Organ*isation)의 서술이다"(NG1, 341, 356, 360. 또한 712, 788-789).

일팅의 작업 이후 온전하든 그렇지 않든 총 6편의 법철학 강의필기문들이 추가로 발견 및 편집되었다.[26] 뉘른베르크 시기 이후 첫 강의에 해당하는 1817/18년 바넨만(P. Wannenmann) 강의필기문 역시 "자연법과 국가학"이란 제목을 달고 있다(RW, 1).[27] 그러나 이 필기문에서 국가학에 대한 정의가 나오진 않으며, 『개요』 또한 마찬가지이다. 다만 『개요』 서문에서 "이 논의가 국가학을 포함하는 **한**", 이 논의 즉 『개요』는 "국가를 자기 내 이성적인 것으로 개념파악하고 서술하려는 시도 이외에 다른 것이 아니"라고 단 한 번 언급되고 있을 뿐이다. 자주 현존 국가의 이성성을 정당화하는 것으로 오해되는 이 문장은 그러나 이 『개요』가 "**논리적인** 정신"으로 전개되기에 "구체적이고" "다양한" "개별 사항들까지" 일일이 관여하지 않는다는 언급과 연관해 이해되어야 한다(GPR, 12-13, 26).[28] 게다가 헤겔은 이미 1817년 『철학백과요강』에서 자연 개념의 애매성을 지적하며,[29] 바넨만 필기문에서는 자연법이란 용어를 "철학적 법론"으로 바꿀 것을 제안한다. 즉 자연이란 말은 "어떤 것의 본질과 개념"을 의미하는 동시에 "몰의식적인 직접적 자연 자체"를 의미하기도 하기에, 자연법은 "직접적 본성에 의해 타당한 법"으로 이해될 수 있게 용어가 바뀌어야 한다는 것이다(RW, §2).[30] 이렇게 직접적 본성, 본질, 개념에 입각한 철학적인 법은 민족의 유기적 구성을 통해 실현될 필요가 있다. 이것을 다루는 것이 바로 국가학이며, 따라서 이 국가학을 포함하는 『개요』는 국가를 "인륜적 **이념**의 현실성"으로서 이성적으로 다룰 수밖에 없다(GPR, §257). 다시 말해 『개요』에서 다루어지는 국가는 **결코** 현존 국가일 수 없다. 오히려 『**법철학** 개요』는 철학적 법학으로서 또 다른 제목인 『**자연법**과 **국가학**』을 이성적 본질의 측면에서 대체하고 포괄한다.

주지하다시피 『개요』는 철학적 법 개념의 궁극적 실현을 국가로 설정한다. 인간의 자유로운 현존은 자유의 현존 **자체**를 의미하는 법 개념에 따라 오직 한 민족의 구성원으로서 그 민족이 구성하는 국가 내에서만 가능하다는 것이다. 국가는 한편으로 내적으로 제도화된 인륜적 공동체이며, 다른 한편으로는 외적으로 다른 국가와 관계를 맺는 세계사의 개별 주체이기도 하다. 헤겔은 전자의 측면에서의 국가를 "내적인 대자적 헌법"의 "권력분립"을 통해 다루면서 그 **정점**에 군주를 위치시켰다. 헌법이란 헤겔에 따르면 "국가의 구성과 자기 자신과의 관계 내의 그 국가의 유기적 생의 과정"이다. 이 국가의 구성과 생의 과정은 모든 존재자가 그렇듯이 보편, 특수, 개별의 계기들을 지닌다. 한 그루의 소나무가 소나무로서의 보편적 본성을 자신의 개별적 실존을 통해 실현하기 위해 언제나 시시각각 특수한 모습으로 살아가는 것과 마찬가지이다. 당시 헌법을 뜻하는 단어 'Verfassung'은 유기적 구성을 의미하는 생물학 용어에서 차용된 정치학적 표현이었다.[31] 헤겔은 §273에서 헌법에 따른 국가를 차례대로 "보편"에 해당하는 "입법 권력"과 "특수"에 해당하는 "정부[행정 및 사법] 권력" 그리고 "개별"에 해당하는 "군주 권력"으로 나눈다. 그러고는 §275에서 군주 권력을 먼저 상론하고 있다.

이러한 논의 순서는 타덴의 지적처럼 갑자기 군주를 너무 열망해서 §273의 논리적 순서를 지키지 않은 것으로 보기 어렵다. 이 순서는 "공안(Polizei)"이나 "협동체" 그리고 권력분립이 전혀 고려되지 않고 있는 1817년 『철학백과요강』을 제외한다면 이미 공안에 대한 논의를 포함하는 바넨만 필기문에서부터 지켜지고 있다(RW, §§131,

138).[32] 무엇보다 헤겔이 설명한 시민사회의 이중적 성격에 주목할 필요가 있을 것이다. 헤겔은 시민사회를 한편으로는 **특수**한 욕망들의 전면적 의존 체계로 규정하면서, 다른 한편으로는 이러한 체계 내 노동, 사법(司法), 공안, 협동체 등을 통한 **보편**의 "교양" 측면을 놓치지 않고 있다(GPR, §§183-184, 197-198, 209 이하, 230 이하). 시민사회의 단계에서 이미 국가 차원에서 논의되어야 할 보편이 성취 가능한 것이다. 『개요』 인륜성 부분이 개별, 특수, 보편에 해당하는 가족, 시민사회, 국가로 구성되어 있고, 시민사회에서 이미 국가에서 논의될 보편이 성취되어 있다면, 이 국가 절(節) §273은 성취된 보편에서부터 특수를 거쳐 개별에까지 입법 권력, 정부 권력, 군주 권력을 먼저 **역순**으로 소개한 뒤, 다시금 성취된 보편의 국가 차원에서의 실행을 다루기 위해 §275부터 개별, 특수, 보편의 순서로, 다시 말해 군주 권력, 정부 권력, 입법 권력의 순서로 설명하고 있는 셈이다.[33] 이러한 개별, 특수, 보편의 설명 순서는 추상법 부분의 재산, 계약, 불법 즉 법의 작용 순서에서도, 도덕성 부분의 기도와 책임, 의도와 복리, 선과 양심의 순서에서도, 그리고 자세히 읽는다면 이 각 절(節)의 전개 속에서도 지켜지고 있다. 이러한 설명 방식은 마지막으로 온전히 남아 있는 1824/25년 그리스하임의 필기문까지 일관되게 적용된다(RG, §§541-542). 따라서 먼저 군주 권력을 상론하는 §275는 '더 이상 보편성을 거쳐 매개될 필요가 없는 개별성의 계기로 시작'[34]하는 것이 결코 아니다. 오히려 궁금해야 할 것은 §273에서 역순으로 소개된 분립된 권력들이다.

이러한 역순 소개 후의 오히려 **규칙적인** 설명 방식은 군주 권력의 논의 안에서도 되풀이되고 있다. §275는 군주 권력의 세 계기들을 "헌법과 법률들의 **보편**성, **특수**의 보편과의 관계로서의 심의", "**자기**규정으로서의 최종 결정"으로 역순으로 소개한 뒤, 그다음 §276은 이 마지막 개별성의 계기부터 규칙적으로 논의한다. 헤겔은 유기적 헌법 구성의 측면에서 권력분립의 필요성을 논하면서, 분립된 각 권력도 자체 내에 다른 두 권력들의 계기를 포함한다고 보았다. 예를 들어 군주 권력은 권력분립의 개별성에 해당하지만, 자체 안에는 정부 권력의 특수성과 입법 권력의 보편성이 동시에 "작용"하면서 그 자체 하나의 "총체성"을 형성한다(GPR, §272).[35] 그러나 군주 권력은 무엇보다 권력분립의 개별성에 해당하기에 군주 권력의 개별성 계기에 대한 설명에 §276부터[36] §282까지 많은 부분을 할애한다. 이러한 분량 할애 방식은 정부 권력이나 입법 권력에 대해서도 마찬가지이다. 이것을 마치 군주 권력 논의 '안에서도' '세습군주제의 정당화'를 위해 억지로 논리적 순서를 어겨가며 많은 분량을 할애한 것으로[37] 간주할 필요는 없다.

군주 권력의 가장 중요하고 본질적인 계기는 그것의 개별성이다. 군주의 개별성은 『개요』에 따른다면 크게 두 가지 측면으로 즉 주체성으로서의 주권과 자연성으로서의 세습으로 요약될 수 있다. 먼저 군주 권력이 지니는 주권은 결코 한 국가의 주권이 군주 개인에게 집중되어 군주가 모든 것을 최종 결정한다는 의미가 아니다. 주권은 군주에 앞서 "국가의 통일"로서 있다. 국가의 통일이란 국가를 이루는 여러 계기들의 통일 이외에 다른 것이 아니다. 그리고 이 계기들은 국가 차원에까지 고양된 여러 "특수 업무들"과 이 업무들을 관장하는

"권력들" 이외에 다른 것일 수 없다. 이것들은 "국가에 고유한" 것들로서, 국가의 개인 구성원들에겐 "단지 그 보편적이고 객관적인 성질에 따라서만 결합되어 있을 뿐", 특정 개인과의 연관성은 외적이고 우연적일 수밖에 없다. 핵발전소를 건립해야 할지 말아야 할지는 개인 대부분이 국가 차원의 보편적 객관적 성질에 따라 고민하지 자신의 특수 이익의 관점에서 고민하지 않는다는 것이다. 핵발전소 건립이 특정 개인들의 이익과 연관되는 것은 **외적**이고 우연적일 뿐이다. "정치적 국가의 근본규정"은 모름지기 이러한 계기들 즉 특수 업무들과 권력들의 "실체적 통일"이다. 이 통일 속에서 특수 업무들과 권력들은 "자신들의 **단순한 자기**"를 인식한다. 다시 말해 핵발전소 건립 문제는 **우리**나라 문제이다. 그런데 이런 현안 문제들을 포괄하는 좀 더 근본적인 문제가 주권 속에 있다. 국가의 실체적 통일로서의 주권은 바로 "**관념성**"을 그 본질로 하기 때문이다. "정치적 국가의 근본규정은 그것의 계기들의 관념성으로서의 실체적 통일"이다. 이때 관념성은 특수 업무들과 권력들이 "보존되어 있으면서도" 동시에 "**마찬가지로** 해체되어 있다"는 것을 의미한다. 핵발전소 건립은 국가적 문제로 보존되고 있지만 고민하는 각 국가 구성원과 정부 관청은 다 제각각이다. 그래서 특정 고민 주체들이 삐끗하면 국가적 고민이 아니라 국가 비리가 되는 것이다. 이렇게 국가의 실체적이지만 관념적인 통일이 바로 주권의 본질이다. 헤겔은 이것을 "주권을 형성하는 관념론"이라 표현하며, "동물 유기체"의 특정 지절이 분리 고립될 때 "병"에 걸리는 비유를 든다(GPR, §§276-278). 병에 걸리지 않기 위해서는 모든 지절들이 하나의 실재 개체로 있어야 하는 것처럼, 주권의 관념성도 **실재**

하는 하나의 주체로 표출되어야 한다. 그래서 "**우선은** 단지 이러한 관념성의 보편적 사고"일 뿐인 "주권은 오직 자기 자신을 확신하는 주체성으로서만 **실존**한다." 바로 이 실존하는 주체성을 체화한 자가 군주이다. 헤겔은 덧붙인다. 관념적 주권은 "의지의 추상적인, 그런 한에서 **몰**근거적인(grundlose) 자기규정으로서" 실존한다. 그리고 이 자기규정 속에 "결정의 최종" 심급이 놓여 있다.

일팅이 문제 삼았듯이 헤겔은 여기서 분명 "전체의 절대적으로 결정하는 계기"는 "개체성 일반이 아니라 오히려 하나의 개체, 군주"라고 말하고 있다. 그러나 이 언급은 주권의 관념성과 연관해 세심하게 읽어야 한다. 주권은 국가의 관념적 통일로서 **하나의** 주체성 즉 개체**성**으로만 머물러서는 안 된다. 오히려 실존하는 **한 명**의 군주로 체화되어야 한다. 그리고 이 군주가 전체**의 절대적으로** 결정하는 **계기**이다. 핵발전소 건립 문제는 국가 구성원들 전체**에 의해** 이미 상대적으로 고민되고 있다. 고민한다는 것은 근거들과 반론들을 이리저리 관념적으로 숙고하고 따지는 것이다. 주권은 일차적으로 이런 여러 관념적 고민들이 우리나라의 고민으로서, 그러나 역시 아직은 관념적으로 통일되어 있는 것이다. 이런 고민들을 하는 대표적인 국가 기관은 정부 권력과 입법 권력일 것이다. 그런데 이렇게 관념적으로 수행되는 고민만 하다보면 아무것도 이루어지는 일이 없다. 이러한 고민의 연속을 어느 시점에서는 **반드시** 절대적으로 종결시키고 결정해야 일이 구체적으로 실행된다. 군주는 바로 이러한 절대적 결정의 계기일 뿐이다. 그렇다고 군주가 내용적으로 무언가를 보태는 것은 아니다. 분명히 해야 할 것은 고민은 전체가 한다는 점이다. 그 때문에 군주의 결정은 자신만의 근거가 보태지지 않은, 따라서 몰근거적인 추상적 자기규정이다. 군주가 "**나**는 의지한다(*Ich* will)는 말을 통해 결정"하게 될 때 관념적 주권은 비로소 우리의 통일된 구체적인 **자기**(*Selbst*)로서 **현실화**되기 시작한다고 볼 수 있다(GPR, §279). 이렇게 결정의 내용적 근거가 고민하는 전체로부터 제시되며, 군주의 역할은 결정의 개별적 행위만을 의미할 뿐이라면, 그 역할은 '국가의 결정 능력의 단순한 상징' 이외에 다른 것이 아니다.[38]

군주의 이러한 역할은 일팅이 비교한 호마이어 필기문에서의 "공허한 결정(leeres Entscheiden)"이나(RHm, §122) 호토 필기문의 "짐(朕)이란 말 위에(auf das I) 점을 찍는"(RHt, §280) 것이나 그리스하임 필기문의 "형식적" "최종결정"과(RG, §280) 크게 다르지 않다. 차이가 있다면 점을 찍는 서명 역할이 나는 의지한다는 표현으로 바뀐 것뿐이다. 그러나 이마저도 바넨만의 필기문에 이미 나오고 있다. 이에 따르면 "심의에는 내각이 속한다. 단지 최종적인 형식적 결정의 계기만이 개별자로서의 군주에게 있다. 그는 나는 그것을 의지한다(Ich will es) 라고 말해야 한다"(RW, §138). 『개요』 출판 바로 전 1819/20년 링기어(J. R. Ringier)의 필기문에서도 "나는 의지한다는 결정의 몰근거적인 것"이 언급되고 있다(RR, 177).[39] 이 형식적 결정의 계기는 관념적 보편의 현실화에 있어 없어서는 안 될 계기이다. 『개요』에서 헤겔은 이와 연관하여 "소크라테스의 다이몬"을 예로 들고 있다. 다이몬을 통해 비로소 자신의 피안에 설정되었던 의지가 자기 안에서 자신의 참다운 자유를 시작하게 되었다는 것이다. 이 예시는 군주의 신격화로 오해되어서는 안 된다. 이 예시와 비교하면서 헤겔은 과거 도야되지 않은 국가에서는 이러한 형식적 결정 계기가 "동물의 내장"이나 "새의 날갯짓"을 보고 점을 친다든지 "신탁"에 물어보든지 해서 "외부에서부터" "운명(Fatum)"으로 주어졌는데 소크라테스를 비롯한 그리스인들에게서야 비로소 그 운명적 결정 계기가 주체 안에 자리 잡게 되었다는 것이다(GPR, §279). 중대한 국가 사안에 점을 치는 것은 미신적일 수 있지만 관념적 보편의 현실화를 위해서는 반드시 필요하다. 이것은 헤겔이 이미 젊은 시절에 갖고 있었던 생각이다. 예나 시기 이전의 한 단편에서 헤겔은 스파르타의 리쿠르고스가 "자신의 완성된 입법 계획"을 실행하기에 앞서 델포이 신전에 신탁을 물은 사례를 분석하고 있다(FS, 434).

결정의 형식적 계기는 군주에게 있지만 내용적 계기가 군주에게 있는 것은 아니다. 이것은 무엇보다 "특수" 업무들을 국가적 "보편 아래 포섭"하는 정부 권력, 대표적으로 내각의 일이라 할 수 있다. 군주 권력은 이 특수성의 심의 업무를 또한 자기 안에 포함한다. 다시 말해 "결정근거들"을 갖고 현안 문제를 "결정하도록 군주 앞에 가져가는" 것은 바로 "최상 심의 직책과 그 개인들"이며(GPR, §279), 군주는 여기에 형식적으로 서명할 뿐이다. "군주는 제출되어 나온 것에 대해서만 결정하지, 법이 무엇인지에 대해 결정하진 않는다." 이것은 "장관들이 군주에게 조언**할 수** 있다"(RR, 180). 장관들이 조언조차 하기 힘들었던 절대군주와 달리 헤겔의 군주는 현안 문제에 대한 내용적 조언을 받은 후 형식적으로 서명만 하는 군주이다. 물론 이 때문에 모든 국가 사안들의 실행 책임은 군주 자신이 아니라 업무상 군주의 결정을 유도하고 집행하는 그런 고위직에 있는 개인들이 짊어진다. 고위직 몇 명이 핵발전소 건립을 통해 이득을 챙기려 한다고 해서 군주가 폐위되거나 하지는 않는다는 말이다. 헤겔은 이것을 "정부 행위의 모든 책임을 넘어서 있는" "군주의 고유한 존엄성"이라 표현하고 있다(GPR, §§283-284).[40]

그렇지만 법 자체가 아니라 단지 제출된 현안 문제만 형식적으로 결정하면서 책임도 지지 않는 군주라면 자신의 구미(口味)에 맞는 제안만을 마음대로 선택할 수도 있을 것이다. 헤겔이 이 점을 몰랐던 것은 아니다. 『개요』 §279 보충문에는 "나는 의지한다가 인격으로 파악"될 경우 "군주가 자의적으로 행위할지도 모른다"는 우려가 나온다(GPR, §279 Zusatz).[41] 이에 대해서는 세 가지 답변이 가능하다. 첫째로 주목해야 할 것은 군주 권력이 포함하는 마지막 계기로서의 "즉자대자적 보편"이다. 이 보편은 "주관적 관점에서는 군주의 **양심** 속에, 객관적 관점에서는 헌법 전체와 법률들 속에 존립"한다(GPR, §285). 헌법과 법률들의 보편을 제정하는 것은 입법 권력의 주요 과제이다. 이 권력을 통해 입법화된 국가적 보편을 군주는 자신의 양심 속에 **갖추어야** 한다는 것이다. 군주는 이 양심에 비추어 핵발전소 건립 제안이 국가적 보편에 들어맞는지, 아니면 폐기 제안이 들어맞는지 **선택적** 결정을 해야 한다. 그러나 그의 선택적 결정은 각 제안에 대한 내용적 결정이 아니다. 다시 말하자면 군주의 결정에 군주 자신의 내용이 끼어들어서는 안 된다. 그렇게 되면 "민족의 복리가 군주의 우연한 개체성" 내지 "인격성에 의존하게" 될 것이다. 헤겔은 1819/20년 익명의 필기문에서 이러한 우려를 "피상적 관점"이라 부른다(RA[1], 246. 또한 RW, §138). 군주의 결정이 내용적일 수 없는 근거는 국가 사안 결정에 있어 군주에게 부여된 형식적 역할을 통해 이미 제시되어 있다. 즉 결정하려는 사안의 내용은 심의 업무를 맡은 자들이 한다. 군주는 이들의 "심의의 구체적 내용에 **속박**(gebunden)"되어 있다(GPR, § 279 Zusatz. 또한 §278). 왜냐하면 심의되는 "정부 업무들"은 "그 실체상 이미 결정적인" "객관적 본성"을 지닌 것들이기 때문이다(GPR, §291). 이것이 두 번째 가능한 답변이다. 그럼에도 군주는 여전히 서로 상반되는 제안들이라면 선택해야 한다. 이 선택은 국가적 보편에 들어맞는 "최선의 것에 대한 자신의 **통찰**에 따른" 선택일 수밖에 없다(RW, § 138). 이것이 어떻게 가능한가. 국가 사안 결정에 조금이라도 군주 자신의 특수한 내용이 끼어들지 않게 아예 그런 내용 자체를 없애는 것이다. 다시 말해 군주가 개인적으로 도모할 법한 특수한 이익의 가능성이 조금도 남지 않도록 "자연적 태생"을 통해 군주가 세습되게 하는 것이다. 세습군주제에 따르면 사회적으로 도모되는 "특수한 내용을 통한 매개 없이" 직접적으로 왕위가 계승된다(GPR, §280). 왕위 계승 자체도 입법 권력에 의해 특수 이익에 아부할 여지가 많은 "선거군주제(選擧君主制)"보다 자연적으로 정해지는 "장자상속제"로 제도화하는 것이 좋다(GPR, §§281, 286). 또한 군주의 자산은 정부 업무에 헌신하는 "보편 신분"에 걸맞게 특수 이익이 보편 이익에 포섭되는 "국가 자산"이나 개인적 "운영의 불안전성, 이익의 추구, 소유 일반의 가변성으로부터 독립적으로" 보증되어야 한다(GPR, §§305-306).[42] 이렇게 되면 군주는 일말의 자기 이익을 도모할 필요 없이 자연적으로 국가적 보편만을 안중에 둘 것이다. 그의 자연적 태생과 존립이 이미 입법 권력에 의해 보편적으로 보장받고 있기 때문에 그의 인격성은 자연적으로 이러한 국가적 보편의 안목으로 채워질 수 있다는 것이다. 따라서 이러한 안목에 따른 군주의 선택과 형식적 결정이 가능하다는 것이 세 번째 해결책이다.

헤겔이 도입한 세습군주제는 당시에도 그랬지만 오늘날에도 그 실효성을 많이 의심받고 있다. 그러나 간과하지 말아야 할 것은 헤겔의 이 도입이 결코 절대군주를 복고시키기 위해서가 아니라 오히려 헌법 정신에 맞는 군주의 형식적 결정을 구상하려는 목적에서[43] 비롯되고 있다는 점이다. 예전부터 그리고 제대로 된 헌법조차 없었던 프로이센에서도 헤겔이 군주 권력에 대해 지녔던 기본 관점은 바로 "**입헌** 군주제"였다. 그러므로 이런 의미의 근대 국가는 '프로이센 국가가 아니다.'[44] 『개요』 §280에서 세습군주제를 논하며 헤겔이 끌어들인 존재론적 신 존재 증명은 따라서 군주의 신격화로 잘못 이해되어서는 안 된다. 여기서 그는 논리적 정신에서 본다면 신에 대해 아무리 "절대적 개념"이 있다고 한들 "존재로 급변"하지 않으면 정말 신이 있는 것은 아니듯이, 아무리 보편의 차원에서 국가의 관념적 통일이 있다 한들 실존하는 한 자연적 개체로 표출되지 않으면 없는 거나 마찬가지라는 식으로 설명한다(GPR, §280). 더구나 헤겔은 곳곳에서 군주 권력의 민주제와의 양립 가능성을 언급하고 있다. "민족의 주권이 군주 안에 실존하는 주권과 대립된 것으로" 보는 것은 "혼동된" 생각이며, "민주 공화제"와 "군주제"를 "양립 불가능한 것"으로 보는 것 또한 "제거되어야 할 오해"이다. 한 "민족의 헌법"은 "그 민족의 자기의식의 교양에 의존"하는 것이며, 이 교양에 따른 헌법 정신은 입헌 군주제에서는 "다수"에 의해 입법되고, "몇몇"에 의해 심의되며, "한 명"에 의해 형식적으로 결정된다. 따라서 어느 특정 주체가 국가 권력의 정점에 있는 것이 아니라 이 세 주체들 모두 "계기들"로서 각자의 분립된 권력의 **정점들**을 이룬다(GPR, §§273-274, 279. 또한 RW, §137).[45] 마지막으로 한 가지만 덧붙이자. 군주 권력을 직접 언급하진 않지만, 헤겔은 『개요』의 내적 헌법 초입부분에서 이렇게 말하고 있다. "예들 들어" "행정 권력이나 입법 권력 같은 권력들"이 이기적 "자립성"을 획득하게 될 때 "국가의 파괴가 직접적으로" 시작되며, "국가가 유지된다고" 해도 국가를 구원하겠다는 "투쟁"만이 행해진다(GPR, §272). 바넨만의 필기문에는 좀 더 명확한 표현이 나온다. 국가 "제도의 균형 있는 발전 없는" 민족의 헌법 "정신의 발전"은 "불만족의 원인일 뿐만 아니라 혁명의 원인이기도 하다"(RW, §146).

3.
군주에서
이성적 국가로

지금까지 살펴본 헤겔의 군주를 오늘날 제도화된 대통령이나 수상으로 대체해 다시 읽어 보는 것은 추천할 만하다. 자연적 세습성이 가져다주는 여러 혜택을 제외한다면 군주에게 부여된 정치적 역할은 사실 오늘날의 대통령이나 수상보다도 **못한** 것이다. 이러한 역할에 만족시키기 위해 『개요』는 군주를 수식하는 미사여구들을 심심찮게 사용한다. 그러나 이러한 겉치장은 당시 정치 역사적 맥락에서 본다면 입헌군주제를 받아들이게 하려는 헤겔의 정중한 타이름일 경우가 많다. "자신의 민족에게" "정돈되고 규정된 법전을 부여한" "통치자는 그 민족의 가장 위대한 선행자(善行者)"이다(GPR, §215). 그러나 군주는 법전을 공포하고 부여할 수 있을지언정 제정하는 자는 아니다. 현대 독일 연구자들이 그 정치적 역할에 있어 헤겔의 군주를 오히려 독일 연방대통령에 가장 잘 들어맞는 것으로 보는 것도 이 때문이다.[46]

일팅의 순응주의 테제는 강의기록의 편찬이라는 자신의 신선한 작업과 이 작업에서 발견한 소소한 변화에 너무 기뻐한 나머지 이를 과도하게 확대 해석한 측면이 많다. 물론 누구든 그러했겠지만 선동자 축출의 먹구름 속에서 "몇 방울의 비"라도 맞지 않기 위해(B2, 268) 헤겔이 『개요』를 신중하게 서술했을 가능성은 높다. 그러나 그 서술이 자신의 기본 관점을 배반할 정도로 순응적이라는 것은 『개요』의 어느 곳에서도 확인할 수 없다. 당시 헤겔 법철학을 먼저 공개적으로 비난한 세력은 개혁가들이 아니라 왕정복고주의자들이었다. 개념사로 유명한 역사학자 코젤렉은 교양 공직자들(Bildungsbeamten)이 주도한 독일의 근대화를 설명하면서 이와 관련된 재미있는 일화 하나를 소개하고 있다. 기회주의적 복고주의자 슈바르트(K. E. Schubarth)는 국왕에게 헤겔 철학이 인륜성과 종교를 매장시키고 군주의 역할을 '짐'이라는 단어 위에 '작은 점을 찍는 것'으로 폄훼했다는 탄원서를 보낸 적이 있다. 이에 대해 왕은 그다지 나쁘지 않은 의미로 '건조하게' 응수했다고 한다. '그런데 그 군주가 그렇게 하지 않는다면?' 이 한마디로 슈바르트의 비방은 즉시 기각되었다. 당시 국왕은 사실 점 찍는 서명 행위를 강요받지 않고 중단할 수 있었다. 그러나 동시에 '그는 내각의 동의를 확신하지 않고 행위할 수도 없었다.' 헤겔의 베를린 시기는 이미 제도화된 '내각제의 도입'으로 절대군주제가 **온전히** 회복 불가능한 상태였던 것이다.[47] 강의에서나 했을 법한 헤겔의 그 표현에 왕이 그렇게 반응할 정도였다면 굳이 『개요』의 설명이 정반대의 의미로 서술되어야 했겠는가.

헤겔은 1827년 『철학백과요강』 둘째 판을 내면서 『개요』 서문에서 언급한 등치 명제의 현실성 개념을 "현존"으로서가 아니라, 『논리의 학』에서의 "이념"과 분리되지 않은 "현실성"으로 이해해 주길 당부한다. 이념을 현실성과 "분리"시키는 "오성"의 관점에 머무르다 보면, 이념은 결코 "현실적일 수 없는" "무력한" "당위"로만 간주된다는 것이다. 이러한 오성은 "정치적인 영역에서" 당위만 외치는 "허영"에 사로잡힌다(E II, §6). 헤겔이 『개요』에서 프리스와[48] 슐라이어마허를 비판하는 것은 바로 이러한 맥락에서이다. 그러나 논리적 이념의 관점에서 이성적 "본질과 실존의 통일"로서(WL I, 369) 현실성을 이해한다면 이성적인 것만이 현실적이고 현실화될 수 있으며, 현실적인 것만이 이성적이고 이성적으로 될 수 있다고 보아야 한다. 이 명제는 이미 『개요』 **이전**의 강의필기문들에서 명확하게 진술된 바 있다. "이성적인 것은 현실적으로 **되며**, 현실적인 것은 이성적으로 **된다**"(RA[1], 51). 그래서 "이성적인 것은 현실적이고 그 반대이기도 하다. 그러나 뒤엉켜질 수 있는 개별성과 특수에서 그런 것은 아니다"(RR, 8).[49] 이에 따라 "국가는 현재 속의 정신의 건축물"이어야 하며, "국가의 작품은 이성의 작품"이어야 한다"(RA[2], 37). 철학은 자신이 속한 현재 시대를 그 현존에 따라서가 아니라, 현재 속에 "무시간적으로 과거화된 존재(das zeitlos vergangene Seyn)" 즉 지나갔지만 여전히 현재 속에 현실적으로 있는(*gewesen*) 이성적 본질(*Wesen*)에 따라(WL I, 241) "사고로(in Gedanken)" 파악하는 것이다(GPR, 26). 이렇게 파악된 현재의 이성적 본질만이 이성적 국가를 형성할 수 있다.

VI.

누가 헤겔을 두려워하는가?

/

정치신학자들의 '공공의 적'으로서 헤겔

'나에게 천박한' '합리주의의 저항'은 그리 '중요하지 않습니다.' 그것이 중요한 것은 '경건주의라 불리는' '생동한 신앙과의 결합 속에' 있을 때입니다. '이 연관은 나의 사고와 마음속에 더욱더 많은 것을 창조하게끔 해줍니다.' 신앙 내용과 그 풍부한 결실에 따라 '내가 그리스도 속에서 당신과 결합되어 있음을 느낄수록 그렇습니다.' 그러나 '철학 편에서 그 [신앙] 내용의 인정은 종종 충분히 반복될 수 없지요.' 이 말은 카를 프리드리히 괴셸(K. F. Göschel, 1784-1862)이 겸손한 '수줍음'을 극복하고 헤겔의 '사변 철학에 비추어' 자신의 법학을 기독교론적으로 전개하겠노라 밝힌 서신의 한 대목이다.[1] 특히 괴셸은 『개요』에서 헤겔이 설정한 군주를 신의 인격성으로부터 정당화하려 한 것으로 알려진다.[2]

여러 번 밝혔지만 『법철학 개요』에서의 헤겔의 언급들은 당시 정치 상황들과 연관해 그리고 이에 대한 이념적 입장을 통해 옹호되거나 비판되곤 했다.[3] 게다가 "있는 것의 개념파악"을 "철학의 과제"로 설정하면서도 "자신의 시대의 아들"로서(GPR, 26) 헤겔이 현안 문제들에 대한 언급을 아꼈다는 것은 특정 주제에 대한 그의 법철학적 입장 변화에 호의적으로 작용하지도 않았다. 대표적으로 헤겔은 『개요』 §270에서 정교(政敎) 분리를 주장하면서 교파나 종파에 상관없이 국가는 "시민권"을 부여할 수 있는 "관용(Toleranz)"을 베풀어야 한다고 말한다(GPR, §270). "국가의 구체적 삶"에 "무한히 중요한" 점은 "인간이 인간이기 때문에 가치 있는 것이지, 그가 유대인, 가톨릭, 프로테스탄트, 독일인, 이탈리아인 등등이기 때문에 가치 있는 것이 아니라는 것"이다(GPR, §209). 그러나 1827년 『철학백과요강』에서 헤겔은 "종교적 양심의 원리와 인륜적 양심의 원리는 **결국 프로테스탄트**의 원리 속에서 같은 것이, 그 이성성과 진리에 있어서의 자유로운 정신이 된다"고 언급한다(E Ⅱ, §563. 또한 E Ⅲ, §552). 이러한 서술상의 차이는 후에 헤겔 우파로서 왕정복고를 옹호했던 괴셸에게 『개요』를 '정치적 그리스도론'으로 해석할 수 있는 동기를 부여했다. 비록 거의 아무런 '긍정적 반향도 얻지 못했'지만 괴셸의 해석은 1830년에서 1840년대로의 이행 시기에 '본질적으로는 종교철학적인 논의가 법철학적 정치적 대결'로 전환되는 계기가 된다.[4] 이렇게 순수 신학이 정치 신학이 되었을 때 기독교적 형제애에 기초해 보편적 공동체를 표방했던 신성동맹은[5] 훌륭한 조력자를 얻는다. 헤겔 법철학과 연관된 주요 정치신학**적** 이론가들로는 카를 루트비히 폰 할러와 카를 에른스트 슈바르트(K. E. Schubarth, 1796-1861) 그리고 프리드리히 율리우스 슈탈(F. J. Stahl, 1802-1861)을 들 수 있을 것이다. 특히 슈탈은 프로이센 권력의 중심에서 헤겔학파의 절멸에 **막대한** 영향력을 끼친 인물이다. 별다른 출세를 하진 못했지만 슈바르트 또한 헤겔 적대자로서 두각을 나타낸 적이 있다. 주목해야 할 점은 이들은 모두 헤겔에게 순응주의를 비판하지 않고 **오히려** '순응의 결핍'을[6] 비판하고 있다는 것이다.

슈바르트와 슈탈은 모두 헤겔 철학에 있어 신의 인격성이 불가능하다고 비판한다. 이 비판은 곧 프로이센 국가에 군주 권력의 기초를 제공하지 못한다는 비난으로까지 이어진다. 그러나 이 문제는 비단 군주 권력의 정당화 여부에만 머물지 않는다. 군주 권력의 신학적 정당화는 궁극적으로 국가의 종교 의존성을 초래할 것이기 때문이다. 이 장(章)의 목적은 이에 대한 헤겔의 입장을 좀 더 명료화하는 데에 있다. 물론 여러모로 어려움이 있다. 무엇보다 헤겔은 슈바르트에게 미완의 논평으로 응수한 적이 있지만, 그의 갑작스런 사망으로 슈탈에겐 직접 대응할 기회가 없었다는 점이다. 결국 이후의 슈바르트의 재반박이나 슈탈의 비판에 대해서는 직접 헤겔 텍스트를 통해 재조명해 보는 수밖에 없다. 이를 통해 위에서 언급한 헤겔의 법철학적 입장 변화도 제대로 평가될 수 있을 것이다. 지면상 여기서는 헤겔의 순수 종교철학적 논의를 제외한다. 엄밀히 말해 정치 신학자라기보다는 자연법 이론가로 간주되어야 할 할러와 헤겔의 대결은 이미 Ⅲ장에서 다룬 바 있다.

1.
슈바르트의 헤겔 비판과 왕정복고 국가론

슈바르트는 괴테의 도움으로 역사의 망각을 겨우 면하게 된 인물로서 오늘날 철학이나 문학에서 잘 언급되진 않는다. 그러나 당시에 괴테는 자신에 대한 그의 연구를 높이 평가하곤 했으며, 늘 '자신의 마음 속에 있는 이 젊은이를 위해' 베를린 대학 교수로 있는 헤겔에게 도움을 부탁하기도 했다.[7]

슈바르트는 1796년 오버슐레지엔(Oberschlesien)의 작은 마을 콘슈타트(Konstadt)에서 개신교 신자였던 소작농 부모의 두 아들 중 첫째로 태어났다. 어린 시절 나폴레옹의 프로이센 점령과 아버지의 죽음(1809)은 동프로이센에서 자신의 시민적 정체성을 갈망하던 그에게 '폴란드인이 될지' 모르는 위기감을 조성하기도 했다. 그는 이미 어릴 적부터 '세계와 인류에게 모든 것은 근원적 소질들에 달려 있으며', '진정한 교양은 내부로부터 발전'한다는 확신을 가졌다고 한다. 김나지움 시절부터 **스스로** 선택한 저서들을 탐독했으며, 특히 독일 정신이 배여 있는 빌란트(Wieland), 레싱, 헤르더, 괴테 그리고 셰익스피어를 열정적으로 공부했다. 브레슬라우(Breslau) 대학 시기에 그는 『괴테를 평가하기 위하여』 소논문(1818)을 작성한 바 있으며, 1820년엔 이 논문을 『친숙한 문학과 예술과 관련해 괴테를 평가하기 위하여(*Zur Beurtheilung Goethes, mit Beziehung auf verwandte Litteratur und Kunst*)』라는 두 권의 방대한 저서로 확장시키기도 했다. 이 중 제2권은 괴테의 조언이 담긴 친서로 서문을 대신하고 있다. 이 시기부터 괴테는 자신의 추종자인 슈바르트에게 시민적 생계를 마련해 주기 위해 베를린의 지인들에게 도움을 청한 것으로 알려진다. 이에 발맞추기 위해 슈바르트 자신도 1821년부터 1824년 고향으로 돌아가기 전까지 베를린에 머물며, 저술 작업에 매진하고, 2권에 그쳤지만 괴테의 희곡 제목을 본 딴 간행물 『팔레오프론과 네오테르페(*Paläophron und Neoterpe*)』를 창간하기도 했다. 그는 이 시기에 헤겔의 『개요』를 접했을 가능성이 높다. 그러나 모든 희망이 좌절되자 슈바르트는 1826년 슐레지엔의 도시 히르슈베르크(Hirschberg)의 가정교사가 된다. 그럼에도 앞서 언급한 부탁 편지를 1827년 헤겔에게 보낸 것처럼 괴테의 노력은 멈추지 않았다. 반면에 슈바르트는 2년 후 카를 카르가니코(Karl A. Carganico)와의 공저 『철학 일반에 관하여 그리고 특히 헤겔의 철학백과요강에 관하여(*Ueber Philosophie überhaupt, und Hegel's Encyclopädie der philosophischen Wissenschaften insbesondere*)』(1829)를 통해 헤겔 적대자로서 자신을 부각시킨다. 그는 1830년 마침내 브레슬라우 김나지움 교사로 공직을 얻었으며 『괴테의 파우스트 강의』로 명성도 얻게 된다. 1839년에는 헤겔학파를 정치적으로 제거하려는 소책자 『프로이센 국가 최상의 생 원리 및 발전 원리와 헤겔 국가론의 합일 불가능성에 대하여(*Über die Unvereinbarkeit der Hegel'schen Staatslehre mit dem obersten Lebens- und Entwickelungsprincip des preußischen Staats*)』를 발표하며, 1841년에는 브레슬라우 대학의 초빙까지 받게 되지만 건강 문제로 수락하지 못했다. 1860년 은퇴하기까지 그는 종교, 시학, 예술, 철학, 국가를 아우르는 여러 저술을 남겼으나 크게 주목받진 못했다.[8]

슈바르트를 문학가로만 알았던 괴테나 헤겔에게 그의 정치적 입장이 분명해진 것은 무엇보다 『철학 일반에 관하여 그리고 특히 헤겔의 철학백과요강에 관하여』라 할 수 있다. 이 저서의 목적은 철학 일반과 대결하기 위하여 최근 출판되어 나온 헤겔의 『철학백과요강』(1827)을 그 전형으로 삼고 이를 비판적으로 재구성하는 것이다. 그러나 이 비판적 재구성에 참여했던 공저자 카르가니코에 대해서는 오늘날까지 알려진 것이 **전혀** 없다. 이 저서의 결론은 한마디로 헤겔 철학이 '이교도의 소박한 무의식적 개념에 절대적으로 학문적인 완성'을 부여했다는 것이다. 이 때문에 신은 '절대적 차안성(Diessetigkeit)'에 설정되고 '현재적인' '신의 의지'는 제도화된 '국가'로만 파악되며 국가가 지배할 수 없는 종교의 영역은 배제된다는 것이다.[9] 그러나 이러한 비판은 단지 헤겔 법철학만을 노리지 않으며, 오히려 체계로서의 헤겔 철학 전체 그리고 철학 일반을 향하고 있다. 여기서 모든 논점들을 살펴볼 수는 없으나 헤겔 법철학과 관련하여 그의 논의는 크게 철학 일반에 대한 그 자신의 관점, 헤겔의 영혼 불멸성 부재에 대한 비판 그리고 국가와 종교의 관계로 살펴볼 수 있다.

슈바르트는 대학 시절부터 철학을 세계와 대면하는 '안내 수단' 정도로만 이해하고 있었다.[10] 이러한 이해는 **우선** 이 저서에도 지속된다. 서문에 따르면 철학은 '보편'을 다루지만 '다른 관계들 속에서' '인간 본성'은 '특수'를 행한다. 그럼에도 이 특수를 통해 인간 본성은 '진실하고 참된 것'을 성취할 수 있다. 그렇기에 '철학 내부에서'만 가장 많은 것이 수행될 수 있다는 철학의 '총체성' 주장은 공허한 자기 구별이며, 기껏해야 내용상 '종교, 예술, 학문, 국가 등등'과의 '어떤 공통성(eine gewisse Gemeinschaftlichkeit)'만을 획득한다.[11] 사실 인류는 철학의 개입 없이도 이 영역들에서 '가장 위대한 것을 성취해 왔다.' 이에 따라 슈바르트는 먼저 자신의 비판적 관점이 헤겔의 『요강』의 관점도, 다른 어떤 철학의 관점도 아니며, 장황하게 '전적으로 철학 영역 외부'의 관점이라 소개한다. 왜냐하면 헤겔과 같은 관점은 '이미 주어진 것의 반복'만 초래할 것이며, 다른 철학의 관점은 헤겔의 편향을 이 다른 철학의 편향으로 '교체하게 될지'도 모르기 때문이다. 따라서 철학과 '본질적으로 공통적인 어떠한 것도 지니지 않는', 그럼에도 철학을 넘나드는 '이웃 영역' 위에 '확고한 기반을 다지는' 것이 비판의 '완전한 공평성과 자유'를 보장한다.[12] 슈바르트의 이러한 비철학적 관점은 그가 진단한 철학적 관점의 자기모순과 월권을 근거로 한다.

그가 보기에 '최고로 독창'적인 고대 철학은 '현존하는 세계 이전에 모든 것(All)'을 찾으려 했다. 그것이 '혼돈'이든 '플라톤의 이데아(Ideen)'이든 고대의 철학함은 '현재'의 '개별화된 요소들로부터 이것들 **이전에** 놓여 있는, 이것들 전체의 근원에 도달하고자' 한다. 그러나 이러한 철학적 방식은 예술과 별다른 차이가 없다. 예술이 자신의 '정신적 사고'의 '각인'을 '현실'의 '예술작품'으로 구현하기 이전에 '이념(Idee)'을 참조한다는 점에서 말이다. 이에 반해 근대 철학은 한편으로 '모든 것을 현존하는 현실 **내부에서**' 탐색하고자 했다. 이는 '인간의 학문적 소질'의 발전에 기인한다. '타고난 학문적 이념이 이미' 인간의 '머릿속에 있는 것이 아니라', 이념은 '무제한적인 경험으로부터 비로소 발전하고 경험에서 완성되며 현존에 이르러야' 하는 것이기 때문이다. 이에 따라 철학 또한 '이미 현존하는 현실 속에' 자신의 이념들의 '가치와 내용을 증시'함으로써 기반을 다지게 되었다. 그러나 아리스토텔레스에서 시작되어 데카르트와 스피노자에서 꽃피운 이러한 철학적 노력은 예술에 비해 열등하다. '학문적인 인간'은 '현존하는 세계'를 떠돌아야 '자신의 이념을 깨닫지만', '예술가는 예술작품에서' '비로소 자신의 이념을 알아채는 것이 아니라 그 이전에 예술작품 없이도 자신의 이념을 완전히 자기 안에 지니고 있기' 때문이다. 더구나 이렇게 발견된 철학적 이념들은 '현실과 전적으로 동일시'되기에 여전히 이 현실 자체의 무한한 본질은 알려지지 않은 채로 남는다. 근대 철학은 다른 한편으로 '모든 것을 무한한 **미래로** 옮겨' 놓는다. 이 관점의 저급한 형태는 '회의주의'이며 가장 완성된 형태는 '비판주의'이다. 특히 비판주의는 '사물들의 개념의 차안 배후에 이 차안 개념에 포함되지 않는 피안을 추정한다.' 즉 '현상들의 인식'을 가정하면서 그 '본질은 은폐된 채로' 머무는 것이다. 비판주의는 '현존하는 현실을 자신의 지반으로' 지닌다는 점에서 바로 이전 관점과 '공통'되지만, 경험적 사물들 전체를 '완결된 것으로 간주하지 않는다는' 점에서 '철학 외부의 또는 비철학적인 관점에 접근한다.' 칸트가 도달한 바로 이 관점이 '철학함이 끝나는' 지점이다. '단지 반쪽 철학'으로서의, '세계 전체 인식'의 '잡종(Zwitter)'으로서의 칸트 철학이야말로 철학의 종결점이다. 그럼에도 철학이 '다시금 세계 전체의 인식을 요청'한다면, '자기 자신과 모순에 빠지게 된다.'[13]

철학의 자기모순은 철학적으로 포착할 수 없는 것까지 포함해 '전체성(Allheit)'의 획득을 과제로 설정한다는 데에 있다. 세계와의 연관을 밝힐 수 없는 경우 모든 것(All)을 세계 이전에 설정하든, 학문의 발전으로 세계의 현실 속에서 모든 것의 풍부한, 그러나 비본질적인 규정들을 발견하든, '알려지지 않은' '본질'이 너무나 무한하기에 모든 것을 미래의 '피안'에 설정하든, 철학은 '언제나 단지 모든 것의 **개별** 영역들만'을 떠돈다.[14] '단순한 보편성'만 추구하던 철학이 '현실적인 것'과의 '가능한 접근'의 필요성을 느끼게 되었을 때 이 전환점에서 철학을 '실재적인' 전체성으로 성취하고자 한 최고의 철학자가 바로 헤겔이다.[15] 따라서 슈바르트의 비판은 헤겔의 철학 체계를 '그 해소에 이르기까지', 다시 말해 '비철학적 관점'에 이르기까지 추적하는 데에 있다.[16] 이를 위해 그는 『요강』을 요약한 뒤 『개요』를 참조하며 본격적인 비판에 착수한다. 그에 따르면 헤겔은 『요강』 §6에서 '이성을' '한갓 가능한 것이 아니라 존재하는' '현실적인 것'으로 설명하기에 현실 내부에서 모든 것을 모색하려는 근대 철학의 관점 하에 있다. 헤겔은 이 현실적인 것으로서의 이성을 '사변적 사유 형식'을 통해 파악하려 한다. 그에겐 이 사변적 사유의 형식 즉 사변적 개념의 보편성을 획득한 것만이 현실적인 것이다. 그러나 다른 모든 인식 형태들, 이를테면 학문, 예술, 종교, 국가는 그러한 보편성을 결여하고 있다. 따라서 사변적 사유에게 이것들은 '비지(非知, Nichtwissen), 비예술(Nichtkunst), 비종교(Nichtreligion), 비국가(Nichtstaat)', 간단히 말해 '비현실들(Nichtwirklichkeiten)'일 뿐이다. 그렇다면 이것들은 사변적 사유의 대상일 수 없다. 이렇게 사변적 사유가 탐구하는 '현실은 현실에 대립해 출현'하게 된다. 그러나 이 '대상들은 **현존**하는 것들로서, 게다가 자신들의 개념인 바의 것을 서술하는 것들로서 인정되기에 이미 있는 것이다.' 이미 있는 것을 사변적 보편성의 결여라는 이유로 비현실적인 것으로 간주하는 것은 사변적 사유 자체의 모순이다. 특히 이 모순은 '종교에서 가장 두드러지게 나타난다.' 종교가 '어떠한 다른 형식도 필요로 하지 않고' '최고의 형식으로' 제시하는 것은 사변 철학에 '의존적이게' 되기 때문이다. '다른 어떤 것으로부터가 아니라' 바로 '자신으로부터 참되길' 요구하는 '기독교 신앙'은 따라서 '사변'과 가장 어울리지 않는다. 슈바르트에 따르면 헤겔은 '신앙'의 '형식'으로는 기독교를 '진리'라 말하지만 사변의 형식으로는 '불만족스러운' 것으로 선언한다.[17] 이로부터 슈바르트의 **두 번째** 논점이 비롯된다. 내용상 헤겔이 영혼 불멸성을 언급하지 않은 것도 우연이 아니라는 것이다.

사변적 사유는 '단적으로 현전하는' 현실에 주목한다. 따라서 역사 속 과거의 것은 '비진리로 고찰'되며, 시간상 '현재' '실존하는' '최종' '형태'만이 참된 현실이 된다. 이러한 '현전(Präsenz)의 요구'를 신에게 적용하면, 신에 관한 '참다운 앎'은 오직 '신을 그의 차안성에서, 따라서 완전한 현재 속에서 아는 것'일 뿐이다. 물론 신의 이 차안성을 신앙의 단순성으로부터 사변의 절대적 개념파악에 이르기까지 전개한 것은 '헤겔 철학의 업적'이라 할 수 있다. '신의 현재를 완전한 차안성으로 설정한 것'은 무엇보다 '기독교의 공로'이기에 말이다. 그러나 헤겔 철학은 '초세계적 표상 불가능성으로서의 신의 피안성(Jenseitigkeit)으로부터 신을 끌어내린' 채로 머문다. 왜냐하면 절대자에로 발전하기까지 그의 체계는 '직접적으로 무(無)가 되는 존재'를, 다시 말해 '끝없는 발생과 소멸'을 원리로 하기 때문이다. 그렇기에 그의 체계는 '매 쪽마다 죽음을 포함'하고 있다. 자연과 정신의 모든 개별성들은 사변적 정신의 보편성을 위해 한없이 살고 죽는 것을 반복한다. 결코 무가 되지 않는 존재는 그의 체계의 차안성에서는 불가능하다. 그래서 슈바르트에 따르면 헤겔은 자연과 정신이, '전체 우주'가 '자립적으로 유기 조직된' 존재로서 매 시기마다 자체의 '진리'를 지닌다는 것을 보지 못한다. 그에겐 사변 철학의 이념만 있을 뿐 '불멸성'의 '신앙'이 없기 때문이다. '모든 종교, 예술, 학문의 비자립성'은 '한 인간'이 '모든 것의 앎'을 성취하겠다는 '허영심'에 사로잡힌 '철학의 이념'에서나 가능한 것이다. 이에 반해 기독교는 더 나아가 '정신이 오직 피안적인 것인 만큼 그리고 자신의 참된 사명을 피안성을 위해 지니는 만큼, 차안적인 것으로도 알려'진다고 가르친다. 이 가르침이 바로 정신으로 하여금 '차안성 밖에 여전히 피안적인 것을' '고차적인 진리'로 추구하게끔 하는 '불멸성'의 신앙이다. 헤겔 체계에 이에 대한 언급이 전혀 없다는 것은 '놀라운 일이 아니다.' '논리적 이념'만으로 구성되는 그의 '절대정신'조차 시간상의 '영원한 지속을 포함'할지언정, '피안의 영속'을 의미하진 않는다. 왜냐하면 정신의 '절대성'은 그에게 '완전한 현재성을 획득한 이념'에 지나지 않기 때문이다. 결국 피안성이 배제된 채 '절대적 차안성'에서 '**비로소** 스스로 생성되는 헤겔의 신'은 '단지 생성하는 역사'만을 지닐 뿐이다. 슈바르트는 이어서 다소 무리하게 헤겔의 신 개념이 기독교 삼위일체론에 들어맞지 않는다고 설명한다. 헤겔에게 성부(聖父)는 존재와 무가 통일된 차안성 이전에 '전제된 유약한 보편 개념'으로서 '자기 자신에 대해 무'와 같은 것일 뿐이며, 성자(聖子)는 '유한자 내' 성부의 구체적 '규정성'을 마련하는 개념이지만 '역사상 개별적인 형태로' 있기에 '보편적 진리를 결여'하고 있으며, 결국 성령(聖靈)만이 '절대적 완성' 내의 보편적 진리를 '보증'하는 개념이라는 것이다. 그러나 이 성령(Gott der Geist)으로서의 정신조차 '신의 절대적 현재화를 위해' '왜곡된' '아는 순간의 자기 신격화(Selbstvergötterung des wissenden Augenblicks)'일 뿐이다. 따라서 슈바르트가 보기에 헤겔 철학에서는 '차안과 피안을 계시의 완전히 동등한 요소'로 가르치는 '실정 기독교'의 '삼위일체'는 불가능하며, 역사의 개별적인 주요 사건들을 '정신의 본질'이 계시되는 '근본형태들'로 보는 '참다운' '역사'도 불가능하다. 그것이 신의 것이든, 인간의 것이든, 정신의 본질 즉 불멸성은 죽음이 지배하는 생(生)의 차안성 속에서 상실되기 때문이다. 헤겔 철학은 '이교도'의 '절대적으로 학문적인 완성'이다.[18]

헤겔에게서 신이 절대적 차안성 속에서 생성되는 존재라면, 이 존재의 완성은 객관적으로 현실화된 형태에서 이루어진다. **세 번째** 논점으로서 슈바르트는 이것을 헤겔의 국가로 해석한다. 헤겔은 국가를 '단순한 주관성'의 하위 형태에서 벗어나 '객관성에로 형성된 인륜성(Sittlichkeit)'으로 설정했다. 이렇게 '외적인 제도들로 경직'된 인륜성은 '영혼의 가장 내적인 힘의 지속적인 산출물'이길 '멈춘다.' 여기서는 신이든 인간이든 인격적인 존재로서의 의지 활동이 불가능하다. 왜냐하면 인륜성은 본래 '인격성에, 선한 의지에, 궁극적으로는 국가가 어떠한 지배력도 지닐 수 없는 종교에' 근거하는 것이기 때문이다. 헤겔은 국가와 종교를 구별하면서도 종교를 '단순한 믿음(credo)에 제한'하고, '객관적 인륜성을 대변하는' 국가에 '종교적 인륜적 학문적 강인함을 부여'해 "현재하는 것으로서의 신적인 의지"로, "자신을 세계의 현실적 형태와 유기적 조직에로 전개하는 정신"으로 규정했다(GPR, §270). 이로써 종교, 교회, 학문 등이 저마다 지니는 '전체성들(Ganzheiten)'은 국가의 전체성에 흡수되고 '비자립화'된다. 헤겔의 국가는 '내용상' 종교에 '거의 아무것도 남겨 놓지 않는다.' 그의 사변 철학이 '형식상' 종교에 거의 아무런 역할도 남겨 놓지 않는 것처럼 말이다. '헤겔에겐 철학이 이론적으로 모든 것을 서술'하며, '실천적으로는 국가가 모든 것(All)을 차지'한다. 그러나 그의 국가 속에서는 '인간의 전체 인격성'이 불가능하기에 '정치적인 강인함'이 '상실'되어 있다. 이에 반해 '건강한 국가'라면 모든 것을 도맡으려 하지 않고 '오직 자신의 본성과 본질을 형성하는 것만' 다루려 할 것이다. 그리고 국가의 본질은 '인륜성이 아니라 바로 권력(Macht)과 법(Recht)'이다. 국가는 '폭력에 맞서' 권력을 행사해야 하며, '규제되지 않은 자의'를 '법으로 전환'시켜야 한다. 그러면서 슈바르트는 헤겔이 이러한 결점들에도 불구하고 군주제를 옹호한 것은 아주 '다행'이라고 본다. 그동안 헤겔이 정치적 맥락에서 '군주제를 국가의 최고 절대적 형식으로 발전시킨 것처럼' '비난'받아 왔지만, 사실상 그는 '본래적 의미나 발전된 의미에서 입헌적이라 불릴 수 없는 국가 속에 살면서', 게다가 '자연법과 국가학 강의를 위임받은 채로 자신의 학문적 확신에 따라 **순수** 입헌 군주제를 국가 형식의 절대적인 것으로 설정한 것이지, 군주제 자체(an sich)를 그렇게 설정한 것이 아니'라는 것이다. 누구도 이러한 그의 학문적 '독립성'과 '자유'를 비난해서는 안 되며, 오히려 그에게 '강의를 위임한' 프로이센 '국가의 본성과 역사로부터' 그의 이론이 '바로 이 국가에 적합한 것인지' 판가름해야 한다. 이렇게 슈바르트는 한편으로 헤겔을 변호하기까지 하는 아량을 베풀면서도, 다른 한편으로 그의 군주가 '정치권력의 주권자가 아니라' '오히려 인륜성의 주권자'일 뿐이라는 비판을 잊지 않는다. 더구나 헤겔의 군주는 이 인륜성을 '인간으로서의' 품위를 위해 가질 수 있지만, '결코' 그 인륜적 보편 개념을 '대변할 수는 없다.' 왜냐하면 이 역할은 사변 철학의 몫이기 때문이다. 마지막으로 슈바르트는 헤겔의 이 모든 오류가 '생'보다 '지(知)'를 '최고의 것'으로 설정한 그의 주지주의에서 비롯된 것이라 결론짓는다.[19]

슈바르트의 비판은 헤겔 자신의 반박도 있고 해서인지 특별한 주목을 끌지는 못했다. 또한 헤겔을 공부한 사람이라면 슈바르트가 제시한 논거들의 몰이해성을 어렵지 않게 간파할 수 있었을 것이다. 이로부터 10년 후 슈바르트는 공개적으로 '**정치적** 측면'에서 헤겔의 『개요』를 다시 비판한다. '프로이센인이자 프로테스탄트로서' 자신이 보기에 아무리 프로이센 국가의 본성과 역사를 살펴보아도 헤겔 이론에 적절한 것이라곤 전혀 없었기에 말이다. 『프로이센 국가 최상의 생원리 및 발전 원리와 헤겔 국가론의 합일 불가능성에 대하여』에서 그가 제시하는 논거들은 크게 두 가지이다. 그 중 하나는 프로이센이 역사적으로 줄곧 '순수 군주제' 국가였다는 것이며, 다른 하나는 이 순수 군주제 개념만이 '프로테스탄티즘의 최고 개념'인 '인격성 개념과 직접적으로 동일시'될 수 있다는 것이다. 프로이센 국가는 역사적으로 한 번도 입헌 군주제였던 적이 없다. '입헌 국가들의 근본 개념은 그 국가들이 통치 가문(Geschlecht)의 힘에 의해서만 형성되지 않는다'는 것이다. '지배' '가문의 현존과 출현은 단지 우연한 첨가물일 뿐'이기에, 입헌 국가는 사실상 '군주적 의상을 걸친 공화제 그 이상도 이하도 아니다.' 반면에 '프로이센의 특수한 본질'은 '특수한' '호엔촐러(Hohenzoller) 군주 가문과 그 개별 구성원들'에 기원하며, 이 가문에 의해 '보편적인 인간 정신이' '역사의 비밀스런 고차적 법칙에 따라' '특수한 강인함'으로 '표출'될 수 있었다. 프로이센 국가가 취한 이 '인격성의 형식'이 바로 '프로테스탄트 신앙 개념들'에 따를 때 보편적인 '인간 일반'을 '좀 더 특정한 의미에서 완전한 인간'으로 만드는 것이다. 위대한 것을 달성하고자 한다면 인간은 자신 밖의 우주나 다른 어떤 것을 찾아서는 안 되며, 바로 '자기 내에 확고하고 완전하게 근거지어진 특정한 인격'을 떠올려야 한다. 이러한 인격의 '가장 원대한' '서술 형식들'은 '신앙과 인륜성'이다. 이것들을 진정 내적으로 완성함으로써 보편적인 것을 지배하고 특수화한 프로이센 군주 가문이야말로 기독교 '복음'을 '교회 조직들을 넘어서' '내면'에로 수용하고 완성한 '루터'와 유사하다.[20] 그렇기에 프로테스탄티즘의 '가장 진정한' '인격적인 교회'가 '루터교(Luthertum)'인 것처럼, 그 본질상 가장 '인격적인 국가'는 '프로이센 국가'인 것이다. 이에 반해 '헤겔의 자기 전개하는 신'은 '창조'할 수 있는 '참으로 인격적인 신'이 아니다. 그의 신은 '다시금 지양하지 말아야 할 어떠한 것도 창조할 수 없기' 때문이다. 그의 신은 '자기 자신에 도달하기 위해' 언제나 자신이 창조한 것을 부정해야 하는 사변적 '악마'일 뿐이다. 헤겔은 군주의 역할 또한 이와 유사하게 '짐이라는 말 위에 점(Punkt auf das I)을 찍는 것으로' 제한했다. 이러한 '형식적 결정의 정점'에서 '군주의 인격성'은 최소치로 축소되고 국가 제도들 속에 소멸되어 버린다. 이것은 헤겔이 신이나 프로이센 국가를 '한갓 보편적인' 것으로만 고찰하고 '특유한(Spezifisches)' 어떤 것으로도 보지 않았기 때문이다. 이렇게 사변의 배타적 보편성에만 사로잡혀 헤겔은 사실상 '공화제'를 참된 국가의 본질로 주장한 것이다. 따라서 '프로이센 국가 제도'에 '불충하고 적대적인' 그의 이론은 '모반과 반란'에의 '호소'를 '감추고' 있다.[21]

2.
슈탈의 헤겔 비판과 기독교 법론

비철학적 관점을 견지한 슈바르트의 헤겔 비판은 이렇다 할 만한 설득력을 발휘하진 못했다. 그러나 그가 제시한 인격성과 국가의 느슨한 연관은 거의 같은 시기 이미 슈탈에 의해 법철학적으로 체계화되고 있었다. 오늘날 많이 간과되는 사실이지만, 당시 헤겔 법철학이 영향력을 상실한 것은 슈바르트나 슈탈 같은 자들의 '왕정복고 국가론'에 의해서였지, '이후의 헤겔 좌파'나 '급진 좌파'의 비판 때문이 아니었다. 특히 정치 신학적 기반을 다진 슈탈의 법철학은 앞서 소개한 괴셸의 이론적 전형이 되기도 했다.[22]

슈탈은 본명이 율리우스 욜손(Julius Jolson)으로서 1802년 뷔르츠부르크(Würzburg)에서 유대인 부모의 8남매 중 첫째로 태어났다. 유년기 초에 이미 그의 가족은 뮌헨으로 이주했으며 유대인 공동체 의장이었던 조부의 종교적 분위기에서 성장했다. 그러나 부친은 그를 유대인 학교가 아니라 일반교양을 습득할 수 있는 김나지움과 고등

전문대학이었던 뤼체움(Lyzeum)에 진학시켰다. 뤼체움은 주로 성직자를 배출하는 교육기관이었지만 입학은 일반 학생들에게도 개방적이었다. 이곳에서 만난 '바이에른의 스승(praeceptor Bavariae)' 프리드리히 티르슈(Friedrich Wilhelm von Thiersch, 1784-1860)[23]의 영향으로 졸업 후 라틴어 교사가 되고자 했지만, 뤼체움이 그렇게까지 개방적이진 않았다. 이에 슈탈은 티르슈와 당시 이곳 교육 공무원이었던 프리드리히 니트하머(1766-1848)의 조언에 따라 가톨릭이 지배적이었던 바이에른에서 1819년 프리드리히 율리우스 슈탈이란 세례명으로 루터 개신교로 개종한다. 그러나 에를랑겐에서 세례 전날 유대인으로서 겪은 개인적인 모욕으로 인해 뷔르츠부르크 부르셴샤프트에 가입하게 되며 이곳 대학에서 법학 공부를 시작한다. 1821년에는 하이델베르크 대학으로 옮겨 부르셴샤프트 비밀 집회에 연설까지 하게 된다. 그의 연설은 그러나 부르셴샤프트의 정치적 참여에 반대해 학업과 교양에 열중하자는 취지의 것으로 알려진다. 1822년 에를랑겐 대학으로 옮겨 학업을 계속하지만, 1819년 체결된 카를스바트 결의의 후폭풍은 뒤늦게나마 이곳에도 불어 닥친다. 온건한 회원이었음에도 그의 부르셴샤프트 경력은 1824년 대학에 의해 2년간 제적을 당하게끔 한다. 뮌헨으로 귀향했을 때 그의 가족은 모두 개신교로 개종한 상태였다. 이 시기 그는 여러 법철학 저서들과 특히 헤겔의 『개요』를 집중적으로 연구한 것으로 알려진다. 바이에른에 개신교 학제를 정착시키고자 노력했던 티르슈와 니트하머 그리고 바이에른 학술원 의장이었던 프리드리히 하인리히 야코비(Friedrich Heinrich Jacobi, 1743-1819) 모두 헤겔과 친분이 두터웠던 인물들이다. 학업이 재개되자마자 슈탈은 1826년 뷔르츠부르크 대학에서 「법에서의 보편에 대한 특수의 갈등과 우선성에 대하여(Über die Kollision und den Vorzug des Besonderen vor dem Allgemeinen im Recht)」 박사학위를, 이듬해 뮌헨 대학에서 「옛 로마 소송권에 대하여」 교수자격심사를 통과한다. 이 시기 한동안 부모의 죽음과 가산의 손실로 큰 어려움을 겪지만, 1830년 바이에른 정부는 뷔르츠부르크에서 간행된 자유주의 민족 간행물에 대항하기 위해 관변 간행물 『왕권과 민족의 친구(*Der Thron- und Volksfreund*)』를 창간하고 슈탈에게 편집을 맡긴다. 바로 이 시기부터 그는 자신의 대표작 『역사적 관점에 따른 법철학(*Die Philosophie des Rechts nach geschichtlicher Ansicht*)』(1830-1837)을 출판하기 시작한다. 곧이어 그는 1832년 에를랑겐 대학 비정규교수와 같은 해 뷔르츠부르크 대학 정교수 그리고 1834년 다시 에를랑겐 대학 정교수로 활동하며 정치와 종교 분야에 영향력을 넓히기 시작한다. 1837년부터는 바이에른 주 의회 하원의원으로서 에를랑겐 대학을 대표하기도 했지만 프로테스탄트 정파를 형성하고 소속 대학을 위한 예산 갈등을 빚으며 자신이 원리적으로 대변하던 국왕 루트비히 1세로부터 경고를 받는다. 이로 인해 그는 결국 1840년 낭만적 복고주의자였던 프로이센 국왕 프리드리히 빌헬름 4세의 초빙에 따라 베를린 대학 법학과 교수로 취임하게 된다.[24] 이후 여러 해에 걸쳐 『프로테스탄트의 교리와 법에 따른 교회구성』(1840) 『군주제의 원리』(1845) 『기독교 철학의 기반』(1846) 『기독교 국가와 이 국가의 이신론과 유대교와의 관계』(1847) 『혁명과 입헌 군주제』(1848) 「혁명이란 무엇인가?」(1852) 등의 많은 저술들을 남기며, 1861년 사망할 때까지 정치적으로나 종교적으로도

주요 요직을 두루 차지한다.[25]

슈탈의 베를린 대학 취임은 헤겔 좌파의 초석을 다졌던 에두아르트 간스(E. Gans)가 갑작스레 요절하자 그 후임으로 헤겔주의를 근절하고자 했던 빌헬름 4세의 정치적 의도에 따른 것이었다.[26] 슈탈의 대표적인 헤겔 비판은 바로 그의 주저 『역사적 관점에 따른 법철학』이라 할 수 있다. 이 저서는 1830년 '현재 법철학의 발생'을 다룬 1권, 1833년 '기독교 세계관의 토대 위에 법론과 국가론'을 전개한 2권의 1부, 그리고 1837년 계속해서 '기독교 법론과 국가론'을 다룬 2권의 2부로 출간되었다. 티르슈나 니트하머의 기대가 어떠했든지 간에 슈탈은 1권 서문에서 '헤겔 철학'의 '비진리를 처음부터 생생하게 확신'했다고 밝히고 있다. 그럼에도 그 '오류의 위치'가 어디인지 찾을 수 없어 '학문적 극복 수단을 획득'하기까지 이 연구에 착수하게 되었다는 것이다. 이 저서 전체는 어찌 보면 헤겔 철학에 대한 대항 차원에서 착수되었던 셈이다.[27] 그러면서 그는 '셸링'으로부터 사람들이 가장 내적인 '자신만의 영역 속에' 간직하곤 하는 '**확신들**을' '가장 완전히 학문적으로 **사용**'하게끔 하는 '용기'를 배웠다고 한다. 1806년부터 바이에른 예술원 감독관으로 있던 셸링은 이 시기 절대자를 이성적 학문을 통해 파악하는 부정 철학으로부터 직접적인 신화와 계시를 통해 이해하는 긍정 철학으로 이행하고 있었다.[28] 슈탈은 셸링의 이 전환을 '역사적 관점의 개념'이 '새로운 철학 시기'를 알리는 것으로 평가한다. 그러나 그는 '자립적인 자들에게서만' 가능한 셸링의 '자유의 체계'보다는 민족 내 법의 자생적 발전을 통찰한 사비니의 역사적 관점을 택한다. 물론 그가 보기에 사비니조차 자신의 통찰을 철학적으로 논증하진 못했다. 사비니는 자신의 역사적 실정법 개념을 '역사적 관점에서 발전'하는 것 자체로까지 설명하지 못했기 때문이다. 반면에 슈탈은 우선 '역사적 관점이 출현'하기까지 법철학을 발생적으로 고찰하고자 한다.[29] 그에 따르면 지금까지의 법철학은 때로는 플라톤이나 아리스토텔레스에게서처럼 역사 원리의 상실로, 때로는 헤겔에서처럼 법의 윤리적 토대의 결여로 특징지어진다.[30] 슈탈에게 법의 윤리적 토대는 그가 간직해 왔던 종교적 확신들이라 할 수 있다. 이 확신을 그는 법의 역사적 발전 속에서 확인하고자 한다. 법의 역사적 관점의 '핵심'은 '법이 어떻게 발생하는지 하는 사실적인 것에 대한 관점'이 아니라, '법이 어떻게 발생해야 하며, 어떠한 내용을 지녀야 하는지 하는 윤리적인 것에 대한 관점일 뿐'이다.[31] 그리고 법의 윤리적 토대는 종교적으로만 마련될 수 있다는 것이 그의 생각이다. 여기서 그의 모든 논의를 살펴볼 수는 없다. 그럼에도 그의 법철학은 크게 헤겔의 인격성 개념 비판, 법의 윤리적 토대 그리고 국가와 교회의 관계로 고찰될 수 있다.

고대나 근대 철학은 그것이 역사 원리의 상실이든 윤리적 토대의 결여이든 슈탈에겐 모두 인격성의 결핍을 공통으로 지닌다. 고대 철학은 '관찰자의 이성 외부의' '세계'를 그것이 물이든 불이든 이데아이든 세계 목적이든 간에 마찬가지로 '관찰자의 이성 외부에 존립하는 세계의 원리로' 고양시킨 것에 지나지 않는다. 특히 플라톤이나 아리스토텔레스에겐 '에토스(Ethos)의 인간 이성 밖에 있는 자립적 원인'이 중요했다. 이로 인해 인간 사건들과 연관들을 형성하고 이로부터 규범을 창출하는 '역사적 에토스'는 타당성을 상실할 수밖에 없었다. 역사적 에토스의 근거는 '인격적 신의 철저히 자유롭고 도처에 현재하는 의지'에 있지만, 반면에 비인격적인 신들 위에 '몰의식적 힘'을 설정한 고대 철학에는 '행위자의 작품'으로서의 '역사'가 불가능했다. 고대의 이 '객관적 성격'에[32] 대항해 근대에는 한편으로 인간 '이성으로부터 귀결되는' '논리적으로 필연적인 것만 인정'하려는 '이성주의(Rationalismus)'가, 다른 한편으로는 이에 대립해 '자유로운 실행(die freye That)'으로부터 모든 사건들을 설명하려는 현재의 셸링과 기독교의 '역사적 관점'이 부각되었다. 이 후자의 관점은 끝없는 변천이나 과거의 것에 가치를 두는 것이 아니라 과거보다는 현재에, 현재보다는 미래에 '최고의' '가치'를 설정하는 관점이다. 비록 철학적 논증이 부족했지만 '역사법학'의 통찰도, 비록 자립적 '인간 정신으로부터 모든 것을 발견'하려는 이성주의에 매몰되긴 했지만 셸링의 '역사철학'의 의의도 바로 여기에 있다.[33] 슈탈이 보기에 인간 밖의 객관적 비이성적 원리이든 인간 내부의 주관적 이성적 원리이든 모두 역사적 관점의 근거가 되는 신의 인격성을, 그리고 이에 따른 인격적 인간의 역사를 제대로 설명하지 못한다. 그리고 이성주의의 정점에서 역사적 관점으로의 불완전한 이행을 보여주는 것이 바로 헤겔 철학이다.

근대 이성주의는 특히 홉스나 스피노자에게서처럼 인간 이성으로부터 자연법을 설명하려는 경향에서 두드러지게 나타난다. 칸트는 결국 법철학의 이름을 자연법에서 '이성법'으로 바꾸었다. 이러한 이성주의 경향은 피히테와 셸링을 거쳐 헤겔에게서 '극단에 도달'한다. 셸링은 자유의 본질에 주목하면서 이성철학을 포기하게 되지만, 헤겔은 초기 셸링의 관점에서 오히려 '이성주의 요소'를, **무엇보다** '세계 내 이성 필연성'과 '신의 비인격성'을 강화했다.[34] 헤겔의 이성주의는 '이미 개념 속에 포함된 것의 정립' 이외에 철학함의 방법은 없다는 것이다. 이때 개념의 담지자인 이성은 어떤 행위 주체의 이성이 아니라 '비인격적 사유', '사유하는 주체 없는 실체적 사유'일 뿐이다. 헤겔은 이 사유를 '모든 것(All)'으로, 다시 말해 '신으로 설명'한다. 이에 따르면 헤겔의 과제는 '어떻게 이성이 자연과 역사가 되어야 하는지', 그래서 마침내 '절대자가' 되어야 하는지를 입증하는 것이다. 이 입증 과정은 '그의 변증법의 영구운동(perpetuum mobile)'을 통해 이루어지지만, 사실 이 과정은 '대립되고 결합되어야 하는 것이' 이미 이전에 사유된 개념 속에 포함되어 있을 경우에만 가능하다. 이러한 이성 필연성으로 인해 헤겔에게는 개념적 사유의 선행 **없는** '어떠한 자유로운 실행도 세계의 원인이 될 수 없다.' 이성 필연적인 '사유'가 '유일한 실재성'이기에 헤겔은 '결코 현실 세계에 도달할 수 없는' '무능력'만을 보여준다. 그에게 가능한 인간은 단지 '본성과 사유규정들이 분리 불가능하게 결합된' '인간의 개념'일 뿐이다. 그러나 이 개념은 '속성들이' 확고하게 '부착되어' 인간이 '그러그러한 성질'의 존재라는 것을 보여주는 실체적 개념일 뿐이지, 진정 '인간이 무엇인지를' 온전히 나타내진 못한다. 왜냐하면 개념적으로만 파악된 인간에겐 '자신을 자발적으로 이러저러한 성질로 **만드는**' '인격성'이 추상되어 있기 때문이다. 또한 이 때문에 인간의 법은 '보편적 법칙', '비인격적 실체적 의지'가 될 뿐이다. 헤겔의 법철학에서 그나마 유지되고 있는 인격적 실행 주체의 '도덕성'도 비인격적인 법과 개인적 의지의 '비통일성'을 의미할 뿐이며, 여기서 '선'은 여전히 개인 '외부의 어떤 것'으로만 설정된다. 도덕성은 넘어가야 할, 비인격적인 법의 대립으로만 유효하며, '에토스의 최고 계기'가 되는 것은 오히려 인륜성 단계에서 '비인격적 사유'의 '논리적 필연성'으로서의 '국가'이다. 이 국가 속에는 '있어야 할 것(was seyn soll)'이 이미 '필연적인 것으로 개념파악'되어 있다. 이러한 이성주의 논리는 역사마저 '인간의 의지를 배제하는' '보편적 초인간적 의지'로서의 '세계정신'의 과정으로 설명한다. 헤겔에겐 한마디로 '논리가 역사인 한 세계정신' 자체이기도 하다. 신조차도 역사의 이 '논리적 운동 속에서' '자신을 현실화'할 수 있을 뿐이다. 물론 헤겔은 법의 상관자로서의 인간을, 그리고 세계의 상관자로서의 신을 인격이라 부른다. 그럼에도 헤겔은 이 인격의 자리에 선택의 자유로운 실행 계기를 외면하고 단지 '비인격적인 보편적 사유'의 이성규정들만 설정한다는 것이 슈탈의 평가이다.[35]

'사고규정들이 유일하게 존재하는 것으로 설명될 경우 인격성은' '연역된' '하위의' '현존만 지니게' 되며, 사고규정들의 현실화를 위한 '수단'이 될 뿐이다. 그래서 헤겔의 '전체 체계'는 '비인격성'이 '우위'를 차지하고 '인격성'은 '단지 지나가는 계기로서만' 가치를 지닌다. 슈탈에 따르면 이는 헤겔 법철학과 관련하여 두 가지 심각한 결과를 초래한다. **첫째**, 헤겔의 국가는 인격적 실행 주체로서의 '인간을 목적으로 지니지 않으며' 단지 인간을 넘어선 고차적 규정으로서의 자기 자신만을 목적으로 지닌다. 이에 따르면 '가장 나쁜 국가라도 가장 완성된 인간보다 더 고차적인 현상이다.' 인간의 인격성이 아니라 이 인격성의 객관적 규정으로서의 국가가 더 중요해진다는 것이다. 헤겔은 좋은 국가의 규정으로서 자유와 평등, 민족 대의제와 입헌 군주제

등을 주장한다. 그러나 그는 국가의 법률이 어떤 인간에 의해서도 위반될 수 있으며 그럼에도 지양 불가능한 이유가 국가를 운영하는 인간의 인격적 실행 덕분이라는 사실에 주목하지 않는다.[36] 『역사적 관점에 따른 법철학』 2권 2부에 의하면 바로 이 때문에 헤겔은 '군주의 인격성에 어떠한 실질적 영향력도 허용하지 않'았으며 단지 '논리적으로 생성된' '비인격적 이성'에 '형식적 권위를 부여'하는, 다시 말해 '짐이라는 말에 점(Punkt auf das I)'을 찍는 정도의 역할만 부여했다.[37] 더 나아가 그의 자연법 이론은 국가의 이성규정에 들어맞지 않는 어떠한 인격적 주권자라도 대체 가능하게 만든다. 그러나 '자연법에 의거해 실정법에 대항'하는 것은 '혁명의 불경죄'를 범하는 것이다.[38] 헤겔 철학은 **그다음으로** 신을 언제든 무엇이든 할 수 있는 인격적 계시의 주체로서가 아니라 논리적 '생성'의 완결된 추상으로만 파악한다. 물론 헤겔에게도 '신은 정신'이라는 중요한 통찰이 있었다. 그러나 정신으로 파악된 그의 신은 질료적으로는 역사 속의 세계정신의 논리를 통해 완성되어 가는 최종목적이며, 형식적으로는 '질료와 주관성'에 사로잡히지 않는 단계까지, 따라서 '철학에서야 비로소' 온전히 나타나는 인격화된 추상적 규정일 뿐이다. 헤겔의 신은 질료적으로는 '국가'와 같으며, 형식적으로는 '철학'과 같다. 이 신은 '상이한 사물들' 외부에서 이것들에 '통일'을 마련해 줄 수 없는 주체이며, 사물들의 다양한 술어 속에서 논리적으로 발전할 수밖에 없는 '범신론'적 주어일 뿐이다. '신은 모든 것(All)'이라 해서 비난하는 게 아니다. '신은 **단지** 모든 것**일 뿐**'이라 주장하기에 헤겔은 범신론자인 것이다. 왜냐하면 슈탈이 보기에 모든 것 **밖에서** 모든 사물들의 보편을 마련해 주는 것도 오직 신이기 때문이다. '사물들은 보편 개념이 아니다.' '각 사물 속에는 보편 개념이 있지만' 이는 그 사물 속에 현존하는 인격적 신의 통일성 때문이다. 이에 반해 헤겔은 '사물들의 모든 것'에 신의 인격성을 종속시키고 선이든 악이든 그 모든 것을 신**적인 이성 필연성**을 지닌 것으로만 설명한다. 바로 이로 인해 사물의 보편 개념 내지 통일성의 인격적 근원 또한 삼위 일체적으로 설명 불가능해진다. 다시 말해 '보편' 즉 '성부'는 '자체로 특수 즉 성자'이지만, 이 '양자의 통일'로서 '세계 속에 현재하는 성령'은 헤겔에게 논리적으로 '불가피한 계시'로만 이해될 뿐, 언제든 다를 수 있는 '자발적인(freywillige)' 계시로 파악되진 않는다. 성령 즉 무한한 정신은 인간의 유한한 정신을 통해 논리적으로 생성될 뿐이며, 이 논리적 생성 속에 보편과 특수로서의 신은 비인격적으로 녹아 버린다. 종교는 이러한 논리적 생성을 알 수 없다. 오직 철학만이 이에 대한 지를 획득할 수 있으며, 여기서 '신앙인이 본질적인 것으로 숭배하는 것은 참되지 않은 형식으로 포기'된다.[39] 슈탈이 직접 언급하고 있진 않지만, 국가와 종교의 관계에 대해 앞서 소개한 슈바르트의 비판이 여기에도 적용될 수 있을 것이다. 슈탈의 비판에 따른다면 헤겔에게 신앙으로서의 종교는 철학에 흡수되며, 제도로서의 교회는 국가에 종속되어야 할 것이기 때문이다.

슈탈이 헤겔의 공로로 인정하는 것은 거의 없다. 헤겔의 변증법이 '실행 없는(thatlos)' 존속의 불가능성을 보여준 것은 칭찬할 만하지만 이내 '내용' 자체를 산출하는 것으로 오용되어 버렸다. 그의 변증법은 부분들에서 '생동한 운동성(Beweglichkeit)'으로 작동하는 것이 아니라 부분들의 전체에서만 참된 철학적 내용을 산출하는, 원리로까지 잘못 고양된 '운동(Bewegung)'이다. 그나마 인정할 만한 것은 헤겔의 윤리학이다. 슈탈이 보기에 헤겔에게도 '윤리적 의무들'이나 '법적인 제도들', '공법'과 '공권(Obrigkeit)' 등은 이것들의 유용한 결과를 통해서가 아니라 다시금 '이것들에 내재하는' '신적인 정신'의 '장엄함'을 통해 존립하기 때문이다. 그러나 이마저도 '논리적 필연성'에 강요되어 윤리를 근거지우는 '초인간적 현존'을 '비인격적인' 것으로 만들고 말았다.[40] 이에 반해 슈탈은 **그다음으로** 법의 윤리적 토대를 신의 인격성에서 마련하고자 한다. 이를 위해 그는 우선 『역사적 관점에 따른 법철학』 2권 1부에서 기독교적 세계관에 따라 법철학의 토대를 제시하고, 연이어 2부에서 이 토대 위에 국가론을 전개한다. 그러나 그는 이미 1권에서 '법철학'을 '올바른 것' 내지 '정의로운 것의 학문(Wissenschaft des Gerechten)'으로 정의하고 있다.[41] 이러한 **윤리적** 정의는 1854년 2권 셋째 판 서문에 따르면 공공연히 '신학의 시녀(serva theologiae)'로의 '학문의 전환'을 노린다.[42] 슈탈에 의하면 법철학이 다루는 법은 단적으로 '신의 세계질서의 보존을 위해' 확립된 '민족 내지 민족들의 공동체의 삶의 질서'에 다름 아니다. '법은 인간적 질서이지만, 신적인 질서에 봉사하기 위한' 것이라는 말이다. 왜냐하면 법이 작용하는 인륜적 세계의 '내용과 재가(裁可)는 오직' '인격적 신으로부터만' 비롯되기 때문이다. 참다운 학문이라면 '사물들의 최고 원리'로부터, 더구나 비인격적인 절대자가 아니라 바로 인격적인 신으로부터 '시작해야' 한다. 신의 인격성만이 '동시에 구체적이고 정신적인' '참된 존재'이며, '모든 우유들 속에서도 동일하게 머무르는 참된 의미의 실체'이자 '주체'이며, 다시 말해 '이미 존재의 충만'으로서 '가장 다양한 힘들과 속성들의 주체'이다. 이 '인격성의 존재'는 끊임없이 '내적으로' 그리고 '외적'으로 수행되는 '실행'이다. 즉 신의 인격성은 '의지로서는' 내적인 실행이요 **'그때마다** 결단'을 통해 외적으로 작용할 때는 외적인 실행이다. 그리고 이를 통해 어떤 실존이 존립할 때 이 외적 실행은 '창조'라 불린다. 이것은 신의 인격성이 실존하는 각 계기마다 창조로서 작용한다는 것을 의미한다. 따라서 실존하는 '세계의 원리'는 신의 인격성일 수밖에 없다. 신은 '경험적 선택'이 아니라 모든 '객체들에 선행하는' '근원적 선택(Urwahl)'을 통해 매번 세계를 창조하며, 또한 여기에 '전체의 계획'으로서 '섭리'를 설계해 놓는다. 인격적 신은 전자에 따르면 '세계 창조적 활동성'으로, 후자에 따르면 '세계 포괄적 활동성'으로 특징지어진다. 이를 기반으로 피조물의 상위에 신의 인격성에 따라 마찬가지로 '인격적인 현존'으로 창조된 인간은 자신의 '과제'로서 '모든 실행, 모든 사고 속에' '자신의 전체 인격성을' '마치 신 안에 있듯이' '설정'해야 한다. 신의 두 활동성들은 그 결과로서 한편으로는 '개별자의 에토스'를 이루는 '인륜성(**도덕**)과 종교'의 두 가지 윤리 영역들을 지닌다. 인륜성은 '개별자로서의 인간의 원형(Urbild)'에 따른 '자기 자신 내의' '완성'이며, 종교는 그런 '인간의 신과의 결속'이다. 다른 한편으로 신의 활동성들은 '인간의 공동실존(Gemeinexistenz)'과 관련하여 이 공존의 에토스를 이루는 '인륜적 세계(sittliche Welt)'를 창조하고 설계한다. 인륜적 세계는 '전체로서의 인류'에 대해 '신의 계획'이 실현되는 장소이다. '인간이 신 밖에 놓여 있는 경험적 상태'에서는 이 인륜적 세계가 '신 공동체(Gottesgemeinde)'로서의 '교회'와 '인륜적 세계형태'로서의 '단순히 시민적인 질서'로 나누어진다. 슈탈에 따르면 '법과 국가'가 위치하는 곳이 바로 이 후자의 질서이다. 그러나 주의해야 할 것은 개별자로서의 인간의 윤리 영역들인 인륜성과 종교는 전체로서의 인류의 윤리 영역들인 국가와 교회와 마찬가지로 경험적 상태에서만 구별되고 분리될 뿐 그 본질적 완성에 있어서는 그렇지 않다는 것이다.[43]

에토스는 보통 관습이나 전통(εθος) 또는 이에 따라 윤리적으로 행위할 수 있는 성격(ηθος)을 뜻한다. 슈탈은 이를 정확하게 정의하고 있지 않지만, 윤리적 관습이나 성격을 발휘할 수 있는 능력 정도로 이해하는 것처럼 보인다. 이에 따르면 에토스의 실행 주체는 인격이라 할 수 있으며, 에토스는 인격적 의지의 행위를 통해 역사적으로 발전하는 것이 된다. 인격은 경험 세계에선 우선 인간에게 있지만 인간의 인격의 원형은 물론 신이다. 따라서 '에토스의 본질'은 '두 인격적 의지들 즉 신적인 의지와' 인간적 '의지의 연관이며, 전자를 후자 속에 수용함'이다.[44] 이 수용 과정 속에서 발전하는 '역사적 에토스'의 근거는 결국 '인격적 신의 철저히 자유롭고 도처에 현재하는 의지'에 있다. 또한 역사적 에토스의 가치는 상대적이거나 과거에 있는 것이 아니라 신의 계획의 실현으로서 언젠가 '도래해야 할' '미래'에 있다.[45] '인간 공동체'의 질서로서 국가와 법이 존립하는 이유도 바로 여기에 있다. 인륜성 또는 도덕이 '인간 내 신의 동형(Ebenbild)'으로서 인간의 자기완성을 향하는 것이라면, 국가와 법 또한 '인류 내 신의 세계질서'로서 자기완성을 목표로 한다. '도덕은 신의 직접적인 명령을' '덕'으로서 '포함하며, 법은 인간적 공권의 명령을' '제도'로서 '포함한다.' 그리고 도덕의 주체가 개별 인간이라면, '법의 주체는 그 통일에 있어서의 민족'이다. '법은 민족의 소명(Beruf des Volkes)'이며, '법의 목표는 신의 세계질서의 보존'이다. 그래서 '법의 대상'이 되는 여러 제도들은 일차적으로 민족의 지속적인 공존 조건들의 창출에 있지만 궁극적으로는 인류를 통해 자신의 계획을 실현하는 '신 앞에 책임을' 져야 한다. 슈탈에게 '법의 원리와 척도'가 되는 것은 한마디로 '신의 세계질서의 사고와 명령'이다. '국가의 법'은 보편과 개별의 연관 같은 것이 아니라 오직 신의 세계질서 명령에 대한 '복종일 뿐'이다. '정의(Gerechtigkeit)'는 독립적으로 법을 근거 짓는 '근원적 형성적 원리가 아니라' 법의 근원인 신의 세계질서를 '보존하고 견고하게 하는 원리'이다. 신의 명령에 복종하도록 하는 법은 정의롭다. 법철학은 법의 바로 이 정의로운 측면을 다루어야 한다. 그리고 정의로운 '법의 현실화'는 '국가를 통해' 이루어진다. '국가는 신의 전권을 부여받은' '인간적인 지배 기관'이다.[46]

이로부터 **마지막으로** 슈탈이 설정한 국가와 교회의 관계가 분명하게 드러난다. 슈탈은 개별자 차원의 인간이 신과 결속하는 영역을 종교로 설정한 반면, 전체로서의 인간의 '신과의 공통적 결속'을 '교회'에서 찾는다. 도덕적으로 자기 완성하는 개별 인간의 성과가 항상 신과의 연관 속에 있다는 것을 보증하는 것이 종교라면, 교회는 인간 공동체의 인륜적 자기완성을 신과의 결속 속에서 확인해 준다. 국가와 국법의 윤리적 토대는 말하자면 교회를 통해 인정되는 신의 명령에 있는 셈이다. 그렇다면 교회가 보증하는 정의로운 법은 도대체 어떠한 법인가. 슈탈의 답변은 아주 간단하다. 그것은 바로 실정법이라는 것이다. 그러나 이에 대해 그가 제시하는 이유는 다소 복잡하게 역사법학의 정신을 따르고 있다. 이미 슈탈이 반이성주의자라는 것은 쉽게 파악될 수 있다. 그는 이성주의를 '부정적으로' **인간** 이성의 '사유 법칙들에 모순되는 모든 것을 배제'하고, '이 법칙들이 자체로 이미 포함하는 것만 인정하는' 경향으로 간주한다.[47] 그렇다면 이 경향에는 사회계약론뿐만 아니라 자연법 내지 이성법 이론이 모두 속하게 된다. 교회와 국가로 이루어지는 인륜적 세계는 근본적으로 신의 창조물이다. 그렇다면 국가는 결코 개인들이나 민족의 이성적 관심에 따른 '선택' 내지 '계약'의 산물일 수 없다.[48] 또한 '자연법(jus naturale)'은 본래 신의 명령에 기원하는 '법의 자연 필연적인 구성부분'을 의미했으며, 이렇게 형성된 실정법이 자연 필연적으로 설명될 수 없을 때 사용된 '보편적 법이념들'이 바로 '자연적 이성(naturalis ratio)'이었다.[49] 따라서 자연법이나 이성법의 기원은 인간 이성이 아니다. 자유와 평등 같은 인간 이성의 이념들에 기초해 법을 인위적으로 만들게 되면 국가라는 '신의 기관(Anstalt Gottes)'을 언제든 혁명적으로[50] 전복할 수 있게 된다. 슈탈은 자신의 이념적 동조세력인 할러조차 비록 계약론을 극복하긴 했지만 자연법에 기초해 공법을 자연 상태 내 사법의 연장선으로 잘못 구상했다고 비판한다.[51]

슈탈에게 법이란 단적으로 실정법이다. 법은 '특정 시기 특정한 나라의 인간들이 바로 그렇게 확립**했기** 때문에 존속하는 것이지, 바로 그렇게 확립**해야 했기** 때문에 존속하는 것은 아니다.' 엄밀히 말해 자연법이나 이성법 같은 것은 없다. 실정법 외에 있을 수 있는 것은 오직 '신에 의해 명령된, 정의롭고 이성적인' 요구들뿐이다. 이것들은 물론 실정법에 대립될 수 있다. 그러나 실정법에 대한 이성적인 요구들이 '법 자체는 아니다.' 법이란 '신적으로 필연적인' 이 이성적 요구들에 기초해서 이것들을 수행하려는 인간의 '자유로운' '방식'이 결합되어 형성되는 것이다. 이 두 계기들의 '불가분의 통일' 속에서 형성된 법은 따라서 한편으로는 **법 자체**로서 '신적인 질서'에 뿌리를 두며, 다른 한편으로는 실정법으로서 인간의 특정한 수행방식이라는 자립성을 지닌다. 그렇다면 **실정**법으로서의 법의 근원은 신으로부터 '계시된 법'이라 부를 수 있을 것이다. 그러나 슈탈은 '계시법'이란 표현을 애써 삼가고자 한다. '신에 의해 요구된 질서가 아니라 단지 인간적으로 설비된 질서만이 법'이라는 것이다. 그리고 이 법은 '성서에 대한 교회의 이해에 따라서만' 확립될 수 있다. 이러한 이해로부터 얻어진 '계시명령들'은 곧바로 법에 대한 요구들로 작동한다. 옛 사람들은 인간의 영리함이나 이익에 기초하지 않는 법의 기원을 설명하고자 '신법(divinum jus)'이나 '자연법'이란 표현을 사용하곤 했지만, 근대인들은 실정법과 구별되는 법의 고유한 기원, 다시 말해 인간 '이성으로부터 직접 귀결되는 법'을 논의하고자 그런 표현들을 잘못 사용해 왔다. 단적으로 실정적인 법은 그래서 신적인 계시의 이해에 따라 연속적으로 발전한다. 신의 명령들을 수행한다는 점에서 법은 '항구성(Stetigkeit)' 내지 '연속성(Continuität)'을 지니며, 신의 명령들의 발전적 이해에 따라 정의롭고 이성적이라 인정받는다는 점에서 법은 '지속적 형성(Fortbildung)' 중에 있다. 반면에 자신 고유의 이성이라는 단절적인 토대 위에 완전히 새로운 국가를 건설하려는 근대인들의 노력에는 법의 신성한 연속성도 '민족의 역사' 속에서 발전하는 법의 역사성도 불가능하다.[52] 이에 기초해 『역사적 관점에 따른 법철학』 2권 2

부는 법의 연속적 발전이 가능한 국가론을 본격적으로 다룬다. 여기서의 정의에 따르면 국가는 '최고의 **독립적인**(주권적) 지배 하의 인간 다수의 **폐쇄된** 결속'이다.[53] 국가는 신이 '영원한 연관들 속에서 인격적으로 지배'하던 신의 왕국으로부터 '원죄'에 의한 타락을 통해 인간이 시간적인 연관들 속에 놓이게 되면서 형성되었다. 원죄는 '국가와 법'의 필연성이다. 국가는 시간적 연관들 중 '외적인' 인간 '공동체'를 책임지며, 인간의 내적 공동체는 '교회'가 떠맡는다. 그러나 인간 공동체 전체의 목적은 신과의 영원한 결속으로의 복귀 즉 구원에 있다. 교회가 신의 계시명령들의 인식을 통해 규범을 마련한다면, 국가의 목적은 이 규범을 법을 통해 외적으로 실현하는 데에 있다. 신의 명령을 인식하고 돌보는 전자의 일이 성직자의 몫이라면, 이 후자의 일에는 '도덕적' '통찰력'을 갖춘 '인간의 자유로운 **결단**(Entschluss)'이 필요하다.[54] 바로 여기에서 슈탈은 '군주'의 역할을 본다. 군주는 '국가의 인격성'의 '중심'이다. 신으로부터 비롯되는 모든 지배는 인격적으로만 가능하며, 인격적으로 신을 대리하는 '지배자의 사고와 의지를 피지배자의 존재 속에 수용함'을 통해 이루어진다. 특정한 지배자의 특정한 내용의 이러한 수용은 물론 다양한 종교적 배경을 지닌 모든 인류에게 가능하지 않다. '이 때문에 국가는 민족의 과제이지 전체 인류의 과제는 아니다.' 인류의 기독교적 구원은 이렇게 본질적으로 폐쇄적인 국가들의 상호 관계가 펼쳐지는 '세계사' 차원에서 비로소 이루어질 것이다.[55] 그러나 슈탈에게 '참된' '국가의 종교'는 언제나 인격적 신으로부터 출발하는 '기독교'로 머무른다.[56]

3.
헤겔 법철학에서 국가와 종교의 관계

오직 한 철학자를 비판하기 위해서만 책을 한 권 쓴다는 것은 드문 일에 속한다. 곳곳에서 『개요』를 다루곤 하지만 슈바르트는 헤겔의 『요강』을 기반으로 그의 법철학뿐 아니라 존재와 무의 변증법을 포함해 철학 체계 전반을 비판하고자 한다. 오직 한 철학자를 극복하기 위해 자신 고유의 체계까지 구상한다는 것 또한 매우 드문 일이다. 비록 헤겔 철학 전체를 겨냥하고 있진 않지만 슈탈은 고대에서 근대에 이르기까지 법철학 전반의 역사를 비판적으로 재조명하고자 한다. 헤겔은 슈탈을 잘 알지 못했던 것으로 보인다.[57] 아마 알았다 해도 갑작스럽게 죽은(1831) 헤겔에게 응수할 만한 충분한 시간이 없었을 것이다. 반면에 헤겔은 베를린에서 출판된 슈바르트의 저서를 즉각적으로 논평하고자 했다. 간스가 창간한(1826) 『학문적 비판 연감』에 헤겔은 1829년 슈바르트를 비롯해 5명의 논적들에 대한 「응답들(Repliken)」을 공고한 바 있다. 다행히 슈바르트까지 논의하고는 있지만 이 논평

약속은 그러나 미완에 그치고 만다.[58] 그렇지만 지금까지의 고찰을 통해 슈바르트와 슈탈, 이 두 논적들의 헤겔 비판은 상당한 유사성을 지닌 것으로 평가될 수 있을 것이다. 이들에 대한 헤겔의 입장은 크게 법 개념 및 국가와 종교의 관계 그리고 인격성 문제를 중심으로 살펴볼 수 있다.

먼저 두 논적들은 한결같이 헤겔의 법 개념을 보편주의 내지 이성주의의 산물로 특징짓는다. 그러면서 이들은 개별이나 특수 또는 우연을 구제하고자 한다. 이들의 비판처럼 『개요』에서 헤겔은 사실 법을 "자유의지의 현존"으로 정의한다. 그리고 이렇게 정의된 법을 "이념으로서의 자유"라 덧붙인다(GPR, §29). 이러한 정의의 최초 형식은 이미 1817/18년 법철학 강의에서부터 나타난다. 여기서 법은 "의지의 자유와 의지의 실현" 간의 "연관"으로 표현되고 있다(RW, §8).[59] 그러나 법의 이러한 정의는 단지 인간 스스로 꾸며낸 이념적 보편성에 경도된 것이라 평가할 수는 없다. 무엇보다 헤겔에게 의지란 이성주의적인 요청 때문에 자유로운 것이 아니다. 오히려 의지 또는 사유는 바로 그 **존재론적인** 본성에 의해 자유로운 것이다. 인간은 사유하려는 의지 없이 사유하지 않는다. 의지함은 의지되는 것의 사유 없이 이루어지지도 않는다. 의지와 사유는 독립된 "두 가지 능력들이 아니며" 단지 인간 정신 능력의 두 가지 측면일 뿐이다(GPR, §4 Zusatz). 그리고 어떤 것을 의지함 또는 사유함은 그 대상의 물질성으로부터 **벗어나** 그것의 관념적 형상을 자유롭게 재구성하는 활동이다. 인간 정신은 본성상 물질적이지 않다. 오히려 이 정신은 자신의 물질적 현존 조건인 육체로부터도 스스로를 추상할 수 있다. 그렇기에 "사유는" 존재론적으로 "자유롭다." 그리고 자신을 의지되는 것으로 규정하는 사유로서 "의지" 또한 존재론적으로 "자유롭다"(E II, §§468-469). 『개요』에서 헤겔이 "자유로운 의지는 즉자 대자적으로 강제될(gezwungen) 수 없다"고 말한 이유도 바로 이 때문이다(GPR, §91). 거친 몽둥이의 폭력 앞에 내 팔다리가 부러지고 제압당할(bezwungen) 수는 있어도 내가 머릿속에 그리는 아름다운 장미가 꺾이지는 않는다. 물론 자유롭게 사유하는 의지는 관념적으로 현존할 수도 실재적으로 현존할 수도 있다. 그러나 인간 정신이 육체를 필요로 하듯이 자유의지의 관념적 현존은 실재적 현존을 조건으로 한다. 육체로부터 자신을 추상하는 정신은 자살의 무(無)로 소멸되듯이, 실재적 현존으로 실현되지 않는 자유의지는 추상적일 뿐이다. 바꿔 말하자면 자유의지의 진리는 그것의 구체적 실현에 있다. 바로 이 자유의지와 이것의 실현 간의 연관이 『개요』가 다루는 것이다. 다소 거칠게 표현되고 있지만 헤겔은 이미 1817년 자신의 첫 『요강』에서도 "객관정신"을 "스스로 사유하는" "자유로운 지성"으로서의 "대자적" "자유의지"가 개별적 현존에서부터 자신의 보편적 개념에 따라 실재성을 부여하는 인륜적 현존에까지 발전하는 과정으로 다루고 있다(E I, §§400-401). 이때 주의해야 할 것이 있다. 의지함에는 항상 의지되는 것의 사유가 수반되듯이, 자유의지의 실현은 사유를 통해 파악된, 의지되는 것의 필연성에 따를 때에만 가능하다는 것이다. 자유로운 의지는 소나무를 의지할 수도 사랑하는 사람을 의지할 수도 있다. 그러나 헤겔 법철학에서 자유로운 의지의 대상은 다른 무엇보다도 자기 자신이다. 자유의지는 무엇보다 자기 자신의 관념적 현존을, 그리고 더 나아가 실재적 현존을 의지한다.

따라서 법철학의 과제는 일차적으로 자유의지의 실재적 현존의 필연적 조건을 사유를 통해 파악하는 것이다. 헤겔은 1817/18년 강의에서 자유의지의 "직접적 본성(Natur)에 의해" 필연적으로 "타당"한 "법"을 "자연법"으로 이해할 것을 요구한다. 그리고 이렇게 이해하기 힘들다면 자연법이란 용어를 아예 "철학적 법론"으로 바꾸자고 제안한다. 지금까지 자연법은 무질서를 의미하는 허구적 **자연** 상태(Naturzustand) 요소로 인해 일의적 자연 내지 본성 개념에 따라 자유의지의 실현과정을 탐구하지 못했기 때문이다(RW, §2).[60] 반면에 "철학적 법학은 법의 이념을, 법의 개념과 그 현실화를 대상으로 한다"(GPR, §1).

『논리의 학』 개념론에 따르면 "이념은 충전적 개념(der adäquate Begriff), 객관적인 참된 것(das objektive Wahre)"이다(WL Ⅱ, 173). 다시 말해 이념은 관념적으로 참된 개념이 객관적 현실 속에 충전적으로 실현되는 것이다. "논리적인 정신에 의거"하는 헤겔 법철학은 이러한 의미에서 법의 이념을 다룬다. 그리고 객관적으로 현실화 가능한 법의 개념을 헤겔은 『개요』 서문에서 "이성적인 것"으로, 그리고 법의 개념이 충전적으로 실현되는 현실을 "현실적인 것"으로 부른다. 따라서 법의 이념 차원에서 개념적으로 참된 "이성적인 것은 현실적이요", 참된 개념이 충전적으로 실현되는 "현실적인 것은 이성적"이다(GPR, 13, 24). 슈바르트는 이러한 의미에서의 헤겔의 현실성 개념을 현존 내지 실존하는 현실로 잘못 이해한다. 이때 그가 오해한 이 현존하는 현실은 단순한 실재성으로 바꿔 부를 수 있다. 그러나 『논리의 학』 본질론에 따르면 헤겔에게 현실은 "본질과 실존의 통일"이며(WL Ⅰ, 369), 『개요』에 따르면 이성적 개념의 충전적 현실태이다. 슈바르트가 이해하는 현실에는 본질 내지 개념의 이 계기가 빠져 있다. 이러한 현존 내지 실존은 단순히 실재하는 것 이상일 수 없다. 물론 실재하는 것은 일차적으로 개별적인 것이다. 그러나 이 한 그루의 소나무가 소나무인 것은 이 나무가 자신의 개별적 현존 속에 유한한 방식으로나마 소나무의 보편적 본질을 구현하고 있기 때문이다. 이렇게 항상 어떤 무엇임(Wassein)으로 실재하는 한, 실재하는 개별자는 엄밀히 말해 보편성과의 유한한 통일 속에 있는 것이다. 유한한 통일 속에 있다는 것은 유한한 실재 세계 내에선 개념의 완전한 충전적 현실태가 아직 이루어지지 않는다는 의미이다. 따라서 개념의 충전적 객관화 또는 이성적 현실은 이념의 차원에서만 사변적으로 이해될 수 있다. 한 그루의 소나무는 자신의 소나무 본질에 따라 어쩌다 생긴 쭉정이를 스스로 잘라내지 못한다. 그러나 인간은 법의 이념에 따라 유한한 방식으로 실현된 자신의 이성적 현실을 끊임없이 개선할 수 있다. 그렇기에 1819/20년 법철학 강의에 따르면 "이성적인 것은 현실적으로 **되며**(*wird*), 현실적인 것은 이성적으로 **된다**(*wird*)"(RA[1], 51). 또는 언젠가 헤겔이 하인리히 하이네에게 말했듯이 "이성적인 모든 것은 있어야 한다(sein muß)."[61] 이에 반해 헤겔이 보기에 슈바르트는 실재하는 개별자 속에서도 존재하는 "보편"에 "온갖 방식으로 저항"하고자 한다. 그러면서 "철학 영역 외부의" "관점"에서, 다시 말해 학문, 예술, 종교, 국가 등의 개별 인식 영역들에서 '개별적 총체성'을 획득하고자 한다. 그러나 그는 "총체성"을 "전체성(Allheit)"으로 혼동하며, 이 개별자들 전체를 통해 획득되는 "공통성"을 "철학적 보편성"과 혼동한다. 실재하는 개별자들을 대면하든 개별자들 전체(All)를 대면하든 슈바르트는 "모든 인간적 활동성" 속에 "사유"가 들어 있다는 것을 애써 무시한다. 그리고 이 사유는 개별자 내 이미 현실화되고 있는 이성적 보편과 관계한다는 것을 모른다. 그는 단지 '유한성'의 '비철학적 관점'에서 실재하는 개별자 내에 '탐구 불가능한 것', '개념파악 불가능한 것'을 전제할 뿐이다. 이것을 그는 후에 '무한자'로부터 비롯되는 '도달 불가능한 본질'로 부르며, 이 무한자와의 '매개'를 철학이 아니라 종교의 과제로 설정한다.[62] 「응답들」에서 헤겔은 슈바르트의 이러한 관점을 내재적 비판이 결여될 뿐만 아니라 "철학 일반"에 "도달하지도 못한", 오히려 철학에서 자신이 "색맹"임을 고백한 것에 지나지 않는 태도로 평가한다(SE Ⅱ, 252-255, 259-262, 265-266).[63]

법에 있어 보편에 대항해 개별이나 특수에 주목한 것은 슈탈도 마찬가지이다. 슈탈은 이성 필연적인 사유를 헤겔 고유의 의미에서 현실적인 것으로 이해하지 않고 자신의 용어로 '유일한 실재성'이라 말한다. 헤겔에겐 사유만이 유일한 실재성이기에 진짜 실재성인 '현실 세계에 결코 도달할 수 없다'는 것이다. 이때 그가 말하는 현실 세계 또한 실재 세계와 크게 다른 것이 아니다. 그런데 현실 세계든 실재 세계든 슈탈에겐 모두 진리가 들어 있다. 반면에 그는 헤겔의 체계를 '돌들의 무더기(Steinhaufen der Steine)'처럼 완결되는 것으로 단정한다. 돌무더기는 개별 돌들이 모여야 형성된다. 그러나 개별 돌들이 모일 때 각각의 돌들에는 돌무더기가 내재하지 않으며 다 모였을 때에만 개별 돌들의 진리로 완성되는 것이 헤겔의 체계라는 것이다. 이에 반해 슈탈은 개별 돌들에 이미 돌무더기가 내재하고 있으며, 이렇게 '각 개별' 부분 속에 이미 '체계적 통일'이 존재하는 것은 '인격적 신의 의도' 때문이라고 본다.[64] 말하자면 슈탈은 헤겔의 체계를 전체가 개별 부분에 내재하지 못하는 것으로 오해하고 있으며, 헤겔의 방법을 전체를 위해 개별이 무가치한 것으로 지양되도록 하는 이성주의적인 사유 과정으로 오해한다. 그러나 헤겔에게 개념은 자기 혼자 고안하고 정립되는 것이 결코 아니다. 그에게 개념은 항상 있는 것에서 비롯된다. 이때 있는 것은 현재의 개별적 현존을 의미하는 것이 아니라 "무시간적으로 과거화된 존재(das zeitlos vergangene Seyn)" 즉 지나갔지만 여전히 현재 속에 현실적으로 있는(ge*wesen*), 그래서 앞으로도 있을 본질(Wesen)을 의미한다(WL I, 241). 철학의 과제는 그래서 "있는 것을 개념파악함", 다시 말해 "현재하는 현실적인 것"을 그 무시간적 있음에서 "포착하는 것", 이를 통해 현재하는 현실 속의 "이성적인 것을 탐색하는 것(Ergründen)"이다(GPR, 24, 26). 이렇게 본다면 현재하는 모든 개별자에게 진리가 **온전히** 들어 있다고 말할 수 **없다**. 참된 것은 오직 시간을 넘어 항상적으로 있는 개별자의 본질적인 전체 모습일 뿐이다. 그러나 이 본질적인 모습 전체는 오직 개별자가 시간을 통해 끊임없이 발전함으로써만 완성된다. 따라서 개별 자체는 전체의 가능태일 뿐이지만 전체는 오직 개별의 현실적인 발전을 통해 이루어진다. 법철학이 다루는 법 개념의 현실화는 바로 법의 개념적 보편성에 따른 개별적 실재의 현실적 완성을 고찰하는 것이다. 반면에 슈바르트나 슈탈은 개념적으로는 알 수 없는, 그래서 오직 계시를 통해서만 신적인 의도의 내재성이 파악되는 개별 내지 특수에만 주목한다. 따라서 이들이 보기엔 모든 개별자에게 진리가 온전히 들어 있다. 다만 이 진리를 개별자는 파악할 수도 파악하지 못할 수도 있을 뿐이다.

역사적으로 현전했던 모든 개별 사건들에도 마찬가지이다. 슈바르트가 로마든 근대든 모든 개별 역사에서 자체의 진리를 찾고자 하는 것도[65] 슈탈이 '역사적 관점'을 가능케 하는 '유대 기독교적 이야기'나 역사법학을 참된 관점으로 변호하는 것도[66] 다 이 때문이다. 이들에게 역사성은 각 역사적 개별자 내 진리 내재성을 의미한다. 그러나 개별자는 자신의 진리의 주체일 수 없다. 이들은 이렇게 뭔가 '전도된 것을 행함으로써 자신들의 특출함을 돋보이려' 한다. 그러나 '이성적인 것은 누구나 걸어갈 수 있는 보도(步道)와 같다.' 여기서는 어떠한 개별자도 '특출해 보이지 않는다.'[67]

이로부터 **두 번째로** 왜 슈바르트와 슈탈이 현존하는 프로이센 왕정복고 체제를 그렇게 옹호하는지도 잘 설명된다. 개별 국가로서 현존하는 프로이센 군주제는 나름의 진리를 포함하고 있다. 그리고 이 진리는 프로이센 국가가 원리로 삼고 있는 기독교에 있다. 정교하게 논의하고 있진 않지만 슈바르트는 프로테스탄트 신앙 개념을 인간 일반이라는 보편 개념의 **특수한** 인간으로의 완성으로 이해한다. 그리고 그는 이러한 완성의 인격적 구현을 예수나 루터 또는 프로이센 군주 가문에서 본다. 프로이센 실정법을 신의 명령들의 연속적 실현이자 지속적 발전으로 본 슈탈 또한 국가의 윤리적 토대를 기독교에서 찾는다. 국가는 신의 전권을 부여받은 군주가 신의 명령에 복종하기 위해 특정 민족을 통치하는 인격적인 지배 기관이다. 그러면서 이들은 모두 헤겔의 인륜성에서 객관적 현실성을 제거하고자 한다. 아니, 인륜성을 도덕성과 동의어로 사용하면서 이들은 모두 헤겔의 인륜성이 종교적 영혼의 내적인 도덕적 힘에 천착하지 않고 비인격적인 객관성에만 매몰된다고 비난한다. 이러한 허수아비 논증에는 또한 자유의지의 진리는 그 구체적 실현에 있다는 헤겔의 법철학적 관점이 철저히 도외시되고 있다. 그리고 그 대신 도덕적 인격의 종교적 확신만이 국가와 국법의 토대로 제시된다. 이것은 국가의 종교에로의 내면적 종속과 종교의 국가를 통한 외면적 전개를 초래한다. 이에 반해 헤겔은 『개요』 §270에서 정치적 정교 분리의 관점에서 국가와 종교의 관계를 상세하게 설명한다.[68] 그렇다고 이 관계에서 종교의 역할이 전적으로 배제되는 것은 아니다. 여기서 헤겔은 "종교"를 "국가의 토대"로 여기는 최근의 주장을 교정하고자 한다. 헤겔에 따르면 이러한 종교는 오히려 국가에 해가 될 수 있다. 종교는 종종 만연한 빈곤과 불법적 억압에 "희망"과 "위로"를 주는 것으로 추천되곤 한다. 그러나 이러한 종교적 위안이 "세속적 관심들"과 "현실의 업무들"에 대한 "무관심"한 태도를 전제로 한다면, 이때의 종교는 국가의 업무를 진지하게 취급하지 않게 되거나 국가의 통치를 아무래도 상관없는 자의적인 일로 간주하게 된다. "전제정치에 대항하는" 모든 반감을 버리고 종교에서 위안을 찾으라는 것은 기만적인 "조롱"에 불과하다. 이런 식으로 종교는 "가장 경직된 예속"과 "인간 폄하"를 초래할 수 있다. 이런 종교에 대해서는 차라리 "이성과 자기의식의 법들을 돌보는 구원의 권력"을 요구하는 것이 낫다. 종교가 흔히 취하는 무관심한 태도는 절대자와의 좀 더 세련된 연관 속에서 세속적인 모든 것을 "소멸해 버리는" "우연한 것"으로 간주하는 것에서 절정에 달한다. 종교의 절대자와의 연관은 "감정, 표상, 믿음의 형식"으로 인식된다. 이러한 주관적 인식이 자신의 절대성을 주장하며 국가를 규정하려 할 때 무한한 내용을 지닌 종교는 유한한 형태로 현존할 수밖에 없는 국가에 파괴적으로 작용한다. 규정된 모든 것을 넘어서려는 이러한 태도는 "종교적 광신주의(Fanatismus)"에 다름 아니다. 이 종교적 광신주의는 자신의 정치적 이념에 맞지 않는 모든 국가 제도와 법질서를 부정하는 "정치적 광신주의"처럼 "자신을 절대적인 것으로 아는 주관성"에서 비롯된 것이다(GPR, §270). 이와 같은 주관성을 헤겔은 바로 『개요』 도덕성 장에서 양심의 이면(裏面)으로 지적한 바 있다. 헤겔에게 "도덕성"은 일차적으로 "주관적 의지"가 "세계의 법과 관련"하여 자신의 보편적 정당성을 마련해가는 영역이다(GPR, §33). 이에 따르면 도덕성의 정점은 "자기 내 반성된 보편성" 내지 "절대적 확실성" 속에서 "특수를" "규정하는" "양심"이라 할 수 있다. 그런데 이 양심이 절대적으로 확실한 "형식적 주관성"으로만 머물면서 모든 특수의 규정을 거부하거나 부정할 때 양심은 "악으로 급변"한다. 특수한 선으로 객관화되지 않는, 오히려 이에 적대적인 양심은 "위선"에 지나지 않는다. 이에 반해 양심은 "현존하는 세계" 속에서 "생동한 선"으로 객관화되어야 한다. 헤겔은 이렇게 자기의식의 주관적 확실성과 이것이 행위를 통해 세계 내에 객관화되는 현실성 간의 연관 **자체**를 "인륜성"이라 부른다(GPR, §§ 136, 139-140, 142). 헤겔의 인륜성은 슈바르트나 슈탈의 비판처럼 결코 비인격적 객관성의 영역이 아니다.

물론 종교적 태도는 그렇게 외적 현실로 나아가지 않고 단지 "내적인 것"으로만 머물 수 있다. 그렇다면 남는 것은 결함 있는 현존 제도에 "복종하면서 탄식하거나 경멸하면서 희망하는" "유약함"뿐이다. 그러나 이 모든 문제는 사실 국가와 종교를 구별하지 않고 종교적 관점에서만 국가를 근거지우려 할 때 발생한 것이다. 종교는 "절대자와의 연관" 속에서 "절대적 진리를 자신의 내용으로 지닌다." 이 내용은 특정한 형태로 존립하는 "국가와 법률들"을 포함해 현존하는 모든 가변적인 것을 절대자와의 불변적인 연관 속에서 표상하게 해준다. 따라서 종교는 변화하는 개별 "국가"에 "신**적인** 의지"로서의 그 인륜적 "**본성**"을 의식하게 해준다(GPR, §270). 그러나 종교가 제공하는 이 토대에서 헤겔은 국가와 종교를 구별할 필요성을 본다. 국가는 본성상 "보편성에로 고양된 특수한 자기의식" 속에서 실체적 자유의지가 성취한 "즉자 대자적으로 이성적인" "현실"이다(GPR, §257).[69] 이렇게 **철학적으로** 정의된 국가는 내용상 신적인 의지의 즉자 대자적 이성성을 지닌다고 할 수 있을 것이다. 그러나 국가는 언제나 "세계의 현실적 형태와 유기적 조직으로 전개해 가는", "**현재하는**" 신적인 의지이다. 다시 말해 국가는 언제나 특정 제도들과 법률들로 발전해 가는 **개별** 국가로서만 현존한다. 여기에는 항상 우연성과 유한성이 뒤섞일 수밖에 없다. 그럼에도 국가는 역사를 통해 "도야된 인류가 이성적 현존의 현실과 의식"을 마련해 온 영역이다. 비록 유한한 형태로 현존함에도 바로 **인간의** 개별 국가를 통해 신적인 이념의 세계 내 현실화가 이루어지는 것이다. 따라서 이 이념의 세속적 현실화를 다루는 국가는 "감정, 표상, 믿음의 형식으로 절대자와의 연관"을 인식하려는 종교와 원리상 구별되어야 한다. 이로부터 국가와 종교 각각의 올바른 입장이 도출된다. 먼저 국가 편에서 "더욱더 자유주의적인" 태도가 요구된다. 헤겔은 사실 국가의 토대를 제공해 주는 것으로 종교뿐만 아니라 짧은 각주를 통해 "예술"과 "학문"도 거론하고 있다. 이 영역들은 국가의 불변적 본성을 민족의 의식으로 도야시킨다. 국가는 이것들이 다루는 "내면"의 "내용"에 간섭해서는 안 된다. 간섭하는 국가는 자신의 유한한 현존 형태에로 이들 내용의 보편성을 제한하거나 이 보편성에 들어맞지 않는 유한한 형태로서 좌초되거나 할 것이다. 인륜적으로 잘 정비된 "강한 국가"는 오히려 이들 영역들에서 제기되는 소소한 비판들을 전적으로 도외시하며, 자유롭게 발전하도록 내버려둔다. 인륜적으로 강한 국가는 더 나아가 "국가에 대한 직접적 의무를 종교적으로 인정하지 않는" 종교 "공동체(Gemeinde)"에도 "관용"을 베푼다. 다만 이런 종교 공동체는 그 대신 시민사회 구성원으로서 대체 의무를 간접적으로 수행해야 한다. 그리고 이렇게 의무를 다하는 한 "유대인"이든 가톨릭이든 프로테스탄트이든 바로 그들이 국가를 구성하는 "인간"이기에 그들 모두에게는 "시민권"이 부여되어야 한다. 종교와 관련하여 국가에게 가능한 간섭은 오직 종교의 세속적 현존에 대해서뿐이다. 종교 또한 자신의 내면적 인식을 보편적으로 돌보기 위해 공동체를 만들고 재산도 가지며 교회에 모여 의식을 치르기도 한다. 종교의 이러한 제도적 형태가 표상하려는 내면적 인식에 국가가 개입해서는 안 되겠지만 이 제도적 형태 자체의 세속적 현존에 대해서는 관여할 수밖에 없다. 왜냐하면 종교의 제도적 형태 또한 시민사회의 한 구성원으로서 국가 속에서만 객관적으로 현존하는 측면을 지니기 때문이다. 물론 특정 교회가 자신의 절대화된 주관적 사념에 기초해 교육, 경제 등의 국가 제도를 도맡으려 할 때 국가는 이에 **대항해** "인륜적 삶의 객관적 진리와 원칙들을 보호"해야 한다. 그 주관적 사념이 인륜적 "현실을 갉아먹는" "권력"으로까지 발전하지 않을 경우 국가는 이에 대해 "무한한 무관심"을 보일 수도 있지만 말이다.

이제 종교 편에서 국가와 관련하여 요구되는 것은 자연스럽게 이해될 수 있다. 종교는 내면적 인식에 힘써야겠지만 세속적 현존에 관한 한 시민사회 구성원으로서의 의무를 다해야 한다. 그러나 이를 위해 종교는 무엇보다도 "국가를 **인정**"해야 한다. 국가를 인정해야만 그 속에서 자신의 제도적 존립이 가능하기 때문이다. 국가가 교회 공동체의 종교적 목적 추구를 제도적으로 보장하고 원조한다면, 종교는 자신을 보호해 주는 국가에 "성품(Gesinnung)"의 가장 깊은 곳에서부터 우러나오는 "통합의 계기"를 제공해 준다(GPR, §270). 각 종교마다 이렇게 해준다면 국가는 헤겔이 "애국심"으로 표현하기도 하는 "정치적 성품"의 훌륭한 기반을 마련하는 셈이다(GPR, §§267-268).[70] 이러한 의미에서 헤겔은 "국가와 교회의 통일"에 관해 말한다. 이 통일은 "원칙들의 진리와 성품의 통일"일 수만 있다. 왜냐하면 교회가 신적인 내용의 종교적 제도화인 것처럼 국가 또한 내용상 다르지 않은 인륜적 이념의 객관적 현실화이기 때문이다. 둘 다 제도적 형태로서는 유한하지만 제도화되는 원칙들과 이 원칙들의 진리를 신뢰하는 성품에 있어서는 "가장 내적으로 연관"되어 있다. 그러나 헤겔은 이러한 내용적 통일과 동시에 형식적 구별의 필요성을 다시 한 번 강조한다. 교회는 "객관적 원칙들, 인륜적이고 이성적인 것의 사고"에 대해 단지 "신앙", "권위", "주관적 확신" 등의 형식으로만 가르친다. 반면에 국가는 자신의 현존 형식의 원리를 "보편으로" "아는 것(das Wissensde)"이다. 국가는 자신의 원리의 보편적 앎에 따라서만 특정 종교의 제도적 형태뿐만 아니라 다양한 인륜적 제도들을 마련할 수 있다. 그런데 바로 이 점에서 국가와 교회는 충돌할 수 있다. 종교가 자신의 영역에서 국가의 인륜적 원칙들을 정립하려 한다면 이를 통해 국가에 "종교적 신임"이 부여될 수 있을지언정 그럼에도 국가는 이러한 주관적 형식에 대항해 "자기의식적인 객관적 이성성의 형식"을 "타당하게 만들 권리"를 지녀야 한다. 헤겔은 국가가 기반으로 삼는 보편적 앎의 형식을 "학문"의 형식과 같은 것으로 본다. 내용적으로나 형식적으로 보편적 앎을 추구하는 "학문의" "자유"는 이렇게 "국가 편에" 자리 잡는다(GPR, §270).[71] 이때 주의해야 할 것이 있다. 종교의 한계를 극복하는 것은 헤겔에게 국가가 아니라 국가의 보호를 받으며 종교와 마찬가지로 국가에 인륜적 토대를 제공하는 학문, 다시 말해 철학이라는 점이다.

이로부터 **마지막으로** 헤겔에게 있어 인격성 문제가 올바로 조명될 수 있다. 『개요』에서 언급되는 인격은 물론 "법 능력"을 지니고 "결정하는" 개별 주체이다. 그러나 이 인격의 법 능력은 인격 자체의 존재론적 정의에서 비롯된 것이다. 앞서 살펴보았듯이 인간의 의지는 존재론적으로 그 자체 자유롭다. 이 의지가 자신에 대해, 다시 말해 "대자적으로 자유로운 의지의 보편성"으로서 자신의 "개별성 내" "몰내용적인 단순한 자기 관계로" 존립할 때, 이런 의지를 지닌 주체는 "인격"이다. 말하자면 어떤 주체이든 개별적인 "이(Dieser)" 사람으로 현존하기 마련이다. 인격은 주체가 자신의 **이러한** 개별성 내에서도 **모든** 면에서 완전히 자유롭다고 보편적으로 알 때에 성립한다. 따라서 인격은 의지의 유한한 개별적 현존과 무한한 보편적 자유의 직접적 통일이다. 인격은 이 통일을 "자기의식적"으로 안다(GPR, 35-36, 39). 그러나 이 통일은 인격이 무언가를 결정하고 행위하기 이전에는 아직 형식적으로만 존립하는 추상적 통일이다. 그래서 이 단계에서 인격은 자신의 현존의 개별성과 자유의 보편성 간의 모순을 자기의식적인 통일로 알고 견뎌낸다는 점에서 "고차적인 것"이지만 동시에 이 통일이 아직 내용 없는 통일이라는 점에서 "저급한 것"이기도 하다(RHt, §35). 이 통일의 내용은 인격이 무언가를 개별적으로 결정하고 행위를 통해 자신의 보편적 자유에 구체적 현존을 마련해 가는 과정을 통해 채워진다. 그러나 인격이 예를 들어 어떤 물건을 획득함으로써 자신의 자유에 구체적 현존을 부여하려 결정하는 순간, 자신의 자유의 보편성과 구체적 현존의 개별성 간의 적합성 문제가 발생한다. 이 문제가 바로 법의 개념에 들어맞는 현실화를 다루는 법철학 전체의 주제라 할 수 있다.[72] 따라서 헤겔 법철학에는 신의 인격성이 논의될 자리가 없다. 논의된다 해도 단지 비유적으로만 논의될 수 있을 뿐이다. 물론 개념적 보편의 현실화에는 반드시 의지하고 행위하는 인격의 개별적 계기가 필요하다. 그러나 간과하지 말아야 할 점이 있다. 헤겔에게 있어 현실화되는 것은 언제나 인격이 본성상 자체 **내에** 지니는 자유의 보편성이라는 점이다. 슈바르트나 슈탈에게서처럼 헤겔의 인격은 아무런 보편적 준거점도 없이 근원적으로 선택하는 주체가 아니다. 그렇게 선택하면 신의 보편성이 섭리로서 내재한다는 설명은 내용 없는 주의주의(主意主義)일 뿐이다. 슈탈은 사실 신의 명령을 인격적 선택의 준거로 제시하고 있긴 하다. 그리고 이 선택의 주체를 슈바르트처럼 군주에게 맡긴다. 그렇다면 군주가 선택하는 신의 명령이 진정 어떻게 인륜적 현실로 객관화될 수 있는지 밝혀야 한다. 이 대목에서 이들은 교회의 권위와 신앙에 따른 믿음만을 강조한다. 바로 이 때문에 후에 루트비히 포이어바흐는 슈탈의 '신에겐 창조만 있다'고 평가한다. 슈탈은 인격적 신의 창조적 의지만 부각시키고 신의 이 자유가 어떻게 창조된 세계의 필연성과 조화하는지 설명하지 않는다는 것이다. 그에 따르면 슈탈의 '신의 의지'는 '무지의 도피처(Asylum ignorantiae)'일 뿐이다.[73]

슈바르트나 슈탈이 군주의 적극적 역할을 옹호하는 근거는 어디에도 의존하지 않고 자유롭게 실행하는 인격적 신의 도처에 현재하는 의지에 있다. 신이 창조한 모든 실재 세계에는 늘 섭리가 내재한다. 이에 따라 슈탈은 아예 '어떠한 사유 필연성에도 의거하지 않고' 신의 '인격성과 사랑을' '세계의 실체와 목적'으로 간주하는 '우리의 긍정주의(Positivismus)'를 선언하기까지 한다.[74] 이 긍정주의에는 자유와 평등이 온전히 들어설 여지가 없다. 슈탈에 따르면 '개념으로부터의 자유'는 '규정된' 특정한 자유가 아니라 어느 누구에게도 규정되지 않은 '공허한 가능성의 평등'일 뿐이기에 무의미하다. 그에게 자유는 항상 '규정된 자유(bestimmte Freyheit)'일 뿐이며 규정된 것으로서 언제나 '또한 불평등'할 수밖에 없다. 그러나 이 자유는 '신에 의해 종말을 위해' 인간에게 규정된 '긍정적' 자유이기에 신의 전체 계획이 내재하는 현실로서의 가치를 지니며 이러한 의미에서 '모든 이에게 동일하다'는 것이다. 다시 말해 규정된 자유는 부자유를 수반할 수밖에 없지만 신의 섭리의 측면에서 긍정적 가치를 지닌다. 평등 또한 마찬가지이다. '종말을 위해 인간의 긍정적 평등을 요구하는' 섭리에 따른다면 '현실 상태에서 피할 수 없는 불평등 또한 정당화된다.'[75] 왜냐하면

'법의 평등'이 인간 인격의 '본질'이긴 하지만, 동시에 인간은 신이 설계한 '유기조직체(Organismus)'의 '부분'이기도 하기 때문이다. 그리고 어떠한 유기조직체도 '똑같은 지절들로 구성되지 않는다.' 결국 현존 세계에서 선악을 둘러싼 인간의 '선택'의 자유는 무의미한 '형식적 가능성'일 뿐이며, 모든 것을 선하게 설계한 인격적 신의 '근원적 선택'의 계시적 의미를 통찰하는 것이 더 중요하다.[76] 그렇다면 이러한 통찰력을 갖춘 슈탈의 군주는 신의 계시명령의 이름으로 현존 세계의 부자유와 불평등을 정당화하는 주체가 된다. 슈탈에게 인간의 인격은 자신의 자유를 스스로 알고 실현하는 자기의식적 주체가 아니다. 그가 말하는 인간의 신과의 동형성은 출처가 불분명해진다.

슈바르트와 슈탈이 의도적으로 외면하고 있는 것은 무엇보다 신과 인간의 인격성의 차이점이다. 인간의 인격은 그것이 자유이든 계시명령이든 간에 자신의 보편성을 자신의 현존의 개별성 속에서만 지닌다. 인격적 신 또한 보편성과 개별성의 통일로서 있겠지만, 인간 인격의 개별성은 신의 개별성과 달리 유한하다. 그래서 언제든 잘못 이해하고 행할 수 있는 것이다. 더 나아가 슈바르트와 슈탈은 그럼에도 인간 인격이 신과 정신적 동일성을 지닌다는 점을 **제대로** 보지 못한다. 자신의 보편성을 유한한 방식으로나마 스스로 안다는 것은 인간 정신의 무한한 능력이다. 헤겔은 『개요』에서 이 두 측면을 군주의 역할 속에 정교하게 통합시켰다. 군주는 개별적 주체로서는 하나의 인격이기도 하지만 주권적 보편성을 대변한다는 측면에서는 "국가의 인격성"이기도 하다. 그리고 주권적 보편성은 언제든 잘못할 수 있는 유한한 인격인 군주에게만 맡길 수 없다. 이 보편성은 의회와 내각의 집단적 논의를 통해 형성되며 군주는 여기에 "**나**는 의지한다(*Ich* will)는 말을 통해 결정"하는 형식적 역할만 한다(GPR, §279).[77] 1822/23년 법철학 강의에서 헤겔은 이 역할을 "짐(朕)이란 말 위에(auf das I) 점을 찍는" 것으로 표현하기도 한다(RHt, §280).[78] 이 역할에는 슈바르트처럼 군주의 '임의성과 자의'가 끼어들 여지가 없다.[79] 그럼에도 이런 역할이 필요한 것은 보편의 현실화에는 언제나 인격의 개별적 계기가 필요하기 때문이다. 국가적 보편 사안에 대한 집단 지성의 논의는 끊임없이 이어질 수 있다. 그러나 그 보편이 현실화되기 위해서는 어쨌든 결정하고 실행하는 인격의 계기가 있어야 한다. 헤겔은 이 계기를 군주의 형식적 역할로 제한함으로써 당시 왕정복고 군주제를 견제했을 뿐만 아니라 앞서 살펴보았듯이 오늘날 대통령이나 수상에 비견되는 현대적 의미를 부여하기까지 했다. 다만 헤겔은 슈바르트처럼 군주의 옹립을 세습적으로 이루어지도록 제안할 뿐이다.[80] 헤겔은 이 대목에서 존재론적 신 현존 증명을 갑자기 언급하는데, 이는 괴셸처럼 세습 군주의 신격화로 오해되어서는 안 된다. 괴셸은 1838년 한 저서에서 인간들이 '한 국가 속에서는' '머리'에 해당하는 '군주'에 그 머리에 따라 움직이는 '신체'처럼 복종해야 하듯이, 인류 또한 자신들의 머리인 '신인(神人)' 즉 그리스도에 복종해야 한다는 식으로 해석했다.[81] 헤겔에겐 이런 요소가 없다면서 호엔촐러 가문의 탁월함을 강조한 슈바르트나 군주의 통찰력을 강조한 슈탈의 논지와 크게 다르지 않은 해석이다.

헤겔에 따르면 형식적 역할만 하면 되는 군주는 자산이 보증된 "직접적 개별성"의 차원에서 "자연적인 방식"으로 정해지면 된다. 그렇다면 군주는 사적 이익을 도모할 필요 없이 자신에 주어진 보편적 사안을 이해하고 결정하는 일에만 몰두할 것이다. 오늘날 별 실효성이 없어 보이는 이 제안은 그러나 보편의 실현을 위한 인격적 계기의 필요성에 근거한다. 더구나 여기서 인격은 자신의 개별성이 오직 보편의 현실화를 **위해서만** 현존하는 인격이다. 헤겔에게 참된 보편은 언제나 현실화된 보편이다. 신의 보편적 존재가 참되다면 있어야 하기에, 개별적 현존으로의 "급변(Umschlagen)"의 필연성을 논증한 것이 사변적 의미의 존재론적 신 증명이다. 이때 주의해야 할 것은 신의 보편 존재 또한 "직접적 자연성"의 형태로 현존했다는 점이다(GPR, §280).[82] 이것은 성자로서의 예수의 소질을 폄훼하는 것이 아니다. 이것은 그렇게 무한한 능력을 가진 신의 아들이 왜 하필이면 그렇게 생긴 인간의 꼴로 태어났는지, 미남이든 추남이든, 건강하든 허약하든 왜 하필 그런 모습으로 태어났는지, 바로 이 점은 전적으로 우연하다는 의미이다. 그럼에도 이 우연한 개별적 계기는 **반드시** 필요하다. 물론 성자는 자신의 개별성에 온전히 성부의 보편성을 간직했기에 이를 정신적인 내용으로 가르쳤다. 그러나 인간 인격은 자신의 유한한 개별성을 넘어서기 위해 그 정신적인 가르침을 **알아야** 한다. '개체화 원리(principium individuationis)'에 따른 헤겔의 인격은 '자연 규정적인 육체가 아니라' 바로 그렇게 '사유하는' 앎의 정신적 주체이다.[83] 이미 청년기에 기독교의 실정성(Positivität)을 신랄하게 비판한 바 있는 헤겔은 이러한 앎의 과제를 예나 시기부터 철학에 부여했다. 오늘날 유일하게 남아 있는 1802년 자연법 강의 단편에 따르면 권위와 신앙의 "낯선 봉헌(Weihe)"에 빠진 "기독교로부터 철학의 매개를 거쳐 제3의 종교 형식이 형성되어야 한다." 이 형식은 물론 전혀 새로운 종교의 창안을 의미하지 않는다. 여기서 헤겔은 성령을 성자가 속한 "객관적" "세계"와 성부의 "영원한 사고"와의 "영원한 동일성"으로 간주한다. 이 동일성은 성스러운 정신(der heilige Geist)을 분여 받은 인간 정신의 철학적 과제이다. 이 시기부터 말년에 본격적으로 종교철학을 다듬기까지 헤겔은 프로테스탄트의 주관적 개별성과 가톨릭의 객관적 보편성이 철학의 원리로서의 정신을 통해 통일되기를 원했다(SE, 463-465).[84] 1829년 종교철학 강의에서도 헤겔은 말한다. 바로 정신이 "믿음과 사유의 구체적인 것"이다. 중세의 가톨릭도 근대의 프로테스탄트도 모두 "신학"을 **믿어지는** "기독교적 진리의 **학문적** 인식"으로, 따라서 "본질적으로 철학과 결합된 것"으로 이해했다. 여기서 중요한 것은 무엇보다도 "인간 정신의 신으로의 고양"이다(VM Ⅱ, 230, 232, 234).[85] 「응답들」에 따르면 슈바르트는 믿어지기만 하는 "불멸성의 이론"으로 "철학에 원한을 퍼붓기만" 하고, 철학 속에서 "정신이 소멸, 몰락, 죽음" 등을 포함하는 "모든 범주들을 넘어 고양"된다는 사실을 보지 못했다(SE Ⅱ, 272-273). 따라서 1827년 『요강』에서 "종교적 양심의 원리와 인륜적 양심의 원리"가 "프로테스탄트의 원리 속에서 같은 것이" 된다는 헤겔의 언급은 제한적으로 이해되어야 한다. 이때 헤겔이 염두에 두고 있는 것은 개별자의 자유로운 양심의 측면에서의 진리이다. 자유로운 양심은 물론 보편적 사고의 객관적 현실을 통해서만 진리에 도달할 수 있다. 이렇게 진리에 도달하는 과정에서 헤겔은 바로 프로테스탄티즘이 부각시킨 정신의 **자유**에 대해 강조하고자 한다. 이 자유의 관점에서 프로테스탄트의 원리와 인륜성의 원리는 만난다.

"국가의 정신성"이 자유로운 프로테스탄트 정신에 의한 참된 보편성의 앎에 있다면, "국가의 인륜성"도 자유로운 현실의 보편적 앎에 있다(E Ⅱ, §563). 프로테스탄티즘은 인간에게 '종교마저' 비판할 수 있는 '자유를 부여'했다. 이러한 자유를 통해 '이성적인 것으로 인정된 내용'만 수용하는 신앙은 '국가와 일치한다.'[86] 반면에 종교가 자유의 원리와 합치하지 않을 경우엔 언제나 국가의 분열과 갈등을 초래했다. '정치적 프로테스탄티즘'은 자유로운 '국가의 인륜성'을 국가 '자체 내에 근거지어진 것으로 인정'한다.[87] 따라서 프로테스탄트 **국가**는 특정 종교에 기반을 둔 국가가 아니라, 자신의 기반을 자기 **자신 안에** 지니는 국가이다.

4.
정치의 한계 안에서의 종교

헤겔은 위의 언급을 1827년과 1830년 『요강』에서뿐만 아니라 1830년 아우크스부르크 교단 기념연설과 1830/31년 세계사 철학 강의 그리고 1831년 종교철학 강의에서도 반복적으로 다르게 표현했다.[88] 이를 통해 그는 『개요』 §270에서 논의한 국가와 종교의 관계를 프로테스탄트의 자유로운 개별성 원리를 통해 설득하려는 것처럼 보인다. 그러나 헤겔의 종교적 인식에 있어 항상 가톨릭의 보편성 원리 또한 강조되고 있다는 점을 잊어서는 안 된다. 사실 헤겔이 정치적 프로테스탄티즘을 자주 언급하는 데에는 첨예한 역사적 배경이 있다. 무엇보다 그는 당시 낭만적 성향의 가톨릭 보수주의자들과 프로테스탄트 복고주의자들이 각자 나름의 방식으로 추구한 국가와 교회의 정치적 재통합 시도를 겨냥하고 있는 것이다.[89] 특히 역사적으로 유명한 쾰른 교회투쟁(1835-1840)의 발화점들은 이미 1820년대 중반부터 조성되고 있었다.[90]

정치 신학은 이 용어를 현대적 의미로 처음 사용한 칼 슈미트에 따르면 '국가론의 중요 개념'을 그 '역사적 발전'과 '체계적 구조'에 있어 '세속화된 신학 개념'으로 파헤치는 학문이다.[91] 슈미트에게 정치적인 것의 본질은 주권 영역을 **초월해** '꼭 악할 필요는 없'는 '정치상의 적'과 '동지'를 구별하는 주권자의 결단 능력에 있다. 그렇다면 군주의 결단에 국가 운영의 대부분을 맡긴 슈바르트나 슈탈의 논의는 이에 아주 잘 들어맞을 것이다. 반면에 헤겔의 군주는 오히려 입헌적 보편 내용에 전적으로 의존한다.[92] 당시 헌법이 없던 프로이센에서 헤겔은 입헌 군주제에 기초해[93] 형식적 역할만 하는 군주의 모습을 그리고 있기 때문이다. 그러나 살아생전에 헤겔은 그 나름 이성적으로 파악한 입헌 군주제의 현실화를 목격하진 못했다. 1848년 혁명 이후 처음 이루어진 프로이센 헌법 제정에는 오히려 슈탈이 큰 영향력을 발휘했던 것으로 전해진다. 이는 군주를 그토록 높이면서 헌법을 기독교적 소명에 따라 살아야 하는 '민족 현존'의 실정적인 '한 측면'으로[94] 깎아내렸기에 가능했을 것이다. 슈탈은 그 후로도 헌법의 반근대적 개정에 힘쓴 것으로 알려진다.[95]

헤겔은 한때 자신을 종교철학적으로 경건하게 해석해 준 괴셸에 대해 호의적인 논평을 한 적이 있다.[96] 그러나 그의 정치 신학적인 계획에 대해 헤겔은 한 서신을 통해 조심스레 회의를 드러내기도 했다. 지금 "철학이 무지"와 "폭력"에 "대항할 수 없는" 것처럼, 모든 것을 "삼켜 버리는" "섬뜩한 정치적 관심"을 뚫고 들어갈 수 있을지 자신은 잘 모르겠다는 것이다(B3, 323).[97] 괴테는 자신이 촉망하던 슈바르트를 부탁하면서 헤겔에게 '탁월하지만' '어떤 자질' 면에서는 '모자란 사람'이라 고백하기도 했다.[98] 나중에 슈바르트의 배은망덕함을 알게 된 후 괴테는 현명하게 자신의 색채 이론을 다룬 헤겔의 자연철학에 대해서만 서신을 주고받았다고 한다.[99] 슈탈은 오늘날 대중에게 '기독교 보수주의 국가론'을 발전시킨 사람으로 소개되고 있다.[100] 그러나 이 모든 평가에도 불구하고 슈바르트와 슈탈의 헤겔 비판에는 **여전히** 논쟁거리가 남아 있다. 비록 정치적 이념에 편향된 어설픈 지적일지 몰라도 슈바르트가 비난하는 영혼 불멸성의 부재나 슈탈이 문제 삼는 성령의 인격성 문제는 헤겔 종교철학에 있어 여전히 문제가 되고 있기 때문이다. 이는 자연히 기독교 삼위일체론의 문제로 확대될 수 있다. 헤겔은 사실 『요강』의 단 한 곳에서만, 그것도 "독단론"이 된 "이전 형이상학"의 한 분과의 주제로서만 지나치듯이 영혼 불멸성을 언급하고 있다(E Ⅱ, §34. §§27, 32도 참조. E Ⅲ, §34). 성령의 인격성에 대한 언급 또한 『요강』에서는 찾아볼 수 없다. 단지 「논리의 학」 앞부분과 절대정신 장 예술 부분에서 신의 인격성에 대해 간단히 언급하고 있을 뿐이다.[101] 그러나 『요강』 셋째 판 서문에서 헤겔은 슈바르트를 연상시키는 "인격적인 것의 공격"을 거론한다. "최근 철학"에서 "인간 개인이 스스로를 신으로 정립한다는" 슈바르트식의 "파렴치한 비난"은 "주(主) 그리스도의 이름"으로 "개인들에게 그리스도성을 박탈하고 뼛속까지 썩었다는 영겁의 벌(die innerste Verwerfung)을" "판결하는 것"이다. "주여, 주여" 외치면 자신들의 "마음에 주가 거한다고" 확신하는 "이들 모두가" "천국에 가진 않는다"(마. 7, 20). "그리스도의 시간적이고 감성적인 현재하는 인격성에 대한 신앙"은 "진리가 되기" 위해 "아직 현존하지 **않았던**" "성령"을, 다시 말해 "정신을" "받아들여야"

한다. 이를 통해 헤겔은 여전히 예수의 변용(Verklärung)을 믿음으로부터 사유에 이르기까지 정신의 발전을 다루는 철학에서 완성되는 것으로 제시하고 있다(E Ⅲ, 28-29). 계시된 신을 신의 "자기 내 보편적인 인격성"으로 파악하기 위해선 개별적 인격으로서가 아니라 보편적 인격으로서의 인간의 "사유하는 정신"으로부터 출발해야 한다는 것이다(E Ⅱ, §63). 그러나 이런 헤겔에게서 비육체적 초인간적 성령 자체의 인격성을 논의하기는 여전히 어렵다. 이는 이념적으로 편향되지 않은 별도의 순수 종교철학적인 논의를 필요로 한다.[102]

그럼에도 법철학과 관련하여 헤겔이 종교에 던지는 경고는 분명 오늘날에도 많은 생각거리를 제공한다. 그에 따르면 종교는 국가의 내적 통합에 기여할 수 있을지언정 외적 통합의 정치 세력이어서는 안 된다. 더구나 사유 없는 신앙의 권위만으로 그렇게 한다면 종교는 현존하는 실정적인 모든 것을 정당화하는 지배 도구로 전락할 것이다.[103] 인륜적 현실 속에서도 은폐된 신을 보려면 사유할 줄 알아야 한다. 인륜적 현실에 대해 "사유를 내팽개쳐 버리면서 자유에 대해 말하는 자는 자신이 무슨 말을 하는지 모르는 것이다"(VGP, 308). 신적인 정신을 선사받았기에 인간이라면 누구나 지니는 저 자유 말이다.

VII.

열린 사회의 진짜 적
/
'결단주의자' 칼 슈미트의 헤겔 악용

심각한 위기 상황에 처해 이를 극복하지 못하는 국민, 자신의 '자유롭고 독립적이며 단일 불가분의 존재에 대한 권리를 망각'한 '국민, 그러한 모든 국민은 무자비한 몰락의 길을' 걷게 된다.[1] 그러나 위기 상황의 극복에는 늘 '누가 결정할 것인가'(quis judicabit)라는 문제가 등장한다. 결정할 내용의 도덕적 정의(正義)가 중요한 것은 아니다. 정의란 무엇인가가 아니라 '무엇이 올바른 것인지를 **누가** 결정하는가'가 더 중요하다. 더구나 국가 재난 같은 급박한 해결이 필요한 '구체적인 경우에' 있어서는 더욱 그렇다.[2] 생존이 위협받을수록 결정에 대한 요구는 증폭되기 마련이다.

주지하다시피 칼 슈미트(Carl Schmitt, 1888-1985)는 정치적인 것의 본질을 바로 이와 같은 결단에서 포착한 것으로 유명하다. 특히 신자유주의의 폐해가 인간 생존의 항상적 위협으로까지 치닫고 있는 요즈음 다시 일고 있는 국내외의 슈미트에 대한 관심은 자연스러워 보이기까지 한다. 이러한 관심은 물론 나치에 조력한 슈미트와의 비판적 거리두기를 통해 조성되고 있다. 그러나 위험한 이론일수록 비판적 거리두기만으로는 부족하다. 이를테면 슈미트에게서 주권자의 결정에 따른 예외상태를 '생명 정치적'으로 분석하고 이에 '삶-의-형태'를 되돌려 주자 주장할 수도[3] 자유주의와 민주주의의 대립을 슈미트처럼 양자택일적으로가 아니라 '경쟁적 다원주의' 모델로 발전시키자 주장할 수도 있다.[4] 그럼에도 이러한 주장들은 현실 상황에 대한 분석적 적실성에 비해 대안적 호소력에 있어서는 공허한 메아리처럼 울리곤 한다. 이런 대안들의 성취는 어려운 반면, 그 성취를 위해 전제되는 슈미트적인 배경의 현실적 위험이 너무 크기 때문이다. 예외상태의 항상적 일상화나 시장 경제적 자유 그리고 정치 민주적 평등 간의 대립이 현 상황의 본질적 규정이라면 이러한 규정은 슈미트가 대안으로 제시한 독재에 더 유리한 것 아닌가. 이에 대한 진단은 무엇보다 내재적 비판과 극복에 달려 있을 것이다.

슈미트는 정치적인 것의 본질을 '**구체적으로** 놓인' '극단적인 갈등의 경우에' '적과 동지'를 구별하는 '당사자들 자신'의 **결단**으로 파악한다.[5] 이 때문에 그의 이론은 기연주의적 결단주의(Okkationalistischer Dezisionismus)라 평가된다. 이에 기초해 그는 당시 바이마르 공화국의 정치적 난관을 타개할 수 있는 독재론의 옹호에까지 나아갔다. 따라서 그에 대한 내재적 비판과 극복은 독재의 정당화를 구성하는 기본 개념들, 말하자면 정치적인 것, 법, 총체국가, 기연주의(機緣主義), 결단주의 등에 대한 비판적 재조명에서 시작해야 할 것이다. 슈미트는 바이마르 공화국 시기(1918-1933)에 접어들면서 그 이전 자신의 가톨릭 '규범주의'를 버리고 점차 결단주의를 발전시켜 갔다.[6] 이 이론은 후에 정치법학적으로 대통령 독재를 요구하는 「헌법 수호자」 논문(1929)과 법학정치적으로 히틀러의 정치적 영도를 정당화하는 「총통이 법을 보호한다」는 이데올로기 논문(1934)에서 절정에 이르게 된다. 그의 이러한 입장은 1936년 나치의 주류에서 배제된 이후에도 크게 달라지지 않으며, 2차 대전 이후에도 별다른 반성 없이 '기독교적 에피메테우스' 행세를 하게 된다.[7] 물론 그의 대통령 독재 논문과 히틀러 찬양 논문은 시대 배경에 따라 구별되어야 한다는 논의도 있으며 종전(終戰) 이전의 반(反) 나치 운동에 대한 협력이나 이후의 사상적 전환을 추정하는 논의도 없지 않다. 그러나 여기서 이 모든 사상적 편력과 논의들이 다 추적될 수는 없다.

이 장(章)에서는 무엇보다 슈미트가 제안한 독재론의 기본 개념들을 비판적으로 조명하고자 한다. 슈미트는 이 개념들을 『정치적 낭만주의』(1919) 『독재』(1921) 『정치신학』(1922) 『오늘날 의회주의의 정신사적 상황』(1923) 『정치적인 것의 개념』(1928) 『헌법 수호자』(1931) 등 일련의 저서들을 통해 형성해 갔다. 흥미로운 것은 그가 자신의 이론을 발전시키면서 이와 정반대되는 성격을 지닌 헤겔의 국가론을 자주 정당화 논거로 끌어들이고 있다는 점이다. 따라서 그의 독재국가론 속에서 헤겔의 인륜국가를 대조적으로 부각시켜 본다면 이는 내재적 비판의 좋은 지름길이 될 수 있을 것이다. 이를 통해 여전히 슈미트 독재론의 기본 개념들이 지니는 현실적 위험을 직시하고 그에 대한 최근 논의들을 제대로 평가할 수 있는 발판을 마련해 보고자 한다. 이는 결코 우리의 민주화 이후의 민주주의 문제와 무관할 수도 없다.

1.
정치적 토론과
의회 중심의 중립국가

슈미트의 관심사는 언제나 구체적 현실 문제의 해결에 있다. 그의 독재론의 바탕이 되는 것 역시 1차 대전 이후 독일이 처한 정치적 상황 진단에서 선명하게 드러난다. 슈미트가 보기에 독일에 과도한 전쟁 배상 책임을 묻고 윌슨의 '민족 자결권'에 의거해 독일 식민지들을 '위임통치 지역'으로 만든 베르사유 조약은 한마디로 '배상, 제재, 간섭, 점령'을 기조로 하는 제국주의 지배야욕의 연장선일 따름이다.[8] 이 조약은 독일 라인란트 서부 지역을 비무장화시킨 후 1923년 초에는 급기야 배상책임 이행의 불충분성을 들어 프랑스와 벨기에의 이 지역 군사 점령을 용인하는 데에 크게 일조했다. 이 이율배반적인 비무장화와 군사 점령은 사실 독일의 사법적 질서로부터 라인란트를 분리해 국제법적 지배하에 두는 것이기에 '독일의 국가권능을 제한'하는 것이나 다름없다. 여기에는 평화 체제의 확립이 문제가 아니라 '누가 평화에 관해서 결정을 내릴 것인가'가 더 중요하다. 현 상황(Status quo)은 전쟁도 평화도 아닌 어정쩡하게 '견딜 수 없는 중간상태'일 뿐이며 평화의 이름으로 '정치적 강자'가 약자의 '생명'과 '권리' 그리고 '명예'까지도 강탈하는 결정의 '합법화'일 뿐이다.[9]

그러나 슈미트의 더욱 큰 실망은 당시 군소 정당들의 난립으로 과반수 연정(聯政)조차 불가능했던 독일 정치가 이에 대해 아무런 결정도 내리지 못하고 있다는 데에 있다. 현대의 국가 개념에 따르면 국가는 민족(Volk)을 결합시키는 '법인(法人)'으로서의 인격성을 지니며, 그렇기에 민주주의 국가의 법인격성은 다른 무엇보다 통치자와 피치자, 국가와 민족을 평등하게 결합시키는 '동일성 관념'에서 출발해야 한다. 그가 보기에 헤겔은 일찍이 '여론'을 통해 의사를 형성하는 민족이란 정말 '자신이 무엇을 원하는지를 알지 못'한다는 것을 통찰했다. 따라서 여론이나 투표를 통해 표출되는 '다수결의 결과 속에서' 동일성을 보전하는 진정한 '국가의사를 찾아내는 것', 이것이 바로 정치의 기본 역할이다.[10] 다시 말해 '민주주의의 정치적 힘은 이질적이고 불평등한 것, 동질성을 위협하는 것을 배제'하는 데에 있다. 그러나 현대 민주주의 국가는 '토론과 공개성의 원리'에 입각한 '의회주의'를 도입함으로써 오히려 민주주의의 위기를 자초했다. 왜냐하면 의회에서 이루어지는 것은 사실 정당들 간의 '**진정한** 토론'이 아니라 사회 경제적인 세력 집단이 다수의 획득을 통해 자기 집단의 이익을 도모하는 '타협과 제휴' 등으로 이루어진 경멸적인 사업일 뿐이기 때문이다.[11] 이러한 시대배경과 문제의식의 격정적 표출이 바로 1923년 출판된 『오늘날 의회주의의 정신사적 상황』이라 할 수 있다.

이 저서에서 슈미트는 의회주의의 폐해를 단지 진정한 공개 토론의 부재에서만 보지 않는다. 더 나쁜 것은 중요한 결정이 '점점 더 소수로 이루어지는 위원회'나 '대자본 이익 단체의 대변자들'에 의해 '문이 닫힌' 밀실에서 이루어진다는 것이다. 공개 토론은 이를 선전하고 포장하는 '공허한' 절차적 '형식성'으로 변질되어 버렸다. 토론이 겨우 이렇게 유지될 뿐이라면, 이제 '토론 자체가 토론에 부쳐져야' 한다. 그러나 이 언급은 하버마스식의 의사소통이론 같은 것의 필요성을 주장하려는 것이 아니다. 오히려 슈미트는 이를 통해 의회주의의 기원과 공개 토론 원리의 문제점을 드러내고자 한다. 그에 따르면 의회주의는 크게 세 가지 기원들을, 다시 말해 이론적으로는 민주주의의 '주목할 만한 모순'으로부터, 정치사적으로는 근대 신흥 경제계급의 '절대군주의 밀실 정치에 대항한 투쟁'으로부터, 그리고 사상사적으로는 '독일 낭만주의'의 '영원한 대화'라는 이상으로부터 비롯된 것이다.[12] 여기서 그는 이 모든 기원들을 상론하지 않기에 다른 여러 저술들을 가로지를 수밖에 없다. 먼저 낭만주의적 기원부터 살펴보자.

슈미트는 이미 1919년 『정치적 낭만주의』에서 '영원한 대화와 전망 없는 잡설'만 일삼는 낭만주의의 정치적 딜레마를 파헤친 바 있다.[13] 서문에서 암시되고 있듯이 이 저서는 '한마디 말로부터' '그리 까다롭지 않게' '실천적' '의미'의 합일을 이끌어낼 수 있는 '경쾌함'이 결핍된 독일인들을 향해 쓰인 책이다. 말하자면 패색이 짙어가던 1차대전 말기에 '사실적 해결'을 찾지 못하는 독일의 사상적 연원을 파헤친 글이라 할 수 있다. 그래서 **우선** 정치적 낭만주의는 비록 실패했지만 실천적 활동을 통해 정치적 의미를 획득한 낭만주의자들에 대한 비판적 연구를 의미한다. 수많은 사상가들을 거론하면서도 이때 슈미트가 염두에 두고 있는 대표적인 정치적 낭만주의자는 프리드리히 슐레겔(F. Schlegel)과 아담 뮐러(A. Müller)이다. 여기서 일일이 논의할 수는 없겠지만 이들의 가장 큰 특징은 실재적인 '인간 사회'와 '역사'를 자신들의 창조적 활동의 '기회(occasio)'로 삼는 개인주의적인 태도라 할 수 있다. 이들에게 인간 사회는 '혁명적 기능'을 갖는 것이지만, 역사는 혁명화된 것을 안정 상태로 '복구하는(restauriert)' 세속화된 신(神)과 같다. 즉 사회 속에 '일어나는 모든 일'은 '역사적 발전'의 산물이기에 '좋은 것이다.' 왜냐하면 역사적 발전이란 '역사적으로 자신을 생산하는 세계정신의 작품'이기 때문이다. 그렇다면 이제 사회가 변화하는 '모든 순간'은 '수많은 가능성들의 끊임없는 부정'으로서 합리적으로 설명될 수 **없는** 강력한 역사적 '사건'이 된다. 따라서 중요한 것은 매 순간 인간의 합리적 의지와 행위를 제한함으로써 사회 변화를 산출하는 이 비합리적 역사 사건의 창조자를 이해하고 흉내 내는 것이다. 이로써 낭만주의자는 '세계창조자의 역할을 수행함으로써 자기 자신으로부터 실재성을 생산'하려 한다. 그러나 주의해야 할 것은 이렇게 생산된 실재성이 지속적 안정성을 갖는 것도 현실적 상관성을 노리는 것도 아니라는 점이다. 이미 초인간적 창조자에 의해 역사 속에서 사회는 매 순간 산출되며 무한한 가능성의 현실화라는 의미를 갖는다. 따라서 '사회와 역사'를 비롯한 모든 것은 '낭만주의적 자아'가 갖는 예술적 '생산성'의 '기회(Anlaß)'로서만 기여할 수 있다. 신에게든 낭만주의적 자아에게든 그때마다의 기회는 결과를 낳지만 그 결과의 합리적 원인은 아니다. 게다가 낭만주의자가 창출할 수 있는 것은 현실 사회가 아니라 이 현실 사회를 창조한 신과의 영원한 대화를 통한 '체험'의 '예술적' 조형일 뿐이다. 따라서 낭만주의자로서 '나는 이 광경의 행위자가 아니라 구경꾼이다(Spectator sum in hac scena, non actor).' 나는 여기서 법인지 불법인지 결정하지 않는다. 이러한 결정은 창조자의 능력이기에 그렇다. 이로부터 정치적 낭만주의의 **핵심적** 의미가 도출된다. 즉 그러한 낭만주의 입장의 정치적 태도는 '국가'를 '하나의 예술작품'으로 보는 것이며, 그때마다 '역사적-정치적 현실의 국가'를 각 주체가 국가라는 '예술작품을 산출하는 창조적 실행의 기회'로 삼는 것이다. 결국 '정치적 낭만주의의 핵심'은 어느 쪽도 편들지 않고 매 순간의 '정치적 사건'을 주체가 갖는 생산성의 기회로 삼는 '주관화된 기연주의(subjektivierter Occasionalismus)'에 있다. 바로 이 때문에 정치적 낭만주의자들은 항상 비낭만주의적 타자의 결정에 굴복할 수밖에 없었다는 것이 슈미트의 결론이다.[14]

정치적 낭만주의는 쉽게 낭만주의적 정치로 전환될 수 있다. 즉 전자가 현실 정치에 대한 판단을 유보한 채 예술적 창조 작업에만 몰두한다면, 후자는 잘 결정에 이르지 않는 끊임없는 토론을 통해 정치적 현안이 해결되리라 낙관하면서 뒤로는 경제적 이익만 챙기려 하기 때문이다. 이 후자의 측면은 의회주의가 정치사적으로 민주주의의 산물이 아니라 '자유주의'의 결과라는 것을 보여준다. 이때 슈미트가 말하는 자유주의는 경제적 의미만이 아니라 '**포괄적인** 형이상학적 체계'의 의미까지 지닌다.[15] 사실 낭만주의의 중심 주체들 또한 '18세기' '신흥 부르주아층(層)'이었다.[16] 이들의 기본 관점은 잘 알려져 있듯이 경제적으로나 정치적으로, 더 나아가 진리의 문제까지도 '자유로운 경쟁'을 통해 '예정된 **조화**'가 저절로 달성되리라는 낙관적 믿음이다. 의회주의의 **두 번째** 기원이 된 이 믿음은 19세기 '군주제'와의 투쟁에서 '입법이 행정에 영향을 끼'칠 수 있는 다양한 '인민대표' 제도들로 실현되었다. 예를 들면 '토론' 및 '사념(思念)' 표출의 '공개성'과 '권력 분립' 그리고 군주의 의지나 명령에 기초하지 않는 '군주견제론자들(Monarchomachen)'의 '법률' 개념 등이 그렇다.[17] 슈미트는 후에 「헌법 수호자로서의 제국 재판소」(1929)에서 이 시기를 17-18세기 '절대국가(der absolute Staat)'와 구별해 '법률국가(Gesetzesstaat)'의 형성 시기로 특징짓는다. 19세기엔 '자유로운 시민층이 법치국가(Rechtsstaat)의 이름으로' 절대국가와의 투쟁을 통해 '행정부를 법률 아래 종속'시켰지만 실제로는 법률 제정에 중점을 두는 입법국가(Gesetzgebungsstaat) 내지 법률국가가 형성되었다는 것이다.[18] 이러한 구분은 1931년 「총체국가로의 전환」에서 관련 권력들의 **비중**에 따라 '중세'의 '사법국가'와 16세기부터 18세기에 이르기까지 형성된 '행정국가' 그리고 19세기 '입법국가'의 구분으로 발전하며, 같은 해 『헌법 수호자』에서도 반복된다. 여기서 입법국가는 '통치권과 국가'에 맞서 민족이나 사회를 대표하는 의회의 활동을 중요시하기에 '중립국가(der neutrale Staat)'로 불리기도 한다. 이 국가는 자유 시민층의 사회적 경제적 활동에 대한 행정 권력의 '무조건적 불간섭, 절대적 비개입'을 원리로 하기 때문이다. 이로써 중립국가는 '사회의 자기조직(Selbstorganisation)'이 된다. 다시 말해 스스로 조직된 사회 세력들이 의회를 중심으로 정치력을 행사하는 국가가 되는 것이다. 그러나 슈미트는 이에 매우 회의적인 물음을 던진다. 진정 자기 조직된 사회 세력들은 의회를 통해 국가적

'**통일성**'에 도달하는지, 아니면 의회란 단지 '이기적인 사적 이해들'의 공통성을 다원적으로 배분하는 '무대'가 된 것이 아닌지 말이다. 슈미트가 보기에 의회는 결국 다원적 이해들의 충돌로 다수결에 따른 행위 능력을 상실하거나, 그때마다의 다수가 권력 획득과 정적 배제를 위해 합법적인 모든 수단들을 이용하는 곳 그 이상일 수 없다.[19] 이에 따르면 중립국가는 한편으로는 언젠가 예정된 조화처럼 저절로 이루어질 국가적 통일성과, 다른 한편으로는 이에 대한 낙관적 믿음으로 간섭받지 않고 집단적 이해를 토론하고 협상하며 계약하는 사회적 이해 세력들로 이루어진다. 그리고 이 세력들은 이해관계들의 '투쟁 영역으로부터 나와서 중립적인 영역 속으로 이동하고' 이 '획득된 중립 영역'이 '곧바로 다시 투쟁 영역으로' 변화하는 끊임없는 운동에 처하게 된다. 그러나 이 운동 속에서 국가 중립적으로 보장된 자연과학, 종교, 경제, 특히 기술 등은 결코 '탈정치화'될 수 없다. 정치와 연관될 때 이것들은 평화로운 '중립적 영역일 수 없'으며 단지 권력 투쟁의 '도구와 무기'로 쓰일 뿐이다. 이것들은 '평화에도 전쟁에도 꼭 같이 쓰일 수 있으며' '오늘날 가장 처참한 전쟁은 오직 평화라는 이름으로써만, 가장 가공할 노예상태는 자유라는 이름으로써만' 이루어지고 있다.[20]

2.
정치적 결정과 슈미트의 총체국가

슈미트에 따르면 인민(δημος)의 지배(κρατος)로서의 '민주주의'의 '유일한 대립물은 모든 종류의 특권국가이다.'[21] 이 점에서 19세기 민주주의는 특권적 절대 군주제와의 대결 속에서만 의미를 지닐 수 있었다.[22] 그러나 민주주의의 승리로 '군주제 원리가 사라졌을 때, 민주주의 자체도 내용적 정교함을 상실했다.' 왜냐하면 인민(Volk)이 지배하는 민주주의가 지배자와 인민 의지의 동일성, '국가와 민족의 동일성을 실현'하는 데 존립한다면, 이 민족 '의지의 형성 문제'에서 민주주의는 지양되는 것**처럼** 보이기 때문이다. 이로부터 의회주의의 **셋째** 기원인 민주주의의 내적 모순이 설명될 수 있다. 말하자면 다수든 소수든 자신을 '민족 의지의 **참된** 대변자'로 간주하는 자라면 으레 상대편을 배제하는 '매우 비민주적인 배타성'을 지니기 마련이다. 이는 민주주의의 시작에서부터 '청교도 혁명의 수평파들'이나 프랑스 혁명의 '자코뱅주의자들'에게서 그리고 그 후에도 계속 되풀이해 나타났다.

민주주의로부터 소위 '새로운 귀족제'가 자주 탄생하는 것이다. 물론 이때의 귀족제는 결코 세습적인 것이 아니라 끝없는 경쟁을 통해 매번 새롭게 쟁취되는 지배 집단의 형성을 의미한다. 슈미트는 민주주의의 이 내적 모순을 두 가지 측면에서 나름 '변증법'적으로 해석하고자 한다.[23]

먼저 민주주의는 '존립하는 군주제의 부정'으로서 여러 '상이한' '정치적 노력들'과 결합될 수 있었으며, 특히 모든 특권의 배제 **측면**에서 '자유주의와의 동일성' 속에서 출현했다. 그러나 군주제가 패배하자 민주주의는 여러 자유주의 이해 세력들의 인민 의지와의 동일성을 획득하기 위한 각축장으로 변질되었다. 왜냐하면 민주주의의 '본질'은 '모든 결단들이' '오직 결단하는 자들 자신에게만 타당해야 한다'는 것이기 때문이다. 그러나 민주주의의 '추상적' '주체'인 민족은 '구체적으로 보면(in concreto)' 여러 '이종적인' '대중들(Massen)'로 이루어져 있다.[24] 이 이종적인 대중들에게 중요한 결정은 무엇보다 자유로운 개인들의 경제적 이익이라는 공통분모이다. 이에 따라 형성된 '당파 이기주의'가 '의회' 활동을 통해 자연스럽게 '이기주의를 넘어선' '정치적 의지'를 형성할 것이라는 믿음은 그러나 슈미트가 보기엔 '민주주의적'이라기보다 오히려 '자유주의적인' 것이다.[25] 게다가 이러한 믿음에 기초해 의회에서 결정되는 것은 사실상 민족의 정치적 동일성이나 실질적 평등이 **아니라** '자유주의적 개인주의'에서 비롯된 대중들의 경제적 이합집산일 뿐이다. 따라서 '현대 대중민주주의(Massendemokratie)'의 위기는 '현대 의회주의'의 위기와도 같다.[26] 그리고 의회주의의 뿌리는 자유주의이지 결코 민주주의가 아니다. 민주주의는 치자와 피치자 간의 정치적으로 평등한 동일성에 존립하기 때문이다. 자유주의적 의회주의는 이러한 동일성에 도달할 것이라는 낙관적 예정 조화를 바탕으로 실제로는 다원적 이해들의 그때마다의 협상과 배분에만 몰두하고 있다. 그러나 바로 이 다원적 배분의 **또 다른 측면**에서 슈미트는 중립국가의 획기적인 지양 가능성을 본다. 다시 말해 더 이상 간섭해서는 안 되는 중립국가가 이렇게 사회의 자기조직이 되었다면, 결국 그동안 전제되어 왔던 '국가와 사회, 정부와 민족 간의 구별은 사라져버리게 되고' '사회적이고 경제적인 모든 문제들은 직접적으로 국가적인 문제가 된다.' '국가가 된 사회' 즉 사회의 자기조직으로서의 국가는 이제 '인간의 공동생활과 관계된' '사회적인 모든 것'에 관여하고 '점유'하게 된다. 슈미트는 이를 20세기에 특징적인 잠재적 '총체국가(der totale Staat)로의 이행'이라 부른다. 전면적인 비간섭 중립국가는 전면적인 간섭 총체국가를 낳는다는 것이다. 물론 '국가와 사회의 구별을 전제로 하던' '의회'가 이제 총체국가의 정치적 통일을 산출할 수 없다는 것은 분명하다.[27]

슈미트에 따르면 민주주의의 본질은 결정된 사안들이 오직 결정하는 자들에게만 타당하다는 실질적 평등에 있다. 그런데 정치적 결정은 실제로는 늘 개별 정치가들이 한다. 따라서 민주주의의 실질적 평등에 중요한 것은 그러한 정치적 결정에 모든 인민이 함께 결정한다는 동일성의 확보에 있다. 이러한 동일성은 보통 여러 사회 세력들이 투표를 통해 다수를 획득**함으로써** 형성되는 일반의지로 표현된다. 이때 소수에 투표해 패배한 사람은 내가 '일반의지의 내용에 대해 실수했다'는 것을 알게 되며, 다수의 결정에 복종하거나 복종하기 싫다면 배제되어야 한다. 그리고 바로 이 점에서 민주주의의 실질적 평등은 본질적으로 실질적 **불평등**을 수반한다. 아울러 피선거권을 통해 인민 의지와의 동일성을 획득하는 주체는 '군국주의적이거나 평화주의적일 수도' '절대주의적이거나 자유주의적일 수도' 다수이거나 극히 소수일 수도 있다. 그 주체가 어떠한 사회 세력이건 간에 다수의 득표를 통해 일반의지를 형성하면 실질적 평등을 창출한 것이며 소수 세력들을 배제할 수 있는 '정당성(Legitimität)'을 내용적으로 획득한 것이다.[28] 따라서 민주주의의 모순으로 보였던 것은 사실상 그 실질적 평등의 핵심에 해당하는 것이며, 형식상 민주주의와 결합한 자유주의적 의회주의의 모순일 뿐인 것이다.[29] 따라서 자유주의적 의회주의의 폐해를 극복하려 한다는 점에서 '볼셰비즘'이든 '파시즘'이든, 더 나아가 어떠한 '독재'이든 간에 이것이 '반자유주의적'일 수는 있어도 인민 의지와의 동일성을 획득하는 한 결코 '반민주주의적이지는 않다.' 오히려 '실질적인 민주주의'는 '동일한 것'을 '동일하게', 동일하지 않은 것을 '동일하지 않게' 하는 것, 다시 말해 '이질적인 것의 배제 또는 섬멸'을 통한 '동질성'의 총체적 확보에 있다.[30]

1932년 『정치적인 것의 개념』 3판에서 슈미트는 이러한 총체국가의 이론적 기원을 루돌프 스멘트(Rudolf Smend, 1882-1975)의 평가를 따라 바로 헤겔의 국가이론에서 본다. 도래하고 있는 '20세기 총체국가'의 이론적 골격이 이미 '헤겔의 권력분립론'에서 나타나고 있다는 것이다. 헤겔은 비록 국가를 사회와 '질적으로 상이한' '좀 더 고차적인 것'으로 파악했음에도 불구하고 권력분립을 통한 정치권력 형성에 있어서는 '보편적 목적을 위한 모든 사회 영역들의 국가로의 가장 생생한 침투'를 강조한다. 이때 보편적 목적은 '국가 전체를 위해 민족 단체(Volkskörper)의 모든 활력을 획득하는 것'을 의미한다. 여기서 슈미트는 '통합(Integration)'을 강조한 스멘트의 헤겔 해석을 상세히 소개하고 있진 않다.[31] 그러나 헤겔에게서 사회의 자기조직을 통한 국가 통합의 계기는 잘 알려져 있듯이 시민사회의 사법(司法)과 공안(公安) 및 협동체(Korporation) 활동 등을 통한 입법 권력이나 행정 권력으로의 반영에서 찾을 수 있다. 특히 『오늘날 의회주의의 정신사적 상황』에서 슈미트는 헤겔이 '자유로운 토론'으로 이루어지는 '여론'을 '민족'의 '가장 위대한 도야수단들 중 하나'로 본 것에 주목한다. 슈미트에 따르면 이 '민족교육(Volkserziehung)'은 '자신의 의지를 인민의 의지와 동일시한' **교육자가** 피교육자인 민족이 무엇을 원하는지를 규정하고 여론이나 선거를 통해 인민 의지로 형성하는 과정이다. 이러한 비균제적 계몽 교육의 결과는 '독재'이다. 그러나 독재는 이미 언급했듯이 결코 '민주주의의 대립물이 아니며', 오히려 '창출되어야 할' '참된 민주주의의 이름으로' 민주주의를 일시적으로 중단시키는 것일 뿐이다. 더구나 좀 더 참된 민주주의로의 이러한 이행기에도 인민의 의지가 모든 토론과 교육의 표준이라면 '민주주의적인 동일성'은 계속 유지된다. 따라서 이로부터 민족교육을 '지도하는 합리주의자들의 독재'의 길이 열린다. 사변적 측면을 별도로 한다면 헤겔의 국가철학은 '구체적 현실에 있어' **그때마다** '시대에 적합한 것'을 '사실적으로 필연적인 것'으로 관철하는 '교육독재(Erziehungsdiktatur)'의 정당화이다.[32] 그러나 슈미트는 훨씬 더 나아간다. 만약 이 모든 민족교육의 수단들이 오히려 자유주의적 의회주의에 의해 총체국가의 민주주의적 동일성을 위협할 정도로 잠식당한다면, 누군가가 이를 중단해야 한다는 것이다. 무엇보다 국가 권력의 구성원들이 자신들이 속한 사적인 집단 이해를 위해 이런 위협을 감행한다면, 모든 논의와 정책 협상을 중지시키는 결단이 필요하다. 이른바 국가의 예외상태를 정치적으로 결정하는 주권자가 필요한 것이다.

슈미트는 일찍이 1921년 『독재』에서 정치사적 독재 연구를 통해 예외상태를 결정하고 극복하는 권력을 '위임적 독재(kommissarische Diktatur)'와 '주권적 독재(souveräne Diktatur)'로 유형화한 바 있다. 위임적 독재는 '로마 공화국'에 의해 발명되어 18세기까지 유지된 유형으로서 시에예스(E. Sieyés)의 용어를 차용하자면 이미 '제정된 권력(pouvoir constitué)'과 이에 따른 법질서가 위기 상황에 처했을 때 그 복원을 위해 일시적으로 법질서를 정지하고 독재 권력을 행사할 수 있는 권한을 특정한 정치적 지위의 사람에게 합법적으로 위임하는 독재이다. 그래서 이것은 '입헌적 독재 또는 합법적 독재'라 불리기도 한다. 이때 독재를 위임받는 정치적 지위는 주로 행정 권력에 위치한 독재관이나 군주 또는 장군 등이었다. 이에 반해 1790년 로베스피에르의 '헌법제정의회'를 기점으로 19세기 이후에 지배적 유형이 된 주권적 독재는 기존의 법질서를 혁명적으로 부정하고 새로운 헌법을 '제정하는 권력(pouvoir constituant)'을 '독재자적 입법자'에게 부여하는 독재이다. 이러한 의미에서 이것을 '초입헌적 독재 또는 혁명적 독재'라 일컫기도 한다.[33] 위에서 설명한 슈미트의 국가 유형 분류에 따른다면 사법국가와 행정국가 내지 절대국가는 위임적 독재에, 입법국가 내지 중립국가는 주권적 독재에 해당한다고 할 수 있다. 이어서 슈미트는 총체국가로의 이행 중의 현 독일에 적용되고 있는 독재 유형을 '1919년 8월 11일'에 제정된 바이마르 '헌법 48조' 규정[34]에 의거해 '주권적 독재와 위임적 독재의 결합'으로 보고 있다. 아울러 그는 이 독재 권력의 주체를 이미 제정된 권력의 일부일 수밖에 없는 의회가 아니라 '입법 행위까지도 포함'하는 '무제한의 전권위임'을 받는 제국 대통령으로 본다.[35] 이러한 관점은 바로 1929년부터 촉발된 한스 켈젠(H. Kelsen)과의 헌법 수호자 논쟁에서 슈미트가 '민족의 정치적 통일'과 '헌법의 수호자'로서 제국 대통령을 주장하는 밑거름이 된다. 여기서 이 논쟁을 상론할 수는 없으나, 그의 논거는 간단히 말하자면 이렇다. 우선 오늘날 정치적 통일과 헌법의 위기는 자유주의적 의회의 '입법자'들로부터 비롯된다. 따라서 입법자들 자신이 위기의 해결 주체일 수는 없다. 그렇다고 '국가재판소나 헌법재판소' 같은 사법 기관이 그것을 도맡을 수도 없다. 왜냐하면 법치국가의 사법은 '단지 법률에 의거한 판결로서만' 작용하며, 그렇기에 '정치적으로는 항상 너무 늦게' 기능하기 때문이다. 더구나 이러한 종류의 사법 기관이 어떤 '구체적인 사태'가 현행 '헌법률'에 '포섭'되는지에 대한 판결을 넘어서 불명료한 헌법률의 내용 **자체**에 대해 어느 것이 합헌이고 위헌인지를 판결하게 된다면, 이는 사실상 사법 독립성을 포기하고 '입법'의 역할을 떠맡는 것이나 다름없다. 따라서 유일하게 가능한 헌법 수호자는 입법 권력 내의 다원적 이해 집단들에 대한 '정당 정치적 중립성'과 의회와 마찬가지로 그러나 이와 별도로 '전체' 민족에 의해 선출된 정치적 '독립성'을 함께 지니는 제국 대통령일 뿐이다. 이 대통령이야말로 사회적 경제적 집단들의 이해관계를 '중재'하면서 동시

에 이를 초월해 국가 전체의 정치적 통일과 연속성을 대표하는 주체라는 것이 슈미트의 결론이다.[36]

국가재판소는 제정**된** 헌법의 수호자일 수는 있다. 그러나 '정치적 구성물'로서의 헌법은 '본질적으로 정치적 결정을 필요로 하며', 이러한 결정은 바로 '정치적 자유재량'을 지니는 진정한 의미의 헌법 수호자 즉 제국 대통령이 한다.[37] 이때의 결정은 물론 구체적 법질서의 관점에서 총체국가의 정상과 예외를 가르는 결정이다. 1922년 『정치신학』에서 슈미트는 '법적 삶'에서 '누가 결정하느냐'라는 결단주의적 계기의 중요성을 강조한다. 구체적으로 이루어지는 '모든 사법적 결정'은 내용과 **무관한** 측면을 포함한다. 왜냐하면 어떤 법규범으로부터 상황의 **세세한** 요소들까지 전부 사법적으로 연역될 수는 없기 때문이다. 배고픔에 빵을 훔친 이 사람을 절도죄로 처벌할지, 아니면 오히려 생계비를 마련해 주어야 할지는 절도에 관한 형법 규정으로부터 연역되는 것이 아니며 '귀책점(Zurechungspunkt)'으로서의 이 사람의 그 구체적 행위 자체로부터 결정되어야 하는 것이다. 이러한 의미에서 '모든 법은 상황법(Situationsrecht)'이다. 그리고 법질서 **전체**가 문제시될 경우 이것이 아직 정상인지, 아니면 극복해야 할 '극단적 비상사태'인지를 '독점'적으로 결정하는 자가 바로 '주권자'이다. '주권자란 예외상태를 결정하는 자이다.' 주권자에게 주어진 결단의 '권위가 법을 만들지, 진리가 법을 만드는 것이 아니다(Auctoritas, non veritas facit legem).' **무엇**이 정상적인 법질서인지 또는 그 부재로서의 무질서인지 결정의 '내용'이 중요한 것이 아니다. 가장 중요한 것은 이런 내용 자체가 효력을 발휘하게끔 하는 결정의 '주체'가 **누구**인지 하는 것이다.[38] 슈미트가 이렇게 제국 대통령에게 부여한 주권자의 결정은『정치적인 것의 개념』으로 표현하자면 특정한 '민족의 상태'로서의 국가의 '동지와 적(Freund und Feind)의 구별'이라 할 수 있다. 이때 결정은 결정의 규범적 내용과 **무관**하기에 이를 통해 구별되는 적은 꼭 '도덕적으로 악하거나' '미적으로 추할 필요도' 경제적으로 '경쟁자일 필요도 없다.'[39] 단지 총체국가의 정치적 통일에 위협이 될 정도로 이질적이기만 하다면 '주민의 일부'라도 언제든 '국가에 의해' '배제'될 수 있다. 이를 위해서는 '환호'와 '갈채'만으로 충분하다.[40] 이제 한 걸음만 더 나아가면 이렇다. '진정한 국가'는 '적과 동지를 구별할 수 있'는 '강력한' 총체국가이다.[41] 슈미트는 결국 이렇게까지 말하게 된다. 오늘날 독일 민족의 '정치적 통일의 운명은 바로 나치당이 그 임무를 완수하는 것에 달려 있다.' 그리고 '최상위 재판권자'이자 '최고의 정치지도자'로서 '총통'이 '법을 보호'한다.[42]

3.
정치적 매개와
헤겔의 인륜국가

슈미트에게 있어 정치적인 것은 한마디로 그때마다의 상황에 처해 국가와 민족의 정치적 통일에 위협이 되는 것을 적으로 규정하고 그렇지 않은 것을 동지로 규정하는 단호한 결단에 있다. 이때 정치란 무엇보다 동등한 '주권국가'들이 상호 '인정'에 기초하여 '우호, 적대, 중립'의 관계를 결정하게 되는 '대외정치'를 의미한다. 그러나 19세기 중립국가와 20세기 총체국가의 출현 이래 사회로부터 자발적으로 조직되는 국가는 더 이상 '정치적 통일'의 유일한 '모델'일 수 없게 되었다. '정치적인 것'은 이제 '국가적인 것'과 동일시될 수 없으며, 정치적인 것의 개념은 그 총체적 통일성에 있어 국가적이고 사회적인 것 모두를 포괄하는 개념이어야 한다. 슈미트는 바로 헤겔이 대표적으로 그 중립화된 사회 영역의 불가피한 '정치화(Politisch-Werden)'를 통찰했다고 본다. 이미 1802년 「자연법 논문」에서 헤겔은 사회의 '비정치적' '사적' 경제 영역에서 '사적 소유의 정당성'을 추구하던 '부르주아'

가 그럼에도 어떤 식으로든 '개별자로서 전체에 맞서서' 정치적으로 처신해야 한다는 것을 포착했다는 것이다. 슈미트가 보기에 이와 아울러 헤겔은 정치적인 것의 개념으로서 적이란 무엇인지를 제대로 정의했다. 즉 적이란 '민족의 영원한' '삶'의 '**총체성**'에 있어 '부정되어야 할 낯선 것'으로서 '인륜적' '차이'(die sittliche Differenz)이다. 이러한 차이가 바로 적이며, 이 차이가 우리와의 '관계 속에 정립된다면' '적의 무(das Nichts des Feindes)'로서 있는 것이고 우리와 적 모두에게 '똑같이' 적용되면 민족과 민족 간의 '투쟁의 위험'으로서 있는 것이다.[43]

주지하다시피 헤겔은 자율적 경제시민으로서의 근대 부르주아의 정치적 의미를 비단 「자연법 논문」뿐 아니라 이미 베른 시기 「기독교의 실정성」(1795/96) 논의에서 간파한 바 있으며, 또한 1817/18년 법철학 강의에서 최초로 시민사회를 개인의 가족 영역과 민족의 국가 영역을 매개하는 자립적인 영역으로 설정하기도 한다.[44] 그러나 적에 대한 헤겔의 언급은 슈미트가 인용하고 있는 「자연법 논문」 어디에도, 그 외의 저술들 어디에서도 나타나지 않으며, 오직 『인륜성의 체계』(1802/03)에서만 단 한 번 등장한다.[45] 더구나 여기서 헤겔에게 문제시되는 것은 적에 대한 **정의**가 아니라 오히려 '절대적 인륜성'의 체계적 구조이다. 이 저서는 셸링과 공동 작업하던 시기 셸링의 체계가 결여하고 있는 실천철학 부분을 '직관'과 '개념'의 '잠세태들(Potenzen)'에 따른 셸링적 구성 방법으로 전개한, 셸링에 대한 헤겔의 일종의 철학적 헌사 작품이자 그 후 단 한 번도 수정이나 개정을 거치지 않은, 그래서 비교적 원형 그대로 보존되고 있는 원고이기도 하다.[46] 마찬가지로 절대적 인륜성 개념 또한 1803/04년 『예나 체계기

획득』에서 한 번 언급되고는 있지만[47] 그 후엔 헤겔에 의해 포기되고 있는 용어이다. 이 **절대적** 인륜성은 사회계약론에서처럼 원자적 개인들에 의해 인위적으로 구성되는 인륜성이 아니라, 항상 민족 공동체의 구성원으로서만 살아가는 인간의 사회적 연관성을 의미한다. 그러나 헤겔은 이 개념을 개별자와 공동체의 충전적 본질로서 전제하고 논리적으로 분석하고 있을 뿐 아직 의식 이론적으로 발전시키고 있진 않다. 이에 따르면 절대적 인륜성은 "자연적 인륜성", "부정적 인륜성", "긍정적" "인륜성"의 측면을 지니며,[48] 인륜적 차이로서의 "민족의 적"에 대한 언급은 그 중 두 번째 국면에서 등장한다. 이때 주목해야 할 것은 무엇보다 생동한 인륜성이 차이의 배제 내지 적의 소멸에서 존립할 수는 없다는 점이다. 왜냐하면 "부정되어야 할 것 자체도 하나의 살아 있는 총체성이어야 하며", "인륜적인 것은 자신의 차이 자체 **속에서** 자신의 생동성을 직관해야 하기" 때문이다. 반면에 인륜성을 생산하는 투쟁의 활동성이 차이나 적의 무화(無化)에로만 나아간다면, 다양한 덕들이 무차별적으로 응축되는 "용기"와 같은 "**형식적인** 덕"이 타당해지고 결국엔 "전적으로 외적인 복종이라는 최고의 노예성"만이 요구된다. 그렇기에 좀 더 참된 의미의 인륜성은 '증오가' '모든 인격성으로부터 해방되어' '무차별화되는' 민족들 간의 '투쟁' 관계에[49] 있는 것이 아니라, 적대적이든 우호적이든 그 속에서 각 민족의 "규정성"이 "정의(Rechtschaffenheit)"에 따라 "존립하게끔" 하는 "연관" 자체에 있는 것이다. 헤겔은 이를 "상대적 인륜성"이라 부르며, 이로부터 암시적으로나마 긍정적인 절대적 인륜성이 형성되는 것으로 서술하고 있다(SE, 279-280, 328-334).[50]

슈미트는 이러한 맥락을 고려하지 않고 인륜적 공동체의 본질을 그 부정적 계기에서만 찾고 이를 일반화시킨다. 이때 각각의 모든 상황은 민족의 정치적 통일을 창출하기 위한 기회로서 동지와 적에 대한 단호한 결단과 투쟁을 통해 끊임없이 해소되는 것이다. 그러나 이 과정은 언제나 '결정의 주체와 내용 간의 **대립**' 속에서만 이루어지며,[51] 결정의 본질적 내용이 결코 그 주체의 결정 행위 자체에 항상적 기준이 되지 **않는다**. 왜냐하면 인식론적으로 본질 개념으로부터 구체적 상황이 모두 규정될 수는 없으며, 존재론적으로 자신의 본질에 완벽하게 충전적인 개별자 또한 실재하지 않기 때문이다. 헤겔 또한 법 개념에 완전히 "똑같은" 개별 행위나 상황이 있을 수 없다는 것을 잘 알고 있었다(RW, §47). 그럼에도 실재 행위에 지침이 되는 법전 한 권 편찬하지 않은 채 모든 개별 상황들을 이성적으로 규정하고자 하염없이 논의만 하는 것을 헤겔은 『법철학 개요』에서 "독일병(獨逸病)"이라 부른다. "이성적으로 규정될 수 없는" 이 "우연성"의 영역에는 물론 법 개념을 적용하려는 "결단"이 필요하다. 그러나 이 결단의 계기에는 항상 그 결단 내용의 본질적 규정이 지침이 되어야 한다. 빵을 훔치든 돈을 훔치든 그 행위 판단의 기준은 절도라는 형법 개념 이외의 다른 것일 수 없다. 물론 이 형법 개념이 잘 적용될 수 없는, 이를테면 배고픔에 의한 좀도둑이라는 구체적인 행위 상황이 있을 수 있다. 그러나 이때조차도 생존이든 복지든 또 다른 행위 개념에 의해 그 행위가 규정되는 것이지, 그렇게 규정하려는 결단 자체가 행위 **규정**을 창조하는 것이 아니다. 분명 결단과 이에 따른 활동성은 본질 개념의 실재적 현실화에 없어서는 안 될 중요한 계기이다. 그렇다고 이 결단과 활동성이 본질 개념 자체를 만드는 것은 아니다. 결단을 요구하는 우연한 상황이 본질 개념을 변증법적으로 풍성하게 할 수는 있다. 그럼에도 결단은 항상 그 내용의 본질적 규정에 따라야 한다. 바로 이 때문에 헤겔은 또한 정치적 국가의 권력분립을 논하면서 "군주권력"을 "전체의 절대적인 결정적 계기"라 표현하면서도 그 역할을 매우 형식적인 승인이나 서명 정도에 국한시키고 있다. 행정부나 특히 입법부에서의 심의는 갑론을박을 거치며 끝없이 이어질 수 있다. 그러면 이루어지는 것은 아무것도 없을 것이다. 헤겔에 따르면 이 경우엔 군주가 지금까지의 모든 논의를 중단하고 실행에 옮기자는 결단을 행해야 한다. 그러나 그의 결정은 언제나 지금까지 논의되어 온 "심의의 구체적 내용에 속박"된 것이다(GPR, §§214, 216, 279). 이 심의 내용은 슈미트의 용어로 말하자면 총체국가의 정치적 통일이라 할 수 있을지 모른다.

그러나 총체성은 슈미트처럼 이질적인 부분의 배제를 통해 획득되는 것이 아니다. 전체의 동일성을 위해 낯선 부분이 없어져야 한다는 것은 '전체주의적(totalitär)' 발상이지 결코 총체적(total) 관점이라 할 수 없다.[52] 이때 부분들은 항상 전체와 외적인 관계 속에 있게 된다. 즉 결단을 통해 확정되는 정치적 통일의 전체가 먼저 있고 이에 따라 부분들은 포섭되거나 배제되는 것이다. 이에 따르면 '정치권력과 지배가 우선적인 것'이며, 민족을 '지배하는 자가 계획하는 것'이지 '계획하는 자가 지배하는 것이 아니다.'[53] 그렇기에 슈미트의 총체국가는 균질적 동일성에로만 수렴되는 전체주의 국가 그 이상일 수 없다. 이에 반해 헤겔의 총체성은 언제나 "대립의 **존립**"을 조건으로 한다. "절대적인 인륜적 총체성"으로서 "민족"은 **특수한** 개체로서만 살아

갈 수 없다. 만약 그렇다면 이 개체는 다른 개체와의 배타적 투쟁관계를 통해서만 자신의 특수성을 유지할 수 있을 것이다. 오히려 "민족의 살아 있는 개체성"은 "보편과 특수의 동일성"으로서의 "인륜적인 것"에 있다(JKS, 449-450, 479, 481). 특수한 개체들의 대립은 이 보편과의 동일성을 통해 관계 속에 유지되는 것이지 사생결단을 통해 한쪽의 승리로 끝나야 하는 것이 아니다. 이는 상대편을 비자립적인 노예로 만든 주인이 진정한 의미의 인정을 얻을 수 없는 것과 마찬가지이다.[54] "참다운 인륜적 총체성"은 보편과 특수의 "분리" 속의 "통일"로서만 성취될 수 있다(SE, 340). 이를 위해서는 살아 있는 민족의 특수한 부분들이 상호 매개를 거쳐 보편적 총체성에로 고양되는 과정이 있어야 한다. 모름지기 유기적 총체성이란 부분들 속에 전체가 반영되고 부분들을 통해 전체가 유지되는 것이기 때문이다. 헤겔은 자신의 법철학에서 민족 구성원들의 이러한 정치적 매개 활동을 시민사회 내의 사법과 공안 및 협동체 등에서 포착한다. 헤겔에게 시민사회는 결코 이기적 욕망들의 체계인 것만이 아니다. 시민사회 구성원들은 자신들의 특수이익을 충족시키기 위해 무엇보다 점점 더 사회적으로 보편화되는 노동을 통해 "실천적 교양"을 쌓는다. 또한 자신이 속한 직업신분의 "명예"와 "정의"를 바탕으로 "인륜적 성품(die sittliche Gesinnung)"을 함양하기도 한다. 이러한 이른바 직업윤리를 갖춘 "시민사회 구성원"은 동시에 자신의 직업 "협동체의 구성원"으로서 빈곤에 처한 다른 회원들을 돕고 부유해져도 자만하지 않고 헌신함으로써 협동체가 각 회원의 "제2의 가족"이자 "국가의" "제2의" "인륜적 뿌리"가 되도록 한다. 또한 사법은 여러 민형사상의 분쟁 내지 갈등의 해결 과정을 통해 특수이익을 추구하는 "자아가 보편적 인격으로" 인정받을 수 있는 이론적 교양을 습득하는 곳이기도 하다. 아울러 당시 공안(Polizei)은 단지 국가의 경찰 업무만이 아니라 빈자에게 "가족의 자리"를 대신해 줄 정도로 복지 및 공익 업무들까지 담당하는 조직이었다(GPR, §§197, 207, 209, 241, 251-253, 255). 따라서 이 모든 제도들은 사적인 특수이익들이 인륜적 공동체 차원의 보편이익과 보편의지에로 매개되는 계기들이라 할 수 있다. 그리고 바로 이러한 매개능력을 갖춘 구성원들이 입법부의 의원이나 행정부의 관료로 진출하게 된다.

여기서 반드시 주목해야 할 점이 있다. 헤겔에게 국가적 보편이나 정치적 통일을 형성하는 주체는 바로 민족 구성원들 자신이라는 것이다. 이들은 사익에 매몰된 경제시민으로만 머물지 않으며 늘 동시에 스스로를 "국가시민(Staatsbürger)"으로 도야시킨다(JⅢ, 261). 슈미트는 한편으로 헤겔이 끝없는 심의의 폐해와 이를 극복하기 위한 군주권력의 제한적 결정 역할 그리고 입법의 지침이 되는 간결하고 '단순한 헌법 조문들'의 필요 등을 통찰한 것으로 보면서도,[55] 다른 한편으로는 '구체적 현실에 있어 교육독재'의 가능성이 있다고 주장한다. 사변적 측면에서 헤겔 철학은 '선악의 절대적 분리'를 근거 짓는 '윤리학이 없기에' '독재의 여지가 없지만', 자신을 구체적인 '세계사적 사건'의 '담지자'로 느낀 자라면 '의회'와 '여론'을 통해 타인들을 '자유에로 강제'하게 된다는 것이다.[56] 이는 확실히 "자유의지의 현존"으로서 결코 강제의 권한을 포함하지 않는 헤겔의 법 개념에 대한 기초적 몰이해이자 자유로운 주체의 자율적 자기도야 과정에 대한 전반적 오해라 할 수 있다. 여론마저도 헤겔에겐 동시에 "경멸되면서도 존중되어야" 할 것이다. 여론 속엔 이미 "정의의 영원한 실체적 원리들 그리고 전체 헌법과 입법과 보편적 상태 일반의 참다운 내용 및 결과"가 들어 있기에 언제나 진중하게 취급되어야 한다. 그러면서도 이 실체적 내용은 늘 "사념(思念)"과 상식의 형식으로 표출되기에 "끝없는 오류"에 노출되어 있기도 하다. 따라서 여론은 반드시 이성적 "통찰"과 "참다운 사고"에로 계도되어야 한다(GPR, §§29, 315, 317-318). 그럼에도 꼭 잊지 말아야 할 것은 헤겔에겐 여론의 주체가 곧 여론 속에 비이성적인 형식으로나마 포함되어 있는 그 실체적 내용의 주체라는 점이다. 민족 구성원들은 자신들의 여론 내 실체적 내용의 주체로서 이 내용을 여론의 형식을 넘어서 이성적 사고로도 표현할 수 있도록 인도되고 교육받는다. 여기에는 교육독재가 아니라 오히려 교육독재에 대한 예방책이 설계되어 있는 셈이다. 1822/23년 법철학 강의에서 헤겔은 이렇게도 말한다. 참 거짓이 섞여 있는 "여론 속에서 참된 것을 **발견**하는 것, 이것이 바로 위인"의 역할이다. 그리고 이렇게 "자신의 시대가 무엇을 원하는지를 진술하고" "성취하는 자"가 바로 "그 시대의 위인이다"(RHt, §318).

중요한 것은 정치적 매개이다. 국가란 "본질적으로 지절들의 유기조직(Organisation)"이며, 그 속에서 각 지절들은 또한 "자신에 대해(für sich)" 고유한 집단들이기도 하다. 이렇게 자신의 특수한 집단성 속에서 항상 정치 공동체의 보편적 전체성이 매개되고 반영되는 국가가 진정한 의미의 총체국가라 할 수 있다. 구성원들의 이러한 유기적 총체성이란 의미에서 헤겔의 국가는 무엇보다 인륜적 국가이다. "국가는 인륜적 이념의 현실성"이며, 이 속에서 "인륜적 정신"은 "스스로 사유하며 자신이 아는 것을 아는 한에서 실행한다." 이 때문에 국가는 또한 자기의식적 개별자의 "구체적 자유의 현실성" 즉 "관습"과 "제도들"로 실현되는 이성적 현실성이기도 하다(GPR, §§257, 260, 263, 303). 이때의 현실성은 물론 현존 국가의 구체적 실재성을 의미하는 것도, 슈미트의 설명에서처럼 '그때마다의 단계에서' 파악되는 '이성적이고' '현실적인 것'을 의미하는 것도 아니다. 슈미트는 이것을 '시대에 적합한 것(das Zeitgemäße)'으로 해석하면서[57] 헤겔의 국가철학을 당시의 '구체적인 프로이센 국가' 철학으로 간주한다.[58] 그러나 헤겔이 여기서 말하는 현실성은 근본적으로 말하자면 "실존"에 도달한 이성적 "본질"을 의미한다. 실존이 그때그때 구체적 상황에 처해 있는 것이라면, 본질은 이 실존의 시간적 있음을 넘어서 무시간적으로도 있는 바의 것이다(WL I, 241, 369). 무릇 본질이란 과거에도 그렇게 있었으며 현재에도 그렇게 있는 것, 그래서 미래에도 그렇게 있을 것이자 또 그렇게 있어야 그것의 참모습이 되는 그런 것이다. 이러한 의미에서 헤겔의 인륜국가는 인간의 정치적 본질이 매개적으로 도야되고 실행되는 자유로운 실존의 무대라 할 수 있다. 특히 헤겔에게 정치적인 것이란 항상 특정 시대의 "민족의 아들"로(RW, §129)[59] 태어나는 인간의 공동체적 본질을 뜻한다는 점에서 그렇다. 인간의 이 공동체적인, 다시 말해 정치적 본질은 그 공동체성을 해체하지 않는 한에서 시대마다 다양한 내용으로 채워질 수 있다. 이에 반해 슈미트에게 정치적인 것이란 그러한 포용적 공동체성이 아니라 '존속'의 매 '위기상황'마다 공동체의 정치적 통일 내지 동일성만을 경계 짓는 결단 행위로 설정되고 있다.[60] 이렇게 시간적 순간으로 축소된 결단 자체는 그러나 그 정치적 통일 내지 동일성이 본질적으로 **무엇**이어야 하는지 말해주지 않는다. 슈미트가 실제로 봉사했던 인종적 순수성으로서의 정치적 통일은 아무런 논거도 없이 결단에서 비롯되는 구체적 질서라 암묵적으로 수용되고 있을 뿐이다. 개념은 언제나 보편적 본질의 개념이다. 본질을 내용으로 하지 않는 개념은 사실 공허한 이름일 뿐이며 학문적 의미에서 비개념(非槪念)에 지나지 않는다. 슈미트가 상황논리적 결단으로 정의하는 정치적인 것의 **개념**은 그 자체가 '정치적인 것'이며,[61] 그래서 단적으로 비개념일 뿐이다. 그의 기연주의적 결단주의는 비개념을 개념으로 포장하는 단순한 이름 그 이상일 수 없는 것이다.

4.
대립에서
유기적 인륜성으로

훗날 슈미트는 자신을 종교적 신념을 위해 온갖 해악이 가득 찬 판도라의 상자를 열어버린 에피메테우스라 비유하곤 했다. 그러나 늦게 깨우치는 자(Επι-μηθευς)로서도 그는 여전히 1963년 『파르티잔 이론』에서 '정치적인 것의 핵심'을 '동지와 적의 구별'로 본다.[62] 그가 결코 진정으로 포기할 수 없었던 개념은 아마도 『정치신학』에서 언급되는 '기적'일 것이다. 그는 여기서 '이신론(Deismus)'을 통해 관철되어 온 근대 법치국가의 전통 때문에 '세계로부터 기적이 추방'되었으며, 기적을 통해서만 해결 가능한 정치적 '예외상태' 또한 전능한 신의 자리를 대체한 이신론적 입법자에 의해서는 더 이상 사유할 수 없게 되었다고 아쉬워한다. 기적 같이 본질을 창조할 수 있는 신적인 행위 능력을 유한한 인간의 정치 영역에 도입하려는 것이다. 이것은 어찌 보면 그가 애초에 극복하고자 했던 정치적 낭만주의의 영향이라 할 수 있다. 그는 정치적 낭만주의의 결점을 주관적 기연주의 자체에서 파악하기보다는 기연주의의 나약한 주관성을 극복할 수 있는 단호한 결단력의 부재에서 보기 때문이다. 이렇게 낭만적 기연주의에 정치적 결단주의를 접목시킴으로써 슈미트의 정치 철학은 탄생한다. 그때마다의 상황에 따른 결단을 통해 동지와 적은 구분되고 민족의 정치적 통일이 창출된다는 것이다. 그러나 이렇게 창출되는 정치적 통일이 본질적으로 '무엇에 대한 것이고 무엇을 위한 것인지(worüber und wofür)'에 대해 슈미트는 아무런 이성적 논의를 제시하지 않으며 '인간적인 것들을 부패한 상태대로 내버려 두면서' '기회에 따른' '세속적 결단주의'만 모색할 뿐이다.[63] 결국 그는 단지 특권의 배제라는 민주주의의 정의(定義)에 의거해 '토론하는 계급'의 수평적 다원성을 수직적으로 동질화시키는 결단력 있는 '독재'를 옹호한다.[64] 그리고 이 동질성으로서의 정치적 통일을 '구체적 질서에 대한 사고'로부터, 다시 말해 당시의 인종주의적 경향으로부터 암묵적으로 전제한다.[65] 슈미트에겐 독재의 이러한 배타적 총체성을 위해 민족이 보내는 환호와 갈채만으로도 민주주의는 완성된다.

혹자는 슈미트가 걸어온 길을 시대적 난관을 돌파하기 위한 진지한 성찰과 연구에서 비롯된 것이라 평가하기도 한다. 당시 바이마르 공화국은 '다원적 정당국가'로서 막대한 전쟁 배상과 외교적 압박에 시달리면서도 그 의원들은 '전체의 복지'를 위해 활약하는 '자유로운 인간이 아니'라 소속 집단의 이익을 위해 '대오를 짜서 행진하는 당의 간부' 그 이상이지 못했다.[66] 헌법과 모든 법적 권한은 이를 위한 전술적 수단이 되었으며 정치는 밀실(arcanum)에서 이루어진 이익 배분 협상을 외적으로 치장하는 도구로 전락했다. 빈번한 수상 교체와 '21

차례의 연립정부' 그리고 '250번 이상'의 '국가 긴급권' 발동이[67] 이를 방증한다. 그러나 이 모든 혼란이 초법적 주권자의 단호한 결단주의에 의해 단번에 해소될 수 있을까? 결단에의 빈번한 요구는 오히려 민족의 타락에 비례하는 것이 아닐까? 반성능력을 상실할 정도로 타락한 민족은 신조차도 구원해 주지 않을 것이다. 슈미트는 후에 결정 행위 자체가 결정 내용의 본질을 모두 말해주지 않는다는 것을 언뜻 깨달은 것처럼 보인다. 나치 시기 그는 '국가적이고 결단주의적인' 관점이 '사물의 본질을 모두 포함하고 있지 않다'고 말하기 때문이다.[68] 그러나 그 대신에 그가 천착한 정치적 통일의 본질은 '지도자 히틀러'의 선언을 통해 '단 일격'에 종지부를 찍게 된 국제연맹의 제국주의적 보편주의를 대체할 '광역(Großraum)' 이론이었다.[69] 독일, 이탈리아, 일본이 미국 중심의 서구 열강들과 동등하게 세계를 광역별로 지배하도록 하자는 것이다. 주지하다시피 일본 대동아 공영권의 기원이 된 이 이론은 2차 대전 후에는 공간적으로 '확정된 경계로서 법을 드러내는' 『대지의 노모스』(1950)로 탈바꿈한다.[70]

그의 이론적 편력의 연속성과 단절성에 관해서는 별도의 논의가 필요할 것이다. 그러나 그가 던진 이익 집단들의 이전투구에 의한 정치 상실의 문제는 오늘날에도 여전히 시사해 주는 바가 많다. 더구나 우리에겐 역사적으로나 국내외적으로 해결해야 할 복잡한 문제들이 산적해 있다. 우리는 4대강 사업, 세월호, 위안부 협상, 국정농단 등 겉치장된 정치의 비리로 얼룩진 내막이 어떻게 엄청난 국가 재난을 초래하는지를 생생하게 경험한 바도 있다. 그럼에도 절실히 요구되는 정치적 결정은 이익 집단들의 협상 테이블을 넘어서기가 무척 어렵다. 그렇다고 슈미트처럼 만능 권력자를 희구하는 것도 큰 위험이 따를 것이다. 난세일수록 독재자는 더욱더 공공의 적을 창출하고 섬멸하는 모습을 통해 구원자 행세를 하려 든다. 몇몇의 본보기 처벌을 통해 국가 문제가 해소되는 것은 아니다. 차라리 해결될 수 없는 것은 해결하려 하지 말아야 한다. 누가 피해자의 상처를 해결할 수 있단 말인가. 유일하게 해결을 도모할 수 있는 것은 책임 있는 정치의 부재를 그 근본에서부터 진단하고 반성하는 무척이나 **지난한** 과제뿐일 것이다. 우리에겐 자신의 직책에 요구되는 책임 있는 결정을 실행하는 풍토가 점점 더 희박해지고 있다. 그래서 나 대신 결정해 줄 수 있는, 급기야 모든 결정이 집중되는 소수 권력자를 점점 더 희구한다. 독재는 몇몇 부패 정치인들이 만드는 것이 아니다. 이제 처음에 소개한 슈미트의 말을 고쳐 읽자. 자신의 위기 상황을 **스스로** 결정하고 극복하지 못하는 국민, 자신의 자유롭고 독립적인 존재 권리를 망각한 국민은 무자비한 몰락의 길을 걷는다.

언제나 정치 공동체의 구성원으로 태어나는 것이 인간의 본질이라면, 몇몇 주요 정치인들이 실각한다고 해서 그 공동체가 무너지는 것은 아니다. 자리에 연연하지 않는 책임 있는 구성원들로 이루어진 공동체라면 더욱 그렇다. 오히려 공동체의 위기는 늘 인륜적 보편과 매개되지 않는 사익의 추구에서부터 온다. 헤겔은 젊은 시절 이미 사적인 집단 이익만 추구하는 봉건 세력들을 겨냥해 "독일은 더 이상 국가가 아니다"고 냉엄하게 선언한 적이 있다(SE, 161). 원숙기에 저술한 『개요』에서 그는 이렇게도 경고한다. "특수 영역"의 개인들이 의회라는 "매개적 기관"을 통해 인륜적 보편의 "유기적 계기"가 되는 것이 "가장 중요한" 정치적 통찰에 속한다. 이때 물론 "정부와의 대립"이 빈번할 수는 있어도 그러나 이는 단지 유기적 인륜성의 형성 과정에 수반되는 외면적 "가상"에 지나지 않을 것이다. **반면에** "매개의 기능"을 상실한 채 개별 집단들이 "현실적으로" 정부와 "**실체적** 대립"에 빠져들게 되면 그때 "그 국가"는 "몰락"에 접어든 것이다(GPR, §302). 이 경우 슈미트라면 민주주의적 동일성이 응축되는 독재자를 강력히 요청할 것이다. 그러나 헤겔에게 민주주의는 자유주의에 배타적인 것도 군주제나 귀족제와 칼질하듯 분리되는 것도 아니다. 오히려 어떠한 형식이든지 간에 "자기 안의 **자유로운** 주관성의 원리를 감내할 수 없고 도야된 이성에 상응할 줄 모르는" 국가 헌법이라면 모두 "일면적인" 것이다(RHt, §273).[71] 자유란 정신적 존재자로서의 인간의 또 다른 본질이기에 그렇다. 물론 "법률에 대한 증오"는 그에게도 "민족의 거짓 형제와 친구"를 가르는 "암호"와 같다(GPR, 20). 그러나 법률은 자유의지의 현존으로서의 법이 정립된 것이지 결코 자유로운 민족 구성원들을 서로 간에 적으로 만드는 증오의 법률을 의미하는 것이 아니다. 앞서 언급했듯이 냉정한 실재론자 헤겔은 법철학 강의에서 차라리 이렇게 말한다. 자유로운 민족 "정신의 지속적인 도야"에 균형을 맞추지 못하는 "제도들"은 "불만족의 원천일 뿐만 아니라 혁명의 원천이기도 하다"(RW, §146). 우리를 보자. 직장을 잃으면 생존의 위기에 처해지고 직장을 얻어도 겨우 빠듯한 삶을 이어가기에 출산율, 실업률, 자살률 등 최악의 사회적 지표에도 제대로 된 복지는커녕 이 모든 것들을 한 방에 해결해주는 거대한 무언가를, 대단한 누군가를 희구하지는 않는가? 우리나라는 진정한 의미의 국가인가? 우리는 진정 좋은 국가의 좋은 시민인가? 슈미트의 독재론은 이에 대한 또 다른 경고이다. 여기에 헤겔의 진단을 덧붙이자. "한 민족의 헌법"은 "그 **민족의** 자기의식의 **교양**(Bildung)"에 "의존한다." 바로 여기에 그 민족의 "주관적 자유"와 이 자유의 객관적 "현실"이 있다(RG, §274).

주

머리말

1 Losurdo, Domenico: *Hegel und die Freiheit der Modernen*, 11-98, 특히 45, 97쪽.

2 이와 관련해서는 다음 논문을 참조하라. 남기호: 「헤겔의 자연법 비판과 국가의 기초」, 『가톨릭철학』 제30호.

3 Kant: *Metaphysische Anfangsgründe der Rechtslehre*, A174-181, 183-190 참조.

4 이는 빌헬름 훔볼트가 야코비를 비평한 슐레겔의 방식을 지적하며 한 말이다. Humboldt, Wilhelm v.: *W. v. Humboldt an Jacobi, 23. Januar 1797. Auszug* in *Philosophisch-literarische Streitsachen*, Bd.1.1, 271쪽.

I장 탄압의 시대

1 Howald, Ernst: Zum Artikel *Haym, Rudolf* in *Neue Deutsche Biographie* Bd.8, 152-153쪽. 또한 Wikipedia: Zum Artikel *Rudolf Haym*.

2 비교적 정확한 시각을 유지하려던 로젠크란츠도 보고하고 있는 이 사건은 그러나 최근 연구에 따르면 사실 확인이 **안 된** 전설에 지나지 않는다. 몇몇 튀빙겐 대학생들이 '1793년 7월 14일' '바스티유 습격 **기념일**'에 자유의 나무를 심었다는 기록은 있으나 이때 헤겔은 '이미 튀빙겐을 떠난' 상태였다. Rosenkranz, Karl: *Georg Wilhelm Friedrich Hegels Leben*, 28-29쪽. Jaeschke, Walter: *Hegel Handbuch*, 7쪽.

3 Haym, Rudolf: *Hegel und seine Zeit*, 33, 357쪽. 역사적으로나 학문적으로 전혀 언급하지 않는 것이 차라리 나은 헤겔 비방서도 있다. Kiesewetter, Hubert: *Von Hegel zu Hitler* 참조. 이에 대한 세세한 반론으로는 Losurdo, Domenico: *Von Hegel zu Hitler? Geschichte und Kritik eines Zerrbildes*, 특히 20-47, 112쪽 이하 참조. 키세베터는 2004년 한 강연에서 자신의 생각이 거의 수용되지도 논의되지도 않은 것을 불평한다. Kiesewetter, Hubert: *Hegels totalitäre Staatstheorie*, *https://www.ku.de/ggf/geschichte/wisogesch/online-publikationen/* 참조.

4 이진경: 『철학과 굴뚝 청소부』, 185쪽.

5 양우석: 「헤겔 국가 철학의 신화: 캇시러의 견해를 중심으로」, 『헤겔연구』 제15호, 243-244, 248쪽.

6 이에 대한 좋은 안내서로는 한스 프리드리히 풀다: 『헤겔 - 생애와 사상』, 391-415쪽. Jaeschke, Walter: *Hegel Handbuch*, 501-537쪽 참조. 특히 하임의 곡해에 대해선 Lucas, H.-Ch.: *"Wer hat die Verfassung zu machen, das Volk oder wer anders?"* in *Hegels Rechtsphilosophie im Zusammenhang der europäischen Verfassungsgeschichte*, 175-189쪽 참조.

7 베를린 이주 전 헤겔은 1818년 9월 12일 자신의 누이에게 "베를린은 그 자체가 거대한 중심지이며, 철학은 예로부터 남부 독일보다는 북부 독일에서 더 많은 욕구와 평안을 누렸

다"고 말한다. B2, 197쪽. 이주 후 그는 1821년 6월 9일 니트하머에게 보내는 편지에서도 "당신은 내가 지방이 아니라 중심지에서 살기 위해 이곳에 왔다는 걸 [잘] 아시지요."라며 근황을 전하고 있다. B2, 271쪽.

8 Jaeschke, Walter: *Hegel Handbuch*, 36-37쪽. B2, 123, 127-129.

9 Nicolin, Günther Hg.: *Hegel in Berichten seiner Zeitgenossen*, 174쪽. 그러나 헤겔이 베를린으로 이주했다고 해서 그곳 시민이 된 것은 아니다. 당시 베를린 시민권은 **법적으로** '토지 소유자'와 '실업가'에게만 제한되어 있었으며 '농부', '노동자', '공직자'에겐 부여되지 않았다. Jaeschke, Walter: *Berlin (1818-1831)* in *Hegel in Berlin*, 24쪽.

10 Pöggeler, Otto: *Hegels Option für Österreich* in *Hegel-Studien* Bd.12, 90-101쪽. 푀겔러는 헤겔의 『독일 헌법 비판 단편들』(1799-1803)을 중요한 논거로 삼는다. 또한 *Einleitung* in *Hegel in Berlin*, 14-16쪽. *Hegel und die Französische Revolution* in *Hegel-Studien Beiheft* Bd.42, 220-225쪽. Nicolin, Friedhelm: *Von Stuttgart nach Berlin*, 68-72쪽. 또한 Jaeschke, Walter: *Ein Schwabe als preussischer Staatsphilosoph?* in *Preussische Stille*, 249-259쪽. Pape, Matthias: *Revolution und Reichsverfassung* in *Hegel-Studien Beiheft* Bd.42, 76-80쪽.

11 1818년 3월 18일 알텐슈타인에게서 받은 편지. B2, 179.

12 D'Hondt, Jacques: *Hegel in seiner Zeit*, 36-44쪽. 특히 '동시대인들에게 종종', 한 세대 후엔 자주 미흡하다고 비난받았던 알텐슈타인의 '근본 문제'는 점증하는 왕정복고 세력을 **신중하게** 견제하면서 '훔볼트'의 근대 교육 개혁 '모델'을 '손상시키지 않은' 채 '프로이센에 안착시키는' 것이었다. Jaeschke, Walter u. Meist, K. Rainer: *Von Humboldt zu Altenstein* in *Hegel in Berlin*, 31-33쪽. Meist, K. Rainer: *Altenstein und Gans* in *Hegel-Studien* Bd.14, 42-44, 69쪽. 또한 교회 갈등에 대한 헤겔의 입장으로는 Jaeschke, Walter: *Der Glaube als Hüter der Verfassung* in *Evangelische Theologie* 54. Jhrg., 106-119쪽 참조.

13 한스 프리드리히 풀다: 『헤겔 - 생애와 사상』, 366-374쪽. D'Hondt, Jacques: *Hegel in seiner Zeit*, 13-14쪽.

14 독일 민족주의 형성에 대해서는 김태재: 「초기 해방전쟁(1815-1819)과 독일민족운동」, 『문화콘텐츠연구』 제9집, 61-94쪽 참조. 민족과 영토가 일치하는 국가 개념은 베스트팔렌조약(1848)에서 처음으로 등장했다고 할 수 있다.

15 이민호: 『새독일사』, 133-141쪽. 하겐 슐체, 『새로 쓴 독일 역사』, 113-125쪽.

16 D'Hondt, Jacques: *Hegel in seiner Zeit*, 83-89쪽. Losurdo, Domenico: *Hegel und das deutsche Erbe*, 223-227, 277-279, 특히 225쪽. 김장수: 「Burschenschaft의 독일개혁 및 통합운동」, 『관동사학』 제7집 제1호, 97-102쪽.

17 헌법 제정 약속은 이미 1815년 1월 11일 뷔르템베르그의 프리드리히 1세에 의해 처음 약속된 바 있으며, 『하이델베르그 연감』에 실린 헤겔의 「신분의회의 심의들」은 바로 이와 관련된 논문이다. 헤겔은 1798년에 뷔르템베르그 의회에 대한 논문을 써서 슈투트가르트의 친구들에게 보낸 적이 있다. Jaeschke, Walter: *Hegel Handbuch*, 82쪽. 당시 슈투트가르트의 카를 대학교(Hohe Karlsschule)는 프랑스 혁명 이후 최초의 반정부 학생활동의 중심지였다. 같은 뷔르템베르크 공국에 속한 튀빙겐 대학 시절 헤겔은 횔더린, 셸링 등과 함께 카를 대학교 학생들과 연계된 활동을 한 적이 있다. 김장수: 「프랑스혁명시기의 독일의 대학생활동: 슈투트가르트의 칼학교를 중심으로」, 『국제 지역 연구』 제13권 제4

호, 51-54, 67-68쪽.

18 이민호: 『새독일사』, 139쪽.

19 로버트 베셀회프트(R. Wesselhöft)와 빌헬름 베셀회프트 형제를 말하며, 특히 전자는 '고위 명령'에 따라 작성된 프로이센 정부 보고서에 따르면, 프리스, 루덴, 폴렌, 얀 등등과 함께 위험인물로 지목되고 있다. Jakob, L. H. v.: *Amtliche Belehrung über den Geist und das Wesen der Burschenschaft (1824)*, 9, 12-14쪽.

20 D'Hondt, Jacques: *Hegel in seiner Zeit*, 94-121쪽.

21 Ibid, 135쪽. Jaeschke, Walter: *Hegel Handbuch*, 43쪽.

22 Rameil, Udo: *Karlsbad und die ›Demagogen‹* in *Hegel in Berlin*, 41-41쪽.

23 Hoffmeister, J.: *Anmerkungen* zu B2, 432, 444쪽. 잔트의 암살 후 얼마 안 되어(1819년 7월 1일) 폴렌의 직접적인 지시로 기센의 부르셴샤프트 회원 뢰닝(Löhning)이 나사우 추밀원 고문 이벨(K. v. Ibell)을 암살하려 시도했다. 그러나 이 암살 시도는 실패했고 뢰닝은 자살했기에 계속 특별한 주목을 받지는 못했다. 김장수: 「Burschenschaft의 독일개혁 및 통합운동」, 『관동사학』 제7집 제1호, 110-113쪽. 김태재: 「초기 해방전쟁(1815-1819)과 독일민족운동」, 『문화콘텐츠연구』 제9집, 72-79쪽. Hoffmeister, J.: *Anmerkungen* zu B2, 487쪽.

24 하겐 슐체: 『새로 쓴 독일 역사』, 123쪽. Hoffmeister, J.: *Anmerkungen* zu B2, 447쪽. 진보적이었던 부르셴샤프트의 암살 행위는 독일에서 '아래로부터의 개혁'이 불가능하게 된 결정적 계기로 평가된다. 김장수: 「Burschenschaft의 독일개혁 및 통합운동」, 『관동사학』 제7집 제1호, 120쪽. 김태재: 「초기 해방전쟁(1815-1819)과 독일민족운동」, 『문화콘텐츠연구』 제9집, 62쪽.

25 Hoffmeister, J.: *Anmerkungen* zu B4, 175쪽. 푀르스터 자신은 1820년 여름 헤겔과 함께 드레스덴을 여행했을 때 겪은 흥미로운 일화 하나를 소개하고 있다. 어느 날 저녁 여러 친구들이 모인 자리에서 헤겔은 그곳 포도주를 거부하고 프랑스 샴페인을 주문해 주위 사람 모두에게 따라주며 오늘을 기념하기 위해 잔을 비우자고 제안했다. 아무도 그 말을 이해하지 못하자 그는 크게 소리쳤다고 한다. "이 잔은 1789년 7월 14일, 바스티유 습격을 위한 것입니다." Nicolin, Günther Hg.: *Hegel in Berichten seiner Zeitgenossen*, 213-214쪽. 이날은 헤겔이 『개요』 원고를 완성한 지 3주가 지난 시점이었다.

26 Hoffmeister, J.: *Anmerkungen* zu B4, 214쪽. D'Hondt, Jacques: *Hegel in seiner Zeit*, 102, 108-110, 127쪽. 그러나 자크 동의 102쪽과 몇몇 쪽의 날짜 표기는 오류가 있어 다른 문헌과 대조했다.

27 Hoffmeister, J.: *Anmerkungen* zu B2, 432-442쪽, 특히 433, 434, 436, 441쪽. *Anmerkungen* zu B4, 185쪽.

28 Nicolin, Günther Hg.: *Hegel in Berichten seiner Zeitgenossen*, 424쪽.

29 D'Hondt, Jacques: *Hegel in seiner Zeit*, 105, 132-133쪽.

30 B2, 271. 자크 동은 6주간, 호프마이스터는 7주간이라 보고한다.

31 Weisser-Lohmann, Elisabeth: *Die Vorlesungen der Hegel-Schüler an der Universität Berlin zu Hegels Lebzeiten* in *Hegel-Studien* Bd.26, 198-200, 특히 199, 200쪽. Hoffmeister, J.: *Anmerkungen* zu B2, 482쪽. *Anmerkungen* zu B4, 237쪽. D'Hondt, Jacques: *Hegel in seiner*

Zeit, 52-53, 103-104, 133쪽. 그러나 헤닝의 우파적 성향은 이미 헤겔 사후 그가 맡았던 '프로이센 국법' 강의에서 표출된 것으로 보인다. 내용이 알려지진 않았지만 이 강의로 인해 그는 '강력한 보수 헤겔주의자'로 알려졌으며 1835년엔 베를린 대학 정규 교수로 임명되기도 했다. Jaeschke, Walter: *Urmenschheit und Monarchie* in *Hegel-Studien* Bd.14, 77-78쪽.

32 B2, 331-332. 호프마이스터는 울리히가 1820년 4월 헤겔과 친분을 맺었으며 그 전에 그의 강의를 듣고 구금 중에 헤겔의 철학을 공부한 것으로 추측한다. Hoffmeister, J.: *Anmerkungen* zu B2, 498-502, 특히 499, 501. D'Hondt, Jacques: *Hegel in seiner Zeit*, 106쪽.

33 Nicolin, F.: *Auf Hegels Spuren*, 159-164쪽.

34 우도 라마일은 카로베의 이 행위를 당시 진보 세력의 준비가 얼마나 미흡했는지를 보여주는 전형적 사례로 해석한다. Rameil, Udo: *Karlsbad und die ›Demagogen‹* in *Hegel in Berlin*, 45-46쪽.

35 Hoffmeister, J.: *Anmerkungen* zu B2, 455-468, 특히 456-457, 461, 465, 467-468쪽. *Anmerkungen* zu B4, 198, 323쪽. D'Hondt, Jacques: *Hegel in seiner Zeit*, 51-52, 102, 106-108, 133쪽.

36 Rosenkranz, Karl: *Georg Wilhelm Friedrich Hegels Leben*, 369쪽.

37 Hoffmeister, J.: *Anmerkungen* zu B3, 374-378쪽. *Anmerkungen* zu B4, 200-201쪽. D'Hondt, Jacques: *Hegel in seiner Zeit*, 78, 102, 110-121, 127-131, 134쪽.

38 당시 분위기는 이른바 대학생 선도를 목적으로 1824년에 배포된 정부의 공식 입장을 통해 충분히 감지될 수 있다. 부르셴샤프트는 '학문적 시민적 전복'을 꾀하는 세력들이 '존립하는 정부들'에 대한 '불만족'을 퍼뜨리고 '적들에 대한 암살'조차 찬양할 만한 것으로 권유함으로써 자신들의 '혁명적' 목적 달성을 위해 비밀리에 사용하고자 하는 '도구'이다. 따라서 '평등, 자유, 통일의 위험한 보편 개념들'을 갖춘 '집단을 뿌리채 뽑아버리려는' '정부의 확고한 의지'에 따라 모든 신민은 '부르셴샤프트뿐만 아니라' '의심받을 수 있는 모든 것'을 삼가야 한다. Jakob, L. H. v.: *Amtliche Belehrung über den Geist und das Wesen der Burschenschaft (1824)*, 5-25, 특히 6, 17-23, 25쪽.

39 D'Hondt, Jacques: *Hegel in seiner Zeit*, 43쪽.

40 B2, 241-242쪽.

41 캄프츠의 『프로이센 경찰법전』이 바르트부르크에서 불태워졌었다. 김장수: 「Burschenschaft의 독일개혁 및 통합운동」, 『관동사학』 제7집 제1호, 103, 114쪽. Gebhardt, Bruno: Zum Artikel *Sayn-Wittgenstein-Hohenstein, Wilhelm Fürst zu* in *Allgemeine Deutsche Biographie* Bd.43, 626-629쪽.

42 Von Sybel, Heinrich: Zum Artikel *Hardenberg, Karl August Fürst v* in *Allgemeine Deutsche Biographie* Bd.10, 572-590쪽.

43 이를 통해 조금이라도 그의 강의가 문제가 있다는 평이 들어오면 쉽게 그를 해임할 수 있었을 것이다.

44 Hoffmeister, J.: *Anmerkungen* zu B4, 272, 281, 298, 314쪽. Roser, A. u. Schulten, H.: *Hegel und Johannes Schulze* in *Hegel-Studien* Bd.35, 9-10쪽. D'Hondt, Jacques: *Hegel in seiner Zeit*, 44-47쪽. 자크 동은 프랑스 혁명을 독일에 보고한 계몽 언론인 욀스너(K. E. Oelsner,

1764-1828)와 헤겔의 관계를 강하게 추측하기도 한다. 헤겔은 1794년 베른에서 도피 중이던 그를 만난 바가 있으며, 1817년부터 1825년까지 그는 하르덴베르크의 후원 아래 프로이센 외교 공사관 고문을 지냈다. 은퇴 후 파른하겐과 많은 서신을 주고받았으나 그가 헤겔과 직접 소식을 주고받거나 만난 기록은 전해지지 않는다. D'Hondt, Jacques: *Verborgene Quellen des Hegelschen Denkens*, 21-24쪽. Wippermann, Karl: Zum Artikel *Oelsner, Konrad Engelbert* in *Allgemeine Deutsche Biographie* Bd.24, 339-341쪽. 또한 1817년 '법률 개정'을 위한 '신설 장관직'에 임용되었다가 1819년 '카를스바트 결의에 대한 저항'으로 '훔볼트와 함께' '해임된' 바이메(C. F. v. Beyme, 1765-1838)에게 쓴 헤겔의 1830년 5월 21일 편지 한 통이 전해지고 있다. Schneider, Helmut: *Dokumente zu Hegels politischem Denken 1830/31* in *Hegel-Studien* Bd.11, 81-83쪽.

45 Holtzmann, Heinrich: Zum Artikel *De Wette, Martin Leberecht* in *Allgemeine Deutsche Biographie* Bd.5, 101-105쪽.

46 Hoffmeister, J.: *Anmerkungen* zu B2, 445-447, 448-450쪽. D'Hondt, Jacques: *Hegel in seiner Zeit*, 93쪽. Jaeschke, Walter: *Hegel Handbuch*, 43쪽. 이 비밀 모임에서 일어난 헤겔과 슐라이어마허 사이의 험한 말다툼은 너무 확대 해석되어서는 안 된다. 이때 논란거리가 됐던 국가의 대학교수 박탈 권한에 대해 슐라이어마허는 '비열한' 짓이라 반대했다고 하며, 헤겔은 '거칠게 응수하며' 봉급을 보장하는 조건에서 찬성했다고 한다. 호프마이스터는 이 말다툼이 베를린 학술원 철학분과를 **없애려는** 슐라이어마허에 대한 헤겔의 불만이 터진 것으로 본다. 그런 권한은 거부하면서 정작 당신 자신은 철학 분과를 없애려 하지 않느냐는 토로인 셈이다. 그렇지만 다른 해석도 가능하다. 아래에서 논의될 양심과 위선의 문제를 참조하라.

47 Hoffmeister, J.: *Anmerkungen* zu B3, 450, 462, 464. Jaeschke, Walter: *Hegel Handbuch*, 55쪽.

48 성서 구절은 마태복음 10장 28절.

49 D'Hondt, Jacques: *Hegel in seiner Zeit*, 112쪽. 물론 헤겔의 애국주의는 이들의 것과 구분되어야 한다. 로수르도는 너무 비밀스러운 헤겔의 면모를 프리메이슨과의 연관에까지 지나치게 추정하려는 자크 동의 논의를 지나친 것으로 평가한다. 헤겔은 조심스럽기는 했을지언정 굳이 무언가를 숨기면서까지 처신하지는 않았다는 것이다. D'Hondt, Jacques: *Verborgene Quellen des Hegelschen Denkens*, 193-285쪽. Losurdo, Domenico: *Hegel und die Freiheit der Modernen*, 27-38, 특히 34쪽과 비교.

50 Hoffmeister, J.: *Anmerkungen* zu B2, 444쪽.

51 자살 문제가 1817년『철학백과요강』과 1817/18년 법철학 강의필기문에는 나오지 않다가 1818/19년 강의필기문에 처음 나오는 것 역시 우연은 아니다. E I, §400 이하, RW, §22 이하. RHm, §36 비교.

52 이에 대해서는 남기호:「자유로운 죽음의 방식 - 헤겔의 자살론」,『가톨릭철학』제16호, 142-148쪽 참조.

53 헤겔은 코체부 암살 이전 1818/19년 법철학 강의에서 이미 "도덕적 의도가 불법적 행위를 정당화할 수 없다"고 말하고 있다. RHm, §66, 또한 §71 참조.

54 나라마다 의미가 달랐지만 헤겔에게서는 개혁적인 정치적 자유주의와 추상적인 경제적 자유주의가 구분되어야 하며, 또한 헌법적 애국주의와 민족적 애국주의도 구분되

어야 한다. 이에 대해서는 Lübbe-Wolff, G.: *Hegels Staatsrecht als Stellungnahme im ersten preußischen Verfassungskampf* in *Zeitschrift für Philosophische Forschung* Bd.35, 487, 499쪽. Losurdo, Domenico: *Hegel und das deutsche Erbe*, 99-106쪽. Siep, Ludwig: *Intersubjektivität, Recht und Staat in Hegels 'Grundlinien der Philosophie des Rechts'* in *Hegels Philosophie des Rechts*, 272-276쪽. 자유주의적 민족주의를 지향하는 국내 논의도 있다. 나종석: 「민족주의와 세계시민주의」, 『헤겔연구』 제26호, 170-193쪽 참조.

55 Jaeschke, Walter: *Hegel Handbuch*, 42쪽.

56 김장수: 「7월혁명과 남부독일의 통합운동(1830-1832)」, 『관동사학』 제8집 제2호, 103-106쪽 참조.

57 Caro, Jakob: Zum Artikel *Ancillon, Johann Peter Friedrich* in *Allgemeine Deutsche Biographie* Bd.1, 420-424쪽.

58 Nicolin, Günther Hg.: *Hegel in Berichten seiner Zeitgenossen*, 415쪽.

59 Hoffmeister, J.: *Anmerkungen* zu B3, 456-457쪽.

60 Jaeschke, Walter: *Politik, Kultur und Philosophie in Preußen* in *Hegel-Studien Beiheft* Bd.22, 37-48쪽. Boldt, Hans: *Hegel und die konstitutionelle Monarchie* in *Hegel-Studien Beiheft* Bd.42, 170-180, 192, 195, 203쪽과 비교.

61 Cesa, Claudio: *Entscheidung und Schicksal: Die fürstliche Gewalt* in *Hegels Philosophie des Rechts*, 186, 188, 196쪽. 당시 공화제를 지지한 극소수 세력을 제외하면 진보 진영 대부분이 입헌 군주제를 지지했다. 특히 부르셴샤프트의 기본 원칙에도 입헌 군주제가 포함되어 있었다. 김장수: 「Burschenschaft의 독일개혁 및 통합운동」, 『관동사학』 제7집 제1호, 106-108쪽.

62 간스의 급작스러운 사망(1839년) 후 분열을 시작하던 헤겔학파는 1848년 혁명의 좌초로 인해 결정적인 좌우 대결 국면을 맞게 된다. 이 국면을 계기로 중도적이었던 로젠크란츠나 좌파에 속했던 미헬레트는 우 편향으로 입장 선회를 하게 되며, 간스에게 배운 바 있는 청년 마르크스나 루게, 청년 엥겔스 등과 대립하게 된다. 로수르도는 당시 논쟁되었던 헤겔 철학의 핵심 개념들로 '객관정신과 절대정신의 연관', '모순'과 '지양'을 둘러싼 '부정성의 잠재력', '개체성'의 지위를 결정짓는 '보편성 범주' 등을 제시한다. Losurdo, Domenico: *Logik, Politik und soziale Frage: Hegelsche "Rechte" und Hegelsche "Linke"* in *Die Folgen des Hegelianismus*, 265-285, 특히 266, 274, 283쪽.

63 Engels, F.: *Schelling und die Offenbarung, MEW Ergänzungsband*, Zweiter Teil, 175쪽. Jaeschke, Walter: *Hegel Handbuch*, 55쪽. 한스 프리드리히 풀다: 『헤겔 - 생애와 사상』, 370-380쪽.

64 Marx, K.: *Randglossen zu den Anklage des Ministerialreskripts, MEW Ergänzungsband*, Erster Teil, 421쪽.

65 Hoffmeister, J.: *Anmerkungen* zu B3, 457, 472쪽. Weisser-Lohmann, Elisabeth: *Die Vorlesungen der Hegel-Schüler an der Universität Berlin zu Hegels Lebzeiten* in *Hegel-Studien* Bd.26, 202-205쪽.

66 Nicolin, Günther Hg.: *Hegel in Berichten seiner Zeitgenossen*, 437-438, 667쪽. 루게(1802-1880)의 공식적인 정치 활동은 1821년부터 1850년까지이다. 김장수: 「아르놀드 루게(A.

Ruge)의 정치적 활동(1821-1840)」, 『서양사학연구』 제17집, 81-101쪽.

67 Jaeschke, Walter: *Hegel Handbuch*, 45, 365쪽.

68 헤겔 후임으로 베를린 대학 철학과에 임명되었던 예나 시절 제자 가블러(G. A. Gabler)는 그의 정신현상학적인 관점 치중과 미온적인 정치적 견해로 인해 헤겔 좌우파로부터 '나약한 후계자'로 평가되었다. 사실 가블러는 당시 왕정복고적인 대학 당국에 자신의 보수적 의견을 피력함으로써 헤겔의 후임으로 **받아들여진** 것이라 할 수 있다. 헤겔학파는 가블러 주위가 아니라 오히려 간스와 미헬레트 등이 주도했던 『학문적 비판 연감』을 중심으로 형성되었다. 따라서 가블러의 역할이 미덥지 않았던 왕의 셸링 임명은 이 후자들을 겨냥한 것이라 볼 수 있다. Meist, K. Rainer: *Altenstein und Gans* in *Hegel-Studien* Bd.14, 44-72, 특히 45, 57-61, 69-70, 72쪽. 한스 프리드리히 풀다: 『헤겔 - 생애와 사상』, 396-397, 400-401쪽. Jaeschke, Walter: *Hegel Handbuch*, 509, 528쪽. *Urmenschheit und Monarchie* in *Hegel-Studien* Bd.14, 78-79쪽.

69 Nicolin, Günther Hg.: *Hegel in Berichten seiner Zeitgenossen*, 235, 355쪽.

II장 누가 헌법을 만들어야 하는가?

1 『개요』에는 출판연도가 1821년으로 인쇄되어 있으나 실제로는 1820년 10월 1일 출판되었다. 이에 대해서는 이 책의 V장을 참조하라.

2 하겐 슐체: 『새로 쓴 독일 역사』, 121-123쪽. 데이비드 메이슨: 『처음 읽는 유럽사』, 82-87쪽. 물론 당시 왕정복고 세력들이 나폴레옹 전쟁 이전의 독일 상태를 그대로 복원하려 했던 것은 아니다. Jaeschke, Walter: *Die Vernünftigkeit des Gesetzes* in *Hegels Rechtsphilosophie im Zusammenhang der europäischen Verfassungsgeschichte*, 124-125쪽.

3 Paulus, H. E. G.: *(1821) Heidelberger Jahrbücher der Literatur* in *Materialien zu Hegels Rechtsphilosophie* Bd.1, 55-56쪽.

4 이런 맥락에서 헤겔의 프리스 비판은 그의 왕정복고로의 전향으로 이해되기도 했다. 그러나 헤겔의 비판적 입장은 '왕정복고 이전 시기'부터 형성된 것이다. Ottmann, Henning: *Hegels Rechtsphilosophie und das Problem der Akkomodation* in *Zeitschrift für philosophische Forschung* Bd.33, H.2, 241-242쪽.

5 Anonym(=Paulus, H. E. G.): *(1822) Allgemeine Literaturzeitung* in *Materialien zu Hegels Rechtsphilosophie* Bd.1, 157쪽. 만프레트 리델은 『개요』에 대한 동시대인들의 이해를 전체적으로 '실패한 수용'이라 평가한다. Riedel, Manfred: *Einleitung* zu Ibid, 17-20쪽. 그러나 10여 년 후 금서로 지정된 로텍과 벨커의 사전 『국가 어휘집(*Staatslexikon*)』(1834-48)은 헤겔을 '법치국가(Rechtsstaat)'를 표방한 것으로 설명한다. Klenner, Hermann: *Rechtsphilosophie zwischen Restauration und Revolution* in *Philosophie und Literatur im Vormärz, Philosophisch-literarische Streitsachen* Bd.4, 92-94쪽.

6 Von Eggeling, Heinrich: Zum Artikel *Fries, Jakob* in *Allgemeine Deutsche Biographie* Bd.8, 73-81쪽.

7 Jaeschke, Walter: *Hegel Handbuch*, 36-37, 42-47쪽.

8 김장수: 『독일의 대학생활동 및 그 영향』, 56-103쪽.

9 Bianco, Bruno: *Ein Votum für Jacobi gegen Schelling* in *Philosophisch-literarische Streitsachen* Bd.3, 173쪽. 바르트부르크 성은 루터가 성서를 번역한 곳이기도 하다. 그렇기에 프리스는 연설 제목을 성서 구절(마태오 22:21, 마가 12:17, 루카 20:25)에서 의도적으로 차용했다. 해방전쟁이 한창이던 1814년 프리스는 「개심하라!(Bekehrt euch!)」는 연설문을 통해 독일의 공동체 정신과 공화주의 연방국가 창설을 주장하기도 했다. 원준호: 「헤겔 정치사상에서의 신뢰, 애국심 그리고 신념」, 2000년도 한국정치학회 연례학술회의, 14-15쪽.

10 Grotsch, Klaus: *Anhang* zu GPR, 1042-1043쪽.

11 Hubmann, Gerald: *Nachwort zu Von deutscher Staatsverfassung*, Ⅶ쪽.

12 Fries, J. F.: *Von deutscher Staatsverfassung*, 1, 3, 6, 11쪽.

13 Ibid, 38, 54, 64-69, 71, 78-80, 82, 94쪽.

14 Fries, J. F: *Über die Gefährdung des Wohlstandes und Charakters der Deutschen durch die Juden*, 3-24, 특히 10, 12, 15쪽.

15 Fries, J. F.: *Philosophische Rechtslehre und Kritik aller positiven Gesetzgebung*, 3, 24, 33, 56, 67, 74, 81, 84, 106쪽. 프리스가 여론과 심정 윤리학을 강조하는 것은 그의 학문관에서 연유한다고 볼 수 있다. 그는 1805년 자신의 『지와 신앙과 예감(*Wissen, Glaube und Ahndung*)』에서 지(知)를 '그 대상들이 직관을 통해 인식되는 완전한 인식의 확신'으로, 신앙을 '단지 개념들로 우리에게' '전해지는 단순한 이성으로부터의 필연적 확신'으로, 그리고 예감을 '단순한 감정으로부터의 필연적 확신'으로 정의한다. 이 확신들 중 그의 『윤리학』(1818)에 핵심 역할을 하는 것은 신앙과 예감이다. 그러면서 그는 신앙조차 윤리학에서는 개념을 꼬치꼬치 따지기보다는 '생동한 도덕적 감정'의 '목소리'에 귀 기울여야 한다고 본다. 한마디로 모든 도덕적 판단은 '단지 생동한 감정 속에서만 말할 수 있다'는 것이다. 그렇다면 민족의 윤리적 감정은 생동한 '조국애와 종교적 고취'에 놓이게 된다. 그리고 이를 효과적으로 촉진하는 것이 바로 여론의 역할이 될 것이다. Grotsch, Klaus: *Anhang* zu *Grundlinien der Philosophie des Rechts*, 1040-1042쪽. 헤겔은 법철학 도덕성 장에서 위선의 네 번째 종류로 프리스의 바로 이 "확신" 윤리학을 언급하고 있다. GPR, §140. RG, §140. 프리스 윤리학의 법철학과의 연관성에 관해서는 문성화: 「프리스 윤리학의 체계와 원리」, 『철학논총』 제14집, 211-235, 특히 214, 217, 220, 222, 225-226쪽 참조.

16 Fries, J. F.: *Von deutscher Staatsverfassung*, 23, 43-48, 52, 112-113쪽.

17 Nicolin, Günther Hg.: *Hegel in Berichten seiner Zeitgenossen*, 87-88쪽.

18 Hoffmeister, J.: *Anmerkungen* zu B2, 381-382쪽.

19 1811년 10월 10일 니트하머에게 보낸 편지.

20 헤겔이 이렇게 프리스를 겨냥해 취임연설을 미리 준비할 수 있었던 것은 하이델베르크 대학으로 옮겨 간 그의 예나 시절 제자들이 보내준 소식들 덕분이었다. 이 중에는 프리스, 데 베테, 마르틴 주위에 모인 몇몇 과격한 학생들이 한 의학과 교수에게 폭행을 휘두른 사건을 전하며, 프리스의 강의가 '졸릴 정도로' '너무 밋밋해' 인기가 없다는 이야기를 덧붙인 것도 있다. 프리스의 제자이자 동료인 데 베테(1780-1849)와 법학과 교수인 마르틴(Christoph Reinhard Dietrich Martin, 1772-1857)은 훗날 프리스와 함께 부르셴샤프트의 극단적인 선동자로 지목되는 인물들이다. 1805년 11월 4일 랑게(Christian

Friedrich Lange)에게서 받은 편지. B1, 105쪽. Hoffmeister, J.: *Anmerkungen* dazu, 458쪽.

21 Hoffmeister, J.: *Anmerkungen* zu B2, 418쪽.

22 1817년 4월 19일 프로만(Frommann)에게 쓴 편지와 1819년 11월 힌릭스(Hinrichs)에게 쓴 편지 초안.

23 Hoffmeister, J.: *Anmerkungen* zu B2, 445쪽.

24 헤겔은 "법"을 "의지의 자유와 이 의지의 실현을 통해 구성되는 연관"이라 정의하기도 한다. RW, §8.

25 헤겔은 이미 1802년부터 이러한 헌법 개념을 갖고 있었다. Weisser-Lohmann, Elisabeth: *»Daß das Allgemeine zu einer Tat komme« - ›Sittlichkeit‹ und ›Verfassung‹ bei Hegel* in *Hegel Studien Beiheft* Bd.42, 139쪽. 헌법에 해당하는 Verfassung은 원래 유기체의 구성을 의미하는 생물학 용어였다. 정치 영역에서의 이 용어의 차용은 따라서 민족의 유기적 삶을 사회공동체적으로 제도화한다는 의미를 지닌다. Koselleck, Reinhart, *Preußen zwischen Reform und Revolution*, 163-165쪽. 헤겔의 정치적 헌법(*politische* Verfassung)은 어원적으로 민족의 유기적 삶의 사회공동체적(*πολιτικος*) 구성으로 이해되어야 한다. 헤겔이 '국가유기체' 관점에서 권력 분립론을 논하는 것도 이 때문이다. Siep, Ludwig: *Hegels Theorie der Gewaltenteilung* in *Hegels Rechtsphilosophie im Zusammenhang der europäischen Verfassungsgeschichte*, 407-411쪽.

26 하인츠 키멀레는 헤겔의 이러한 헌법 개념이 아직 제도적으로 대의제가 구상되고 있진 않지만 예나 자연법 논문(1802)부터 줄곧 유지되어 온 것으로 본다. 여기서 '좋은 국가 헌법'은 '특수성의 형식과 완전히 합일되어 있는' '입법 체계 내에' '현존하는 생동한 인륜들을 표현하는' 헌법이었다. Kimmerle, Heinz: *Die Staatsverfassung als "Konstituierung der absoluten sittlichen Identität" in der Jenaer Konzeption des "Naturrechts"* in *Hegels Rechtsphilosophie im Zusammenhang der europäischen Verfassungsgeschichte*, 135-137, 146-147쪽.

27 『개요』에는 잘 설명되어 있지 않으나 바넨만 필기문에는 이에 대한 좋은 사례가 두 차례 언급되고 있다. 바로 마센바흐 남작(Massenbach, Ch. Frhr. v., 1758-1827)의 사례로서 그는 1806년 예나 전투에서 우유부단한 대령으로 프로이센 군대의 패배에 막대한 영향을 끼쳤다. 군인으로서의 실패 후 그는 애국적인 문필가로 활동했으며, 나폴레옹 실각 후 뷔르템베르크 야당 정치인으로 활동하며 자신을 불신한 프로이센 궁정의 치부를 드러낸 비망록을 출판하고자 했다. 그러나 이 출판 의도는 궁핍해진 자신의 재정을 메우기 위해 프로이센 궁정으로부터 돈을 뜯어내려는 위협용이었다. RW, §§132, 154. Hartmann, Stefan: Zum Artikel *Massenbach, Christian Freiherr von* in *Neue Deutsche Biographie* Bd.16, 358쪽 이하.

28 또한 GPR, §270의 각주를 읽을 필요가 있다. "시민권 자체의 부여에 관해" "이민족"이라 하여 "유대인"을 배제하려는 "형식적인 법"은 "그들이 무엇보다도 먼저 인간이라는 사실을 간과한다." "그러한 이례성(Anomalien)"이나 "구별"은 "국가"가 단지 다른 "강인함"을 통해, 즉 "인륜의 힘과 자신의 제도들의 내적 이성성의 힘"을 통해 "관용"할 수 있는 것이다. 헤겔은 인륜적 국가의 '독립성'을 중시한 점에서는 애국적이지만, '배타적으로 독일적인 정당'을 지향한 '피히테와 프리스'의 관점에서는 '애국적이지 않다.' Rosenkranz, Karl: *Hegel als Deutscher Nationalphilosoph*, 145쪽. 헤겔의 애국주의는 오늘날 '헌법애국주

의' 또는 '일상적' 애국주의로 해석된다. 장준호: 「독일에서 애국주의 개념과 변천」, 『한독사회과학논총』 제22권 제2호, 91-94, 97쪽. 원준호: 「헤겔 정치사상에서의 신뢰, 애국심 그리고 신념」, 2000년도 한국정치학회 연례학술회의, 14-17쪽. 「애국심의 대상, 요소, 현실성에 관한 숙고」, 『한국정치학회보』 제37집 제3호, 60-63쪽.

29 헤겔은 '자유주의적 **제도**'를 권장하지만, 모든 제도를 결정하려는 '원자론적 자유주의'에 대해서는 매우 비판적이다. Pöggeler, Otto: *Hegels Begegnung mit Preußen* in *Hegels Rechtsphilosophie im Zusammenhang der europäischen Verfassungsgeschichte*, 347쪽. 헤겔의 자유주의 비판을 '원자론적 개인주의'와 '사회계약론'에 대한 비판으로 다룬 논문은 박배형: 「헤겔의 자유주의 비판」, 『헤겔연구』 제31호, 217-228쪽. '절제된 자유주의 방향'을 지니는 헤겔 법철학의 제도들에 대해서는 Boldt, Hans: *Hegel und die konstitutionelle Monarchie* in *Hegel Studien Beiheft* Bd.42, 194-198, 203쪽.

30 Henrich, Dieter: *Logische Form und reale Totalität, Hegels Philosophie des Rechts*, 448쪽. 디터 헨리히는 헌법뿐만 아니라 또한 국가를 포함해 헤겔의 제도 개념 자체를 이렇게 본다.

31 헌법을 이렇게 민족의 역사적 삶의 정치적 구성 자체로 이해하게 되면 입법부는 그 헌법의 실정화를 담당하는 하나의 국가 기구로 제한되게 된다. 헤겔은 프랑스 혁명 시기 국민공회가 홀로 국가 조직 전체를 창출하려 할 때 발생한 공포정치를 비판적으로 본다. Pape, Matthias: *Revolution und Reichsverfassung* in *Hegel Studien Beihefi* Bd.42, 58쪽. 그러나 롤프 그라베르트는 입법부를 '국가 최고권'으로 설정하지 않은 헤겔을 국가 구성의 계몽적 유산을 거부한 것으로 잘못 평가한다. Grawert, Rolf: *Verfassungsfrage und Gesetzgebung in Preußen* in *Hegels Rechtsphilosophie im Zusammenhang der europäischen Verfassungsgeschichte*, 290-293쪽.

32 이렇게 민족의 삶 속에서 역사적으로 발전하는 이성적 헌법 개념은 입법 주체들을 자기 직업의 이해를 대표하는 자가 아니라 '전체 민족의 대변자'가 되도록 한다. Lübbe-Wolff, Gertrud: *Hegels Staatsrecht als Stellungsnahme im ersten preußischen Verfassungskampf* in *Zeitschrift für Philosophische Forschung* Bd.35, 485쪽.

33 그 당시에는 카를스바트 결의에 따른 복고정치로 인해 언론검열이 심각했다. 김장수: 「Burschenschaft의 독일개혁 및 통합운동」, 『관동사학』 제7집 제1호, 116-118쪽.

34 Lucas, H.-Ch.: *"Wer hat die Verfassung zu machen, das Volk oder wer anders?"* in *Hegels Rechtsphilosophie im Zusammenhang der europäischen Verfassungsgeschichte*, 210쪽. '공개성'을 강조한다는 차이는 있지만 헤겔의 신분론은 영국의 모델을 연상시킨다. Jaeschke, Walter: *Hegel Handbuch*, 395쪽.

35 악의적으로 헤겔 비방을 일삼는 루돌프 하임은 헤겔의 이 저술을 아무 근거 없이 '튀빙겐 대학 사무국장' 자리를 얻기 위해 '아시아적 찬양조로' 뷔르템베르크 '울타리왕국(Zaunkönigthum)을 미화'한 것으로 왜곡하기까지 한다. Haym, Rudolf: *Hegel und seine Zeit*, 347-356, 특히 353쪽. 이 저술의 시대 상황에 대해서는 Lucas, H.-Ch.: *"Wer hat die Verfassung zu machen, das Volk oder wer anders?"* in *Hegels Rechtsphilosophie im Zusammenhang der europäischen Verfassungsgeschichte*, 203-205쪽 참조.

36 『개요』에서의 헤겔의 비판은 명시적으로 언급되고 있지 않지만 이미 프리스의 교수직 해임(1819) 이전 1818/19년 법철학 강의에서도 나타난다. RHm, 232-233쪽. "게다가 각

자 자신의 **확신** 속에서 법을 지닌다고 사념하는 이 시대에" "참으로 법인 무엇인지"에 대한 "연구는 긴급하게 필요하다." RA[1], 46쪽. 또한 RA[2], 33-35쪽 참조.

37 Hoffmeister, J.: *Anmerkungen* zu B2, 444-445쪽.

38 파울루스는 이런 내용을 담은 논문을 당시 헤겔이 편집 일을 맡아보던 『하이델베르크 연감』에 투고했다가 거절당한다. 그 후 그는 헤겔과의 오랜 친분을 끊고 적대적으로 변한다. Jaeschke, Walter: *Hegel Handbuch*, 257-258쪽.

39 한때 프리스 추종자였으며 잔트의 암살을 찬양하기도 했던 하이델베르크 대학생 구스타프 아스베루스(G. Asverus)는 부르셴사프트에 유대인을 포함한 외국인의 가입도 허용하자는 헤겔의 제자 프리드리히 카로베(F. W. Carové)의 주장을 격렬히 비난한 바 있다. 그러나 아스베루스 또한 베를린에서 헤겔의 제자가 되면서 '모든 인간의 자유'를 '내 조국의 통일'만큼 중요시하는 좀 더 절제된 노선을 취하게 된다. Hoffmeister, J.: *Anmerkungen* zu B2, 432-436쪽.

40 앞서 언급한 문성화의 탁월한 논문이 국내 유일한 연구 성과이다.

41 칼 슈미트: 『현대 의회주의의 정신사적 상황』, 9-39, 특히 27, 29, 38쪽.

42 칼 슈미트: 『정치신학』, 18쪽.

43 Fries, J. F.: *Von deutscher Staatsverfassung*, 113-114쪽.

44 Hubmann, Gerald: *Nachwort* zu *Von deutscher Staatsverfassung*, XIV쪽.

45 별도의 논의가 필요하겠지만 헤겔은 '순수 민주주의'와 신분적 특권에로 타락하지 않는 '대의제 공화국'을 구별하고 후자의 관점을 취한다. Pöggeler, Otto: *Hegels Option für Österreich* in *Hegel Studien* Bd.12, 118쪽.

III장 자연의 법인가, 이성의 법인가?

1 Zachariae, K. Salomo: *Z. C. (1822) Hermes oder kritisches Jahrbuch der Literatur* in *Materialien zu Hegels Rechtsphilosophie*, Bd.1, 101-102쪽.

2 GPR, 17-19쪽 참조.

3 Lottes, Günther: Zum Artikel *Restauration* in *Historisches Wörterbuch der Philosophie* Bd.8, 926-930쪽.

4 그럼에도 헤겔 법철학의 '궁극적 형태'는 '빈 회의' 이후 '유럽의 헌법 논쟁'에 빚지고 있다. Pöggeler, Otto: *Nachschriften von Hegels Vorlesungen* in *Hegel Studien* Bd.26, 167쪽.

5 이 각주는 『개요』의 완성 후 첨가된 것이다. Lucas, H.-Ch. u. Rameil, Udo: *Furcht vor der Zensur?* in *Hegel Studien* Bd.15, 68쪽.

6 1821년 8월 8일 타덴에게서 받은 편지.

7 1820년 1월 22일 타덴에게서 받은 편지.

8 Klenner, Hermann: *Rechtsphilosophie zwischen Restauration und Revolution* in *Philosophie und Literatur im Vormärz, Philosophisch-literarische Streitsachen* Bd.4, 90쪽.

9 Blösch, Emil: Zum Artikel *Haller, Karl Ludwig von* in *Allgemeine Deutsche Biographie* Bd.10, 431-436쪽.

10 Haller, C. L. v.: *Restauration der Staats-Wissenschaft oder Theorie des natürlich-geselligen Zustands der Chimäre des künstlich-bürgerlichen entgegengesetzt*. Bd.1, Ⅲ, XXV, XXⅨ-XXXⅠ, XLV-XLⅥ, XLⅨ쪽.

11 Ibid, 3, 9-11쪽.

12 롤프 호르스트만은 이 점을 국가와 시민사회를 구별한 헤겔과의 결정적인 차이점으로 본다. Horstmann, Rolf P.: *Über die Rolle der bürgerlichen Gesellschaft in Hegels politischer Philosophie* in *Hegel Studien* Bd.9, 234-237쪽. 헤겔은 1817년 하이델베르크 『철학백과 요강』에서 처음으로 시민사회를 독립적인 영역으로 구별했다. 따라서 예나 기획들에서 '시민사회의 국가화'가 『개요』에 이르러 '인륜성'의 '봉건귀족'적 '이데올로기 요소들'을 위해 구별되었다는 괼러/로트의 평가는 오히려 국가에 대한 사회 결정론적 시각에 근거한 터무니없는 결론이다. Göhler, Gerhard u. Roth, Klaus: *Der Zusammenhang von Ökonomie, Recht und Staatsgewalt. Hegels philosophische Begründung in der gegenwärtigen Diskussion* in *Zeitschrift für Philosophische Forschung* Bd.35, 505-511, 특히 511쪽.

13 Haller, C. L. v.: *Restauration der Staats-Wissenschaft oder Theorie des natürlich-geselligen Zustands der Chimäre des künstlich-bürgerlichen entgegengesetzt*. Bd.1, 340-344쪽.

14 Ibid, 345-347, 351-353, 357-359, 361, 375쪽.

15 Ibid, 346, 374, 377, 391, 393, 398쪽.

16 Ibid, 12-15쪽. 특히 '중세의 국가를 이상화'시키기 위해 할러가 창조한 '세습영주 국가'라는 용어는 복고 세력들에게 많이 애호되었다. 프리드리히 마이네케: 『세계시민주의와 민족국가』, 264-268쪽. 세습영주 국가는 '대외적으로 독립적인 장원제도(壯元制度)의 본성'으로서 정의된 국가이다. Klenner, Hermann: *Rechtsphilosophie zwischen Restauration und Revolution* in *Philosophie und Literatur im Vormärz, Philosophisch-literarische Streitsachen* Bd.4, 91쪽.

17 Haller, C. L. v.: *Restauration der Staats-Wissenschaft oder Theorie des natürlich-geselligen Zustands der Chimäre des künstlich-bürgerlichen entgegengesetzt*. Bd.1, 13, 230, 235, 384, 446, 448, 452, 460, 461, 463, 470, 473, 487, 494, 504, 518-519쪽.

18 Jaeschke: *Hegel Handbuch*. 9, 80-82쪽. Pape, Matthias: *Revolution und Reichsverfassung* in *Hegel Studien Beiheft* Bd.42, 58-59쪽. 당시 바틀란트는 이탈리아 전쟁(1494-1559) 와중인 1536년 베른에 의해 정복되어 260년 넘게 지배받고 있었다.

19 Haller, C. L. v.: *Restauration der Staats-Wissenschaft oder Theorie des natürlich-geselligen Zustands der Chimäre des künstlich-bürgerlichen entgegengesetzt*. Bd.1, 261, 470쪽.

20 남기호: 「세계시민의 영원한 평화를 위한 단서조항」, 『시대와 철학』 제21권 제4호, 157-159쪽.

21 홍영두는 헤겔에게서 '자연 상태와 사회 상태가 근본적으로 하나'이며, '절대적 인륜성 자체를 구성'하는 것으로 해석한다. 홍영두: 「자유주의의 두 방법론에 대한 헤겔의 비판과 인륜성 범주의 연역」, 『시대와 철학』, 제12권 제2호, 365-366쪽.

22 또한 JKS, 418-427쪽과 비교.

23 Haller, C. L. v.: *Restauration der Staats-Wissenschaft oder Theorie des natürlich-geselligen Zustands der Chimäre des künstlich-bürgerlichen entgegengesetzt*. Bd.1, 359, 361-362, 375쪽.

24 Ibid, 397-398쪽 참조.

25 반면에 예슈케는 '**자연적**-사회적 상태의 이론'을 구상한 할러를 너무 용어 의존적으로 자연법 사상가로 규정하면서 헤겔이 할러의 이 측면을 간과했다고 본다. 동시에 그는 힘의 관계 내 군주 권력으로부터 국가를 도출하는 할러에게서 '자유주의 성향'을 지적하기도 한다. Jaeschke, Walter: *Die Vernünftigkeit des Gesetzes* in *Hegels Rechtsphilosophie im Zusammenhang der europäischen Verfassungsgeschichte*, 230-231쪽.

26 Haller, C. L. v.: *Restauration der Staats-Wissenschaft oder Theorie des natürlich-geselligen Zustands der Chimäre des künstlich-bürgerlichen entgegengesetzt*. Bd.1, Ⅶ, XⅢ, XXV, XXXⅦ, XLⅦ, 225쪽.

27 Ibid, 379-381쪽.

28 Ibid, XXI-XXⅡ, XXⅨ, 32-33, 171-173쪽.

29 1815년 뷔르템베르크의 프리드리히 1세는 '신분 대의제에 기초한 헌법' 제정을 약속한 바 있으며, 이를 위해 신분의회를 소집하기도 했다. 그러나 구 신분세력들은 '거의 만장일치로' 왕의 제안을 부결시키고 긴 논쟁 끝에 '1819년 9월 25일' '옛 뷔르템베르크'의 봉건적 헌법을 복원시켰다. 헤겔은 이 논문에서 거의 일방적으로 왕의 편을 든다. Lucas, H.-Ch: *"Wer hat die Verfassung zu machen, das Volk oder wer anders?"* in *Hegels Rechtsphilosophie im Zusammenhang der europäischen Verfassungsgeschichte*, 203-208쪽 참조.

30 이것을 "주체의 최고 법"이라 표현한다면, 전자는 "객관성의 법"이라 칭할 수 있다. GPR, §132.

31 헤겔의 국가 개념을 '정신의 자기절대화' 수단으로 이해하면, 게르하르트 볼테에게서처럼 나치와 같은 '권위적인 국가' 경향을 지닌 것으로 오해될 수 있다. Bolte, Gerhard: *Staatsidee und Naturgeschichte*, 84-86, 120-125쪽.

32 Jaeschke, Walter: *Die Vernünftigkeit des Gesetzes* in *Hegels Rechtsphilosophie im Zusammenhang der europäischen Verfassungsgeschichte*, 230쪽.

33 Haller, C. L. v.: *Restauration der Staats-Wissenschaft oder Theorie des natürlich-geselligen Zustands der Chimäre des künstlich-bürgerlichen entgegengesetzt*. Bd.1, 188-200, 400-403, 434-435쪽.

34 Haller, C. L. v.: *Restauration der Staats-Wissenschaft oder Theorie des natürlich-geselligen Zustands der Chimäre des künstlich-bürgerlichen entgegengesetzt*. Bd.3, 374-379쪽.

35 Henrich, Dieter: *Logische Form und reale Totalität* in *Hegels Philosophie des Rechts*, 448쪽. 헤겔에게서 인륜성과 헌법의 관계의 발전에 대해서는 Weisser-Lohmann, Elisabeth: *»Daß das Allgemeine zu einer Tat komme« - ›Sittlichkeit‹ und ›Verfassung‹ bei Hegel* in *Hegel Studien Beiheft* Bd.42, 137-166쪽 참조.

36 헤겔은 헌법을 만들어지는 것으로 **간주하지** 말아야 한다고 했지, 결코 만들어질 수 없다고 주장한 것은 아니다. 후자의 의미에서 이해하면 한스 볼트의 해석처럼 헤겔은 '현존하는 법 소재의 체계화만' 문제 삼고 변화된 인륜적 맥락에 따른 '새로운 규칙들'의 도입을 도외시한 것처럼 오해된다. Boldt, Hans: *Hegel und die konstitutionelle Monarchie* in *Hegel Studien Beiheft* Bd.42, 180-181쪽.

37 게르트루트 뤼베-볼프는 오히려 그 당시 독일의 급변하는 사회적 경제적 정치적 상황에 대한 분석을 토대로 '신분의회'의 '공동심의권과 공동결정권'을 포함한 헤겔

의 국가론이 개혁파들 중 '가장 현대적인 헌법 관점'을 대변한다고 평가한다. Lübbe-Wolff, Gertrud: *Hegels Staatsrecht als Stellungsnahme im ersten preußischen Verfassungskampf* in *Zeitschrift für Philosophische Forschung* Bd.35, 481-487쪽. 당시 프로이센의 '법률 공포 결정은 절대주의의 의미에서 왕에게 독점'되고 있었다. Grawert, Rolf: *Verfassungsfrage und Gesetzgebung in Preußen* in *Hegels Rechtsphilosophie im Zusammenhang der europäischen Verfassungsgeschichte*, 274쪽.

38 Fries, J. F.: *Von deutscher Staatsverfassung Die Erste Abtheilung des Buches Von Deutschem Bund und Deutscher Staatsverfassung*, 78-94쪽 참조.

39 Fischer, William: Zum Artikel *Zachariae, Karl Salomo* in *Allgemeine Deutsche Biographie* Bd.44, 646-652쪽. 이러한 경향은 이미 헤겔에 대한 차하리에의 논평에서도 나타난다. 헤겔의 '세 권력들, 즉 입법 권력, 행정 권력, 군주 권력 중 마지막 것은 결코' 그런 부분 '권력이 아니며, 오히려 국가 통치권과 존엄의 본질성이다.' Zachariae, K. Salomo: *Z. C. (1822) Hermes oder kritisches Jahrbuch der Literatur* in *Materialien zu Hegels Rechtsphilosophie*, Bd.1, 139쪽. 반면에 최근 헤겔과 아이티와의 역사적 관계를 추적하며 아이티 혁명을 배경으로 헤겔이 『정신현상학』의 주인과 노예 변증법을 구상하였음에도, 그 후 아이티에 대한 헤겔의 계속적인 '**침묵**'은 베를린 시기 그의 '보수화'를 입증한다는 주장이 있다. 그러나 어떤 사건에 대한 침묵이 역사적 논거나 철학적 논증이 될 수 있는지 의문이다. 『개요』에는 잘 드러나지 않지만 1822/23년과 1824/25년 법철학 강의필기문에서 헤겔은 고대에 비해 근대의 식민지가 불공평하며, 미국처럼 식민지 독립이 오히려 식민지국뿐 아니라 모국에도 더 이익이 된다고 주장한다. 게다가 헤겔이 『철학백과요강』 정신철학을 강의하면서 아이티를 언급했다고 강하게 추정할 수 있는 루트비히 보우만(Ludwig Boumann)의 보충문이 전해진다. 여기서 헤겔은 모든 인종의 "도야 능력"을 부인해선 안된다고 말한다. 수전 벅모스: 『헤겔, 아이티, 보편사』, 68-69, 75-81, 100-110쪽. RHt, § 248. RG, §248. VsG, 958쪽. 현대의 '유럽 중심주의' 도식을 활용해 해석한 헤겔의 동양관 또한 좀 더 논의할 필요가 있다. 나종석: 『헤겔 정치철학의 통찰과 맹목』, 86-109쪽 참조.

40 Jaeschke, Walter: *Ein Schwabe als preußischer Staatsphilosoph?* in *Preussische Stille*, 258쪽.

41 프리드리히 마이네케: 『세계시민주의와 민족국가』, 274-282, 303-307쪽 참조. 반면 부르셴샤프트의 1817년 바르트부르크 축제에선 할러의 『국가학의 복고』 1권이 나폴레옹 법전과 함께 분서(焚書)되기도 했다. Klenner, Hermann: *Rechtsphilosophie zwischen Restauration und Revolution* in *Philosophie und Literatur im Vormärz, Philosophisch-literarische Streitsachen* Bd.4, 92쪽.

42 또한 직접 거명하고 있진 않지만 1827년과 1830년 『철학백과요강』에서도 할러 비판을 읽을 수 있다. E Ⅱ, E Ⅲ, §§529, 544.

43 따라서 헤겔의 법전화 주장은 1803년 3월 공포된 나폴레옹 법전 이전에 이미 이루어진 것이다. Bienenstock, Myriam: *Die »Ungeschicklichkeit, die wahrhaften Sitten in die Form von Gesetzen zu bringen« ist »das Zeichen der Barbarey«: Hegels Kodifikationsforderung um 1802* in *Hegel Studien Beiheft* Bd.42, 85-87쪽.

44 법 실재론 내지 법의 사회적 존재론이 없다면 각자의 보편화를 통한 '이상적 담론 상황'

만이 법률을 제정하는 최선의 방식이 될 것이다. 그러나 이러한 법 이론은 '소년법', '장애인법', '사회보장법' 등의 법 실무에서는 적용되기 힘들다. 은승표: 「헌법상 기본권과 칸트 및 헤겔의 법철학」, 『헌법학연구』 제10권 제3호, 586-589쪽 참조.

Ⅳ장 "철학은 법에 대해 아무것도 모른다."

1 Nicolin, Günther Hg.: *Hegel in Berichten seiner Zeitgenossen*, 207-208, 616쪽.

2 왕정복고(Restauration)는 할러의 저작 『국가학의 복고(*Restauration der Staats-Wissenschaft*)』의 영향으로 단순히 특정 왕조나 영주 권력의 복원이 아니라 과거 회귀적인 한 시기를 표현하는 역사학 개념이 되었다. Lottes, Günther: Zum Artikel *Restauration* in *Historisches Wörterbuch der Philosophie* Bd.8, 926-930쪽.

3 예를 들면 이미 언급했듯이 1815년 1월 11일 뷔르템베르크의 프리드리히 1세와 같은 해 5월 22일 프로이센의 프리드리히 빌헬름 3세가 헌법 제정을 약속했으며, 바덴 대공국의 카를 대공은 정치적 수세에 몰려 1818년 8월 22일 헌법을 제정하기까지 한다. 헤겔은 하이델베르크 시기 뷔르템베르크 왕의 헌법 제정 노력에 저항하는 봉건 신분의원들을 격렬하게 비판하는 글을 쓴 바 있다. 이에 대해서는 Weisser-Lohmann, Elisabeth: *"divide et impera". Zu Hegels Heidelberger Stände- und Verfassungslehre* in *Hegel Stuidien* Bd.28, 201-205쪽 참조.

4 Jaeschke, Walter: *Berlin (1818-1831)* in *Hegel in Berlin*, 38쪽.

5 Landsberg, Ernst: *Savigny, Friedrich Karl von* in *Allgemeine Deutsche Biographie* Bd.30, 425-452쪽. Nörr, Dieter: *Savigny, Carl von* in *Neue Deutsche Biographie* Bd.22, 470-473쪽. 『현대 로마법의 체계』 서문에서 사비니는 처음엔 단지 '법학의 역사적 측면을 강조하기 위해' '역사학파'라는 표현을 '별다른 생각 없이' 사용했다고 밝힌다. 사비니: 「『現代로마法體系』序言」, 『서울대학교 法學』 제36권 제3호, 173쪽.

6 Thibaut, A. F. J.: *Über die Notwendigkeit eines allgemeinen bürgerlichen Rechts in Deutschland* in *Thibaut und Savigny*, 38-59, 특히 39, 41, 45, 50, 57, 58쪽 그리고 같은 책의 *Thibauts Nachträge zu seiner Schrift. 2. Ausgabe. 1814*, 131-137, 특히 134, 135쪽. 여기서 티바우트는 독일에 정치적 통일이 아니라 민족적 통일이 필요하다는 자신의 입장을 명확히 제시한다. 거대 국가는 나폴레옹 같은 인물에 의해 오도되는 침략국가가 될 수 있기에 독일은 '소국가들의 연방(Bund kleiner Staaten)'을 지향해야 하며, 이에 모든 영방에 적용 가능한 통일된 법전은 독일 민족의 정신적 통일을 가져와 정치적 분권주의의 균형추 역할을 할 수 있다고 본 것이다. 이때 그는 민법을 '사법(私法), 형법, 소송법'을 포괄하는 것으로 이해하고 있다.

7 Jaeschke, Walter: *Die Vernünftigkeit des Gesetzes* in *Hegels Rechtsphilosophie im Zusammenhang der europäischen Verfassungsgeschichte*, 246-247쪽. 당시 법전 논쟁은 헌법, 민법, 형법을 구분하지 않고 함께 거론되곤 했다. 특히 헌법 구상과 논쟁은 빈 회의 이전부터 정치 현장에서 핵심적인 쟁점들 중 하나였다. 이에 대해서는 프리드리히 마이네케: 『세계시민주의와 민족국가』, 197-261쪽 참조.

8 『개요』에서의 헤겔의 이러한 태도는 당시 형법 개혁가로 고위직에 있었던 안셀름 포이에르바흐에 대해서도 유사하게 나타난다. 반면에 프로이센 궁정에 이론적 영향만 끼치던 할러에 대해서는 『개요』에서 헤겔이 대놓고 신랄하게 비판하고 있다. 헤겔의 이러한 양면적 태도는 그가 부르셴샤프트 탄압에 연루된 자신의 제자들을 위해 구명 노력을 하던 것과 무관하지 않을 것이다. Pöggeler, Otto: *Hegels Begegnung mit Preußen* in *Hegels Rechtsphilosophie im Zusammenhang der europäischen Verfassungsgeschichte*, 328-330쪽.

9 Savigny: *Vom Berufe unserer Zeit für Gesetzgebung und Rechtswissenschaft*, 2-7쪽. 청년기부터 사비니의 문제의식은 당대 해석학파의 '해석 남발', 개혁가의 과도한 '혁명 입법', '분열된 독일 민족' 및 '법'의 극복이었다. 그의 법학적 혁신은 당시 남발되던 법 해석의 시각을 역사적 근원 속의 법으로 돌려 체계를 지향한 점에 있다고 하겠다. 이상수: 「사비니에서 법의 역사성」, 『법사학연구』 제23호, 8-9쪽. Mazzacane, Aldo: *Jurisprudenz als Wissenschaft* in *Vorlesungen über juristische Methodologie 1802-1842*, 12-13쪽 참조.

10 사비니의 민족 개념은 '국가의 정치적' '사회적 현실' 개념이 아니라 이상적으로 도야되어야 할 '문화적' '교육 개념'이었다. 이은영: 「사비니의 法思想」, 『한독법학』 제1호, 24-27쪽. 또한 사비니가 말하는 Verfassung은 개념적으로 이해된 어떤 법의 의미에서 '헌법'이 아니라 자연적으로 갖추어지는 법적 체제의 의미에서 '헌제(憲制)'로 읽는 것이 더 정확하다. 그러나 여기서는 개념적 이해의 일관성을 위해 그리고 헤겔의 철학적인 법 개념을 염두에 두면서 그냥 '헌법'으로 옮겼다.

11 임미원: 「칸트와 역사법학」, 『법사학연구』 제38호, 58쪽.

12 사비니의 법학은 보통 역사적 연구와 체계적 연구로 구성된 것으로 평가된다. 이에 따르면 정치적 요소는 전자의 연구 대상일 것이며, 기술적 요소는 후자의 연구 대상일 것이다. 사비니는 이미 1801년부터 마르부르크 여러 강의에서 법학을 역사 및 체계의 관점에서 구상했다. 특히 1802/03년 『법학방법론』 강의에 따르면 법학은 첫째, '역사적 학문'이며, 둘째, '철학적 학문'이고, 셋째, '해석적 요소와 체계적 요소의 결합'으로 정의된다. 이때 주의해야 할 것은 사비니가 말하는 철학이 언제나 '체계'를 구성하는 학문으로만 언급된다는 점이다. 한마디로 그가 구상한 법학은 역사적으로 현존했던 법률의 '해석(Exegese)'을 통한 법학적 '사고'의 '체계적' '재구성'이라 할 수 있다. Savigny: *Vorlesungen über juristische Methodologie 1802-1842*, 87, 91-108쪽. 또한 같은 시기 작성된 야코프 그림(Jacob Grimm, 1785-1863)의 강의필기문, *Juristische Methodenlehre*, 14-17쪽. 반면에 티바우트는 '참된' 법학은 '철학적 법학'이며, 이는 '모두의 자산'인 법전을 통해 그 근거들이 '공적인 판단'과 '보편적 지식'이 되었을 때 가능하다고 본다. Thibaut, A. F. J.: *Über die Notwendigkeit eines allgemeinen bürgerlichen Rechts in Deutschland* in *Thibaut und Savigny*, 46쪽.

13 Savigny: *Vom Berufe unserer Zeit für Gesetzgebung und Rechtswissenschaft*, 8-14쪽.

14 사비니는 1808/09년 방법론 강의에서부터 '입법'을 '로마법'에 '명시적으로' '제한'한 것으로 여겨진다. Mazzacane, Aldo: *Jurisprudenz als Wissenschaft* in *Vorlesungen über juristische Methodologie 1802-1842*, 38쪽.

15 Savigny: *Vom Berufe unserer Zeit für Gesetzgebung und Rechtswissenschaft*, 27-29쪽.

16 Ibid, 10쪽.

17 Ibid, 32-35쪽. 사비니의 로마법 이해에 대해 전혀 이의제기가 없는 것은 아니다. 당시 로마법은 독일의 현행법으로 차용 및 통용되고 있었기 때문에 사비니는 독일의 현재적 관점에서 로마법을 읽을 수밖에 없었다. 특히 그가 로마법의 규정으로 분석한 '물권행위'은 과거 로마법에는 없었던 것으로 알려진다. 서을오: 「물권행위의 유인, 무인 논쟁과 관련된 학설사적 고찰」, 『법사학연구』 제38호, 167, 172쪽. 반면 헤겔의 로마법 이해 또한 현대 로마법 연구자들(Romanisten)에 의해 많이 문제시되고 있다. 헤겔은 니부어(Niebuhr), 몽테스키외, 기본, 칸트, 피히테 등 근대 계몽철학자들의 자연법적 시각을 통해 여과된 단편적 지식만 획득한 것으로 알려진다. 특히 헤겔이 규정한 '사법들의' '추상적' '자의적' '체계'로서의 로마법은 현대 연구자들에게 더 이상 받아들여지지 않는다. Villey, Michel: *Das Römische Recht in Hegels Rechtsphilosophie* in *Materialien zu Hegels Rechtsphilosophie* Bd.2, 131-148쪽. 또한 『개요』의 헤겔을 비판한 구스타프 후고(Gustav von Hugo, 1764-1844)의 지적을 경청할 필요가 있다. '무언가를 이해하고자 하는 자는 여하튼 그것을 배워야 한다.' 그런데 '전문 철학자가 법학 강연을 듣고 법학 책을 읽었다는 것은' '법학자가 철학 강연을 듣고 철학 책까지 읽는 사실'에 견주어 볼 때 '아주 드문 일에 속한다.' Hugo, Gustav: *(1821) Göttingische gelehrte Anzeigen* in *Materialien zu Hegels Rechtsphilosophie* Bd.1, 69쪽. 그러나 헤겔의 이러한 한계 또한 사비니에서처럼—물론 다른 길로 나아갔지만—독일의 현재를 진단하는 출발점에 의해, 다시 말해 전통 자연법의 철학적 법학으로의 지양이라는 문제의식에 의해 선(先)결정된 것이라 할 수 있다. 헤겔은 1821/22년 법철학 강의에서 후고의 지적에 다음처럼 암묵적으로 응수한다. "법학자가 철학은 법에 대해 아무것도 모른다고 말한다면" 그는 "이성을 돌보는 것이 아니라" "일상적인 수작업(手作業)에 고유한" "세부 사항에 집착하는" 것이다. RA[2], §3.

18 Savigny: *Vom Berufe unserer Zeit für Gesetzgebung und Rechtswissenschaft*, 55, 58, 74-76쪽.

19 Ibid, 83-84, 87-90쪽. 프로이센 일반법전은 수없이 쪼개어져 라틴어로 진술되어 있던 기존 법률들을 프랑스 혁명 기간에 귀족의 저항에도 불구하고 통일적으로 편찬한 법전이다. 그러나 이 법전은 '거의 2만 개의 조항들'을 포함하고 있었고 '하인, 농부, 시민, 귀족, 정치가, 교회' 등에 차등적으로 적용됨으로써 '법의 불평등'을 공식화한 측면도 있다. 종교 및 학문의 자유, 고문의 폐지 등 상당히 자유주의적인 색채를 띠고 있었으나, 남편, 지주, 교사, 경찰의 아내, 하인, 학생, 비행자(非行者)에 대한 물리적 '체벌권'을 인정하기도 했다. Klenner, Hermann: *Rechtsphilosophie zwischen Restauration und Revolution* in *Philosophie und Literatur im Vormärz, Philosophisch-literarische Streitsachen* Bd.4, 88-89쪽.

20 Jaeschke, Walter: *Die Vernünftigkeit des Gesetzes* in *Hegels Rechtsphilosophie im Zusammenhang der europäischen Verfassungsgeschichte*, 239쪽.

21 Savigny: *Vom Berufe unserer Zeit für Gesetzgebung und Rechtswissenschaft*, 97-98쪽.

21 Ibid, 84쪽. 이상수는 법전 편찬에 대한 사비니의 입장이 '애매'하다고 평가한다. 그러나 이러한 평가는 법전 편찬을 '입법'과 동일시하는 데서 비롯된 오해이다. 그의 해석대로 사비니가 '모든 입법이 유해하거나 무익하다고 한 것은 아니다.' 그러나 당시 입법된 법규정들은 칙령이나 명령의 파편화된 문서 형태로만 존재했다. 이것들을 통일된 법전으로 체계화하는 것은 전혀 다른 의미를 지닌다. 이상수: 「사비니에서 법의 역사성」, 『법사학연구』 제23호, 12-13쪽과 비교.

23 Savigny: *Vom Berufe unserer Zeit für Gesetzgebung und Rechtswissenschaft*, 19-20쪽.

24 1804년 9월 7일 그리스(Gries)에게 쓴 편지. Bd.1, 83쪽 참조.

25 Wesenberg, Gerhard: *Vorwort* zu *Juristische Methodenlehre*, 6쪽.

26 당시 독일 철학을 연구하려던 영국 유학생 헨리 크랩 로빈슨(Henry Crabb Robinson)이 예나의 헤겔 강의 수강 경험을 사비니에게 전한 서신이 전해지기도 한다. '저는 그 불쌍한 헤겔 [강의]를 한 번 들었습니다. 당신은 그의 강연처럼 비참한 것을 상상할 수 없을 겁니다. 그는 기침하다 [또] 헛기침하고 더듬거리며 [단] 두 문장도 명확히 진술하지 못했지요.' Behler, Ernst: *Henry Crabb Robinson und Hegel* in *Hegel Studien* Bd.15, 51, 60쪽.

27 Savigny: *Vorlesungen über juristische Methodologie 1802-1842*, 203쪽.

28 특히 사비니의 역사 연구 방법론은 셸링의 1802년 『학술연구 방법 강의』에 영향을 받은 것으로 평가된다. Jaeschke, Walter: *Die Vernünftigkeit des Gesetzes* in *Hegels Rechtsphilosophie im Zusammenhang der europäischen Verfassungsgeschichte*, 234-235쪽. 칸트의 사비니에 대한 영향을 추적한 연구도 있다. 임미원: 「칸트와 역사법학」, 『법사학연구』 제38호, 50-69쪽 참조.

29 Pöggeler, Otto: *Nachschriften von Hegels Vorlesungen* in *Hegel-Studien* Bd.26, 168쪽.

30 1818년 2월 1일 빈터(Winter)에게 쓴 편지. B2, 177쪽 참조.

31 Pöggeler, Otto: *Einleitung* zu RW, XXXIV-XXXV쪽. *Hegels Begegnung mit Preußen* in *Hegels Rechtsphilosophie im Zusammenhang der europäischen Verfassungsgeschichte*, 335쪽.

32 "한 민족국가에 법전이 없다면 하나를 만드는 것 이외에 해야 할 일은 없다." RA[1], 171쪽. 같은 시기 링기어(J. R. Ringier) 필기문에도 비슷한 문장이 나온다. RR, 129쪽.

33 헤겔은 1817년 자신의 첫 『철학백과요강』을 출판했음에도 여기에 포함된 법철학 내용으로 강의하지 않았다. 이 시기부터 독립적인 『개요』 출판을 구상하며 학생들이 작성한 별도의 법철학 강의 텍스트들을 계속 다듬었기 때문이다. Pöggeler, Otto: *Nachschriften von Hegels Vorlesungen* in *Hegel-Studien* Bd.26, 155-157쪽. Lucas, H.-Ch.: *"Wer hat die Verfassung zu machen, das Volk oder wer anders?"* in *Hegels Rechtsphilosophie im Zusammenhang der europäischen Verfassungsgeschichte*, 194, 199-200쪽. Weisser-Lohmann, Elisabeth: *Hegels rechtsphilosophische Vorlesungen* in *Hegel Studien* Bd.26, 63-73, 특히 68, 73쪽. 프리트헬름 니콜린은 1817/18년 바넨만의 강의필기문을 『개요』의 '원판'으로 본다. Nicolin, Friedhelm: *Hegel über konstitutionelle Monarchie* in *Hegel Studien* Bd.10, 85쪽.

34 GPR, §§219-227 참조.

35 Savigny: *Vom Berufe unserer Zeit für Gesetzgebung und Rechtswissenschaft*, 21-23쪽.

36 1822/23 강의필기문에서 헤겔은 또한 "언제나 새로운 사례들" 때문에 "법전이 결코 완성되지 않으리라"는 사비니의 입장을 암묵적으로 비판한다. 그러한 새로운 사례들은 "원리"의 측면에서 편찬되는 법전의 "보편적 규정들의 특수 세부사항일 뿐"이다. 따라서 새로운 **사례들**은 법률 원리에 "새로운 어떠한 것도 덧붙일 수 없다." RHt, §216 참조.

37 Jaeschke, Walter: *Ein Schwabe als preußischer Staatsphilosoph?* in *Preussische Stille*, 256-258쪽.

38 GPR, §§75 Notizen, 215, 218. RR, 129쪽. RA[1], 172쪽.

39 다음 장(章)에서 살펴보겠지만 『개요』에서 헤겔은 군주에게 이미 심의된 법률에 형식적으로 동의만 하는 역할을 부여한다.

40 Savigny: *Vom Berufe unserer Zeit für Gesetzgebung und Rechtswissenschaft*, 14-15, 27쪽.

41 또한 RH, §216 참조. 『개요』 출판 후 헤겔과 후고 사이엔 짧은 논쟁이 한 차례 있었다. 1821년 『괴팅겐 학술 비평지』에서 후고는 '자연법' 대신 헤겔의 '법**철학**' 도입을 문제 삼으며 전혀 '실정법을 이해하지 못한다'고 비난한다. 헤겔은 로마법 연구자들이 '로마법'을 '이성의 최고 요구들을 만족'시키는 것으로 '가정'한다고 믿지만, 정작 로마법 연구자들은 그렇게 생각하지 않으며, 실정법이 그렇게 만족시킬 수 있으리라 생각하지도 않는다는 것이다. 이어 그는 '미래의 법학자'를 위해 '기술적(技術的) 관점에서' 로마법 연구를 추천할 수 있음에도 헤겔 법철학으로 말미암아 자신의 '법 역사'가 '우스갯거리'가 되었다고 불평한다. 이에 대해 같은 해 『일반 문헌지(誌)』에서 헤겔은 실정법 연구가 "철학적 교양이 아니라 평범한 오성 교양"만 필요로 하는 대상들을 다루기에 자신이 "철학자들에게 냉대 받고" "우스갯거리"가 되었다는 후고의 "고백"을 후고 자신이 진지하게 숙고해 볼 것을 권유한다. Hugo, Gustav: *(1821) Göttingische gelehrte Anzeigen,* 그리고 Hegel: *Erklärung (1821), Allgemeine Literaturzeitung* in *Materialien zu Hegels Rechtsphilosophie* Bd.1, 67-73쪽. Ritter, H. Henning: *Eine polemische Erklärung Hegels zur Rechtsphilosophie* in *Hegel Studien* Bd.5, 31-39쪽. 헤겔의 후고 비판은 암묵적이긴 하지만 1802년 자연법 논문까지 추적 가능하다. Bienenstock, Myriam: *Die »Ungeschicklichkeit, die wahrhaften Sitten in die Form von Gesetzen zu bringen« ist »das Zeichen der Barbarey«: Hegels Kodifikationsforderung um 1802* in *Hegel Studien Beiheft* Bd.42, 100-101쪽.

42 Pöggeler, Otto: *Hegels Begegnung mit Preußen* in *Hegels Rechtsphilosophie im Zusammenhang der europäischen Verfassungsgeschichte*, 323-326쪽. 앞서 설명했듯이 헤겔은 이미 1802년 자연법 논문에서 법전화를 주장한 바 있다. 따라서 헤겔의 법전화 주장은 1803년 3월부터 공포되기 시작한 나폴레옹 법전의 영향이 아니다. Bienenstock, Myriam: *Die »Ungeschicklichkeit, die wahrhaften Sitten in die Form von Gesetzen zu bringen« ist »das Zeichen der Barbarey«: Hegels Kodifikationsforderung um 1802* in *Hegel Studien Beiheft* Bd.42, 86-89쪽 참조.

43 앞서 소개한 체벌권도 그랬지만, 프로이센 일반법전은 '공직에의 취임' 자격을 '성과'가 아니라 '귀족' '소속성'으로 제한했다. 공직 접근이 귀족의 '금욕'적 '서비스'로 '정당화'되었기에 별도의 법률로 규정할 필요가 없었다. 은승표: 「헌법상 기본권과 칸트 및 헤겔의 법철학」, 『헌법학연구』 제10권 제3호, 590-591쪽. 로젠크란츠의 보고에 따르면 헤겔은 이미 프랑크푸르트 시기 프로이센 일반법전의 예방 및 개선 위주의 형벌 규정에 대해 '복수의 탐닉과 그리 다르지 않다'고 비판한 적이 있다. Rosenkranz, Karl: *Georg Wilhelm Friedrich Hegels Leben*, 85-86쪽. 헤겔이 『개요』에서 비판하는 예방 및 개선 형벌 이론의 주인인 에른스트 페르디난트 클라인(Ernst Ferdinand Klein, 1744-1810)은 프로이센 일반법전 편찬 시 형법 부분 담당이었다. GPR, §§99, 101. 또한 그리스하임 강의필기문에는 헤겔이 형벌과 관련하여 프로이센 일반법전의 비일관성을 비판하는 대목이 있다. 이 법전은 "고문"을 금지하면서도 자백을 얻기 위해 "독방 감금, 더러운 음식과 물과 빵"을 제공하는 등 "일종의 고문"과 다름없는 것을 '특별 형벌'이라 칭하면서 허용한다는 것이다. RG, §227.

44 특히 1821/22년 강의에서는 "개별법들을 존중하지 않는" 대왕의 통치를 "형식적으로 전

제정치"라 규정하기까지 한다. RA[2], §258.

45 16세기부터 로마법은 '쓰여 있는 이성(geschriebene Vernunft)'으로 간주되고 있었다. 헤겔은 이를 겨냥하고 있다. Villey, Michel: *Das Römische Recht in Hegels Rechtsphilosophie* in *Materialien zu Hegels Rechtsphilosophie* Bd.2, 135쪽.

46 이로 인해 사비니에게 법의 역사성은 '탈역사화'된다. 이상수: 「사비니에서 법의 역사성」, 『법사학연구』 제23호, 17-24쪽 참조. 바로 이 때문에 사비니의 역사법학적 방법은 오늘날의 법사학(法史學) 방법과는 다르다. 양천수: 「개념법학: 형성, 철학적·정치적 기초, 영향」, 『법철학연구』 제10권 제1호, 238-240쪽.

47 Savigny: *Vom Berufe unserer Zeit für Gesetzgebung und Rechtswissenschaft*, 85, 117, 120쪽.

48 Savigny: *Juristische Methodenlehre*, 50쪽. 1802/03년부터 사비니는 철학으로부터 점차적으로 이탈한 것으로 보인다. Mazzacane, Aldo: *Jurisprudenz als Wissenschaft* in *Juristische Vorlesungen über juristische Methodologie 1802-1842*, 41-42쪽. 훗날 베를린 학술원 회원으로 선출되었을 때 그는 한 서신에서 이렇게 말한 것으로 전해진다. '학술원이 나를 철학 집단의 무가치한 회원으로 선출했지. 내가 거기서 철학을 많이 할 거라 믿진 않는다네.' Schröder, Horst: *Friedrich Karl von Savigny. Geschichte und Rechtsdenken beim Übergang vom Feudalismus zum Kapitalismus in Deutschland*, 219쪽.

49 Savigny: *Vorlesungen über juristische Methodologie 1802-1842*, 113, 171, 173, 207쪽.

50 Savigny: *Vom Berufe unserer Zeit für Gesetzgebung und Rechtswissenschaft*, 24-26, 33, 49쪽. 티바우트는 헤겔과 마찬가지로 법학 천재를 통한 '민족의 역사적 재탄생과 구원을 믿지 않는다'는 입장을 밝힌다. Thibaut, A. F. J.: *Rezension zu Savigny: Vom Berufe unserer Zeit für Gesetzgebung und Rechtswissenschaft in Thibaut und Savigny*, 208쪽.

51 『현대 로마법의 체계』에서 사비니는 자신의 의도가 '현재의 독자성을 간과하고 이를 과거의 지배 아래 굴복'시키는 것이 아님을 분명히 밝힌다. 그러면서 그는 현재와 과거의 '살아 있는 관련', '이론과 실무'의 '자연스러운 통일' 등을 위해 여전히 '로마법에 대한 철저한 지식'이 '불가결'하다고 보며, '체계적 방법'에 따른 '이론적' '법률가'의 역할을 중시한다. 사비니: 「『現代로마法體系』序言」, 『서울대학교 法學』 제36권 제3호, 174-182쪽. 사비니가 주장한 법학의 '법 독점'은 당시 '유기적-역사적' 법 발전의 '정치적 낭만주의'와 결합되어 '법전화 금지' 확산에 크게 기여했다. Jaeschke, Walter: *Die Vernünftigkeit des Gesetzes* in *Hegels Rechtsphilosophie im Zusammenhang der europäischen Verfassungsgeschichte*, 248-249쪽.

52 Kantorowicz, Hermann: *Was ist uns Savigny?* in *Rechtshistorische Schriften*, 415쪽.

53 또한 GPR, §211. RG, §211 참조. 특히 이 그리스하임 필기문 여백에는 "사비니"라 적혀 있다.

54 Wieacker, Franz: *Privatrechtsgeschichte der Neuzeit*, 397-399쪽 참조.

55 사비니와 헤겔의 차이점은 한마디로 역사 속의 법의 실정성에 주목하느냐 이성성에 주목하느냐에 있다. 실정적 법 규정들은 법의 역사적 사실일 뿐이지 이성적 정당화의 근거일 수 없다는 것이 헤겔의 생각이다. 오히려 역사 속 실정법의 철학적 파악만이 그러한 정당화에 기여할 수 있다. 그렇다면 이러한 파악을 통해 획득되는 철학적 법 **개념** 또한 그 자체로 역사성을 지닌다고 할 수 있다. 별도의 논의가 필요하겠지만 헤겔에겐 개

념 자체도 역사성을 지닌다. 오늘날 역사학에서 추구되는 '개념사'의 기원을 헤겔에게서 찾을 수 있는 것도—물론 헤겔의 역사 이념은 별도로 해야겠지만—이 때문이다. 나인호: 『개념사란 무엇인가』, 16, 27-67, 특히 38쪽 참조. 예슈케는 역사법학파가 연구의 방법적 측면에서만 역사적이었지 그 역사 개념의 함의에 대해서는 철학적으로 반성하지 못했다고 본다. Jaeschke, Walter: *Die Vernünftigkeit des Gesetzes* in *Hegels Rechtsphilosophie im Zusammenhang der europäischen Verfassungsgeschichte*, 241쪽.

56 헤겔은 민족정신의 정화를 '철학적 인텔리'에게 맡긴다. Lucas, H.-Ch.: *"Wer hat die Verfassung zu machen, das Volk oder wer anders?"* in *Hegels Rechtsphilosophie im Zusammenhang der europäischen Verfassungsgeschichte*, 209-212쪽.

57 Jaeschke, Walter: *Die Vernünftigkeit des Gesetzes* in *Hegels Rechtsphilosophie im Zusammenhang der europäischen Verfassungsgeschichte*, 245, 250쪽.

58 바이서-로만은 '헌법'이란 제목 하에 '종교, 예술, 학문'을 다루었던 세 번째 『예나 체계 기획들』(1805/06)에서부터 헤겔이 헌법을 '지성'과 '의지'의 결합인 '정신의 산출물'로 파악한 것으로 본다. Weisser-Lohmann, Elisabeth: *»Daß das Allgemeine zu einer Tat komme« - ›Sittlichkeit‹ und ›Verfassung‹ bei Hegel* in *Hegel Studien Beiheft* Bd.42, 148-149쪽.

59 게르트루트 뤼베-볼프는 헤겔의 이 언급을 정확하게 다음처럼 해석한다. 첫째, '헌법 원칙들은 오성 추론, 감정, 유용성 고려' 등으로부터 '구성될 수 없'으며, 철학적 '인식의 대상'이다. 헤겔은 결코 이 인식된 헌법 원칙들의 실정법화에 반대한 것이 아니다. 둘째, '누가' 이 인식을 성취해 헌법을 만들어야 하는지는 중요하지 않다. 이로써 헤겔은 꼭 '예전 주(州) 신분들의 협력'과 '의지' 없이는 국법 변경이 불가능하다는 **당시** '구(舊) 신분 정파'의 입장에 맞선다. Lübbe-Wolff, Gertrud: *Hegels Staatsrecht als Stellungsnahme im ersten preußischen Verfassungskampf* in *Zeitschrift für Philosophische Forschung* Bd.35, 481-482쪽.

60 Rosenkranz, Karl: *Hegel als Deutscher Nationalphilosoph*, 152쪽.

61 Grawert, Rolf: *Verfassungsfrage und Gesetzgebung in Preußen* in *Hegels Rechtsphilosophie im Zusammenhang der europäischen Verfassungsgeschichte*, 273쪽. 그러나 롤프 그라베르트는 당시 프로이센에서 입법 기능의 강화 방향으로 발전하고 있었던 '유기적 헌법의 실정 헌법으로의 변형'에 대해 헤겔이 '회피적으로' 헌법은 만들어지지 않는다고 답변한 것으로 잘못 해석한다. 289-291쪽. 그의 절충적 해석은 헤겔이 언급한 군주의 역할에 관해서도 문제가 있다. 307-309쪽과 비교. 한스 볼트 또한 헤겔이 '헌법 없는 입헌 군주제'를 구상한 것으로 오해한다. Boldt, Hans: *Hegel und die konstitutionelle Monarchie* in *Hegel Studien Beiheft* Bd.42, 180-181쪽. 이에 반해 헤겔 법철학의 '궁극적' 모델은 당시 프로이센이 아니라 혁명 후 '새로운 헌법을 제정하였던 프랑스'였다. Pöggeler, Otto: *Nachschriften von Hegels Vorlesungen* in *Hegel-Studien* Bd.26, 168-169쪽. 또한 Pape, Matthias: *Revolution und Reichsverfassung* in *Hegel Studien Beiheft* Bd.42, 79-80쪽.

62 Jaeschke, Walter: *Hegel Handbuch*, 392쪽.

63 Jaeschke, Walter: *Die Vernünftigkeit des Gesetzes* in *Hegels Rechtsphilosophie im Zusammenhang der europäischen Verfassungsgeschichte*, 255-256쪽.

64 Landsberg, Ernst: Zum Artikel *Thibaut, Anton Friedrich Justus Th.* in *Allgemeine Deutsche Biographie* Bd.37, 737-744쪽. Fischer, William: Zum Artikel *Zachariae, Karl Salomo* in

Allgemeine Deutsche Biographie, Bd.44, 646-652쪽.

65 푸흐타는 헤겔의 뉘른베르크 김나지움 교장 시절 제자였다. 별도의 논의가 있어야겠지만 이와 관련해서도 역사의 아이러니는 흥미를 자아낸다. 티바우트와 헤겔의 제자 에두아르트 간스가 베를린 대학 법학과 정교수가 되었을 때 사비니는—다른 정치적 활동을 위해서이기도 했지만—교수직 사임으로 저항한다. 헤겔학파와 역사법학파 간의 직접적인 논쟁은 간스에게서 시작된 바가 있다. 그러나 역사법학파의 학문 정치적 승리는 그 후 사비니의 제자가 되었던 푸흐타에 의해 이루어졌다. Pöggeler, Otto: *Hegels Begegnung mit Preußen* in *Hegels Rechtsphilosophie im Zusammenhang der europäischen Verfassungsgeschichte*, 335-336쪽. Meist, K. Rainer: *Altenstein und Gans* in *Hegel Studien* Bd.14, 59-72쪽. Weisser-Lohmann, Elisabeth: *Die Vorlesungen der Hegel-Schüler an der Universität Berlin zu Hegels Lebzeiten* in *Hegel Studien* Bd.26, 202-207쪽. Eisenhart, Johann August Ritter v.: Zum Artikel *Puchta, Georg* in *Allgemeine Deutsche Biographie* Bd.26, 685-687쪽. 사비니는 후에 헤겔의 영향을 받은 푸흐타의 '민족정신' 개념을 '진화론적' 의미에서 받아들였다. 프리드리히 마이네케: 『세계시민주의와 민족국가』, 259-261쪽.

66 사비니 법학의 난제는 역사적 연구와 체계적 연구의 성공적인 결합 여부라 할 수 있다. 그러나 그의 제자들은 각각의 방향으로 분열된다. 법의 역사적 소여성을 '동화나 전설', '시' 등에서 찾으려 한 야코프 그림(그림 형제 중 형)이 전자의 방향을 대표한다면, 학설휘찬법의 개념적 체계화에 몰두한 푸흐타는 후자의 방향을 대표한다. 주지하다시피 그 후 개념법학이 법학적 정치적으로 주류를 이루게 된다. 이동희: 「사비니(F. C. v. Savigny)와 역사법학」, 『법학논총』 제33권 제1호, 77-82쪽. 양천수: 「개념법학: 형성, 철학적 · 정치적 기초, 영향」, 『법철학연구』 제10권 제1호, 236-243쪽 참조.

67 이에 대한 헤겔의 비판적 언급은 이미 1817/18년 법철학 강의에서 나타난다. RW, §129 참조. 또한 『정신현상학』의 "마음의 법칙"과 관련해서도 임재진: 「헤겔의 개인주의 비판」, 『범한철학』 제37집, 299-301쪽 참조.

68 Adelung, J. Christoph: Zum Artikel *Die Verfassung* in *Grammatisch-kritisches Wörterbuch der Hochdeutschen Mundart*, Bd.4, 1032쪽.

69 Koselleck, Reinhart: *Begriffsgeschichten*, 377-378쪽.

70 전형적인 독일 상황을 묘사하며 헤겔은 이렇게 말하기도 한다. "혁명은 이제 군주로부터 시작되거나 아니면 민족으로부터 시작된다." RW, §146.

V장 헤겔은 과연 왕정복고 철학자인가?

1 슬라보예 지젝: 『까다로운 주체』, 117-202, 특히 160쪽.

2 1815년 8월 27일 타덴에게서 받은 편지. B2, 54쪽.

3 1821년 8월 8일 타덴에게서 받은 편지. B2, 279-280쪽.

4 이미 당시 익명의 한 비평가는 이 문장을 '현실적인 것, 다시 말해 직접적으로 지각되는 것, 그래서 경험적인 것, 그것은 이성적이다'로 읽으며 현존하는 모든 것의 정당화라 비판한 바 있다. Anonym: *(1822) Allgemeine Literaturzeitung* in *Materialien zu Hegels*

Rechtsphilosophie Bd.1, 147쪽. 다시 말해 '프로이센 국가 정부가 사실상(de facto) 행하는 것은 그 자체로도(eo ipso) 이미 이성적이다'로 읽힌 것이다. Hoffmann, Th. Sören: *Georg Wilhelm Friedrich Hegel*, 415쪽.

5 Zachariae, K. Salomo: *Z. C. (1822) Hermes oder kritisches Jahrbuch der Literatur* in *Materialien zu Hegels Rechtsphilosophie* Bd.1, 101-102, 434쪽.

6 Bd. 2, 280-281쪽.

7 Hösle, Vittorio: *Hegels System* Bd.2, 568쪽.

8 Jaeschke, Walter: *Berlin (1818-1831)* in *Hegel in Berlin*, 38쪽.

9 Schnädelbach, Herbert: *Georg Wilhelm Friedrich Hegel*, 122-123쪽.

10 Schnädelbach, Herbert: *Hegels praktische Philosophie*, 170-171쪽.

11 이 시점은 리델이 후에 잘못 보충한 것이다. Riedel, Manfred: *Einleitung* zu *Materialien zu Hegels Rechtsphilosophie* Bd.1, 15쪽.

12 이미 밝혔지만 그 외 헤겔 친구들로 1818년에는 푀르스터(Förster)가, 1824년에는 쿠쟁(V. Cousin)이 체포되었다. D'Hondt, Jacques: *Hegel in seiner Zeit*, 102쪽.

13 Ilting, K-H.: *Einleitung* zu RHm, 43-55, 60-67쪽.

14 Schnädelbach, Herbert: *Hegels praktische Philosophie*, 168쪽.

15 Ilting, K-H.: *Einleitung* zu RHm, 67-69쪽.

16 Ibid, 66쪽. 또한 *Naturrecht und Sittlichkeit*, 106-109쪽.

17 Schnädelbach, Herbert: *Hegels praktische Philosophie*, 165쪽.

18 Ilting, K-H.: *Einleitung* zu RHm, 40-42쪽. *Einleitung* zu RG, 53-58쪽.

19 Ilting, K-H.: *Einleitung* zu RHm, 25-32, 69, 105-111쪽. 일팅은 여기서 1817년 「신분의회의 심의들」에 나오는 "국가 계약이 아니라 자신 고유의 권력의 완전성"으로 지배하는 군주에 대한 헤겔의 언급을 왕정복고에 대한 헤겔의 '유일한' 명시적 양보로 간주한다. *Einleitung* zu RG, 47쪽 이하. *Naturrecht und Sittlichkeit*, 109쪽. *Die Struktur der Hegelschen Rechtsphilosophie* in *Materialien zu Hegels Rechtsphilosophie* Bd.2, 69-70쪽. 일팅은 여기서 타덴처럼 설명 순서의 역전에 주목하고 있다.

20 Ilting, K-H.: *Einleitung* zu *Vorlesungen über Rechtsphilosophie* Bd.2, 10쪽 이하.

21 Ilting, K-H.: *Einleitung* zu RG, 58-59, 65-66쪽.

22 Riedel, Manfred: *Einleitung* zu *Materialien zu Hegels Rechtsphilosophie* Bd.1, 14-17, 41쪽.

23 Lucas, H-Ch./Rameil Udo: *Furch vor Zensur?* in *Hegel-Studien* Bd.15, 66-70쪽, 특히 69쪽 각주 21. 리델은 헤겔이 하이델베르크에서 후고 책을 주문한 것을 근거로—언제 받고 읽었는지는 모름에도—이미 하이델베르크 시기에 원고 작성이 시작된 것으로 여기지만, 이 시기 법철학 강의필기문에는 후고에 대한 언급이 한 번도 나오지 않는다. Riedel, Manfred: *Einleitung* zu *Materialien zu Hegels Rechtsphilosophie* Bd.1, 14, 40쪽.

24 Lucas, H-Ch./Rameil Udo: *Furch vor Zensur?* in *Hegel-Studien* Bd.15, 74-82쪽. 헤겔은 더구나 이 해 8월 카를스바트 결의에 따른 변화된 정치에 대해 아직까진 일일이 알지 못했다. Lucas, H.-Ch.: *"Wer hat die Verfassung zu machen, das Volk oder wer anders?"* in *Hegels Rechtsphilosophie im Zusammenhang der europäischen Verfassungsgeschichte*, 215쪽. 푀겔러는 '1819년 12월 30일 공문서(Diplom) 위에' 습작처럼 쓰인 '군주 권력에 대한 단편'

을 증거로 이 해 말까지 헤겔이 『개요』 §286을 다듬고 있었다고 본다. Pöggeler, Otto: *Einleitung* zu RW, XXIX쪽. 또한 Henrich, Dieter: *Einleitung* zu RA[1], 27-30쪽. Angehrn, Emil, u. a.: *Einleitung* zu RR, XIX쪽. 카를스바트 결의의 검열 규정에 대해서는 김장수: 「Burschenschaft의 독일개혁 및 통합운동」, 『관동사학』 제7집, 제1호, 117쪽.

25 Lucas, H-Ch./Rameil Udo: *Furch vor Zensur?* in *Hegel-Studien* Bd.15, 84, 87-92쪽. 『개요』의 1821년 연도 표기를 검열에 대비하기 위한 시간적 전략으로 해석하기도 하지만, 당시 4/4분기 출판물은 그 다음해 연도 표기로 출간되는 것이 관행이었다. 91쪽 각주 93a, 92쪽 각주 95. 또한 Weisser-Lohmann, Elisabeth: *Hegels rechtsphilosophische Vorlesungen* in *Hegel-Studien* Bd.26, 66-68쪽.

26 이 추가 발견 이전에도 일팅의 테제를 내용적으로 조목조목 논박한 시도는 있었다. 가장 주목할 만한 것은 Ottmann, Henning: *Hegels Rechtsphilosophie und das Problem der Akkomodation* in *Zeitschrift für philosophische Forschung* Bd.33, H.2, 227-243, 특히 231-235쪽 참조.

27 니콜린은 일팅이 고려한 호마이어 필기문이 아니라 바넨만의 이 하이델베르크 필기문을 '사실적으로나 내용적으로' 『개요』의 '원판(原版)'으로 본다. Nicolin, Friedhelm: *Auf Hegels Spuren*, 176-181쪽. '사변 논리학'의 관점에서 『개요』의 기원을 예나 체계기획들로 보는 관점도 있다. Kimmerle, Heinz: *Hegels Naturrecht 1802-1805/06* in *Hegel-Studien* Bd.11, 219-228, 특히 221, 223쪽.

28 바로 이 때문에 헤겔의 『개요』는 법 **현상들**에 대한 학문적 고찰일 수 없다. 헤겔 법철학을 '자유의식의 현상학'으로 해석하려는 일팅의 시도는 처음부터 잘못된 것이다. Illting, K.-H.: *Rechtsphilosophie als Phänomenologie des Bewußtseins der Freiheit* in *Hegels Philosophie des Rechts*, 225-254쪽과 비교.

29 E I, §415. 또한 NG, 358, 712-713, 788-789쪽. 이 지적은 예나 시기까지 추적 가능하다. 남기호: 「세계시민의 영원한 평화를 위한 단서조항」, 『시대와 철학』 제21권 제4호, 154-155쪽.

30 『개요』에서는 실정법과 상이한 "자연법 **또는** 철학적인 법"이라 단 한 번 동격으로 언급되고 있다. GPR, §3.

31 Koselleck, Reinhart: *Preußen zwischen Reform und Revolution*, 163-165쪽. *Begriffsgeschichten*, 365-382쪽. Siep, Ludwig: *Hegels Theorie der Gewaltenteilung* in *Hegels Rechtsphilosophie im Zusammenhang der europäischen Verfassungsgeschichte*, 408-417쪽. Thiele, Ulrich: *Gewaltenteilung bei Sieyes und Hegel* in *Hegel-Studien* Bd.37, 146-152쪽.

32 그러나 권력분립과 세습군주에 대한 발상은 이미 예나 시기에 출현한다. J Ⅲ, 253-265쪽.

33 De Vos, Lu: *Die Logik der Hegelschen Rechtsphilosophie: Eine Vermutung* in *Hegel-Studien* Bd.16, 113-117쪽과 비교. 『개요』의 '국가 유기체(Staatsorganismus)'를 '단순한 비유' 이상의 것으로 보는 미하엘 볼프는 『논리의 학』의 추론 분류에 의거해, 정부 권력, 입법 권력, 군주 권력의 순으로 설명한다. Wolff, Michael: *Hegels staatstheoretischer Organismus* in *Hegel-Studien* Bd.18, 151-173, 특히 166-171쪽 참조. 『개요』의 설명 순서를 군주의 비자의적 형식적 결정 역할에 주목해 해석하려는 시도도 있다. Cesa, Claudio: *Entscheidung und Schicksal: Die fürstliche Gewalt in Hegels Philosophie des Rechts*, 198-203쪽.

34 Hösle, Vittorio: *Hegels System* Bd.2, 567쪽. 회슬레의 이 지적을 무비판적으로 따르면서 슈네델바흐는 헤겔의 '정치적 기회주의(Opportunismus)' 내지는 '그의 실천 철학의 구조적 보수주의'를 보려 한다. Schnädelbach, Herbert: *Hegels praktische Philosophie*, 299-333, 특히 309, 312-317, 332쪽 참조.

35 그래서 오히려 규칙적인 설명 이전의 역순 소개는 군주 권력을 너무 강조하지 않으려는 의도로 이해할 수 있다.

36 개별성 계기에 대한 언급이 §280에 처음 나옴에도 엄밀히 본다면 그렇다.

37 Hösle, Vittorio: *Hegels System* Bd.2, 568쪽.

38 Henrich, Dieter: *Einleitung* zu RA[1], 25쪽.

39 비슷한 표현은 같은 해 익명의 필기문에도, 일팅이 왜 주목하지 않았는지 모르겠지만 그리스하임의 필기문에도 나온다. RA[1], 245쪽. RG, §279.

40 또한 RW, §140. 이 필기문에는 "장관들이 군주의 결정에 서명을 해야 하며 그 결정에 책임을 진다"고 되어 있다.

41 이 보충문 전체의 출처는 찾기 어려우나, 일팅의 작업에 따른다면 그리스하임의 필기문에서 부분적으로 일치되는 문장들을 확인할 수 있다. RG, §279.

42 세습군주제에 대한 발상은 이미 헤겔의 예나 시기에 나온다. JⅢ, 263쪽.

43 사실 엄밀히 말해 **논리적** 정신에 기반을 둔 『개요』의 예를 들자면 군주는 선택적 결정을 할 필요가 **없다**. 여기서 상론할 수는 없지만 헤겔 법철학이 구상하는 정부 권력의 공직자들이나 양원제로 이루어진 입법 권력의 신분 대의적 국회의원들 모두 국가적 보편에 맞는 성품과 자격을 갖춘 자들이기 때문이다. GPR, §§295, 309-310 참조.

44 Jaeschke, Walter: *Der Glaube als Hüter der Verfassung* in *Evangelische Theologie* 54. Jhrg., 258쪽.

45 따라서 헤겔에게 있어서 '그 시대의 주요 문제'는 '성품(Gesinnung)과 헌법의 균형'이었다. Jaeschke, Walter: *Politik, Kultur und Philosophie in Preußen* in *Hegel-Studien Beiheft* Bd.22, 38쪽.

46 Jaeschke, Walter: *Hegel Handbuch*, 393쪽. 오트만은 헤겔의 헌법 구상이나 군주론을 '단지 제한적으로만 자유주의적인' 것으로 본다. '초정치적 인권을 존중하는 법치 국가'와 '법률과 헌법을 통해 제한되는 군주의 결정' 권한은 분명 자유주의적이나, 자유주의적 전통의 사회**계약**론이나 상호 **통제**기능에 의한 권력 분립에 기초하지 않기 때문이다. Ottmann, Henning: *Hegels Rechtsphilosophie und das Problem der Akkomodation* in *Zeitschrift für philosophische Forschung* Bd.33, H.2, 235쪽.

47 Koselleck, Reinhart: *Preußen zwischen Reform und Revolution*, 278쪽. Jaeschke, Walter: *Die Vernünftigkeit des Gesetzes, das Volk oder wer anders?* in *Hegels Rechtsphilosophie im Zusammenhang der europäischen Verfassungsgeschichte*, 225쪽. Streitsand, Joachim: *Kritische Studien zum Erbe der deutschen Klassik*, 84쪽.

48 오트만은 『개요』에서의 헤겔의 프리스 비판을 왕정복고 **이전** 시기(1811년)부터 형성된 헤겔의 '심리적' '증오'가 '무절제'하게 표출된 것으로 본다. Ottmann, Henning: *Hegels Rechtsphilosophie und das Problem der Akkomodation* in *Zeitschrift für philosophische Forschung* Bd.33, H.2, 241-242쪽. 그러나 이 또한 당시 부르셴샤프트와 연관된, 예를 들어 프리스의 반유대주의 같은, 내용적 근거가 있다.

49 또한 바넨만 필기문의 다음 문장들과 비교하라. "직접적으로 실현되어 있으며 실현되는 개념이 진리이다." "인륜성은 진리의 관점이기 때문에 실존을 지녀야 하며 현실화되어야 한다." RW, §69.

VI장 누가 헤겔을 두려워하는가?

1 1829년 10월 14일 괴셸로부터 받은 편지. B3, 281-283쪽.

2 Müller, Herrmann: Zum Artikel *Göschel, Karl Friedrich* in *Allgemeine Deutsche Biographie* Bd.9, 397-398쪽.

3 헤겔 철학은 1832년까지는 '프로이센 철학'이라 비난받더니 그 후로는 너무 '자유주의'적이라 비난받는다. Gans, E.: *Erwiderung auf Schubarth(1839) Jahrbücher für wissenschaftliche Kritik* in *Materialien zu Hegels Rechtsphilosophie* Bd.1, 269쪽. Ense, K. A. Varnhagen v.: *Hegel und Schubarth(1839)*, *Der Freihafen* in ders. 319쪽.

4 Jaeschke, Walter: *Urmenschheit und Monarchie* in *Hegel Studien* Bd.14, 78, 90, 102-103쪽.

5 프리드리히 마이네케: 『세계시민주의와 민족국가』, 199-200, 370, 372쪽.

6 Lucas, H.-Ch.: *"Wer hat die Verfassung zu machen, das Volk oder wer anders?"* in *Hegels Rechtsphilosophie im Zusammenhang der europäischen Verfassungsgeschichte*, 186쪽.

7 1827년 5월 9일 괴테로부터 받은 편지. B3, 160쪽. 헤겔은 슈바르트를 위해 알텐슈타인 남작과 요하네스 슐체에게 좋은 말을 해준 것으로 전해진다. Hoffmeister, J.: *Anmerkungen* zu B3, 407쪽.

8 Jacoby, Daniel: zum Artikel *Schubarth, Karl Ernst* in *Allgemeine Deutsche Biographie* Bd.32, 606-612쪽.

9 Schubarth, K. E. u. Carganico, K. A.: *Ueber Philosophie überhaupt, und Hegel's Encyclopädie der philosophischen Wissenschaften insbesondere*, 156-157, 168-169쪽.

10 Jacoby, Daniel: zum Artikel *Schubarth, Karl Ernst* in *Allgemeine Deutsche Biographie* Bd.32, 607쪽.

11 Schubarth, K. E. u. Carganico, K. A.: *Ueber Philosophie überhaupt, und Hegel's Encyclopädie der philosophischen Wissenschaften insbesondere*, II-IV, VII쪽. (원전 서문엔 쪽수 표시가 없다. 편의상 로마숫자로 표기한다.) 반면에 헤겔은 슈바르트와 달리 철학과 학문을 자주 동의어로 사용한다.

12 Ibid, 1-2쪽.

13 Ibid, 41-45쪽. 칸트는 인식될 수 없는 '사물들의 즉자'를 설정함으로써 경험 세계 내 종교가 지니는 '잠정적 확실성'을 보장했지만, 헤겔의 '개념파악하는 학문'은 이마저도 '절대성에까지 고양'하려 함으로써 '종교를 앎에 종속'시켰다. 123, 148쪽.

14 Ibid, 49-52쪽.

15 Ibid, X-XII쪽.

16 Ibid, 47쪽.

17 Ibid, 121-122, 128-131쪽.

18 Ibid, 136-137, 140-147, 150-152, 155-157, 160-161쪽.

19 Ibid, 167-170, 172-174쪽. 슈바르트의 헤겔 변호의 취지는 간단히 말해 헤겔이 순수 입헌 군주제 형식을 통해 그 나름대로 프로이센 상황에 적응하려 했다는 것이다. 그러나 아래에서 언급하겠지만 헤겔은 이미 하이델베르크 시기부터 입헌 군주제를 '더 단호히' 주장했다. Pöggeler, Otto: *Hegels Begegnung mit Preußen* in *Hegels Rechtsphilosophie im Zusammenhang der europäischen Verfassungsgeschichte*, 315-316쪽.

20 루터에 대한 헤겔의 평가는 양가적이다. "루터가 신앙이라 부른 이 주관적 측면을 높이 설정하는 것은 무한히 중요하다." 그러나 그것이 다가 아니다. "참된 것은 그 측면이 마찬가지로 객관적 계기를 포함해야 한다는 것이다." VM Ⅰ, 38쪽. GPR, 27쪽도 참조.

21 Schubarth, K. E.: *Über die Unvereinbarkeit der Hegelschen Staatslehre mit dem obersten Lebens- und Entwicklungsprinzip des Preußischen Staats(1839)* in *Materialien zu Hegels Rechtsphilosophie* Bd.1, 249-260쪽.

22 Jaeschke, Walter: *Urmenschheit und Monarchie* in *Hegel Studien* Bd.14, 103, 106쪽.

23 Baumeister, August: Zum Artikel *Thiersch, Friedrich Wilhelm* in *Allgemeine Deutsche Biographie* Bd.38, 10쪽.

24 Masur, Gerhard: *Friedrich Julius Stahl, Geschichte seines Lebens. Aufstieg und Entfaltung 1802-1840*, 17-37, 42-88쪽.

25 Kraus, Hans-Christof: Zum Artikel *Stahl, Friedrich Julius* in *Biographische Enzyklopädie deutschsprachiger Philosophen*, 398-399쪽. Landsberg, Ernst: Zum Artikel *Stahl, Friedrich Julius* in *Allgemeine Deutsche Biographie* Bd.35, 392-400쪽. 마주어와 달리 크라우스와 란츠베르크는 슈탈의 출생지를 뮌헨으로 소개하고 있다.

26 Meist, K. Rainer: *Altenstein und Gans* in *Hegel Studien* Bd.14, 71-72쪽.

27 Arnim, Henning v.: *Einleitung* zu *Die Philosophie des Rechts(1830-1837) Eine Auswahl nach der 5. Auflage(1870)*, Ⅶ-Ⅷ쪽.

28 Walter, Ehrhardt E.: *"Freiheit ist unser und der Gottheit Höchstes" - ein Rückweg zur Freiheitsschrift?* in *Schellings Weg zur Freiheitsschrift. Legenden und Wirklichkeit*, 246-247쪽.

29 Stahl, F. J.: *Die Philosophie des Rechts nach geschichtlicher Ansicht* Bd.1, Ⅴ-Ⅸ, Ⅳ쪽.

30 Ibid, 35, 38,

31 Ibid, Ⅺ쪽.

32 Ibid, 35-36, 38, 40, 45-46쪽.

33 Ibid, 48, 52, 55, 56, 254쪽.

34 Ibid, 144, 173, 260, 279쪽. 슈라펜에 따르면 1848년에서야 선명해지는 셸링의 정치적 관점은 이상적인 군주를 '주권적으로 지배하는 국부(Landesvater)'로 본다. Schraven, Martin: *Schelling und die Revolution von 1848* in *Philosophie und Literatur im Vormärz, Philosophisch-literarische Streitsachen*, Bd.4, 201쪽.

35 Stahl, F. J.: *Die Philosophie des Rechts nach geschichtlicher Ansicht* Bd.1, 270-271, 274-275, 279, 282-283, 285-286, 289-296, 302쪽.

36 Ibid, 265, 292, 304, 306쪽.

37 Stahl, F. J.: *Die Philosophie des Rechts(1830-1837) Eine Auswahl nach der 5. Auflage(1870)*,

100쪽.

38 Ibid, 82쪽. 또한 *Die Philosophie des Rechts nach geschichtlicher Ansicht* Bd.2, Abt.2, 17쪽.

39 Stahl, F. J.: *Die Philosophie des Rechts nach geschichtlicher Ansicht* Bd.1, 265, 289, 293-295, 308-312, 348-349쪽. 범신론에 관해서는 또한 Bd.2, Abt.1, 7-9, 12-14쪽.

40 Stahl, F. J.: *Die Philosophie des Rechts nach geschichtlicher Ansicht* Bd.1, 316, 341, 351-352쪽.

41 Ibid, 1쪽.

42 Stahl, F. J.: *Vorrede zur dritten Auflage [des zweiten Bandes der Philosophie des Rechts]* in *Philosophie und Literatur im Vormärz, Philosophisch-literarische Streitsachen*, Bd.4.1, 439쪽.

43 Stahl, F. J.: *Die Philosophie des Rechts nach geschichtlicher Ansicht* Bd.2, Abt.1, 7, 14-17, 23, 28, 40-41, 70-71, 76, 78-84, 194쪽. 슈탈의 종교 개념은 개인과 민족 모두에게 적용 가능한 헤겔의 종교 개념과는 다르다.

44 Stahl, F. J.: *Die Philosophie des Rechts nach geschichtlicher Ansicht* Bd.2, Abt.1, 84쪽.

45 Stahl, F. J.: *Die Philosophie des Rechts nach geschichtlicher Ansicht* Bd.1, 40, 200쪽.

46 Stahl, F. J.: *Die Philosophie des Rechts nach geschichtlicher Ansicht* Bd.2, Abt.1, 191, 194-197, 200, 203, 210쪽. '법칙은 신이 그것을 의지했기 때문에 법칙인 것이다.' 56쪽.

47 Stahl, F. J.: *Die Philosophie des Rechts nach geschichtlicher Ansicht* Bd.1, 49쪽.

48 Stahl, F. J.: *Die Philosophie des Rechts nach geschichtlicher Ansicht* Bd.2, Abt.2, 27-30쪽.

49 Stahl, F. J.: *Die Philosophie des Rechts nach geschichtlicher Ansicht* Bd.2, Abt.1, 233쪽.

50 1852년 3월 8일 슈탈이 교회 연합(Union)의 약화와 구 프로이센 개신교의 강화를 위해 행한 연설 「혁명이란 무엇인가?」에 따르면 '혁명은 공적인 전체 상태를 신의 질서와 편성 대신에 인간의 의지 위에 건립하는 것'으로서 그 근원은 바로 '인간의 자기 신격화'를 지향하는 '이성주의'에 있다. 따라서 이것을 '종결시키는 유일한 권력'은 신의 권위를 회복시키는 '기독교'이지만, '기독교의 근원상(Urbild)이 지상 위에' 도래하지 못하는 한 혁명은 결코 종결되지 않으며 '억제될 수만' 있다. Stahl, F. J.: *Was ist die Revolution?* in *Philosophie und Literatur im Vormärz, Philosophisch-literarische Streitsachen*, Bd.4.1, 423-432, 특히 423, 428, 430, 431쪽.

51 Stahl, F. J.: *Die Philosophie des Rechts nach geschichtlicher Ansicht* Bd.2, Abt.2, 16-19쪽.

52 Stahl, F. J.: *Die Philosophie des Rechts nach geschichtlicher Ansicht* Bd.2, Abt.1, 218-222, 226-230쪽.

53 Stahl, F. J.: *Die Philosophie des Rechts(1830-1837) Eine Auswahl nach der 5. Auflage(1870)*, 103쪽.

54 Stahl, F. J.: *Die Philosophie des Rechts nach geschichtlicher Ansicht* Bd.2, Abt.2, 1-3, 7-12쪽.

55 Stahl, F. J.: *Die Philosophie des Rechts(1830-1837) Eine Auswahl nach der 5. Auflage(1870)*, 104, 107-108쪽.

56 Stahl, F. J.: *Die Philosophie des Rechts nach geschichtlicher Ansicht* Bd.2, Abt.2, 275-276쪽.

57 Jaeschke, Walter: *Hegel Handbuch*, 525-526쪽.

58 Hogemann, Friedrich Hg.: *Anhang* zu SE Ⅱ, 471-474쪽.

59 교육학적인 이유에서인지 법철학의 미성숙 때문인지는 몰라도 뉘른베르크 김나지움 강의에서 헤겔은 아직 칸트와 유사하게 법을 '추상적 인격들'로서의 '인간들의 연관'으

로 정의하고 있다. NG, 356쪽.

60 이러한 문제의식은 이미 1802년 예나 자연법 논문에서 나타난다. JKS, 424-427쪽. 또한 E I, §415.

61 Nicolin, Günther Hg.: *Hegel in Berichten seiner Zeitgenossen*, 235쪽.

62 Schubarth, K. E. u. Carganico, K. A.: *Ueber Philosophie überhaupt, und Hegel's Encyclopädie der philosophischen Wissenschaften insbesondere*, 49, 51-53, 73, 75-76쪽.

63 또한 Gans, E.: *Vorwort zur 2. Ausgabe der Rechtsphilosophie* in *Materialien zu Hegels Rechtsphilosophie* Bd.1, 246-247쪽 참조. 여기서 간스는 역사법학을 향해 '논리적인 철학에 들어서자마자' '동시에 그 밖에서' 위안을 찾으며 '철학에 대해 말하려는' '무모한 모험'이라 평가한다.

64 Stahl, F. J.: *Die Philosophie des Rechts nach geschichtlicher Ansicht* Bd. 1, 279, 282, 350-351쪽.

65 Schubarth, K. E. u. Carganico, K. A.: *Ueber Philosophie überhaupt, und Hegel's Encyclopädie der philosophischen Wissenschaften insbesondere*, 171쪽.

66 Stahl, F. J.: *Die Philosophie des Rechts nach geschichtlicher Ansicht* Bd.1, 38, 40, 55-56쪽. 이에 따르면 '유대 기독교 이야기'에서는 '유일하게 에토스의 원천'인 신이 일어나는 '모든 사건에 동시에 법칙을 부여한다.' 신의 '인륜적 명령 자체가 역사이다.' 그리고 '역사법학'의 본래 가르침은 신의 법칙에 의해 역사가 발전해 왔다면 '고차적인 것'은 '과거의 것이 아니라' '현재'에 그리고 '미래에' 놓여 있다는 것이다.

67 Elsner, M: *Eine gegen Hegel gerichtete Anklage des Hochverrates, aus dessen Schriften beantwortet(1839)* in *Materialien zu Hegels Rechtsphilosophie* Bd.1, 308쪽.

68 추적할 수 있는 이 절의 최초 형태는 『개요』의 '원판'이라 할 수 있는 1819/20년 법철학 강의필기문이다. RA[1], 211-226쪽과 비교. 또한 RR, 157-162쪽과 비교. Nicolin, Friedhelm: *Auf Hegels Spuren*, 180쪽. 그러나 1802년 헤겔의 신문 발췌문까지 추적하는 논의도 있다. Waszek, Norbert: *A stage in the development of Hegel's theory of the modern state. The 1802 excerpts on Bonaparte and Fox* in *Hegel Studien* Bd.20, 163-172쪽 참조. 『개요』의 이 부분은 1822/23년 법철학 강의에서도 비슷하게 반복되다가 1824/25년 강의에서는 프로테스탄티즘을 강조하는 식으로 바뀐다. RHt, §270. RG, §270.

69 반면에 신앙, 감정 등의 추상적 종교 형식은 '국가의 최고 진리'를 지닐 수 있게 하지만 사유된 현실적 내용으로 전개시키진 못한다. 이런 의미에서 종교는 '**단지** 국가의 토대일 뿐이다.' Schick, Friedrike: *Der Begriff des Verhältnisses von Staat und Religion nach §270 der Grundlinien der Philosophie des Rechts* in *Staat und Religion in Hegels Rechtsphilosophie*, 35쪽. 그렇다고 종교는 종교 자체가 다루는 '절대정신'의 '**현실화**의 토대'는 아니다. 또한 국가는 종교가 다루는 '절대정신의 **현존**'도 그 '현실화'도 아니다. 이를 조심스럽지 못하게 등식화하면 종교에 정치력을 부여하게 되고 국가에 그 개별성을 도외시한 채 절대성을 부여하게 된다. Karasek, Jindrich: *Staat, Religion und Kirche bei Hegel* in ders., 78, 82쪽 참조. 비슷한 오해로는 Schweitzer, C. G.: *Die Glaubensgrundlagen des Hegelschen Denkens* in *Hegel Studien Beiheft* Bd.1, 237-238쪽. Rohrmoser, G.: *Die theologischen Voraussetzungen der Hegelschen Lehre vom Staat* in ders., 240-245쪽. 최병환:「헤겔에 있어서의 국가와 종교」, 『동서철학연구』 제2호, 145, 148쪽.

70 Kruck, Günter: *Der Begriff der Religion in Hegels Enzyklopädie der philosophischen Wissenschaften* in *Staat und Religion in Hegels Rechtsphilosophie*, 62-63쪽 참조.

71 1817/18년 법철학 강의에 따르면 예술, 종교, 학문의 "삶은 대자적으로 홀로 현존해서는 안 되며 오히려 국가의 삶"이어야 한다. "교회는 자신을 국가 내의 세속적 왕국으로 서술해서는 안 된다." RW, §158. 예술, 종교, 철학을 통해 '성품과 헌정(憲政)의 조정'을 노리는 헤겔의 국가 개념은 현대적 의미의 '문화국가(Kulturstaat)' 구상으로 평가될 수도 있다. Jaeschke, Walter: *Politik, Kultur und Philosophie in Preußen* in *Hegel Studien Beiheft* Bd.22, 38, 45, 46, 48쪽. *Machtstaat und Kulturstaat* in *Staat und Kultur bei Hegel*, 16-21쪽.

72 Zabel, Benno: *Fichtes Recht und Hegels Staat* in *Hegel Studien* Bd.45, 71-77쪽 참조.

73 Feuerbach, Ludwig: *Stahl-Rezension(1835)* in *Philosophie und Literatur im Vormärz, Philosophisch-literarische Streitsachen*, Bd.4.1, 118-129, 특히 122, 125쪽. 여기서 포이어바흐는 슈탈의 자유 개념이 '선택(Wahl)'과 동일시되고 신에 의해 '단번에 말해진 것들(*απαξ λεγομενα*)'에 따른 '자기규정'으로서의 '자유'를 의미하는 '선별(Auswahl)'로 파악되지 못한다고 비판한다. 118-120쪽. 또한 청년 헤겔주의자 쾨펜(K. F. Koeppen)의 슈바르트 비판도 이와 유사하다. '국가 이념'이 '현실성에 도달'하는 '입헌 군주제'를 논리적으로 서술했기에 '헤겔이 모반자인가?' '인격이 모든 것인 곳에서 법률은 무(無)이다. 그러나 법률이 무인 곳에 무정부(Anarchie)가 있다. 따라서 슈바르트에 따르면 프로이센은 무정부 국가이다. 그러므로' '4-5백만 명의 가톨릭'을 무시하고 프로이센을 '프로테스탄트' '인격 국가'라 주장한 '슈바르트 씨(氏)야말로 모반자이다.' Koeppen, K. F.: *Über Schubarths Unvereinbarkeit der Hegelschen Philosophie mit dem Preußischen Staate(1839)* in *Materialien zu Hegels Rechtsphilosophie* Bd.1, 280-281쪽.

74 Stahl, F. J.: *Die Philosophie des Rechts(1830-1837) Eine Auswahl nach der 5. Auflage(1870)*, 68쪽.

75 Stahl, F. J.: *Die Philosophie des Rechts nach geschichtlicher Ansicht* Bd.1, 197-198쪽.

76 Stahl, F. J.: *Die Philosophie des Rechts nach geschichtlicher Ansicht* Bd.2, Abt.1, 329-332쪽.

77 이미 1817/18년 강의에서 헤겔은 "개별자로서 군주가 모든 것을 할 수 없기에" 그리고 "자신과 민족의 안정을 위해서" "군주는 권력을 나눠 가져야 하며" "개별자로서" "형식적인 최종 결정의 계기"만 지녀야 한다고 말한다. RW, §§135, 138.

78 슈바르트는 이 문장을 당시 간스가 편집한 『개요』의 보충문(Zusatz)들에서 인용했다. 민주적 성향을 지녔으나 한때 프로이센 공직에 있기도 했던 헤겔의 지인 파른하겐은 헤겔을 변호하기 위해 이 보충문들의 의미를 깎아내리기도 했다. Ense, K. A. Varnhagen v.: *Hegel und Schubarth(1839), Der Freihafen* in *Materialien zu Hegels Rechtsphilosophie* Bd.1, 317-319쪽 참조. 이를 둘러싼 해석에 대해서는 Lucas, H.-Ch.: *"Wer hat die Verfassung zu machen, das Volk oder wer anders?"* in *Hegels Rechtsphilosophie im Zusammenhang der europäischen Verfassungsgeschichte*, 189-195쪽 참조. 간스 자신은 '자유의 금속'으로 만들어진 『개요』의 보충문들을 헤겔이 직접 언급한 1822/23년과 1824/25년 두 강의필기문에서 취했다고 보고한다. Gans, E.: *Vorwort zur 2. Ausgabe der Rechtsphilosophie* in *Materialien zu Hegels Rechtsphilosophie* Bd.1, 245, 247-248쪽.

79 Förster, F.: *Noch ein Denunziant der Hegelschen Philosophie(1839)* in *Materialien zu Hegels Rechtsphilosophie* Bd.1, 287, 289쪽.

80 그러나 자신을 "정치적으로 중상모략"하기 위해 슈바르트가 사용한 "국가 형식의 절대적인 것"과 "군주제 자체(Monarchie an sich)"와 같은 **추상적** 표현을 헤겔은 더 이상 언급할 가치가 없는 것으로 본다. SE II, 272쪽. 간스는 헤겔이 서술한 군주의 역할을 점을 찍**거나** 찍지 **않기** 위해 '프로이센'='**근대**' 국가의 인륜적 제도와 그 본질에 대한 통찰 즉 '그 본질에 있어 국가의 포착'이 필요한 자질로 평가한다. 반면에 '신으로부터의' '인격성'을 강조하기 위해 이를 에워싼 모든 인륜적 제도를 '경멸'하는 슈바르트의 '인격적 국가'는 못난 '번데기로부터 나비'가 나오는 꼴이라 본다. Gans, E.: *Erwiderung auf Schubarth(1839) Jahrbücher für wissenschaftliche Kritik* in *Materialien zu Hegels Rechtsphilosophie* Bd.1, 269-274, 특히 271-272쪽.

81 Jaeschke, Walter: *Urmenschheit und Monarchie* in *Hegel Studien* Bd.14, 98-100쪽. 또한 권영우:「헤겔 철학의 왜곡사에 관한 소고」,『철학연구』 제125집, 35쪽.

82 이것은 개별적 유한성의 '절대적 신성화(Verklärung)'이다. Reese, Heinrich: *Hegel über das Auftreten der christlichen Religion in der Weltgeschichte*, 46쪽. 보편의 개별로의 이 급변의 측면을 간과하고 논리적으로만 해석하면 헤겔의 군주는 '비매개적 개별성'으로 평가될 수 있다. Kastner, Hannes: *Noch einmal: die Stellung des Monarchen. Oder: Hegels "versteckte" Demokratietheorie* in *Hegel Studien* Bd.43, 73-74쪽.

83 Siep, Ludwig: *Hegels Theorie der Gewaltenteilung* in *Hegels Rechtsphilosophie im Zusammenhang der europäischen Verfassungsgeschichte*, 417쪽.

84 Pöggeler, Otto: *Hegel und die französische Revolution* in *Hegel Studien Beiheft* Bd.42, 222-223쪽 참조. Löwith, Karl: *Hegels Aufhebung der christlichen Religion* in *Hegel Studien Beiheft* Bd.1, 215-217쪽 참조. 헤겔에 있어 종교와 철학의 관계에 대해서는 227-236쪽 참조. 또한 좋은 논의로는 Rocker, Stephen: *Hegel's rational Religion*, 164-189쪽 참조.

85 헤겔의 종교철학은 '종교개혁'과 '계몽'을 통해 초래된 '기독교의 확실성 상실'을 극복하려는, '기독교와 학문 간의' '최종적인 종합'이다. Elert, Werner: *Der Kampf um das Christentum*, 14-15, 35쪽. 또한 이정은:「헤겔의 종교 철학에서 그리스도교의 악 이해」,『기독교철학』 제15권, 125, 129-131쪽 참조.

86 Rosenkranz, K.: *Apologie Hegels gegen Dr. Haym(1858)* in *Materialien zu Hegels Rechtsphilosophie* Bd.1, 403쪽.

87 Jaeschke, Walter: *Es ist ein Begriff der Freiheit in Religion und Staat* in *Staat und Religion in Hegels Rechtsphilosophie*, 15, 22쪽. *Christianity and Secularity in Hegel's Concept of the State* in *The Journal of Religion* vol.61, 127-145쪽. 이런 의미에서 헤겔의 '프로테스탄트 원리'를 루소와는 다른 의미에서 '법치국가의 일종의 시민종교'로 이해하는 해석도 있다. Kallscheuer, Otto: *Hegels Theorie der Säkularisierung* in ders., 117-118쪽. 반면에 청년 헤겔의 민족종교가 루소적인 시민종교이며 '제도화되지 않은 인륜성'을 전제한다는 해석은 상당히 문제가 있다. 김동하:「시민종교와 정치통합」,『한국정치연구』 제21집 제2호, 351, 352, 357쪽. 마우러는 국가와 종교의 연관에 관한 헤겔의 문제의식을 청년기 논문집(Jugendschriften)까지, 그러나 다소 무리하게 프로테스탄트 관점으로만 해석하고 있다. 이로 인해 청년 헤겔이 비판하는 실정 종교는 가톨릭으로 간주되고,『개요』§270보다는 셋째『요강』§552와 그 이후의 언급들이 더 일관된 헤겔의 생각으로 평가된

다. 이 때문에 그는 프로테스탄트의 주관성 원리가 초래할 수 있는 '아집'과 파편화의 폐해를 제어할 수 있는 측면을 헤겔에게서 보지 못하고 있다. 헤겔은 정치적 가톨릭주의에는 반대하지만 신앙의 이성적 보편을 지적으로 탐구하는 종교적 가톨릭주의는 필요한 것으로 본다. 따라서 헤겔은 『개요』에서 언급한 국가와 종교 **일반**의 관계를 『요강』에서는 프로테스탄트의 관점에서 설명하고 있는 것이다. 그러나 헤겔의 한결같은 주장에 따르면, 마우러도 통찰하고 있듯이, '프로테스탄트 국가'는 '프로테스탄트이기 위하여' 정치적으로 '거의 아무것도' 하지 않는 국가이다. Maurer, Reinhart: *Hegels politischer Protestantismus* in *Hegel Studien Beiheft* Bd. 11, 383-415, 특히 406-410쪽 참조.

88 EⅢ, §552. *Rede bei der dritten Säkularfeier der Übergabe der Augsburgischen Konfession (den 25. Juni 1830)* in *Philosophie und Literatur im Vormärz, Philosophisch-literarische Streitsachen*, Bd. 4.1, 97, 102쪽. VMⅡ, 153, 172-173쪽. *Vorlesungen über die Philosophie der Religion*, 339-347, 특히 344, 347쪽. 서술 방식의 편차는 있지만 이 강연들에서 한결같이 강조되는 것이 바로 자유이다. Vos, Lu De: *Religion-Staat-Geschichte bei Hegel (1827-1831)* in *Staat und Religion in Hegels Rechtsphilosophie*, 37-55, 특히 46, 47, 49, 50, 53쪽. 프로테스탄티즘의 강조는 당시 출판되지 않았던 1824/25년 법철학 강의에서 처음 나타난다. RG, §270. 당시 헤겔은 무엇보다 프랑스의 가톨릭 왕정복고를 겨냥하고 있다. Jaeschke, Walter: *Hegel Handbuch*, 396쪽.

89 이는 바꾸어 말하면 국가 내 교회의 자유를 향한 투쟁이 진행되고 있었음을 의미한다. '1830년대 말부터' 가톨릭은 이미 '하나의 정당'으로 존립하고 있었으며, '1835년' 슈트라우스(D. F. Strauß)의 『예수의 생애』 출판 이후부터 프로테스탄트도 그리고 이와 아울러 '신학적 헤겔학파'도 좌우로 당파화되어 갔다. 이 중 슈탈은 프로이센 개신교의 '보수 정통 교회파'를 강력하게 대변했다. 멜하우젠은 이러한 종교 대결을 왕정복고 시기에 불가능했던 정치적 대결의 신학 담론적 이행으로, 따라서 1848년에 표출된 정치적 대결의 선행적 이념 대결로 평가한다. Mehlhausen, Joachim: *Theologie und Kirche in der Zeit des Vormärz* in *Philosophie und Literatur im Vormärz, Philosophisch-literarische Streitsachen*, Bd. 4, 67-85, 특히 67, 70, 72, 82쪽. 또한 Jaeschke, Walter: *Ein Schwabe als preussischer Staatsphilosoph?* in *Preussische Stille*, 258-259쪽 참조. 권영우는 슈트라우스의 위 저서로 촉발된 괴셸의 비판과 헤겔 좌우파의 분열 과정을 생동감 있게 그려내고 있다. 권영우: 「헤겔 철학의 왜곡사에 관한 소고」, 『철학연구』 제125집, 27-31쪽.

90 Jaeschke, Walter: *Hegel Handbuch*, 519쪽. 1815년 빈 회의에서 프로이센은 나폴레옹이 점령했던 작센 지역 즉 라인 지방과 베스트팔렌을 복속했다. 전통적으로 가톨릭이 지배적이었던 이 지역에 프리드리히 빌헬름 3세는 1825년 8월 17일 내각 칙령으로 부모가 다른 기독교 교파일 경우 자식은 부친의 교파를 따라 교육받는다는 법령을 공포한다. 그러나 작센에는 점령을 위해 파견된 프로테스탄트 국교의 프로이센 병사나 공무원이 이 지역 여성과 결혼하는 경우가 대부분이었기에 이 법령은 사실 정치적 프로테스탄트화를 내용으로 하는 것이었다. 1837년 저항하던 이 지역 가톨릭 대주교가 체포됨으로써 교회투쟁으로까지 발전한 이 갈등은 이미 1820년대 큰 논쟁거리였다. 아키히로, 마토바 외.: 항목 「쾰른 교회투쟁」, 『맑스사전』, 567쪽. 위키페디아: Kölner Wirren, *http://de.wikipedia.org/wiki/K%C3%B6lner_Wirren* 참조.

91 칼 슈미트: 『정치신학』, 54쪽.
92 칼 슈미트: 『정치적인 것의 개념』, 31-33쪽. 슈미트는 슈탈이나 헤겔을 자주 언급한다. 예를 들어 75-76쪽 참조.
93 GPR, §273. Rosenkranz, K.: *Hegel als Deutscher Nationalphilosoph*, 152쪽.
94 Stahl, F. J.: *Die Philosophie des Rechts nach geschichtlicher Ansicht* Bd.2, Abt.2, 62-66쪽. 헤겔의 제안과 달리 당시 군주는 필요할 경우 의회의 '표결에 반해 법률 변경과 입법을 결정할 수' 있었다. Grawert, Rolf: *Verfassungsfrage und Gesetzgebung in Preußen* in *Hegels Rechtsphilosophie im Zusammenhang der europäischen Verfassungsgeschichte*, 298-299쪽.
95 Sethe, Paul: *Deutsche Geschichte im letzten Jahrhundert*, 54-55쪽. Klenner, Hermann: *Rechtsphilosophie zwischen Restauration und Revolution* in *Philosophie und Literatur im Vormärz, Philosophisch-literarische Streitsachen*, Bd.4, 94-96쪽. Grünthal, Günther: *Verfassung und Verfassungskonflikt* in *Preussische Stille*, 313-315쪽. Kroll, F-L.: *Romantik in Preußen* in ders., 336-337쪽.
96 SE Ⅱ, 188-215쪽 참조. Hoffmann, Th. Sören: *Georg Wilhelm Friedrich Hegel*, 220-223쪽.
97 1830년 12월 13일 괴셸에게 보낸 편지.
98 1827년 8월 17일 괴테로부터 받은 편지. B3, 177쪽.
99 그러나 슈바르트 저서에 대한 한 지인과의 토론에서 괴테는 그의 철학 외부의 관점에 대해서는 호의적이었으나 헤겔의 기독교 이해에 대한 그의 비판은 수용하지 않은 것으로 보고되고 있다. Hoffmeister, J.: *Anmerkungen* zu B3, 407-409쪽 참조.
100 Gerhard Stalling AG. Hg.: Zum Artikel *Stahl, Friedrich Julius* in *Der Brockhaus in 2 Bänden* Bd.2, 481쪽. 2005년 베를린 주정부는 그의 무덤의 송덕비(Ehrengrab) 자격을 취소했다. *http://www.hu-berlin.de/ueberblick/geschichte/rektoren/stahl* 참조.
101 E Ⅱ, §63. §562. E Ⅲ, §63. §562와 비교.
102 헤겔은 자신의 종교철학을 비교적 뒤늦게 발전시켰다. 더구나 1821년부터 총 5번 강의한 그의 종교철학 원고와 필기문들은 상당한 차이점들을 보여주며, 그럼에도 영혼 불멸성은 늘 주변적으로만 논의되고 있다. 남기호: 「우주론적 신 현존 증명의 사변적 의미」, 『가톨릭철학』 제19호, 62-64쪽 참조. 또한 Wendte, Martin: *Zu begreifen, was ist. Lage und Aufgaben der Forschung zu Hegels Berliner Religionsphilosophie* in *Hegel Studien* Bd.42, 199-121, 특히 112-116쪽 참조.
103 종교의 세속화를 반성하는 후기세속사회 한국의 시민종교의 방향을 제시하는 논문으로는 최신한: 「후기세속사회의 종교 담론과 시민종교」, 『헤겔연구』 제33호, 194-210쪽 참조.

Ⅶ장 열린 사회의 진짜 적

1 칼 슈미트: 「라인지역의 국제법적 문제(1928)」, 『입장과 개념들』, 155쪽.
2 칼 슈미트: 「프리드리히 마이네케의 『국가이성의 이념』에 부쳐(1926)」, 『입장과 개념들』, 70쪽.

3 조르조 아감벤: 『예외상태』, 17쪽 이하 참조. 『목적 없는 수단』, 13-23쪽 참조.

4 샹탈 무페: 『민주주의의 역설』, 88, 156쪽.

5 Schmitt, Carl: *Der Begriff des Politischen*, 26-27쪽.

6 김효전: 「칼 슈미트의 생애와 업적」, 동아대학교 『대학원논문집』 제2집, 107쪽. 슈미트의 저서와 논문의 연도 표기는 이 논문의 Ⅷ장에 정리되어 있는 목록에 따라 표기한다. 119-135쪽.

7 나종석: 「옮긴이 해제」, 칼 슈미트, 『현대 의회주의의 정신사적 상황』, 196-202쪽 참조.

8 칼 슈미트: 「국제정치의 대상으로서의 라인란트(1925)」, 『입장과 개념들』, 34-35, 37, 42쪽. 슈미트는 당시 국제연맹에 감춰진 제국주의적 측면도 예리하게 지적한다. 「제네바 국제연맹의 두 얼굴(1926)」, 같은 책, 58-60쪽. 「국제연맹과 유럽(1928)」, 같은 책, 134-136, 138-139쪽. 「현대 제국주의의 국제법적 형태들(1932)」, 같은 책, 232-257쪽. 또한 나종석: 「하버마스인가 아니면 슈미트인가?」, 『사회와 철학』 제9호, 76-79쪽.

9 칼 슈미트: 「현상과 평화(1925)」, 『입장과 개념들』, 46, 48, 50, 57쪽.

10 칼 슈미트: 「국가개념과의 관계에서 본 현대 민주주의개념(1924)」, 『입장과 개념들』, 25, 28-30쪽.

11 칼 슈미트: 「의회주의와 현대 대중민주주의와의 대립(1926)」, 『입장과 개념들』, 75, 78, 80-81쪽.

12 Schmitt, Carl: *Die geistesgeschichtliche Lage des heutigen Parlamentarismus*, 36, 46, 58, 62-63, 89-90쪽.

13 여기서 슈미트의 낭만주의 이해가 갖는 타당성을 논하지는 않는다. 이에 대해서는 이병옥: 「칼 슈미트의 정치적 낭만주의 비판」, 『헤겔연구』 제21호, 331-350, 특히 346-349쪽 참조.

14 Schmitt, Carl: *Politische Romantik*, 5, 18, 68-75, 80, 91-95, 119-120, 126-127, 165-168쪽.

15 Schmitt, Carl: *Die geistesgeschichtliche Lage des heutigen Parlamentarismus*, 45-46쪽.

16 Schmitt, Carl: *Politische Romantik*, 14쪽.

17 Schmitt, Carl: *Die geistesgeschichtliche Lage des heutigen Parlamentarismus*, 41, 43, 45, 50, 52쪽.

18 Schmitt, Carl: *Das Reichsgericht als Hüter der Verfassung(1929)* in *Verfassungsrechtliche Aufsätze aus den Jahren 1924-1954*, 66-67, 98-99쪽. 입법국가 또는 법률국가(Gesetzesstaat)라는 말은 후에 슈미트를 비롯한 국가사회주의 법학자들에 의해 형식적 법치국가(Rechtsstaat)로 분류되고 히틀러가 이끄는 실질적 법치국가와 구분하기 위해 자주 사용되었다. *Nationalsozialismus und Rechtsstaat* in *Juristische Wochenschrift* 63. Jahrgang, H.12/13, 713-718쪽.

19 칼 슈미트: 「전체국가로의 전환(1931)」, 『입장과 개념들』, 212-214, 216-217, 220, 223쪽. 또한 *Der Hüter der Verfassung*, 75-78, 81, 89쪽. *Legalität und Legitimität*, 7-19쪽 참조.

20 칼 슈미트: 「중립화와 탈정치화의 시대(1929)」, 『입장과 개념들』, 183-184, 188쪽.

21 칼 슈미트: 「국가개념과의 관계에서 본 현대 민주주의개념(1924)」, 『입장과 개념들』, 24쪽.

22 그럼에도 슈미트는 '19세기 독일의 모든 헌법들'이 '왕조적 원리와 민주적 원리 간의 결단의 중지'에 존립했던 것으로 본다. Schmitt, Carl: *Staatsstreichpläne Bismarcks und Verfassungslehre(1929)* in *Verfassungsrechtliche Aufsätze aus den Jahren 1924-1954*, 31쪽.

23 Schmitt, Carl: *Die geistesgeschichtliche Lage des heutigen Parlamentarismus*, 32, 36-37쪽.

24 Ibid, 32, 34쪽.

25 Schmitt, Carl: *Das Problem der innenpolitischen Neutralität des Staates(1930)* in *Verfassungsrechtliche Aufsätze aus den Jahren 1924-1954*, 46쪽.

26 칼 슈미트: 「의회주의와 현대 대중민주주의와의 대립(1926)」, 『입장과 개념들』, 90-92쪽.

27 Schmitt, Carl: *Der Hüter der Verfassung*, 78-79, 82쪽. 권영설은 슈미트의 총체국가 개념이 그의 초기 저작 『국가의 가치와 개별자의 의미』(1914)에서 전개된 '국가 이전'의 '법=이념을 세계=현실에 실현하는 기능 그 자체'로서의 '이념국가(idealer Staat)'에 뿌리를 두고 있다고 보며, 총체국가를 다시 약한 양적 총체국가와 강한 질적 총체국가로 구분하기도 한다. 권영설: 「슈미트의 '이념국가'와 '전체국가'」, 『한국정치연구』 제7집 제1호, 101-113, 특히 102-103, 105, 107쪽.

28 Schmitt, Carl: *Die geistesgeschichtliche Lage des heutigen Parlamentarismus*, 34-35, 37, 39쪽.

29 칼 폴라니는 경제 영역이 사회 전체를 잠식하도록 함으로써 '산업과 정치 제도'의 '충돌'을 야기한 '자유주의적 자본주의'에 대한 대응 정치운동에서 20세기 유럽의 파시즘과 나치즘의 기원을 본다. 칼 폴라니: 『거대한 전환』, 566-585쪽 참조. 슈미트의 반자유주의를 자유주의 비판적 좌파 이론과 동일시하려는 논의도 있다. 국순옥: 「위르겐 하버마스와 좌파 슈미트주의」, 『민주법학』 제22호, 13-50쪽 참조.

30 칼 슈미트: 「의회주의와 현대 대중민주주의와의 대립(1926)」, 『입장과 개념들』, 83, 91쪽.

31 Schmitt, Carl: *Der Begriff des Politischen*, 24-26쪽.

32 Schmitt, Carl: *Die geistesgeschichtliche Lage des heutigen Parlamentarismus*, 37, 58-59, 66-70쪽.

33 김효전: 「위임적 독재와 주권적 독재 - 칼 슈미트에 있어서 독재의 개념-」, 『고시연구』, 제19집 제8호, 79, 83쪽.

34 이에 대해서는 Schmitt, Carl: *Die staatsrechtliche Bedeutung der Notverordnung, insbesondere ihre Rechtsgültigkeit(1931)* in *Verfassungsrechtliche Aufsätze aus den Jahren 1924-1954*, 235-262쪽. *Legalität und Legitimität*, 18-19, 70-87쪽. 「라이히 대통령의 독재 -바이마르 헌법 제48조에 따른-」, 『독재론』, 249-298쪽 참조.

35 칼 슈미트: 『독재론』, 23, 147-148, 163, 178, 240-243쪽.

36 Schmitt, Carl: *Der Hüter der Verfassung*, 24, 32-34, 37, 44-45, 132, 141-149, 155, 157-158쪽. 또한 *Zehn Jahre Reichsverfassung(1929)* in *Verfassungsrechtliche Aufsätze aus den Jahren 1924-1954*, 37-39쪽. *Das Reichsgericht als Hüter der Verfassung(1929)*, 같은 책, 67, 69-70, 74-75쪽 참조. 슈미트의 대통령 독재론은 '바이마르 헌법 하에서만' 가능한 것으로 여겨지기도 한다. 권영설: 「바이마르시대 슈미트의 헌법사상」, 『법학논문집』 제23집, 28-32쪽.

37 칼 슈미트: 「라이프치히 국사재판소에서의 최후 연설(1932)」, 『입장과 개념들』, 262-263쪽. 여기서 상론할 수 없으나 슈미트에겐 '국가가 헌법을 가지는 것이 아니라' '국가가 헌법이다.' 즉 헌법은 '절대적 의미에서' '국가형식'이며, '적극적 의미에선' '정치적 통일체가 헌법 부여 권력의 담지자들을 통해 자기 자신을 위해 내리는 의식적 결단'이다. *Verfassungslehre*, 4, 21쪽.

38 Schmitt, Carl: *Politische Theologie*, 13-14, 19, 36, 38-40쪽. 슈미트는 『토마스 홉스의 국가

론에서의 리바이어던』(1938)에서 진리가 아니라 권위가 법을 만든다는 홉스의 주장이 그의 다원주의적 사회계약론 때문에 실패한 것으로 해석한 바 있다. 슈미트의 이 해석에 대한 비판적 논의로는 남기호: 「칼 슈미트의 국가론에서의 리바이어던 - 그 정치적 상징의 오용과 홉스의 정치철학적 의의 -」, 『시대와 철학』 제26권 제4호, 9-47쪽 참조.

39 Schmitt, Carl: *Der Begriff des Politischen*, 20, 26-27쪽. 또한 「전면적인 적, 총력전, 전체국가(1937)」, 『입장과 개념들』, 345-361쪽 참조.

40 칼 슈미트: 「의회주의와 현대 대중민주주의와의 대립(1926)」, 『입장과 개념들』, 84, 92쪽.

41 칼 슈미트: 「독일에 있어서의 전체국가의 발전(1933년 1월)」, 『입장과 개념들』, 267쪽. 또한 「파시스트 국가의 본질과 생성(1929)」, 같은 책, 158-159, 161-162쪽 참조.

42 칼 슈미트: 「총통은 법을 보호한다(1934)」, 『입장과 개념들』, 288, 292쪽. 또한 「라이히 국가 연방(1933)」, 같은 책, 283-285쪽 참조. 제국 대통령 독재에서 히틀러 총통 권력으로의 이행에 대해서는 *Die Stellvertretung des Reichspräsidenten(1933)* in *Verfassungsrechtliche Aufsätze aus den Jahren 1924-1954*, 351-358쪽 참조. 문종욱: 「칼 슈미트 법철학상의 "합법성"과 "정당성"」, 『법학연구』 제7권 제1호, 158-175, 특히 166, 171쪽. 나종석은 슈미트의 자유주의 비판 의의에 주목해 그의 '이론적 결론들'과 '정치적 결정들'을 분리해 볼 것을 제안한다. 그러나 적과 동지를 가르는 '정치적인 것을 부정하는 것은 인간적 삶의 **진지성**을 부정하는 것이나 다름없다'던 슈미트에게 이런 제안은 너무 관대한 것 같다. 나종석: 「'정치적인 것'의 본질과 칼 슈미트의 자유주의 비판」, 『헤겔연구』 제25호, 228-250, 특히 248, 250쪽.

43 Schmitt, Carl: *Der Begriff des Politischen*, 10-11, 62쪽. 또한 「국가윤리학과 다원적 국가(1930)」, 『입장과 개념들』, 192-207, 특히 201-202, 206쪽.

44 TJ, 191쪽. JKS, 458, 468쪽. RW, §§89-121.

45 이는 슈미트만의 잘못이 아니며, '논리학과 형이상학', '자연철학' 다음으로 『인륜성의 체계』를 헤겔 철학 체계의 셋째 부분으로 간주해 온 오랜 서지학적 오류 탓이기도 하다. Meist, K. Rainer: *Anhang zu Schriften und Entwürfe(1799-1808)*, 662-663쪽.

46 Jaeschke, Walter: *Hegel Handbuch*, 152-153쪽.

47 J I, 314쪽.

48 이에 대해서는 남기호: *Hegels Begriff der Sittlichkeit in dessen Genese und in den Jenaer Systementwürfen*, 232-234쪽 참조.

49 Schmitt, Carl: *Der Begriff des Politischen*, 62쪽.

50 「자연법 논문」에서 상대적 인륜성은 절대적 인륜성이 "개인들 내"에 "실재로" 보편화되는 과정으로 서술된다. JKS, 453-454쪽.

51 Schmitt, Carl: *Politische Theologie*, 40쪽.

52 게다가 '동일성'은 전혀 '일의적 개념'이 아니다. 아무런 내용적 규명 없이 단순히 '지배자와 피지배자'의 '동일시(Identifikation)' 내지 '동일성의 인정'에만 국한되어 강조된 슈미트의 민주주의적 '동일성'은 '한갓된 수사학'으로 평가될 수도 있다. Paulson, Stanley L.: *Zugerichtete Identität. Zur Bewertung einiger Elemente der Demokratietheorie Carl Schmitts* in *Gegen den Ausnahmezustand*, 171-172, 177쪽.

53 Schmitt, Carl: *Machtpositionen des modernen Staates(1933)* in *Verfassungsrechtliche Aufsätze aus*

den Jahren 1924-1954, 371쪽.

54 이에 대해서는 남기호: 「헤겔 인정이론의 구조」, 『사회와 철학』 제18집, 235-238쪽 참조.

55 Schmitt, Carl: *Grundrechte und Grundpflichten (1932)* in *Verfassungsrechtliche Aufsätze aus den Jahren 1924-1954*, 194, 196, 228쪽.

56 Schmitt, Carl: *Die geistesgeschichtliche Lage des heutigen Parlamentarismus*, 58-60, 68-70쪽.

57 Schmitt, Carl: *Die geistesgeschichtliche Lage des heutigen Parlamentarismus*, 68-69쪽.

58 칼 슈미트: 「중립과 중립화(1939)」, 『입장과 개념들』, 422-423쪽. 슈미트에게 '법철학'이란 '구체적인 법질서와 사회질서의 내재성으로부터 구체적 개념들의 발전'이다. 그러나 이러한 이해는 헤겔이 그토록 비판한 역사법학의 관점이라 할 수 있다. 슈미트는 헤겔과 사비니의 관계를 연구하지 못한 것이 자기 '일생의 크나큰 태만'이었다고 고백하기도 한다. *Die Lage der europäischen Rechtswissenschaft (1943/44)* in *Verfassungsrechtliche Aufsätze aus den Jahren 1924-1954*, 427-428쪽. 헤겔과 사비니 간의 쟁점에 대해서는 Ⅳ장을 참조하라.

59 이는 뵈켄회르데의 통찰과 이어질 수 있다. 즉 '헌법 자체의 내용과 타당성'에 '분쟁'이 발생할 경우 '실질적 헌법 국가' 관념을 초월해 슈미트처럼 누가 '최후의 결정을 내리는'지가 중요할 수 있지만, 민족 내지 '국가라는 통일체'는 언제나 '오히려 **법적** 헌법에 선행하여 존재한다'는 것이다. 에른스트-볼프강 뵈켄회르데: 『헌법과 민주주의』, 32-46쪽.

60 '국가의 존속'은 '긴장을 특징으로 하는 순간'으로 이루어지기에 위기에 처할 수 있는 '모든 국가는 잠재적으로' '총력적인 동원을 강요'할 수 있는 총체국가이다. 칼 슈미트: 「국제법상의 중립과 국민의 전체성(1938)」, 『입장과 개념들』, 370, 373쪽.

61 Katzmair, Harald/Rauchenschwandtner, Herman: *Das Dispositiv des Volkes. Zur Konstitution des politischen Subjekts bei Carl Schmitt* in *Gegen den Ausnahmezustand*, 143쪽. 그래서 총체국가의 정치는 '민족의 동종성'에 미리 정향된 '존재정치(Ontopolitik)'로 머문다. 157쪽.

62 Schmitt, Carl: *Theorie des Partisanen*, 93쪽.

63 카를 뢰비트에 따르면 이는 아무런 '표준적 사태 영역'을 지니지 않는 '결단성을 위한 결단(eine Entscheidung für die Entschiedenheit)' 그 이상일 수 없다. Löwith, Karl: *Der Okkasionelle Dezisionismus von C. Schmitt* in *Gesammelte Abhandlungen zur Kritik der geschichtlichen Existenz*, 98-100, 103쪽.

64 Schmitt, Carl: *Politische Theologie*, 43, 63, 67쪽. 또한 슈미트가 '직접적 능동적 결단의 힘'을 '민족적인 것'과 결합시키는 데는 조르주 소렐(G. Sorel, 1847-1922)의 신화 이론이, '결단주의'를 '독재'와 연결시키는 데는 도노소 코르테스(Donoso Cortés, 1809-1853)의 정치신학 이론이 많은 영향을 끼쳤다. 「신화의 정치이론(1923)」, 『입장과 개념들』, 9-22, 특히 12, 20-21쪽. 「1849년 베를린에서의 도노소 코르테스(1927)」, 같은 책, 107-122, 특히 114-116, 119, 122쪽. 「알려지지 않은 도노소 코르테스(1929)」, 같은 책, 170, 172쪽.

65 문종욱: 「칼 슈미트 법철학에 있어서의 구체적 질서 사고」, 『법학연구』 제4권 제1호, 284-302, 특히 294-297쪽. 슈미트의 구체적 질서 이론이 이전까지의 결단주의를 극복하려는 시도인지는 또 다른 문제이나, 분명 개념사학자 오토 브루너(Otto Brunner) 등에 의해 '나치 세계관에 상응하는' '비역사적인 어용학문'이 된 것은 사실이다. 나인호: 『개념사란 무엇인가』, 134-135, 138-140쪽.

66 칼 슈미트: 「독일에 있어서의 전체국가의 발전(1933년 1월)」, 『입장과 개념들』, 271-272쪽.

67 권영설: 「바이마르 헌법상의 국가긴급권논쟁 -슈미트의 해석론을 중심으로-」, 『법학논문집』 제19집, 38쪽, 또한 나종석: 「옮긴이 해제」, 칼 슈미트, 『현대 의회주의의 정신사적 상황』, 183쪽 참조.

68 칼 슈미트: 「현대 법체계에서의 두 개의 거대한 「이원론」에 관하여(1939)」, 『입장과 개념들』, 390쪽.

69 칼 슈미트: 「광역 대 보편주의(1939)」, 『입장과 개념들』, 427-437, 특히 437쪽. 또한 「국제연맹의 일곱 번째 변화(1936)」, 같은 책, 302, 307쪽 참조. 「국제법에서의 라이히의 개념(1939)」, 같은 책, 438-439, 448-452쪽.

70 칼 슈미트: 『대지의 노모스』, 14쪽. 또한 전후에 그는 히틀러 체제를 상황 논리에 따른 '합법성' 취득의 비극 정도로 평가한다. Schmitt, Carl: *Der Zugang zum Machthaber, ein zentrales verfassungsrechtlichees Problem(1947)* in *Verfassungsrechtliche Aufsätze aus den Jahren 1924-1954*, 434, 437쪽. *Das Problem der Legalität(1950)*, 같은 책, 441-442쪽 참조.

71 앞서 살펴보았듯이 헤겔은 자신의 "입헌 군주제"를 통해 각각 군주제, 귀족제, 민주제에 상응하는 군주권력, 행정권력, 입법권력의 유기적 합일을 구상한다. GPR, §273 참조.

참고문헌

국순옥: 「위르겐 하버마스와 좌파 슈미트주의」, 『민주법학』 제22호, 서울 2002.
권영설: 「바이마르 헌법상의 국가긴급권논쟁 -슈미트의 해석론을 중심으로-」, 『법학논문집』 제19집, 서울 1994.
______: 「슈미트의 '이념국가'와 '전체국가'」, 『한국정치연구』 제7집 제1호, 서울 1997.
______: 「바이마르시대 슈미트의 헌법사상」, 『법학논문집』 제23집, 서울 1998.
권영우: 「헤겔 철학의 왜곡사에 관한 소고」, 『철학연구』 제125집, 대한철학회, 대구 2013.
김동하: 「시민종교와 정치통합」, 『한국정치연구』 제21집 제2호, 서울 2012.
김장수: 「Burschenschaft의 독일개혁 및 통합운동」, 『관동사학』 제7집 제1호, 서울 1996.
______: 「7월혁명과 남부독일의 통합운동(1830-1832)」, 『관동사학』 제8집 제2호, 서울 1998.
______: 「프랑스혁명시기의 독일의 대학생활동: 슈투트가르트의 칼학교를 중심으로」, 『국제 지역 연구』 제13권 제4호, 서울 2004.
______: 『독일의 대학생활동 및 그 영향』, 서울 2006.
______: 「아르놀드 루게(A. Ruge)의 정치적 활동(1821-1840)」, 『서양사학연구』 제17집, 한국서양문화사학회, 서울 2007.
김태재: 「초기 해방전쟁(1815-1819)과 독일민족운동」, 『문화콘텐츠연구』 제9집, 서울 2004.
김효전: 「칼 슈미트의 생애와 업적」, 동아대학교 『대학원논문집』 제2집, 부산 1978.
______: 「위임적 독재와 주권적 독재 - 칼 슈미트에 있어서 독재의 개념-」, 『고시연구』, 제19집 제8호, 서울 1992.
나인호: 『개념사란 무엇인가』, 서울 2011.
나종석: 「하버마스인가 아니면 슈미트인가?」, 『사회와 철학』 제9호, 서울 2005.
______: 「'정치적인 것'의 본질과 칼 슈미트의 자유주의 비판」, 『헤겔연구』 제25호, 서울 2009.
______: 「민족주의와 세계시민주의」, 『헤겔연구』 제26호, 한국헤겔학회, 서울 2009.
______: 「옮긴이 해제」, 칼 슈미트, 『현대 의회주의의 정신사적 상황』, 서울 2012.
______: 『헤겔 정치철학의 통찰과 맹목』, 서울 2012.
남기호: *Hegels Begriff der Sittlichkeit in dessen Genese und in den Jenaer Systementwürfen*, Digitale Bibliothek RUHR Uni. Bochum 2008.
______: 「헤겔 인정이론의 구조」, 『사회와 철학』 제18집, 서울 2009.
______: 「세계시민의 영원한 평화를 위한 단서조항」, 『시대와 철학』 제21권 제4호, 서울 2010.
______: 「자유로운 죽음의 방식 - 헤겔의 자살론」, 『가톨릭철학』 제16호, 한국가톨릭철학회, 서울 2010.

______: 「우주론적 신 현존 증명의 사변적 의미」, 『가톨릭철학』 제19호, 서울 2012.
______: 「칼 슈미트의 국가론에서의 리바이어던 - 그 정치적 상징의 오용과 홉스의 정치철학적 의의 -」, 『시대와 철학』 제26권 제4호, 서울 2015.
______: 「헤겔의 자연법 비판과 국가의 기초」, 『가톨릭철학』 제30호, 서울 2018.
문성화: 「프리스 윤리학의 체계와 원리」, 『철학논총』 제14집, 대구 1998.
문종욱: 「칼 슈미트 법철학에 있어서의 구체적 질서 사고」, 『법학연구』 제4권 제1호, 대전 1993.
______: 「칼 슈미트 법철학상의 "합법성"과 "정당성"」, 『법학연구』 제7권 제1호, 대전 1996.
박배형: 「헤겔의 자유주의 비판」, 『헤겔연구』 제31호, 서울 2012.
서을오: 「물권행위의 유인, 무인 논쟁과 관련된 학설사적 고찰」, 『법사학연구』 제38호, 서울 2008.
양우석: 「헤겔 국가 철학의 신화: 캇시러의 견해를 중심으로」, 『헤겔연구』 제15호, 서울 2004.
양천수: 「개념법학: 형성, 철학적 정치적 기초, 영향」, 『법철학연구』 제10권 제1호, 서울 2007.
원준호: 「헤겔 정치사상에서의 신뢰, 애국심 그리고 신념」, 한국정치학회 연례학술회의, 서울 2000.
______: 「애국심의 대상, 요소, 현실성에 관한 숙고」, 『한국정치학회보』 제37집 제3호, 서울 2003.
은숭표: 「헌법상 기본권과 칸트 및 헤겔의 법철학」, 『헌법학연구』 제10권 제3호, 서울 2004.
이동희: 「사비니(F. C. v. Savigny)와 역사법학」, 『법학논총』 제33권 제1호, 서울 2009.
이민호: 『새독일사』, 서울 2003.
이병옥: 「칼 슈미트의 정치적 낭만주의 비판」, 『헤겔연구』 제21호, 서울 2007.
이상수: 「사비니에서 법의 역사성」, 『법사학연구』 제23호, 서울 2001.
이은영: 「사비니의 法思想」, 『한독법학』 제1호, 한독법률학회, 서울 1979.
이정은: 「헤겔의 종교 철학에서 그리스도교의 악 이해」, 『기독교철학』 제15권, 서울 2012.
이진경: 『철학과 굴뚝청소부』, 서울 2005.
임재진: 「헤겔의 개인주의 비판」, 『범한철학』 제37집, 서울 2005.
장준호: 「독일에서 애국주의 개념과 변천」, 『한독사회과학논총』 제22권 제2호, 서울 2012.
최병환: 「헤겔에 있어서의 국가와 종교」, 『동서철학연구』 제2호, 대전, 1985.
최신한: 「후기세속사회의 종교 담론과 시민종교」, 『헤겔연구』 제33호, 서울 2013.
홍영두: 「자유주의의 두 방법론에 대한 헤겔의 비판과 인륜성 범주의 연역」, 『시대와 철학』, 제12권 제2호, 서울 2001.

데이비드 메이슨: 『처음 읽는 유럽사』, 김승완 옮김, 서울 2012.
샹탈 무페: 『민주주의의 역설』, 이행 옮김, 서울 2009.
수전 벅모스: 『헤겔, 아이티, 보편사』, 서울 2012.
슬라보예 지젝, 『까다로운 주체』, 이성민 옮김, 서울 2005.
아키히로, 마토바 외.: 항목 「쾰른 교회투쟁」, 『맑스사전』, 이신철/오석철 옮김, 서울 2011.
에른스트-볼프강 뵈켄회르데: 『헌법과 민주주의』, 김효전/정태호 옮김, 서울 2003.
조르조 아감벤: 『예외상태』, 김항 옮김, 서울 2009.

__________: 『목적 없는 수단』, 김상운/양창렬 옮김, 서울 2009.
칼 슈미트/한스 켈젠: 『헌법의 수호자 논쟁』, 김효전 옮김, 서울 1991.
칼 폴라니: 『거대한 전환』, 홍기빈 옮김, 서울 2009.
프리드리히 마이네케: 『세계시민주의와 민족국가』, 서울 2007.
하겐 슐체: 『새로 쓴 독일 역사』, 반성완 옮김, 서울 2008.
한스 프리드리히 풀다: 『헤겔 - 생애와 사상』, 남기호 옮김, 서울 2010.

Adelung, J. Christoph: Zum Artikel *Die Verfassung* in *Grammatisch-kritisches Wörterbuch der Hochdeutschen Mundart. Digitale Bibliothek* Bd.40, Berlin 2001.

Angehrn, Emil, u. a.: *Einleitung* zu *Vorlesungegn über die Philosophie des Rechts Berlin 1819/20*, Hg. Angehrn, Emil u. a. Hamburg 2000.

Anonym: *(1822) Allgemeine Literaturzeitung* in *Materialien zu Hegels Rechtsphilosophie* Bd.1, Frankfurt am Main 1975.

Arnim, Henning v.: *Einleitung* zu *Die Philosophie des Rechts(1830-1837) Eine Auswahl nach der 5. Auflage(1870)*, Tübingen 1926.

Baumeister, August: Zum Artikel *Thiersch, Friedrich Wilhelm* in *Allgemeine Deutsche Biographie* Bd.38, Leipzig 1894.

Behler, Ernst: *Henry Crabb Robinson und Hegel* in *Hegel Studien* Bd.15, Bonn 1980.

Bianco, Bruno: *Ein Votum für Jacobi gegen Schelling* in *Philosophisch-literarische Streitsachen* Bd.3, Hg. Jaeschke, Walter. Hamburg 1994.

Bienenstock, Myriam: *Die »Ungeschicklichkeit, die wahrhaften Sitten in die Form von Gesetzen zu bringen« ist »das Zeichen der Barbarey«: Hegels Kodifikationsforderung um 1802* in *Hegel Studien Beiheft* Bd.42, Hamburg 2000.

Blösch, Emil: Zum Artikel *Haller, Karl Ludwig von* in *Allgemeine Deutsche Biographie* Bd.10, Leipzig 1879.

Boldt, Hans: *Hegel und die konstitutionelle Monarchie* in *Hegel-Studien Beiheft* Bd.42, Hamburg 2000.

Bolte, Gerhard: *Staatsidee und Naturgeschichte*, Lüneburg 1991.

Caro, Jakob: Zum Artikel *Ancillon, Johann Peter Friedrich* in *Allgemeine Deutsche Biographie* Bd.1, Leipzig 1875.

Cesa, Claudio: *Entscheidung und Schicksal: Die fürstliche Gewal*t in *Hegels Philosophie des Rechts*, Hg. Henrich, D. u. Horstmann. R.-P. Stuttgart 1982.

De Vos, Lu: *Die Logik der Hegelschen Rechtsphilosophie: Eine Vermutung* in *Hegel-Studien* Bd.16, Bonn 1981.

__________: *Religion-Staat-Geschichte bei Hegel(1827-1831)* in *Staat und Religion in Hegels Rechtsphilosophie*, Hg. Arndt, Andreas, u. a. Berlin 2009.

D'Hondt, Jacques: *Verborgene Quellen des Hegelschen Denkens*, Berlin 1972.

__________: *Hegel in seiner Zeit*, Berlin 1973.

Eisenhart, Johann August Ritter v.: Zum Artikel *Puchta, Georg* in *Allgemeine Deutsche Biographie*

Bd.26, Leipzig 1888.

Elert, Werner: *Der Kampf um das Christentum*, München 1921.

Elsner, M: *Eine gegen Hegel gerichtete Anklage des Hochverrates, aus dessen Schriften beantwortet(1839)* in *Materialien zu Hegels Rechtsphilosophie* Bd.1, Frankfurt am Main 1975.

Engels, F.: *Schelling und die Offenbarung, MEW Ergänzungsband*, Zweiter Teil, Berlin 1967.

Ense, K. A. Varnhagen v.: *Hegel und Schubarth(1839), Der Freihafen* in *Materialien zu Hegels Rechtsphilosophie* Bd.1, Frankfurt am Main 1975.

Feuerbach, Ludwig: *Stahl-Rezension(1835)* in *Philosophie und Literatur im Vormärz, Philosophisch-literarische Streitsachen*, Bd.4.1, Hg. Jaeschke, Walter. Hamburg 1995.

Fischer, William: Zum Artikel *Zachariae, Karl Salomo* in *Allgemeine Deutsche Biographie* Bd.44, Leipzig 1898.

Förster, F.: *Noch ein Denunziant der Hegelschen Philosophie(1839)* in *Materialien zu Hegels Rechtsphilosophie* Bd.1, Frankfurt am Main 1975.

Fries, J. F.: *Philosophische Rechtslehre und Kritik aller positiven Gesetzgebung*, Leipzig 1914.

_______: *Über die Gefährdung des Wohlstandes und Charakters der Deutschen durch die Juden*, Heidelberg 1816.

_______: *Von deutscher Staatsverfassung Die Erste Abtheilung des Buches Von Deutschem Bund und Deutscher Staatsverfassung*, Hg. Hubmann, Gerald. Heidelberg 1997.

Gans, E.: *Vorwort zur 2. Ausgabe der Rechtsphilosophie* in *Materialien zu Hegels Rechtsphilosophie* Bd.1, Frankfurt am Main 1975.

_______: *Erwiderung auf Schubarth(1839) Jahrbücher für wissenschaftliche Kritik* in *Materialien zu Hegels Rechtsphilosophie* Bd.1, Frankfurt am Main 1975.

Gebhardt, Bruno: Zum Artikel *Sayn-Wittgenstein-Hohenstein, Wilhelm Fürst zu* in *Allgemeine Deutsche Biographie* Bd.43, Leipzig 1898.

Gerhard Stalling AG. Hg.: Zum Artikel *Stahl, Friedrich Julius* in *Der Brockhaus in 2 Bänden* Bd.2, Wiesbaden 1977.

Göhler, Gerhard u. Roth, Klaus: *Der Zusammenhang von Ökonomie, Recht und Staatsgewalt. Hegels philosophische Begründung in der gegenwärtigen Diskussion* in *Zeitschrift für Philosophische Forschung* Bd.35, Meisenheim/Glan 1981.

Grawert, Rolf: *Verfassungsfrage und Gesetzgebung in Preußen* in *Hegels Rechtsphilosophie im Zusammenhang der europäischen Verfassungsgeschichte*, Stuttgart-Bad Cannstatt 1986.

Grotsch, Klaus: *Anhang* zu *Grundlinien der Philosophie des Rechts, Gesammelte Werke* Bd.14,3, Hg. Grotsch, Klaus u. W-L. Elisabeth. Hamburg 2011.

Grünthal, Günther: *Verfassung und Verfassungskonflikt* in *Preussische Stille*, Hg. Bahners, Patrick u. Roellecke, Gerd. Stuttgart 2001.

Haller, C. L. v.: *Restauration der Staats-Wissenschaft oder Theorie des natürlich-geselligen Zustands der Chimäre des künstlich-bürgerlichen entgegengesetzt.* Bd.1/2/3, Winterthur 1820-1821.

Hartmann, Stefan: Zum Artikel *Massenbach, Christian Freiherr von* in *Neue Deutsche Biographie* Bd.16, München 1990.

Haym, Rudolf: *Hegel und seine Zeit*, Darmstadt 1962.
Hegel: *Briefe von und an Hegel* Bd.1-4, Hg. Hoffmeister, J. Berlin/Hamburg 1969-1981.
_____: *Hegels Theologische Jugendschriften*, Hg. Nohl, Herman. Tübingen 1907.
_____: *Jenaer Kritische Schriften, Gesammelte Werke* Bd.4, Hg. Buchner, Hartmut u. Pöggeler, Otto. Hamburg 1968.
_____: *Schriften und Entwürfe (1799-1808), Gesammelte Werke* Bd.5, Hg. Baum, Manfred u. Meist, K. Rainer. Hamburg 1998.
_____: *Jenaer Systementwürfe* Ⅰ, *Gesammelte Werke* Bd.6, Hg. Düsing, Klaus u. Kimmerle, Heinz. Hamburg 1975.
_____: *Jenaer Systementwürfe* Ⅲ, *Gesammelte Werke* Bd.8, Hg. Horstmann, Rolf-Peter u. Trede, Johann Heinrich. Hamburg 1976.
_____: *Phänomenologie des Geistes, Gesammelte Werke* Bd.9, Hg. Bonsiepen, Wolfgang u. Heede, Reinhard. Hamburg 1980.
_____: *Nürnberger Gymnasialkurse und Gymnasialreden (1808-1816), Gesammelte Werke* Bd.10.1, 10.2, Hg. Grotsch, Klaus. Hamburg 2006.
_____: *Wissenschaft der Logik* Ⅰ *(1812/1813), Gesammelte Werke* Bd.11, Hg. Hogemann, Friedrich u. Jaeschke, Walter. Hamburg 1978.
_____: *Wissenschaft der Logik* Ⅱ *(1816), Gesammelte Werke* Bd.12, Hg. Hogemann, Friedrich u. Jaeschke, Walter. Hamburg 1981.
_____: *Enzyklopädie der philosophischen Wissenschaften im Grundrisse (1817), Gesammelte Werke* Bd.13, Hg. Bonsiepen, Wolfgang u. Grotsch, Klaus. Hamburg 2000.
_____: *Schriften und Entwürfen* Ⅰ *(1817-1825), Gesammelte Werke* Bd.15, Hg. Hogemann, Friedrich u. Jamme, Christoph. Hamburg 1990.
_____: *Schriften und Entwürfe* Ⅱ *(1826-1831), Gesammelte Werke* Bd.16, Hg. Hogemann, Friedrich, Hamburg 2001.
_____: *Vorlesungsmanuskripte* Ⅰ *(1816-1831), Gesammelte Werke* Bd.17, Hg. Jaeschke, Walter. Hamburg 1987.
_____: *Vorlesungsmanuskripte* Ⅱ *(1816-1831), Gesammelte Werke* Bd.18, Hg. Jaeschke, Walter. Hamburg 1995.
_____: *Enzyklopädie der philosophischen Wissenschaften im Grundrisse (1827), Gesammelte Werke* Bd.19, Hg. Bonsiepen, Wolfgang u. Lucas, Hans-Christian. Hamburg 1989.
_____: *Enzyklopädie der philosophischen Wissenschaften im Grundrisse (1830), Gesammelte Werke* Bd.20, Hg. Bonsiepen, Wolfgang u. Lucas, Hans-Christian. Hamburg 1992.
_____: *Vorlesungen über die Philosophie des subjektiven Geistes, Gesammelte Werke* Bd.25,2, Hg. Bauer, Ch. Johannes. Hamburg 2011.
_____: *Frühe Schriften, Theorie Werkausgabe* Bd.1, Hg. Moldenhauer, Eva u. a. Frankfurt am Main 1986.
_____: *Grundlinien der Philosophie des Rechts, Theorie Werkausgabe* Bd.7, Frankfurt am Main 1986.

____: *Berliner Schriften 1818-1831, Theorie Werkausgabe* Bd.11, Frankfurt am Main 1986.
____: *Vorlesungen über die Ästhetik* I, II, *Theorie Werkausgabe* Bd.13, 14, Frankfurt am Main 1986.
____: *Vorlesungen über die Geschichte der Philosophie* III, *Theorie Werkausgabe* Bd.20, Frankfurt am Main 1986.
____: *Vorlesungen über Naturrecht und Staatswissenschaft Heidelberg 1817/18, Vorlesungen. Ausgewählte Nachschriften und Manuskripte* Bd.1, Hamburg 1983.
____: *Vorlesungen über die Philosophie der Religion, Vorlesungen. Ausgewählte Nachschriften und Manuskripte* Bd.3, Hg. Jaeschke, Walter. Hamburg 1993.
____: *Vorlesungegn über die Philosophie des Rechts Berlin 1819/20, Vorlesungen. Ausgewählte Nachschriften und Manuskripte* Bd.14, Hg. Angehrn, Emil u. a. Hamburg 2000.
____: *Vorlesungen über Rechtsphilosophie* Bd.1, 3, 4, Hg. K.-H. Ilting, Stuttgart-Bad Cannstatt 1973-74.
____: *Philosophie des Rechts Die Vorlesung von 1819/20,* Hg. Henrich, Dieter. Frankfurt am Main 1983.
____: *Philosophie des Rechts Vorlesungen von 1821/22,* Hg. Hoppe, H., Frankfurt am Main 2005.
____: *Philosophie des Rechts Nachschrift der Vorlesung von 1822/23,* Hg. Schilbach, Erich. Frankfurt am Main 1999.
____: *Erklärung (1821), Allgemeine Literaturzeitung* in *Materialien zu Hegels Rechtsphilosophie* Bd.1, Frankfurt am Main 1975.
____: *Rede bei der dritten Säkularfeier der Übergabe der Augsburgischen Konfession (den 25. Juni 1830)* in *Philosophie und Literatur im Vormärz* Bd.4.1, Hg. Jaeschke, Walter. Hamburg 1995.
Henrich, Dieter: *Logische Form und reale Totalität* in *Hegels Philosophie des Rechts,* Hg. Henrich Dieter u. Horstmann, R.-P. Stuttgart 1982.
__________: *Einleitung* zu *Philosophie des Rechts Die Vorlesung von 1819/20,* Hg. Henrich, D. Frankfurt am Main 1983.
Hoffmann, Th. Sören: *Georg Wilhelm Friedrich Hegel,* Wiesbaden 2004.
Hoffmeister, J.: *Anmerkungen* zu *Briefe von und an Hegel* Bd.1-4, Hamburg 1969-1981.
Hogemann, Friedrich Hg.: *Anhang* zu *Schriften und Entwürfe* II *(1826-1831), Gesammelte Werke* Bd.16, Hamburg 2001.
Holtzmann, Heinrich: Zum Artikel *De Wette, Martin Leberecht* in *Allgemeine Deutsche Biographie* Bd.5, Leipzig 1877.
Horstmann, Rolf P.: *Über die Rolle der bürgerlichen Gesellschaft in Hegels politischer Philosophie* in *Hegel Studien* Bd.9, Bonn 1974.
Hösle, Vittorio: *Hegels System* Bd.2, Hamburg 1988.
Howald, Ernst: Zum Artikel *Haym, Rudolf* in *Neue Deutsche Biographie* Bd.8, Berlin 1969.
Hubmann, Gerald: *Nachwort* zu *Von deutscher Staatsverfassung,* Heidelberg 1997.
Hugo, Gustav: *(1821) Göttingische gelehrte Anzeigen* in *Materialien zu Hegels Rechtsphilosophie*

Bd. 1, Frankfurt am Main 1975.

Humboldt, Wilhelm v.: *W. v. Humboldt an Jacobi, 23. Januar 1797. Auszug* in *Philosophisch-literarische Streitsachen*, Bd. 1.1, Hamburg 1995.

Ilting, K-H.: *Einleitung* zu *Vorlesungen über Rechtsphilosophie* Bd. 1, 4, Stuttgart-Bad Cannstatt 1973, 1974.

_________: *Die Struktur der Hegelschen Rechtsphilosophie* in *Materialien zu Hegels Rechtsphilosophie* Bd. 2, Frankfurt am Main 1975.

_________: *Rechtsphilosophie als Phänomenologie des Bewußtseins der Freiheit* in *Hegels Philosophie des Rechts*, Hg. Henrich, D. u. Horstmann. R.-P. Stuttgart 1982.

_________: *Naturrecht und Sittlichkeit*, Stuttgart 1983.

Jacoby, Daniel: zum Artikel *Schubarth, Karl Ernst* in *Allgemeine Deutsche Biographie* Bd.32, Leipzig 1891.

Jaeschke, Walter: *Urmenschheit und Monarchie* in *Hegel-Studien* Bd.14, Bonn 1979.

___________: *Berlin (1818-1831)* in *Hegel in Berlin*, Hg. Pöggeler, Otto. Berlin 1981.

___________: *Christianity and Secularity in Hegel's Concept of the State* in *The Journal of Religion* vol.61, Chicago 1981.

___________: *Politik, Kultur und Philosophie in Preußen* in *Hegel-Studien Beiheft* Bd. 22, Bonn 1983.

___________: *Die Vernünftigkeit des Gesetzes* in *Hegels Rechtsphilosophie im Zusammenhang der europäischen Verfassungsgeschichte*, Stuttgart-Bad Cannstatt 1986.

___________: *Der Glaube als Hüter der Verfassung* in *Evangelische Theologie* 54. Jhrg., Gütersloh 1994.

___________: *Ein Schwabe als preussischer Staatsphilosoph?* in *Preussische Stille*, Hg. Bahners, Patrick u. Roellecke, Gerd. Stuttgart 2001.

___________: *Hegel Handbuch*, Stuttgart/Weimar 2003.

___________: *Es ist ein Begriff der Freiheit in Religion und Staat* in *Staat und Religion in Hegels Rechtsphilosophie*, Hg. Arndt, Andreas, u. a. Berlin 2009.

___________: *Machtstaat und Kulturstaat* in *Staat und Kultur bei Hegel*, Hg. Arndt, Andreas, u. Zovko, Jure. Berlin 2010.

Jaeschke, Walter u. Meist, K. Rainer: *Von Humboldt zu Altenstein* in *Hegel in Berlin*, Hg. Pöggeler, Otto. Berlin 1981.

Jakob, L. H. v.: *Amtliche Belehrung über den Geist und das Wesen der Burschenschaft (1824)*, Berlin 1824.

Kallscheuer, Otto: *Hegels Theorie der Säkularisierung* in *Staat und Religion in Hegels Rechtsphilosophie*, Hg. Arndt, Andreas, u. a. Berlin 2009.

Kant: *Metaphysische Anfangsgründe der Rechtslehre* in *Die Metaphysik der Sitten*, *Kant Werke* Bd.IV, Darmstadt 1998.

Kantorowicz, Hermann: *Was ist uns Savigny?* in *Rechtshistorische Schriften*, Hg. Coing, H. u. Immel G. Karlsruhe 1970.

Karasek, Jindrich: *Staat, Religion und Kirche bei Hegel* in *Staat und Religion in Hegels Rechtsphilosophie*, Hg. Arndt, Andreas, u. a. Berlin 2009.

Kastner, Hannes: *Noch einmal: die Stellung des Monarchen. Oder: Hegels "versteckte" Demokratietheorie* in *Hegel Studien* Bd.43, Hamburg 2009

Katzmair, Harald/Rauchenschwandtner, Herman: *Das Dispositiv des Volkes. Zur Konstitution des politischen Subjekts bei Carl Schmitt* in *Gegen den Ausnahmezustand*, Hg. Pircher, Wolfgang. Wien/New York 1999.

Kiesewetter, Hubert: *Von Hegel zu Hitler*, Hamburg 1974.

______________: *Hegels totalitäre Statstheorie, https://www.ku.de/ggf/geschichte/wisogesch/online-publikationen/*

Kimmerle, Heinz: *Hegels Naturrecht 1802-1805/06* in *Hegel-Studien* Bd.11, Bonn 1976.

______________: *Die Staatsverfassung als "Konstituierung der absoluten sittlichen Identität" in der Jenaer Konzeption des "Naturrechts"* in *Hegels Rechtsphilosophie im Zusammenhang der europäischen Verfassungsgeschichte*, Stuttgart-Bad Cannstatt 1986.

Klenner, Hermann: *Rechtsphilosophie zwischen Restauration und Revolution* in *Philosophie und Literatur im Vormärz, Philosophisch-literarische Streitsachen* Bd.4, Hg. Jaeschke, Walter. Hamburg 1995.

Koeppen, K. F.: *Über Schubarths Unvereinbarkeit der Hegelschen Philosophie mit dem Preußischen Staate(1839)* in *Materialien zu Hegels Rechtsphilosophie* Bd.1, Frankfurt am Main 1975.

Koselleck, Reinhart: *Preußen zwischen Reform und Revolution*, Stuttgart 1975.

______________: *Begriffsgeschichten*, Frankfurt am Main 2006.

Kraus, Hans-Christof: Zum Artikel *Stahl, Friedrich Julius* in *Biographische Enzyklopädie deutschsprachiger Philosophen*, München 2001.

Kroll, F-L.: *Romantik in Preußen* in *Preussische Stille*, Hg. Bahners, Patrick u. Roellecke, Gerd. Stuttgart 2001.

Kruck, Günter: *Der Begriff der Religion in Hegels Enzyklopädie der philosophischen Wissenschaften* in *Staat und Religion in Hegels Rechtsphilosophie*, Hg. Arndt, Andreas, u. a. Berlin 2009.

Landsberg, Ernst: Zum Artikel *Stahl, Friedrich Julius* in *Allgemeine Deutsche Biographie* Bd.35, Leipzig 1893.

______________: *Savigny, Friedrich Karl von* in *Allgemeine Deutsche Biographie* Bd.30, Duncker & Humblot, Leipzig 1890.

______________: Zum Artikel *Thibaut, Anton Friedrich Justus Th.* in *Allgemeine Deutsche Biographie* Bd.37, Duncker & Humblot, Leipzig 1894.

Löwith, Karl: *Der Okkasionelle Dezisionismus von C. Schmitt* in *Gesammelte Abhandlungen zur Kritik der geschichtlichen Existenz*, Stuttgart 1960.

____________: *Hegels Aufhebung der christlichen Religion* in *Hegel Studien Beiheft* Bd.1, Bonn 1984.

Losurdo, Domenico: *Hegel und das deutsche Erbe*, Köln 1989.

______________: *Logik, Politik und soziale Frage: Hegelsche "Rechte" und Hegelsche "Linke", Die*

Folgen des Hegelianismus, Hg. Koslowski, Peter, München 1998.
______________: *Hegel und die Freiheit der Modernen*, Frankfurt am Main 2000.
______________: *Von Hegel zu Hitler? Geschichte und Kritik eines Zerrbildes*, Köln 2015.
Lottes, Günther: Zum Artikel *Restauration* in *Historisches Wörterbuch der Philosophie* Bd.8, Hg. Ritter, Joachim u. Grüner, Karlfried. Basel/Stuttgart 1992.
Lübbe-Wolff, Gertrud.: *Hegels Staatsrecht als Stellungnahme im ersten preußischen Verfassungskampf* in *Zeitschrift für Philosophische Forschung* Bd.35, Meisenheim/Glan 1981.
Lucas, H.-Ch.: *"Wer hat die Verfassung zu machen, das Volk oder wer anders?"* in *Hegels Rechtsphilosophie im Zusammenhang der europäischen Verfassungsgeschichte*, Hg. Pöggeler, O. u. Lucas. H.-Ch. Stuttgart-Bad Cannstatt 1986.
Lucas, H.-Ch. u. Rameil, Udo: *Furcht vor der Zensur?* in *Hegel Studien* Bd.15, Bonn 1980.
Masur, Gerhard: *Friedrich Julius Stahl, Geschichte seines Lebens. Aufstieg und Entfaltung 1802-1840*, Berlin 1930.
Marx, K.: *Randglossen zu den Anklage des Ministerialreskripts, MEW Ergänzungsband*, Erster Teil, Berlin 1968.
Maurer, Reinhart: *Hegels politischer Protestantismus* in *Hegel Studien Beiheft* Bd.11, Bonn 1983.
Mazzacane, Aldo: *Jurisprudenz als Wissenschaft* in *Vorlesungen über juristische Methodologie 1802-1842*, Frankfurt am Main 2004.
Mehlhausen, Joachim: *Theologie und Kirche in der Zeit des Vormärz* in *Philosophie und Literatur im Vormärz, Philosophisch-literarische Streitsachen*, Bd. 4, Hg. Jaeschke, Walter. Hamburg 1995.
Meist, K. Rainer: *Altenstein und Gans* in *Hegel-Studien* Bd.14, Bonn 1979.
____________: *Anhang* zu *Schriften und Entwürfe(1799-1808), Gesammelte Werke* Bd.5, Hamburg 1998.
Müller, Herrmann: Zum Artikel *Göschel, Karl Friedrich* in *Allgemeine Deutsche Biographie* Bd.9, Leipzig 1879.
Nicolin, Friedhelm: *Hegel über konstitutionelle Monarchie* in *Hegel Studien* Bd.10, Bonn 1975.
______________: *Von Stuttgart nach Berlin*, Tübingen 1991.
______________: *Auf Hegels Spuren*, Hamburg 1996.
Nicolin, Günther Hg.: *Hegel in Berichten seiner Zeitgenossen*, Hamburg 1970.
Nörr, Dieter: *Savigny, Carl von* in *Neue Deutsche Biographie* Bd.22, Duncker & Humblot, Berlin 2005.
Ottmann, Henning: *Hegels Rechtsphilosophie und das Problem der Akkomodation* in *Zeitschrift für philosophische Forschung* Bd.33, H.2, Frankfurt am Main 1979.
Pape, Matthias: *Revolution und Reichsverfassung* in *Hegel-Studien Beiheft* Bd.42, Hamburg 2000.
Paulus, H. E. G.: *(1821) Heidelberger Jahrbücher der Literatur* in *Materialien zu Hegels Rechtsphilosophie* Bd.1, Frankfurt am Main 1975.
_____________: *(1822) Allgemeine Literaturzeitung* in *Materialien zu Hegels Rechtsphilosophie* Bd.1, Frankfurt am Main 1975.
Paulson, Stanley L.: *Zugerichtete Identität. Zur Bewertung einiger Elemente der Demokratietheorie*

Carl Schmitts in *Gegen den Ausnahmezustand*, Hg. Pircher, Wolfgang. Wien/New York 1999.
Pöggeler, Otto: *Hegels Option für Österreich* in *Hegel-Studien* Bd.12, Bonn 1977.
__________: *Einleitung* in *Hegel in Berlin*, Hg. Pöggeler, Otto. Berlin 1981.
__________: *Einleitung* zu *Vorlesungen über Naturrecht und Staatswissenschaft Heidelberg 1817/18, Vorlesungen. Ausgewählte Nachschriften und Manuskripte* Bd.1, Hg. Becker, Claudia u. a. Hamburg 1983.
__________: *Hegels Begegnung mit Preußen* in *Hegels Rechtsphilosophie im Zusammenhang der europäischen Verfassungsgeschichte*, Stuttgart-Bad Cannstatt 1986.
__________: *Nachschriften von Hegels Vorlesungen* in *Hegel Studien* Bd.26, Bonn 1991.
__________: *Hegel und die Französische Revolution* in *Hegel-Studien Beiheft* Bd.42, Hamburg 2000.
Rameil, Udo: *Karlsbad und die ›Demagogen‹* in *Hegel in Berlin*, Hg. Pöggeler, Otto. Berlin 1981.
Reese, Heinrich: *Hegel über das Auftreten der christlichen Religion in der Weltgeschichte*, Tübingen 1909.
Riedel, Manfred: *Einleitung* zu *Materialien zu Hegels Rechtsphilosophie*, Bd.1, Frankfurt am Main 1975.
Ritter, H. Henning: *Eine polemische Erklärung Hegels zur Rechtsphilosophie* in *Hegel Studien* Bd.5, Bonn 1969.
Rocker, Stephen: *Hegel's rational Religion*, London 1995.
Rohrmoser, G.: *Die theologischen Voraussetzungen der Hegelschen Lehre vom Staat* in *Hegel Studien Beiheft* Bd.1, Bonn 1984.
Rosenkranz, Karl: *Hegel als Deutscher Nationalphilosoph*, Leipzig 1870.
__________: *Apologie Hegels gegen Dr. Haym(1858)* in *Materialien zu Hegels Rechtsphilosophie* Bd.1, Frankfurt am Main 1975.
__________: *Georg Wilhelm Friedrich Hegels Leben*, Darmstadt 1998.
Roser, A. u. Schulten, H.: *Hegel und Johannes Schulze* in *Hegel-Studien* Bd.35, Hamburg 2000.
Savigny: *Vorlesungen über juristische Methodologie 1802-1842*, Hg. Mazzacane, Aldo. Frankfurt am Main 2004.
______: *Vom Berufe unserer Zeit für Gesetzgebung und Rechtswissenschaft*, Heidelberg 1840.
______: *Juristische Methodenlehre*, Stuttgart 1951.
______: 「『現代로마法體系』序言」, 『서울대학교 法學』 제36권 제3호, 양창수 옮김, 서울 1995.
Schick, Friedrike: *Der Begriff des Verhältnisses von Staat und Religion nach §270 der Grundlinien der Philosophie des Rechts* in *Staat und Religion in Hegels Rechtsphilosophie*, Hg. Arndt, Andreas, u. a. Berlin 2009.
Schmitt, Carl: *Politische Romantik*, Berlin 1998.
__________: 『독재론』, 김효전 옮김, 서울 1996.
__________: 「라이히 대통령의 독재 -바이마르 헌법 제48조에 따른-」, 『독재론』, 김효전 옮김, 서울 1996.
__________: *Politische Theologie*, Berlin 2004. 『정치신학』, 김항 옮김, 서울 2010.

__________: *Die geistesgeschichtliche Lage des heutigen Parlamentarismus*, Berlin 1991.『현대 의회주의의 정신사적 상황』, 나종석 옮김, 서울 2012.
__________: *Der Begriff des Politischen*, Berlin 2002.『정치적인 것의 개념』, 김효전 옮김, 서울 1992.
__________: *Verfassungslehre*, Berlin 1983.
__________: *Der Hüter der Verfassung*, Berlin 1996.
__________: *Nationalsozialismus und Rechtsstaat* in *Juristische Wochenschrift* 63. Jahrgang, H. 12/13, Leipzig 1934.
__________: *Legalität und Legitimität*, Berlin 1985.『합법성과 정당성』, 김효전 옮김, 서울 1993.
__________:『대지의 노모스』, 최재훈 옮김, 서울 1995.
__________: *Theorie des Partisanen*, Berlin 2006.『파르티잔』, 김효전 옮김, 서울 2009.
__________:『입장과 개념들』, 김효전/박배근 옮김, 부산 2001.

인용된 수록논문들;「신화의 정치이론(1923)」「국가개념과의 관계에서 본 현대 민주주의개념(1924)」「국제정치의 대상으로서의 라인란트(1925)」「현상과 평화(1925)」「제네바 국제연맹의 두 얼굴(1926)」「프리드리히 마이네케의『국가이성의 이념』에 부쳐(1926)」「의회주의와 현대 대중민주주의와의 대립(1926)」「1849년 베를린에서의 도노소 코르테스(1927)」「국제연맹과 유럽(1928)」「라인지역의 국제법적 문제(1928)」「파시스트 국가의 본질과 생성(1929)」「알려지지 않은 도노소 코르테스(1929)」「중립화와 탈정치화의 시대(1929)」「국가윤리학과 다원적 국가(1930)」「전체국가로의 전환(1931)」「현대 제국주의의 국제법적 형태들(1932)」「라이프치히 국사재판소에서의 최후 연설(1932)」「독일에 있어서의 전체국가의 발전(1933년 1월)」,「라이히 국가 연방(1933)」,「총통은 법을 보호한다(1934)」「국제연맹의 일곱 번째 변화(1936)」,「전면적인 적, 총력전, 전체국가(1937)」「국제법상의 중립과 국민의 전체성(1938)」「현대 법체계에서의 두 개의 거대한「이원론」에 관하여(1939)」「중립과 중립화(1939)」「광역 대 보편주의(1939)」「국제법에서의 라이히의 개념(1939)」.
__________: *Verfassungsrechtliche Aufsätze aus den Jahren 1924-1954*, Berlin 1973.

인용된 수록논문들; *Staatsstreichpläne Bismarcks und Verfassungslehre(1929)*, *Zehn Jahre Reichsverfassung(1929)*, *Das Problem der innenpolitischen Neutralität des Staates(1930)*, *Das Reichsgericht als Hüter der Verfassung(1929)*, *Grundrechte und Grundpflichten(1932)*, *Die staatsrechtliche Bedeutung der Notverordnung, insbesondere ihre Rechtsgültigkeit(1931)*, *Die Stellvertretung des Reichspräsidenten(1933)*, *Machtpositionen des modernen Staates(1933)*, *Der Zugang zum Machthaber, ein zentrales verfassungsrechtlichees Problem(1947)*, *Das Problem der Legalität(1950)*.
Schnädelbach, Herbert: *Hegels praktische Philosophie*, Frankfurt am Main 2000.
_______________: *Georg Wilhelm Friedrich Hegel*, Dresden 2007.
Schneider, Helmut: *Dokumente zu Hegels politischem Denken 1830/31* in *Hegel-Studien* Bd.11, Bonn 1976.
Schraven, Martin: *Schelling und die Revolution von 1848* in *Philosophie und Literatur im Vormärz*,

Philosophisch-literarische Streitsachen, Bd.4, Hg. Jaeschke, Walter. Hamburg 1995.

Schröder, Horst: *Friedrich Karl von Savigny. Geschichte und Rechtsdenken beim Übergang vom Feudalismus zum Kapitalismus in Deutschland*, Frankfurt am Main 1984.

Schubarth, K. E.: *Über die Unvereinbarkeit der Hegelschen Staatslehre mit dem obersten Lebens- und Entwicklungsprinzip des Preußischen Staats(1839)* in *Materialien zu Hegels Rechtsphilosophie* Bd.1, Frankfurt am Main 1975.

Schubarth, K. E. u. Carganico, K. A.: *Ueber Philosophie überhaupt, und Hegel's Encyclopädie der philosophischen Wissenschaften insbesondere*, Berlin 1829.

Schweitzer, C. G.: *Die Glaubensgrundlagen des Hegelschen Denkens* in *Hegel Studien Beiheft* Bd.1, Bonn 1984.

Sethe, Paul: *Deutsche Geschichte im letzten Jahrhundert*, Frankfurt am Main 1960.

Siep, Ludwig: *Intersubjektivität, Recht und Staat in Hegels 'Grundlinien der Philosophie des Rechts'* in *Hegels Philosophie des Rechts*, Hg. Henrich, D. u. Horstmann. R.-P. Stuttgart 1982.

__________: *Hegels Theorie der Gewaltenteilung* in *Hegels Rechtsphilosophie im Zusammenhang der europäischen Verfassungsgeschichte*, Stuttgart-Bad Cannstatt 1986.

Stahl, F. J.: *Die Philosophie des Rechts nach geschichtlicher Ansicht* Bd.1, Heidelberg 1830.

________: *Die Philosophie des Rechts nach geschichtlicher Ansicht* Bd.2, Abt.1, Tübingen/Leipzig 1878.

________: *Die Philosophie des Rechts nach geschichtlicher Ansicht* Bd.2, Abt.2, Heidelberg 1837.

________: *Die Philosophie des Rechts(1830-1837) Eine Auswahl nach der 5. Auflage(1870)*, Tübingen 1926.

________: *Vorrede zur dritten Auflage [des zweiten Bandes der Philosophie des Rechts]* in *Philosophie und Literatur im Vormärz, Philosophisch-literarische Streitsachen*, Bd.4.1, Hg. Jaeschke, Walter. Hamburg 1995.

________: *Was ist die Revolution?* in *Philosophie und Literatur im Vormärz, Philosophisch-literarische Streitsachen*, Bd.4.1, Hg. Jaeschke, Walter. Hamburg 1995.

Streitsand, Joachim: *Kritische Studien zum Erbe der deutschen Klassik*, Frankfurt am Main 1971.

Thibaut, A. F. J.: *Über die Notwendigkeit eines allgemeinen bürgerlichen Rechts in Deutschland* in *Thibaut und Savigny*, Hg. Hattenhauer, H. München 1973.

_____________: *Thibauts Nachträge zu seiner Schrift. 2. Ausgabe. 1814* in *Thibaut und Savigny*, Hg. Hattenhauer, H. München 1973.

_____________: *Rezension zu Savigny: Vom Berufe unserer Zeit für Gesetzgebung und Rechtswissenschaft* in *Thibaut und Savigny*, Hg. Hattenhauer, H. München 1973.

Thiele, Ulrich: *Gewaltenteilung bei Sieyes und Hegel* in *Hegel-Studien* Bd.37, Hamburg 2004.

Villey, Michel: *Das Römische Recht in Hegels Rechtsphilosophie* in *Materialien zu Hegels Rechtsphilosophie* Bd.2, Frankfurt am Main 1975.

Von Eggeling, Heinrich: Zum Artikel *Fries, Jakob* in *Allgemeine Deutsche Biographie* Bd.8, Duncker & Humblot, Leipzig 1878.

Von Sybel, Heinrich: Zum Artikel *Hardenberg, Karl August Fürst v.* in *Allgemeine Deutsche*

Biographie Bd.10, Leipzig 1879.
Walter, Ehrhardt E.: *"Freiheit ist unser und der Gottheit Höchstes" - ein Rückweg zur Freiheitsschrift?* in *Schellings Weg zur Freiheitsschrift. Legenden und Wirklichkeit. Akten der Fachtagung der Internationalen Schelling-Gesellschaft* 1992. Hrsg. v. Hans Michael Baumgartner u. a. Stuttgart-Bad Cannstatt 1996.
Waszek, Norbert: *A stage in the development of Hegel's theory of the modern state. The 1802 excerpts on Bonaparte and Fox* in *Hegel Studien* Bd.20, Bonn 1985.
Weisser-Lohmann, Elisabeth: *Die Vorlesungen der Hegel-Schüler an der Universität Berlin zu Hegels Lebzeiten* in *Hegel-Studien* Bd.26, Bonn 1991.
______________________: *Hegels rechtsphilosophische Vorlesungen* in *Hegel Studien* Bd.26, Bonn 1991.
______________________: *"divide et impera". Zu Hegels Heidelberger Stände- und Verfassungslehre* in *Hegel Stuidien* Bd.28, Bonn 1993.
______________________: *»Daß das Allgemeine zu einer Tat komme« - ›Sittlichkeit‹ und ›Verfassung‹ bei Hegel* in *Hegel Studien Beiheft* Bd.42, Hamburg 2000.
Wendte, Martin: *Zu begreifen, was ist. Lage und Aufgaben der Forschung zu Hegels Berliner Religions-philosophie* in *Hegel Studien* Bd.42, Hamburg 2007.
Wesenberg, Gerhard: *Vorwort zu Juristische Methodenlehre*, Stuttgart 1951.
Wieacker, Franz: *Privatrechtsgeschichte der Neuzeit*, Göttingen 1967.
Wippermann, Karl: Zum Artikel *Oelsner, Konrad Engelbert* in *Allgemeine Deutsche Biographie* Bd.24, Leipzig 1887.
Wolff, Michael: *Hegels staatstheoretischer Organismus* in *Hegel-Studien* Bd.18, Bonn 1984.
Zabel, Benno: *Fichtes Recht und Hegels Staat* in *Hegel Studien* Bd.45, Hamburg 2010.
Zachariae, K. Salomo: *Z. C. (1822) Hermes oder kritisches Jahrbuch der Literatur* in *Materialien zu Hegels Rechtsphilosophie*, Bd.1, Frankfurt am Main 1975.

훔볼트 대학: *http://www.hu-berlin.de/ueberblick/geschichte/rektoren/stahl*
위키페디아: 항목 *Rudolf Haym*.
_________: 항목 *Kölner Wirren*.

인명 찾아보기